有対動詞の通言語的研究

日本語と諸言語の対照から見えてくるもの

パルデシ プラシャント
桐生和幸
ナロック ハイコ
［編］

くろしお出版

まえがき

　述語構造の意味範疇に関わる重要な言語現象の1つが「他動性」である。動詞の形態に標示される他動性つまり有対自他動詞の形式的な関係、他動性に関与する意味的要因の解明、他動性の段階性と統語的な振る舞いとの関係、他動性とアスペクト・ボイスなど他の文法カテゴリーとの関係、他動性と談話のインタラクション（前景化、背景化）、自他動詞の習得など様々な観点から他動性について今なお活発に研究が行われている。

　日本語にはいわゆる有対自他動詞が豊富にあり、動詞の形態に標示される他動性は、古くから盛んに研究されてきた。また、言語類型論の分野でも、70年代から有対自他動詞の形式的な関係における通言語的な普遍性と多様性を探求する研究が盛んに行われている（詳しくは「序論」を参照）。本論文集に収録されている論文の多くは世界諸言語の動詞に反映される他動性について論じ、日本語との対照を行っている。

　本論文集は、筆頭編者のパルデシがリーダーを務める国立国語研究所基幹型共同研究プロジェクト「述語構造の意味範疇の普遍性と多様性」の言語類型論チームの研究成果の一部をまとめたものである。このチームでは 2010 年度から 2013 年度の間に国立国語研究所のほか日本各地の大学で、延べ 11 回の研究発表会を開催し、52 件の発表が行われた。

　また、このチームの研究成果を研究者コミュニティに広く発信する目的で 2014 年 6 月 8 日に日本言語学会第 148 回大会（法政大学）において「他動性の本質の解明―日本語と世界諸言語の対照研究から見えてくるもの」と題したワークショップを企画し、編者全員が研究発表を行った。本論文集の 26 編の論文はプロジェクトの研究発表会や日本言語学会におけるワークショップの発表に加筆・修正を加え、充実させたものである。発表された研究すべてを論集に収められなかったことが惜しまれてならない。

　本論集は、上述の論文以外に、全体を俯瞰した序論を編者共同で執筆し、巻末にはナロック・パルデシ・影山・赤瀬川が作成した「現代語自他対一覧表」を付録として掲載した。この一覧表に含まれている各動詞の使用頻度に関し

て、国立国語研究所の成果物である『現代日本語書き言葉均衡コーパス DVD 版（2011）』の文字ベース XML（約 1 億短単位）を MeCab + IPA 辞書で形態素解析し、その結果を表記ごとにレマ化した頻度を使用した。

　本論集の各論文は、すべて編集者 1 人とピア 1 人の 2 人による厳正な査読を経ている。共同研究者の熱意と惜しみない協力なしに本論文集が完成することはなかった。この場を借りて執筆者および共同研究者の皆さんに御礼を申し上げたい。また、プロジェクトの研究発表会の企画・運営に積極的に貢献した今村泰也氏、吉岡乾氏、日高晋介氏、および国立国語研究所研究推進課の皆さんにも心から御礼を申し上げる。本論集の組版処理の土台は桐生が担当したが、煩雑な LaTeX 組み版作業の多くを献身的に行ってくださった佐藤幸恵氏に感謝申し上げる。最後に、本書の出版にあたってご理解とご協力をいただいたくろしお出版の池上達昭氏、および、論集全般の校正作業を行っていただいた同社の荻原典子氏に深く感謝申し上げたい。

編集者一同

目　次

まえがき i

序論 .... ナロック　ハイコ、パルデシ　プラシャント、桐生　和幸 1

第1部　東アジア・北東アジア・中央アジア

日本語自他動詞対のコード化の頻度論的動機付け
　　　大規模コーパスによる検証 ....
　　　　　ナロック　ハイコ、パルデシ　プラシャント、赤瀬川　史朗 25

「見つかる／つかまる」クラス述語の他動性 .... 岸本　秀樹 43

日本語族における他動性交替の地域差 ... 佐々木　冠、當山　奈那 59

コリャーク語のS=A交替における格枠組みと被動作性 .. 呉人　惠 75

ツングース諸語の自他について .... 風間　伸次郎 91

韓国語の語彙的自他交替
　　　接辞-i/hi/li/ki- による派生の双方向性 .... 円山　拓子 109

モンゴル語の身体部位運動を表す文に見られる動詞の形態 ....
　　　　　　　　　　　　　　　　　　　　　　　梅谷　博之 127

ギャロン語ヨチ方言の他動性
　　　自他動詞対からの分析 .... 白井　聡子 141

現代ウイグル語の他動性について
　　形態的派生の方向性と意図性の観点から ....
　　　　　　　　　　　　　　　　　新田　志穂、栗林　裕　159

チュルク語の自他交替の方向性
　　交替タイプの変異と安定性 .... 大﨑　紀子　173

第2部　東南アジア・南アジア

ラマホロット語の自他交替 .... 長屋　尚典　189

タイ語の Freeze 事象表現
　　コーパスを使った事例研究 .... 高橋　清子　205

ラワン語の自他動詞
　　形態的対応と事象のコード化の面からの考察 .... 大西　秀幸　223

メチェ語の使役動詞の形態的特徴 .... 桐生　和幸　239

ネワール語における自他動詞対
　　民話テキストの動詞分類と考察 .... 松瀬　育子　257

日本語を通してみたヒンディー語の語彙的・統語的他動性
　　複合述語 N/A + kar-naa「する」に焦点をあてて .. 西岡　美樹　275

ヒンディー・ウルドゥー語の語彙的自他対における有標性の役割 ....
　　　　　　　　　　　　　　ピーター・エドウィン・フック　293

スィンディー語の動詞派生
　　受動動詞が表すもの .... 萬宮　健策　307

ブルシャスキー語の動詞語幹と他動性 .... 吉岡　乾　321

第3部　アフリカ・ヨーロッパ

トーロ語における自他動詞の交替 .... 梶　茂樹　337

スワヒリ語における有対動詞
　　派生の形式と動詞の意味を中心に .... 米田　信子　351

リトアニア語の自他交替
　　反使役を中心に .... 櫻井　映子　369

ハンガリー語の自他動詞と項構造 .... 江口　清子　385

コーパスから見たハンガリー語の自他動詞 .... 大島　一　401

アイスランド語の衣類の着脱表現 .... 入江　浩司　415

付録　現代語自他対一覧表 ....
　　　　　　　　　ナロック　ハイコ、パルデシ　プラシャント、
　　　　　　　　　　　影山　太郎、赤瀬川　史朗　431

著者紹介 465

事項索引 469

人名索引 476

言語索引 478

序論

ナロック　ハイコ、パルデシ　プラシャント、桐生　和幸

キーワード：他動性、通言語的研究、動詞対（有対動詞）、言語類型論

1 本書の理論的背景

　言語の記述において他動性は極めて重要な概念である。日本語の他動性に関する研究は、江戸時代後期の国語学者である本居春庭の『詞通路』に遡る。言語類型論の分野では Nedjalkov（1969）を皮切りに、有対自他動詞の形式的な関係において通言語的に見られる普遍性を探求する研究が盛んに行われるようになった。また、Hopper & Thompson（1980）のプロトタイプアプローチによる先駆的な研究をきっかけに、他動性の段階性に関する研究が始まり、他動性は今なお活発に研究されている。

　しかし、なお現在も多くの研究課題が残っている。他動性に寄与する要因など他動性の本質を明らかにしようとする研究や、他動的文構造の言語習得、他動性とアスペクトなどほかのカテゴリーとの関係、他動性の段階性などに関する研究課題があり、Tsunoda（1985）、森山（1988）、角田（1991；第5章）、Jacobsen（1991）、須賀・早津編（1995）、佐藤（2005）、角田・佐々木・塩谷編（2007）、西光・パルデシ編（2010）などが扱っている。その上で、本書は動詞の形態に標示される他動性に焦点を当てる。

　動詞の形態に標示される他動性は、日本語の動詞語彙の特徴の一つでもある。日本語の場合、「わる～われる」、「うごく～うごかす」のように、同じ出来事を表しながらも、一方の動詞の項構造にはその出来事を引き起こす使役者が組み込まれているが、もう一方の動詞の項構造には使役者が組み込まれていないといった語彙的動詞対が数多く存在し、これまで盛んに研究されてきた（松下（1923–1924）、望月（1944）、西尾（1954、1978、1982）、奥津（1967）、藤井（1971）、宮島（1972、1985）、青木（1977）、島田（1979）、野村（1981）、須賀（1981、1986）、水谷（1982）、成田（1983）、市川（1984）、仁田（1986）、早津（1987、1989a、1989b、1990）、沼田（1989）、影山（1996）な

ど）。これらの語彙的な動詞対の多くは共通の語根を有する。また、70年代からこうした動詞対を通言語的なデータに基づいて類型化する試みが続いている（Nedjalkov（1969）、Nedjalkov & Silnitsky（1973）、Haspelmath（1987, 1993）、Nichols et al.（2004）、Comrie（2006）など。細かい違いを除けば、概ね次の類型にまとめられる。

1) 他動化の対　形態的に単純な自動詞から他動詞が派生され、他動詞がより複雑に見える
例：「うごく～うごかす」

2) 非他動化の対　形態的に単純な他動詞から自動詞が派生され、自動詞がより複雑に見える
例：「わる～われる」

3) 中立（両極）対　両方の動詞が同等に同じ語根から派生されているように見える
例：「なおる～なおす」（なお、「しぬ～ころす」のように、同じ出来事を表しながら語根を共有しない対は「補充形」と呼ばれるタイプに分類される）

4) 不安定動詞　同じ語形の動詞に自他両方の用法がある
例：「ひらく」

二つの動詞の意味・統語的関係と上記のような類型論的研究対象の範囲に関しては、対をなすと考えられる二つの動詞の意味・統語的関係に関して多少の曖昧性が存在する。はっきりしていることは、二つの動詞の違いが使役者（A）の有無にあり、動作対象（P）の有無にはないということである。つまり、使役者（A）以外のものを項として導入するいわゆる「適応（applicative）」などは、通常この類型論の対象にはならない。この点は、適応の文法範疇がない日本語の研究にはあまり影響を与えないが、適応形などを豊かに有する言語を研究の対象にする場合、考慮する必要がある。

日本語の研究では、以上のような動詞対を伝統的に「自動詞～他動詞」の対としてとらえることが多かった（例：Jacobsen（1991）、須賀・早津編（1995）に収められている多くの論文）が、類型論的研究で最もよく引用されるHaspelmath（1993）は、研究の対象を「起動」（inchoative）～「使役」（causative）の動詞

対に限定しようとした。こうした動詞対を 31 ほど選定し、21 の言語においてその形態を分析したが、研究の対象が実際に特定の動詞対のみに厳密に絞られているとはいえない。そもそも、「起動動詞」がどういう動詞かはそれほど明らかではない。Haspelmath（1993: 90）は「起動～使役」について次のように定義した。

> 同じ基本的出来事を表す動詞対（中略）起動～使役の対立は、自動～他動の対立より限定的である。（中略）使役動詞の意味は出来事を引き起こす動作主を含み、起動動詞の意味はそうした動作主を排除し、出来事を自発的に起こるものとして表現する。

しかし、Haspelmath（1993）が調査対象とする動詞リストには、「集まる」、「回る」、「起きる」など、動作主を必ずしも排除しない動詞も含まれている。また、「起動（inchoative）」を他動性と関連して定義する言語学的研究はほかにはあまり見当たらない。通常、この用語は、一般言語学ではアスペクトを指している。たとえば、Bussmann（1996）と Dahl（2006）は、次のように定義している。

> 動詞または動詞句のアスペクト：inchoative は非継続相の一つであり、ある状態または過程の始まりを指す。例：「咲く」、「しおれる」。時に、inchoative という用語は、急な開始を指す ingressive（例：「急に燃え上がる」）と同じ意味で使われることもある。　　　　　　（Bussmann 1996: 548）

> Ingressive, inceptive, inchoative という用語はすべてある活動または状態の開始という概念、そしてこの概念に関与する動詞と動詞形、派生の過程を指すために使用されている。　　　　　　　　　　　　（Dahl 2006: 688）

しかし、Haspelmath（1993）の動詞リストには、出来事の開始時点を問題としない自動詞も数多く含まれている（例：「死ぬ」、「終わる」、「集まる」など）。こうした問題もあり、提案者の Haspelmath も、最近「起動」という用語を使わなくなっている。

Nichols et al.（2004）は、「他動化（transitivization）」と「非他動化（detransitivization）」を中心的な概念に据えている。具体的には、「基本動詞とその意味的使役からなる動詞の対」と定義し、また（動作対象 P ではなく）「動作

主 A の付加または差し引き」があることを前提とする（Nichols et al. 2004: 150–151）。Nichols などは、Haspelmath（1993）の「起動動詞」に状態動詞を付け加えている。ところが、実際の研究対象は、「食べる」「笑う」「学ぶ」などのように、起動動詞または状態動詞であるかどうかが必ずしもはっきりしない動詞に基づいた対も含まれている。なお、Haspelmath（1993）と同様に、自動詞〜他動詞のペアだけではなく、他動詞〜複他動詞（例：eat〜feed）のペアも研究の対象となっている。

　Comrie（2006）は、Haspelmath（1993）と同じ動詞を対象にしながらも、上記の問題を回避し、二つの動詞の対立関係を「起動〜使役」ではなく、「反使役〜使役（anticausative〜causative）」と名付けた。Haspelmath et al.（2014）も、研究の対象を変えずに、さらに中立的な言い方を選び、「使役〜非使役（causal〜noncausal）」と名付けた。

　また、二つの動詞の意味が純粋に動作主の有無のみによって成り立っているかどうかも、動詞対を細かく見ると、問題になる場合が少なくない。たとえば、日本語の「だまる〜だます」のような対の場合、出現した時代には、意味的に対応する対として生まれたが、現代語においてはそれとして認定しにくい。これは極端な例であるが、語彙項目として独立して発達する以上、対をなす動詞のそれぞれがもう一方の動詞にはない意味用法を発達させるのは、むしろ普通のことと考えるべきである。そのため、どこで線を引いて意味的対応を認めるべきかは、困難を極める問題であり、まだ十分に研究されていない。

　本書の研究が主に依拠する Haspelmath（1993）と Nichols et al.（2004）では、動詞の対が少数であるためこうした問題は必ずしも顕著には現れないものの、相当な数の動詞対を持つ日本語を扱う場合、明白な問題として意識されることになる。巻末の動詞対リストにおいては、意味関係が明らかに希薄になっている動詞対に直感的な判断から「#」印をつけたが、これは仮の措置にすぎない。

　また、二つの動詞の意味関係だけではなく、形態的関係のとらえ方も問題になる。多くの研究はもともと、二つの動詞の関係を「派生（derivation）」と定義していた。「わる〜われる」を例に取ると、直感的に「わる」が派生元、「われる」が派生先（派生されている）と考えられる。ところが、これも単純な問題ではない。派生には形態、歴史、意味など考慮すべき側面が多く、そ

のすべての側面が常に一致するとは限らない。たとえば、形態的に派生元であるように見える動詞が、歴史的な側面を考慮すると、いわゆる派生「逆成（back formation）」と考えられ、実際には形態的に派生された側であるという場合もある。ナロック（2007）では、日本語動詞対の4分の1までがこうした逆成の結果生じた可能性があることを示した。

意味的側面はさらに複雑である。Levin & Rappaport-Hovav（1995）以来、一般言語学では、こうした動詞対において常に他動詞のほうが派生元であるという仮説が支配的であった。「わる～われる」のような対にはよくあてはまるが、「かなう～かなえる」のような形態上の他動化対の場合、意味的派生と形態的派生が一致しなくなってしまう。こうした問題もあり、ここでは「派生」という用語の使用をできるだけ控えたい。使用する場合には、「形態的派生」という意味で用いることとする。

また、「有標性（markedness）」の概念も似た問題をはらんでいる。この概念は Jacobsen（1985, 1991）、Haspelmath（1993）、Comrie（2006）などで使用されていたが、使用されなくなる傾向にある。これも、形態的有標性と意味的有標性、あるいは使用頻度における有標性が一致しない場合があるからである。これも使用をできるだけ控えるが、使用する場合には「形態的有標性」に限定して用いることとする。

直近では、Haspelmath et al.（2014）が「コード化（coding あるいは codedness）」という概念を提案している。これは、「派生」と「有標性」の理論的問題を回避し、二つの動詞の形態・音韻的「コード化の素材（coding material）」の有無と数量を比較し、コード化の素材の多い動詞、少ない動詞、というように区別している。形態的に概ね膠着的な日本語でも、派生の方向性あるいは有標・無標が定めにくい動詞対はあるが、形態・音韻的素材を比較した場合、コード化の差がはっきりする。ここでナロック・パルデシ・赤瀬川（本書）から引用するが、日本語自他動詞対の主な構成要素は「とく～とける～とかす」の動詞の三つに見られ、表1で示すように、この三者のコード化の度合いの差がはっきりと見てとれる。

太字はコードかの度合いが最も高い形態、斜体は中間を指す。「とかす」はコード化の度合いが最も高い。「とく」は最も低く、「とける」はその中間にある。ここでは詳細を省かざるを得ないが、この形態的なコード化の度合いの差は通常の歴史的な、そして意味的な派生関係とも一致する。つまり、「～

す」タイプの動詞が、何も付加されていない子音活用動詞（五段動詞）、または母音活用動詞（一段動詞）と対立した場合、前者は形態的にコード化の度合いが高いだけではなく、意味・歴史的にも後者からの派生であるといえる。また、子音活用動詞と母音活用動詞の対があった場合は、通常、後者が前者から派生されているといえる。

表 1　現代語の動詞対の形態的パターンとコード化の差

活用形	子音活用動詞 (Vc)	母音活用動詞 (Vv)	V+αr／s
非過去	tok-u	**toke-ru**	**tokas-u**
意志・未来	tok-oo	**toke-yoo**	**tokas-oo**
条件 I	tok-eba	**toke-reba**	**tokas-eba**
命令	tok-e	**toke-ro**	**tokas-e**
否定連用	tok-azu	toke-zu	**tokas-azu**
テ形	toi-te	*toke-te*	**tokasi-te**
過去・完了	toi-ta	*toke-ta*	**tokasi-ta**
条件 II	toi-tara	*toke-tara*	**tokasi-tara**
例示	toi-tari	*toke-tari*	**tokasi-tari**

　この基準に基づいて巻末の「現代語自他動詞一覧表」の動詞対も分類されている。用語・概念の問題がそれですべて完全に解決されるわけではないが、できるだけ「派生」「有標性」よりも「コード化」の概念を援用し、動詞の対については中立的に「自動詞」、「他動詞」、「複他動詞」という用語を使用し、その関係には「他動化」、「非他動化」という用語を使用することにする。
　さて、ここで用語と概念の問題から類型の問題に戻ることにしよう。こうした動詞対の類型論的研究の意義は何だろうか。最も根本的な意義と目的は、自然言語の形態と意味の相関関係の解明であろうが、ほかにもさまざまな面白い問題提起あるいは観察がなされている。
　Haspelmath（1993）は、他動性において対立する対になりやすい動詞的意味のうち、派生元の動詞のどれが通言語的に自動詞として、どれが通言語的に他動詞として標示される傾向にあるかを明らかにしようとし、実際にそうした通言語的傾向を確認することができることを示している。31 の動詞対の

中では、たとえば「わく～わかす」は派生元の動詞が自動詞である傾向が非常に強く、「わる～われる」の場合、派生元の動詞が他動詞である傾向が非常に強いことを示した (Haspelmath 1993: 104)。また、その原因として「その出来事が自発的に起きる確率」という認知的概念を提案した。

Nichols et al. (2004) の研究の目的は、主に言語地域的な特徴の確立にあった。それによれば、表2で見られるように、動詞対のタイプは、地域的な特徴でもある。たとえば、ヨーロッパでは世界でも珍しく「非他動化型」が多く、日本語も分類されている北アジアでは他動化型が比較的優勢である。本書にもそうした言語地域的な視点が組み込まれている。

表 2　地域別のタイプの分布　　（Nichols et al. 2004: 181）

	他動化型	非他動化型	中立 （両極）型	不安定型	型無し
アフリカ	3	1	5	3	0
ヨーロッパ	2	3	4	1	1
北アジア	3	0	2	1	2
南・東南アジア	2	0	2	2	2
オーストラリア	0	1	5	1	1
北アメリカ	5	0	0	1	6

ところが、Haspelmath (1993) や Nichols et al. (2004) の研究は、一人もしくは数人の研究者による通言語的研究であり、そうした制約からして、個々の言語において包括的なものとはいえず、また、正確な分析を行っているかどうかも、それぞれの言語の専門家が見ると疑問の余地がある。

国立国語研究所では、より包括的に個別言語の専門家からデータを集約し、この類型的な問題についての分析を行ってきた[1]。そこでの議論に基づき、本

---

[1] Haspelmath (1993) が立てた仮説の予測は、国立国語研究所のホームページで公開している「使役交替言語地図 (The World Atlas of Transitivity Pairs (WATP))」(URL: http://watp.ninjal.ac.jp/) の「地図インターフェース」において確認できる。この言語地図には 2015 年 7 月現在約 60 言語における 31 対の動詞の形態的な関係のタイプのデータが含まれており、研究目的でデータをダウンロードすることが可能である。さらに、「チャートインターフェース」では、31 動詞対間の形態的な関係をタイプ別に一望できるだけでなく、形態的な関係タイプ別で並べ替えることもできる。この言語地図は本書と同様、国立国語研究所共同研究プロジェクト「述語構造の意味範疇の普遍性と多様性」の共同研究の

書は多様な言語地域の個別言語の研究を行っている研究者の手による論文を集め、個別研究における類型論的研究を深めることを目的としている。また、Haspelmath などの言語類型論的研究から刺激を受け、研究対象の言語の他動性に関する論証を深めようとすることも目的の一つである。本書では本稿のほかに 25 編の論文が収録されている。以下、大まかな地域別にそれぞれの内容について概要を紹介する。

2　個別論文の紹介
2.1　東アジア・北東アジア・中央アジア地域の言語に関する論文

本書で扱われている東アジア・北東アジア・中央アジアの言語は、この地域を代表すると考えられる主要な言語（言語族）、すなわち、日本語（方言を含む）、韓国語（孤立語）、エウェン語、ウデヘ語、ナーナイ語、満州語（ツングース語族）、コリャーク語（チュクチ・カムチャツカ語族）、モンゴル語（モンゴル諸語）、ギャロン語（シナ・チベット語族）、ウィグル語、現代チュルク語（チュルク諸語）である。これらの言語を扱った論文からは、特定の地域間や語族の派生パターン・派生の方向のバリエーションおよび自他交替の方向性の変異と安定性、言語類型論で近年活発に議論されている派生パターン・派生の方向の動機づけの説明の最前線、自他動詞における異なる格枠組みの記述および動機づけ、他動性と意図性、アスペクトやヴォイスなどとの関わりが浮き彫りになる。

本書は、日本語について三つの論文が収録されている。前節で述べたように自他動詞対の研究の大きな動機の一つは、言語の形式の動機づけを明らかにすることにある。Haspelmath（1993）は認知的な動機づけを求めたが、通言語的バリエーションなどに鑑みて、限界があった。ナロック・パルデシ・赤瀬川は、使用頻度による動機づけを追及し、日本語自他動詞対のすべての形態的パターン、そして統語的パターンを通して、コード化の度合いの低い動詞のほうが頻度が高いことを示し、使用頻度による動機づけの有効性を示す。

岸本は、「みつける〜みつかる」、「つかまえる〜つかまる」のような非他動化の動詞対を対象にし、特にその自動詞に焦点を当てる。「みつかる」のよう

成果の一部である。

な自動詞は、他動詞の動作主・使役者がニ格の項として項構造に残る特徴があり、受動態に似ている。岸本は、これらの自動詞は「脱使役化」が関わって、動作主が「着点」として項構造に残り、そして動作主として解釈されることを論じている。

　佐々木・當山は、単一言語と見られやすい日本語の地域的多様性に焦点を当て、Haspelmath（1993）の 31 対のリストを北海道方言と、標準語、首里方言に適用し、北海道方言には -asar- などの半生産的な非他動化手段があるため、非他動化の傾向が強く、逆に首里方言は標準語に比べても他動化の -as- が生産的で他動化型が多いことを示す。また、興味深いことに、首里方言の音韻変化も他動化型の顕著な傾向に影響しているようである。

　佐々木・當山とナロック・パルデシ・赤瀬川は同じ Haspelmath（1993）の 31 対の動詞のリストを挙げている。佐々木・當山が挙げる Haspelmath（1993）の従来の分析では日本語において両極対が多くなるのに対し、Haspelmath et al.（2014）でも採用されている「コード化」による新分析法（ナロック・パルデシ・赤瀬川）では、両極対の数が減り、他動化対・非他動化対が多くなる。このように、形態分析の方法によって類型論的位置づけもかなり揺れることが分かる（なお、佐々木・當山も実際の方言の比較において動詞間の細かい相違を重視し、両極対が少なく、他動化対・非他動化対が多いという分析を採用している）。

　呉人は、コリャーク語の自他対応は、S が A, P のいずれと対応するかにより 2 つのパターンに分けられることを示し、そのうち自動詞文では複数の格枠組みが見られる S=A パターンに焦点を当て、コリャーク語の他動性に関与する要素を探る。他動詞文で絶対格を取る P は、自動詞文では削除されるか、または場所格、道具格、方向格、与格に降格され、このような異なる格枠組みには被動作性が関与していることを論じている。さらに、コリャーク語と対格言語である日本語の格枠組みの特質を比較対照し、コリャーク語は日本語とは根本的に異なることを論じている。

　風間は、4 つのツングース語族の言語（エウェン語、ウデヘ語、ナーナイ語、満州語）を対象に、Nichols et al.（2004）の論文の中心的なテーマであった自他交替の言語地域性を扱っている。Nichols et al.（2004）は、北アジア地域では、特に有生主語動詞の場合、他動化の傾向が強いことを示している。日本語もそれにあてはまるが、ツングース語族の言語はやや例外的である。この

言語地域に珍しい不安定動詞も有しており、さらに補充も多い。モンゴル語などから強く影響を受けている満州語だけがそれと異なり、強い他動化型である。なお、風間は、ツングース諸語は、動作主の付加・差し引きではなく、目的語の付加・差し引きにおいて異なる動詞対（つまり、適応に分類できる動詞対）も有していることを指摘する。

円山は、日本語の -e- と語源的に関連づけられることもある韓国語の -i/hi/li/ki- の分析を行っている。語彙的な表現手段にも関わらず従来の分析ではもっぱら「ヴォイス」として扱われることが多かったが、機能的には自他動詞対とも重なっている。しかも、-e- と同じように他動化にも非他動化にも使用される。円山は、この -i/hi/li/ki- の機能を統一的に「動作主の追加／削除を軸として対となる動詞を派生させる」として説明している。また、派生の方向性（自動化、他動化）を意味だけから容易に予測できないことも示している。

梅谷は、圧倒的に自他異形が強いモンゴル語で極めて稀である自他同形の現象に焦点を当て、この現象が身体部位を動かすことを表す他動詞文において観察されることを示す。

白井は、ギャロン語における形態的な自他対応に焦点を当て、その特徴を分析している。ギャロン語は使役化の傾向が強いが、反使役化のパターンも見られることを論じている。使役化・反使役化の派生接頭辞は、当該の出来事における外的使役者の導入または捨象という他動性の高低を反映したものであることが示されている。また、反使役化辞は、他動性を低める働きから結果状態の表示というアスペクト的側面、再帰や逆使役や相互態といったヴォイスとも関係することを論じている。

新田・栗林は中型辞書の動詞の全数調査に基づき、チュルク諸語の一つである現代ウイグル語の形態的派生の方向性について、トルコ語ほど強くないものの他動化型が優勢であることを論じている。さらに、現代ウイグル語と日本語の対照研究を通じて、両言語における意図性に関わる補助動詞は、主語の意図的な行為であると解釈される場合と非意図的な行為であると解釈される場合の両方に関わるが、ウイグル語と日本語とではその使用条件が異なることを指摘している。

大﨑は、ユーラシア大陸に分布するチュルク諸語から地域ごとに選んだ計9言語を対象に Haspelmath（1993）で提示された 31 の動詞対を調査し、その調査結果を古代チュルク語の資料と比較しながら、現代のチュルク語におけ

る自他交替の方向性の変異と安定性を分析している。チュルク語間の交替タイプの異同は、①異分析と語彙の交替および、②抽出語彙の選択によって生じることを指摘するとともに、使役交替型が観察されやすいと言われる語彙グループにおいて通言語的に高度な通時的安定性が観察されることを指摘している。さらに、部分的に変化を被っているチュルク語間の交替タイプの異同はあくまで内部的変化が中心であり、言語接触など外的な要因によって引き起こされた要素は極めて少ないことも合わせて指摘している。

2.2 東南アジアと南アジア地域の言語に関する論文

本書で扱われている東南アジア・南アジアの言語は、この地域に見られる主要な語族の言語をカバーしている。すなわち、ラマホロット語（オーストロネシア諸語）、タイ語（タイ＝カダイ諸語）、ラワン語、メチェ語、ネワール語（チベット＝ビルマ諸語）、ヒンディー語、ウルドゥー語、スィンディー語（インド＝アーリア諸語）、ブルシャスキー語（孤立語）である。本書のデータだけで各諸語の全体的傾向を論じることはできないが、少なくとも、本書のデータを見ると、語族ごとに派生の方向性だけではなく、自他動詞対の有無自体について異なる傾向がうかがえることが分かる。

長屋が記述に取り組んでいるラマホロット語は、インドネシア・フローレス島で話され、まだ記述が途中段階にあるオーストロネシア諸語の一つであるが、よく知られているタガログ語などと性格が大きく異なる。この言語において自動詞と他動詞の区別自体が自明なことではないため、長屋はまず3つのテストを用いて他動詞と自動詞、そして中間的なケースを分析する。続いてラマホロット語でのHaspelmath (1993)における自他動詞対を調べるが、興味深いことに、一部の動詞には、自動詞表現が全く見られないことを報告している。

高橋が扱うタイ語は、本書の中でも数少ない形態的な派生がない孤立語で、意味的な観点から自他の区別が問題となる言語である。本論では動詞の他動性が当該言語の文化的な側面と多分に関係することを論じ、自他対の成立について興味深い考察を行っている。扱う動詞は日本語の「凍る・凍らす」のペアに相当するタイ語表現であり、自然に水が凍ることのないタイにおいては、そもそも自動詞的な現象を想起できず、人為的な操作である他動的な表

現が主に使われる。さらに、他動詞も叙述用法ではなく、修飾用法などが圧倒的に多く、その動詞の持つ他動性は、日本語の対応する動詞に比べても低いことになり、多言語間で単純に動詞を並べて他動性を比較することの難しさを示唆している。

大西、桐生、松瀬の3論文は、白井のギャロン語同様チベット＝ビルマ系の言語を扱っている。これらの4言語を見ると、チベット＝ビルマ系言語では使役化の傾向が圧倒的に優勢であることがうかがえる。

大西は、チベット＝ビルマ系言語のラワン語の自他対についての論文である。ラワン語において自動詞なのか他動詞なのかは、動詞につく人称接辞パラダイムの違いによって判別が可能で、その基準に基づくと全般的に対をなす自他動詞は無対動詞に比べて多くはない。白井のギャロン語同様、使役化を好む他動詞化型の特徴が強い一方、反使役化的な方略を持つ言語である（大西自身は、形態的な反使役化とは見ていない）。また、日本語と比較することで、ラワン語における自動詞表現・他動詞表現の選択には意志性や有責性といった要素は無関係であり、何が主題となるかがその選択において重要な要素であることを指摘している。

桐生は、メチェ語では、辞書に掲載された動詞対のデータからみると、使役・非使役動詞のペアにおいて使役化が圧倒的多数を占めており、反使役化がないことを報告している。使役化のパターンは、生産的な接尾辞付加によるものがほとんどだが、一部、祖語に遡ることができるパターンを維持するものがあり、非使役動詞を軸に使役と状態の両方向への派生を見せる語根も存在することも合わせて示している。メチェ語では、非使役動詞に対する使役動詞が意味によって異なるペアが存在することを指摘し、最後に日本語との比較を通じて、メチェ語では他動詞化と使役化を区別する必要性が日本語ほどはないことを論じている。

松瀬の扱うネワール語もメチェ語同様、反使役化がなく、有対自他動詞は使役化が圧倒的に多い。つまり、自動詞が原型的な言語であることを示している。この点について、松瀬は、まずネワール語の自他対について Haspelmath（1993）と Nichols et al.（2004）の動詞リストに基づいて比較を行い、確かに使役化が多いことを認め、次に、実際の民話テキストデータに基づいて、自他対のトークンを調べ、その結果、頻度ベースで計算しなおすと、他動詞に比べ自動詞が高頻度であることを示している。また、松瀬は、自他対につい

ては補充型のペアの割合が使役化に次いで多いことを挙げ、そのほとんどが移動表現であることを論じている。

　西岡は、まずHaspelmath（1993）で提案されている31対のヒンディー語のデータを示し、自他動詞の派生のパターンの全体像を示す。続いて両極型の派生である名詞（N）／形容詞（A）＋動詞（V）のうち、他動詞である名詞（N）／形容詞（A）＋ kar-naa に焦点を当て、それを日本語の名詞（N）／形容詞（A）＋スルと両言語に共通して観察されるN／Aを含む感情表現を中心に比較し、その統語的あるいは語彙的な他動性に関する特徴を論じている。

　フックの論文は、既刊の論文の日本語訳である。Hookはヒンディー・ウルドゥー語における他動性の度合いを表し、形態的に関係づけられる自他動詞対に焦点を当てている。特に動詞対間の形態的な関係をその意味的な関係に関連づける試みとして行われた数多くの先行研究を概観し、すべての他動詞がそれに対応する自動詞から派生されるのか、あるいは、少なくとも自動詞のいくつかはそれに対応する他動詞から派生されているのか、という形態・意味論的な課題を取り上げ、有標性理論を援用し分析を行っている。フックは、多くの他動詞がそれに対応する自動詞から派生されるものの、少なくとも自動詞のいくつかは、それに対応する他動詞から派生されるべきであることについて、統計頻度という切り口から新たな証拠を提示し論じている。

　萬宮は、スィンディー語は、他動詞が自動詞から派生規則に基づき形成されるものが多いことを論じ、さらに、他動詞から派生されるさまざまな動詞を概観し、なかでも受動動詞に焦点を当て、その用法を記述している。スィンディー語では受動動詞は、自動詞から派生されるものもあり、受動態以外の意味を表す場合もあることを指摘している。

　吉岡は、接辞を用いた動詞派生だけで結合価操作を行うブルシャスキー語の結合価操作の形態論を、他動性と絡めて記述している。ブルシャスキー語では結合価を増やす派生を人称接頭辞が、減らす派生を完結接頭辞が担い、さらに、一部の動詞のみに限られているが、3人称複数一致要素による中動派生も存在することを指摘している。さらに、同じ他動化型言語である日本語と対照を行い、語彙ごとに決まった語幹形成接辞で自他交替し、さらに形態統語的な使役や受動が規則的に生産できる日本語と、比較的規則的な内部派生で語幹を形成しつつも形態統語的な使役や受動の生産的操作が存在しないブルシャスキー語とでは派生のシステム自体が随分と異なることを論じて

いる。

2.3 アフリカと欧州の言語に関する論文

本書で扱うアフリカおよび欧州の言語は、アフリカからトーロ語、スワヒリ語（バントゥ諸語）、欧州からは印欧語族のリトアニア語（バルト語派）とアイスランド語（ゲルマン語派）、および、ウラル・アルタイ語族のハンガリー語（フィン・ウゴル語派）の5言語である。

梶はバントゥ諸語の一つであるトーロ語を取り上げている。トーロ語は他のバントゥ系言語と同様に、動詞に豊富な形態的カテゴリーを標示する膠着言語であるが、他動性に関わる接尾辞も少なくない。これらを解説した後、梶はトーロ語における自動詞構文と他動詞構文の特徴を紹介し、他動詞でありながら、自動詞的な表現としても使用される、いわゆる「疑似自動構文」という独特の現象を分析し、日本語の「〜てある」構文に類似していることを指摘する。

米田は、トーロ語と同じくバントゥ諸語の一つであるスワヒリ語における他動化と非他動化の接尾辞を詳細に分析し、日本語と同様にいくつかの形態的バリエーションがあるものの、意味との対応が非常に明確であることを論じている。また、スワヒリ語は Haspelmath（1993）が取り上げた21の言語の一つであるが、日本語と同様、その言語の専門家から見た場合、その分析が不十分であることを示す。Haspelmath（1993）の分析においてはスワヒリ語の他動化対と非他動化対、両極対は31対の動詞リストの中でほぼ同数であるが、専門的な分析を行えば、他動化型に偏った言語であることが分かることを指摘している。

櫻井は、櫻井と Polonskaitė が作成したリトアニア語の自動詞・他動詞のリストという一次的な資料に基づいてリトアニア語における自他交替現象の概要を示し、生産的な形態法による自動詞化である si-/-s という再帰接辞を用いた反使役（逆使役）派生に焦点を当て、その統語的・意味的特徴を論じる。さらに、ロシア語や日本語との類似点と相違点に着目しつつ、リトアニア語の他動性交替の言語地域学的および類型論的特徴づけを行っている。

本書ではハンガリー語に関する論文を二つ収録しているが、江口は、動詞対よりも「他動性」を論じる数少ない論文の一つである。江口は、ハンガリー

語における典型的な他動詞事象と典型的な自動詞事象を紹介してから、日本語の他動性研究でもかねてより注目を浴びている「非」典型的な他動詞事象の表現法を記述し、そして、他動性を下げることになる動詞補充要素による抱合的な構造を分析している。逆に中央ヨーロッパの典型的な動詞形態の一つである動詞接頭辞が動詞に終結的な解釈を与え、他動性を高める結果になることを指摘している。

大島は、本書で中心的に取り上げられている Haspelmath（1993）の自他動詞対のリストだけではなく、辞書から抽出できた 492 の自他動詞対の類型を調べ、ハンガリー語は両極対が最も多く、次に多いのは非他動化対であることを示す。これは、ヨーロッパの地域的特徴によく合致しているといえよう。また、ハンガリー語コーパスにおける 31 対の動詞の使用頻度を調べ、いくつかの動詞対において見られる甚だしい使用頻度の差の原因について考察している。

入江のアイスランド語についての論文は、この論文集においてゲルマン語派を代表する。衣類を身につける表現を対象にし、着脱の両方において、動作を表す表現と結果状態を表す表現を体系的に分析する。その結果を日本語とも比較し、日本語の場合、「動作主が衣服を体、あるいは体の一部に移動させる」表現法を取っているのに対し、アイスランド語は、「動作主が衣服（の中）に移動する」という意味構造を好む（ただし、小物・アクセサリー類の場合は、そうとは限らない）ことを指摘している。

2.4　まとめ

本書に収められている多くの論文は、動詞の形態に標示される他動性に焦点を当て、日本語との対照を試みている。このような日本語と世界諸言語の対照研究を通じて動詞の形態に標示される他動性における諸言語間の共通性や個別性のみならず、世界諸言語の中の日本語の位置づけも浮き彫りになる。

3　巻末の「現代語自他対一覧表」について

本書では巻末に「現代語自他対一覧表」を附している。この一覧表は、既存の日本語自他動詞対のリストの内容を批判的に検討した上で統合し、さらにそれらのリストになかった対を追加して、最新・最大の日本語動詞対のリ

ストを提供することを目指して作成したものである。本動詞リスト作成の基としたリストは次の通りである。

- JUMAN：日本語形態素解析システム JUMAN7.0 の辞書に含まれる自他動詞情報（http://nlp.ist.i.kyoto-u.ac.jp/index.php?JUMAN）
- IPAL：GSK 配布版「計算機用日本語基本辞書 IPAL：動詞・形容詞・名詞」の動詞リスト DOUSI.xls にある自他動詞情報
- Jacobsen：Jacobsen（1991）の巻末にある日本語自他動詞対のリスト
- 「ことばの畑」：ウェブサイト「ことばの畑」にある自他動詞対リスト（http://www.geocities.jp/kotobano_hatake/vi_vt/vivt_note.html）
- ナロック：ナロック（2007）の表にある動詞対およびナロックがそれ以降収集していた動詞対

既存のリストを批判的に検討した際、いわゆる可能動詞や受動など、語彙的な対立を成さないと思われる動詞を排除した。しかし語彙化されていると思われる動詞対に限定したとしても、その認定においてさまざまな問題点が生じる。先行研究を参考にすると、ある二つの動詞が対であることを認定するには、当該の動詞が概ね以下の4つの条件を満たしている必要があると言える。

1 形態的対応が必要
2 意味的対応が必要
3 項の増減（付加・削除）が必要
4 片方の動詞が自動詞でなければならない

この4つの基準について、次ページの表3で日本語の先行研究にあるリストと類型論的研究のリストをそれぞれ3つずつ取り上げ、比較した。

表3で見てとれるように、『ことばの畑』や Jacobsen（1991）のような伝統的な日本語自他動詞対のリストは、第一に動詞の形態的対応に基づいており、厳密な意味・統語的な制約は課されていない。たとえば、「くだる～くだす」のような意味的対応が希薄な対も含まれ、「あずかる～あずける」「おしえる～おそわる」のように、項を増やしたり減らしたりするのではなく、いわゆる視点を変えるものも含まれ、「あびる～あびせる」「みる～みせる」のよう

に他動詞と複他動詞の対なども含まれる（ただし、「ことばの畑」ではほとんど含まれていない。この点において類型論的研究と最も異なる）。

　形態的な対応を頼りにできないHaspelmathやNicholsなどの類型論的研究では、何らかの意味・統語的基準を設けなければならない。ところが、それが必ずしも厳密に守られていない。また、Nicholsなどのように、「他動化」の概念を満たすものとして「他動詞〜複他動詞」の対を意図的に考察の対象に含めている場合もある。ナロック（2007）は、日本語に類型論的な考え方をあてはめた研究であるので、日本語自体の自他動詞対リストというより類型論的な動詞対リストに近い。

　本書巻末の「現代語自他対一覧表」も中間的なものである。形態的関係と意味的関係の両方を反映するため、日本語の伝統的なリストに倣って意味的な関係が希薄なものや他動詞〜複他動詞の対も排除せず、分類や注によって区別をつけようとするものである。最も困難なのは、意味対応の認定である。第1節で触れた「だまる〜だます」のように成立時代には明確な意味対応を成していても、個々の動詞の意味変化によって、意味的対応が希薄になった対は少なくない。こうした動詞対には「注」欄で「#」印をつけ、意味対応が限定的・部分的なものには「△」印をつけた。ただし、「だまる〜だます」は極端な例で、そう簡単に判断できないものも多く存在する。語根を共有する動詞を意味的に結び付けようとする辞書の記述と、個人の母語話者の直感が異なる場合もある。現時点では、先行研究の著者たち、あるいは辞書の作成者の直感、諸辞書に挙げられている例文などに頼らざるを得ない。

　なお、意味的対応関係の問題のほかに、現代語において書き言葉に限られているものに「古」印をつけ、片方の動詞に自他両方の用法があるものに「％」印をつけた。動詞対の分類の基準は、「他動化」「非他動化」の概念、および本章の第1節で説明した「コード化」の概念に依拠している。

　なお、最後に「型」の欄についてであるが、本研究では動詞対を語彙化したものとしてとらえており、-as- や-os-, -ar-, -or-, -e-, -i- などのような形態素がそこに存在するとは考えていない。しかし、語源的には日本語祖語にそうした形態素が働いており、上代以降には音韻列として語彙に残っていると考えられる。「型」列はそうした音韻列、特にその自他の交替の標示として働いている部分を表している。どんな音韻列を認めるかは、解釈の余地もある。本研究では、子音語幹活用（五段活用）および母音語幹活用（一段活用）の中の

表 3　動詞対リストに含まれる動詞の基準

	1	2	3	4
Jacobsen 1991	○	△	×	×
ことばの畑	○	△	×	(○)
ナロック 2007	×	△（限定的な意味対応で十分）	○	×
Haspelmath 1993	×	○（理論上「起動〜使役」に限定されるが、実際には満たされていない）	(○)（必要とされるが、満たされていない）	(×)
Nichols et al. 2004	×	○（意味的対応が要求されるが、「起動〜使役」のように特定の意味関係でなくてもよい）	(○)（必要とされるが、満たされていない）	×
Haspelmath et al. 2014	×	○（意味的対応が要求されるが、「起動〜使役」のように特定の意味関係でなくてもよい）	○	○

＊表 3 において括弧（　）で囲まれている項目は、該当する文献においてその点について説明はないが、そのように見える、あるいは異なる理論的説明があっても、実際に括弧内のようであることを示す。基準 1 〜 4 の説明について 16 ページを参照。

旧上一段活用を「Ø（ゼロ）」型とみなし、それ以外のものは、有標（何かの音韻的標示がある）とみなし、現母音語幹活用の中の旧上・下二段活用のものは「-ε- {-e-, -i-}」の標示にした。唯一の例外として第 79 番対の「飽きる」がある。厳密には最初から一段活用であるが、旧上二段活用〜V+αs 対との類推で作られたと見られるので、それと同「型」とみなした。少数のパターンもいくつかあるが、やはり表面構造において自他の差を表していると考えられる音韻的部分を「型」とみなした。

謝辞

本稿の作成にあたり国立国語研究所プロジェクトPDフェロー今村泰也氏に形式面の修正について大変お世話になった。記して感謝の意を表す。

参照文献

青木伶子（1977）「使役―自動詞・他動詞との関わりにおいて―」『成蹊国文』10: 26-39.

Bussmann, Hadumod (1996) *Routledge dictionary of language and linguistics*. London: Routledge.

Comrie, Bernard (2006) Transitivity pairs, markedness, and diachronic stability. *Linguistics* 44(2): 303–318.

Dahl, Östen (2006) Ingressives. In: Keith Brown (ed.) *Encyclopedia of language and linguistics*. Second edition, 688-689. Amsterdam: Elsevier.

藤井正（1971）「日本語の使役態」『山口大学教育学部研究論叢』20: 1-13.

藤井正（1971）「『広げる』と『広がらせる』」『山口大学教育学部研究論叢』20: 15-22.

本居春庭（1828）「詞通路」．島田昌彦（1979）『国語における自動詞と他動詞』54-114, 481-585. 東京：明治書院.

Haspelmath, Martin (1987) *Transitivity alternations of the anticausative type*. Arbeitspapiere, N.F. 5. Cologne: Institut für Sprachwissenschaft, Universität zu Köln.

Haspelmath, Martin (1993) More on the typology of inchoative/causative verb alternation. In: Bernard Comrie and Maria Polinsky (eds.) *Causatives and transitivity*, 87-120. Amsterdam: John Benjamins.

Haspelmath, Martin, Andrea Calude, Michael Spagnol, Heiko Narrog and Elif Bamyacı (2014) Coding causal-noncausal verb alternations: A form-frequency correspondence explanation. *Journal of Linguistics* 50(3): 587–625.

早津恵美子（1987）「対応する他動詞のある自動詞の意味的・統語的特徴」『国語学研究』6: 79-109.

早津恵美子（1989a）「有対他動詞と無対他動詞の意味上の分布」『計量国語学』16(8): 353-364.

早津恵美子（1989b）「有対他動詞と無対他動詞の違いについて：意味的な特徴を中心に」『言語研究』95: 231-256.

早津恵美子（1990）「有対他動詞の受身表現について：無対他動詞の受身表現と比較を中心に」『日本語学』9(5): 67-83.

Hopper, Paul and Sandra A. Thompson (1980) Transitivity in grammar and discourse. *Language* 56: 251-299.

市川隆二（1984）『日本語動詞の研究』東京：武蔵野書院.

Jacobsen, Wesley M. (1985) Morphosyntactic transitivity and semantic markedness. *Chicago Linguistic Society* 21(2): 89-104.

Jacobsen, Wesley M. (1991) *The transitive structure of events in Japanese*. Tokyo: Kurosio.

影山太郎（1996）『動詞意味論』東京：くろしお出版.

Levin, Beth and Malka Rappaport Hovav. (1995) *Unaccusativity: At the syntax-lexical semantics interface*. Cambridge, MA: MIT Press.

松下大三郎（1923-1924）「動詞の自他被使動の研究（一）〜（完）」『国学院雑誌』29-12, 30-1.2

宮島達夫（1972）『動詞の意味・用法の記述的研究』東京：秀英出版.

宮島達夫（1985）「「ドアをあけたが、あかなかった」：動詞の意味における＜結果性＞」『計量国語学』14(8): 335-353.

水谷静夫（1982）「現代語動詞の所謂自他の派生対立」『計量国語学』13(5): 212-222.

森山卓郎（1988）『日本語動詞述語文の研究』東京：明治書院.

成田徹男（1983）「格による動詞分類の試み：自然言語処理用レキシコンのために」『ソフトウェア文書のための日本語処理の研究5：計算機用レキシコンのために』160-181. 東京：情報処理振興事業協会.

望月世教（1944）「國語動詞に於ける對立自他の語形に就いて」『國語學論集:橋本博士還暦記念』449-482. 東京：岩波書店.

ナロック、ハイコ（2007）「日本語自他動詞対の類型論的位置づけ」『レキシコンフォーラム』3: 161-193.

Nedjalkov, Vladimir P. (1969) Nekotorye verojatnostnye universalii v glagol'nom slovoobrazovanii. In: Igor' F. Vardul' (ed.) *Jazykovye universalii i lingvističeskaja tipologija*, 106–114. Moscow: Nauka.

Nedjalkov, Vladimir P. and G.G. Silnitsky (1973) The typology of morphological and lexical causatives. In: Ferenc Kiefer (ed.) *Trends in Soviet theoretical linguistics*, 1-32. Dordrecht: D. Reidel.

Nichols, Johanna, David A. Peterson and Jonathan Barnes (2004) Transitivizing and detransitivizing languages. *Linguistic Typology* 8: 149-211.

西光義弘、プラシャント・パルデシ編（2010）『自動詞・他動詞の対照』東京：くろしお出版.

西尾寅弥（1954）「動詞の派生について：自他の対立の型による」『国語学』17: 105-117.

西尾寅弥（1978）「自動詞と他動詞における意味用法の対応について」『国語と国文学』55(5): 173-186.

西尾寅弥（1982）「自動詞と他動詞：対応するものとしないもの」『日本語教育』47: 57-68.

仁田義雄（1986）「格体制と動詞のタイプ」『ソフトウェア文書のための日本語処理の研究7：計算機用レキシコンのために』107-213. 東京：情報処理振興事業協会.
野村剛史（1981）「自動・他動・受身動詞について」『日本語・日本文化』11: 161-179.
沼田善子（1989）「日本語動詞自・他の意味的対応（1）：多義語における対応の欠落から」『研究報告集―10―』国立国語研究所報告 96: 193-215. 東京：秀英出版.
奥津敬一郎（1967）「自動化・他動化および両極化転形：自・他動詞の対応」『国語学』70: 46-66.
佐藤琢三（2005）『自動詞文と他動詞文の意味論』東京：笠間書院.
島田昌彦（1979）『国語における自動詞と他動詞』東京：明治書院.
須賀一好（1980）「併存する自動詞・他動詞の意味」『国語学』120: 31-41.
須賀一好（1986）「自動詞・他動詞（日本語動詞のすべて＜特集＞）―（動詞の形態論）」『国文学解釈と鑑賞』51(1): 57-63.
須賀一好・早津恵美子編（1995）『動詞の自他』東京：ひつじ書房.
角田三枝・佐々木冠・塩谷亨編（2007）『他動性の通言語的研究』東京：くろしお出版.
　　Tsunoda, Tasaku (1985) Remarks on transitivity. *Journal of Linguistics* 21: 385-396.
角田太作（1991）『世界の言語と日本語』東京：くろしお出版.

第1部

東アジア・北東アジア・中央アジア

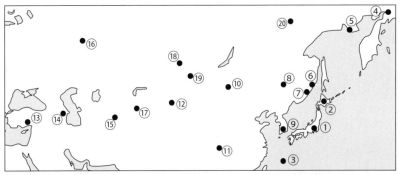

①日本語（共通語）　②日本語（北海道方言）　③琉球語（首里方言）
④コリャーク語　⑤エウェン語　⑥ナーナイ語　⑦ウデヘ語　⑧満州語
⑨韓国語　⑩モンゴル語　⑪ギャロン語　⑫ウイグル語　⑬トルコ語
⑭アゼルバイジャン語　⑮ウズベク語　⑯タタール語　⑰キルギス語
⑱ハカス語　⑲トワ語　⑳サハ語

日本語自他動詞対のコード化の頻度論的動機付け
大規模コーパスによる検証

ナロック　ハイコ、パルデシ　プラシャント、赤瀬川　史朗

【要旨】日本語には豊富な語彙的動詞対がある。その中には、形態的に有標性の差のない対もあれば（例：「なおる〜なおす」）、片方が他動化（例：「鳴る〜鳴らす」）又は非他動化（例：「割る〜割れる」）を表し、形態的に有標性の差があるものもある。有標性（本稿の「コード化」）に差がある場合、従来、その差を意味論的に動機付けようとする研究が多かったが、本稿では大量のコーパスデータに基づいて頻度による動機付けについて検討を行う。結論として頻度論的な動機付けが傾向として支持される。

キーワード：語彙的動詞対、他動化〜非他動化、動機付け、頻度

1　はじめに

　日本語が豊富に有するいわゆる「自動詞・他動詞の有対動詞」（早津1989；以下「動詞対」と呼ぶ）の中には、「割る〜割れる」のように片方（war-u「割る」）が無標でもう一方（ware-ru「割れる」）が有標であるようなものが多い。つまり、2つの動詞の間に形式上有標性の差があるといえる。ところが、「有標性」は多義的で複雑な概念である。日本語の動詞対においては有標性の差の有無が多くの場合明確に判定できるが、通言語的にはその限りではない。そこで本稿は近年の類型論的な研究に従って、動詞の形態的な側面に的を絞り、対をなす自動詞と他動詞を比較した時の違いを、第一に音韻的な長さ（分節音素の数）、つまり「コード化」（encoding）の差として捉える。

　従来、コード化の差については、日本語学でも一般言語学でも意味論的な説明がなされてきた（2.1節参照）。だが、意味論的な説明には限界があるため、近年では、「言語処理」（language processing）と「使用基盤の言語学」

(usage-based linguistics)の理論を背景に「使用頻度」によるコード化の差の説明が試みられており(2.2節)、動詞対に関してもそれに基づいた研究が行われるようになってきた(2.3節)。本稿は、豊富な動詞対を持つ現代日本語を大量のコーパスデータに基づいて頻度調査を行い、頻度論の観点から分析する。分析に使用するデータ及び分析方法については3節で説明し、結果については4節で論じる。

なお、本題に入る前に用語の使い方について断っておくが、先行研究では「有標性」と「派生」という複合的な概念が多用されている。本稿において先行研究に基づいて論じる際、「有標性」という用語を形態的なコード化の意味で使用し、「派生」も純粋に形態的なコード化の一種として捉える。3.2節で、本稿における使用方法を詳しく説明する。

2 コード化の動機付けに関する仮説

2.1 意味的動機付け

動詞対のコード化あるいは形態的な「有標性」の差の意味的な動機付けとは、基本的な(無標な)動詞のほうが意味側面においても基本的(無標)であり、有標な(よりコード化された)動詞は意味的にも有標で、いわば形式上の違いが意味の違いを反映しているという考え方である。日本語の動詞対についてこの考え方をいち早く明確に提示したのは、Jacobsen(1985)ではないかと思われる。Jacobsenによれば「特定の変化を外的な力の有無と結びつけることが普通である。その結びつきは世界の経験、つまりその変化の最も典型的な起こり方に基づいている。ある種の変化は、通常、自発的に起きていると認識される…それに対して、ある種の変化は、通常、外的な力によってもたらされていると認識される…有標性理論は、経験における通常性が言語的通常性に反映されること、つまりよりシンプルな形式がより複雑な形式に比べてより通常(無標)であることを予測させる」(p. 97、和訳は筆者による。以下日本語以外の言語で書かれているものについて同様)。そのため、通常自発的に起こる出来事は無標な自動詞として、典型的に外的な力によって引き起こされる出来事は、無標な他動詞として語彙化され、有標性差のない動詞対は、通常、外的な力によっても自発的にも成り立つとする(p. 97)。

Haspelmath(1987, 1993)は類型論的な観点から同様の考えを展開した。

Haspelmath（1987: 19–21）は、外的な力によって引き起こされる出来事の場合は「反使役化」によって自動詞が他動詞から派生され、自発的に起こる出来事の場合はその逆であるとした。Haspelmath（1993）では、「自発的発生のスケール」（scale of increasing likelihood of spontaneous occurrence）を提案し、ある出来事が「自発的に又は使役的に発生する確率は、起動・使役（inchoative-causative）動詞対の派生の方向性を決定する主要因である」（p. 106）と論じた。また、Haspelmath は Jacobsen（1985, 1991）と有標性の概念を共有し、「認知的に有標な範疇は構造的にも有標である」と主張した。つまり、言語形式の複雑さ・単純さの背後には意味特性など言語的な要素ではなく、人間の概念化、つまり認知が働いているとした。Haspelmath は自論を 21 言語における 31 の動詞対の調査によって裏付け、無標な形式が自動詞として現れやすい、あるいは他動詞として現れやすい傾向が通言語的に見られることを示した。

最後に、Croft（1990）も英語、フランス語、韓国語、日本語の動詞対を比較してほぼ同じ結論に至った。Jacobsen（1985）と同様に、ある出来事に「典型的に」外部の力が関わっているかどうかが形態的な有標性に決定的に働いているとしている。

Jacobsen（1985）、Haspelmath（1987, 1993）、Croft（1990）によって提案された仮説は直感的に説得力があるが、限界もある。なぜならば、自発的な発生、あるいは使役的な発生が明らかな出来事には応用しやすいが、そうでない出来事も少なくない。Croft（1990: 60–62）はその例として位置、移動、感情、姿勢、破壊などの動詞を挙げる。そして、上記のすべての研究者は、言語間の不一致も指摘している。たとえば、Jacobsen（1991: 80–81）は、英語と日本語の違いについて「有標性関係を複雑にする要因が存在し、言語間に出来事の他動性のあり方の不一致をもたらしている」と述べた。つまり、どの出来事が自発的と捉えられるかについての普遍的な認知的テンプレートのようなものがなく、概念化はもっぱら言語と文化に依存するようである。また、言語表現とは別に、科学的に、あるいは心理学的に、ある出来事がより自発的に発生することを定める基準が存在しない。そのため、どの出来事が自発的と認識されるかについて、証拠は言語表現そのものしかなく、循環論に陥ってしまう。そこに意味論的、あるいは認知意味論的説明の限界があり、他の説明、あるいは動機付けを考えなければならなくなる。

2.2 頻度による動機付け

　形と意味の間の類像性を前提とする意味論的アプローチと違って、「言語処理」とりわけ「使用基盤の言語学」に関連するアプローチでは、系列的な (paradigmatic) 関係にある2つの言語形式の分布の違いを使用頻度で説明しようとする。「頻度論的」な考え方は Zipf (1935) に遡り、現在は Bybee (2004, 2006) や Haspelmath (2008) によって押し進められている。この考え方のもと、言語形式と頻度の関係について次の原理が提案された。

(1) ある言語形式の使用頻度が高ければ高いほど、その長さは短い。

(Haspelmath 2008: 5)

　当然ながら、頻度と形を比較する2つの言語形式の間には何らかの系列的 (paradigmatic) な関係が成り立たなければならない (Haspelmath 2008: 10)。日本語のいわゆる動詞対の場合、動詞間に形式的な系列関係 (例:「割る」～「割れる」) があるが、意味的対応関係 (例:「死ぬ」～「殺す」) でもよい。通言語的な動詞対について Haspelmath (2008) は、「自動的に起こる意味の動詞は起動動詞として語彙化される場合が多く、複雑な意味の動詞は、使役動詞として語彙化される。経済性の動機付けから、頻度の低い要素は明示的にコード化される」と仮定する (Haspelmath 2008: 13)。

　さらに、言語処理の観点から Hawkins (2004, 2011) は、「効率と複雑さの形式最小化原理」(Minimize Forms (MiF) principle of efficiency and complexity) を提案し、その一環として、高頻度で表現される意味のほうがその分高い確率で語彙化又は文法化されると予測する (Hawkins 2011: 217)。筆者たちの考えでは、日本語において高頻度の動詞がより短く基本的な形態で語彙化される要因がこの点にあるが、紙幅の関係でその議論は別稿にゆだねる。

　さて、使用頻度からさらに掘り下げれば、様々な動機づけが考えられる。普遍的と考えられる概念構造あるいは認知が働いている場合もあるだろうし、言語・文化個別の社会、地理、文化的環境が働いている場合もあるだろう。簡単な例を挙げれば、「凍る」という出来事は、寒地では自発的で自然な出来事として認識され言語化されるかもしれないし、温暖な自然環境では外部の力が必要と認識されるかもしれない (本書の高橋論文を参照)。ただ、動詞一つひとつについてそうした直観的な動機付けを立証することはほぼ不可能で

ある。頻度による説明は、使用頻度という観察可能なもので客観的に検証できる。

2.3　動詞対の形態と頻度に関する先行研究
2.3.1　ナロック（2007a）

　　ナロック（2007a）は、頻度論仮説を上代日本語の動詞対に応用した。「有標性」という概念を援用し、一つの動詞対において、より有標な（本稿の「よりコード化されている」）形式の動詞が頻度が低く、より無標な（短くコード化されている）形式の動詞が頻度が高いという仮説を検証した。調査対象は、万葉集に出現するすべての自動詞〜他動詞及び他動詞〜二重他動詞の動詞対である。現代語ではなく、上代語を対象にしたのは、上代語の動詞対は既に語彙化はされているものの、語彙化された動詞対の生産的な形成が起こった時期に近いため、形式の動機付けがまだ比較的透明であった、つまり、頻度と形式との関係が現代語より透明であったと考えたからである。

　　上代語のデータでは頻度と有標性（コード化）の間の関係がおおよそ裏付けられた。表1は片方の動詞が出現していない（頻度「0」の）場合を示す。その場合、出現していないのは、ほとんど有標動詞のほうであることが分かる。

表 1　上代語における動詞対の頻度 −片方の動詞が出現していない場合

	無標動詞のみ出現	有標動詞のみ出現
子音活用〜母音活用の対 （例：ぬく〜ぬく）	34	7
−Vs-, −Vr- 等による派生 （例：きよむ：きよまる）	70	10
合計	104 (0.86)	17 (0.14)

表2では両方の動詞が出現している場合を示す。

表 2　上代語における動詞対の頻度 −両方の動詞が出現した場合

	無標動詞が高頻度	有標動詞が高頻度
子音活用〜母音活用の対 （例：しる〜しる）	28	14
−Vs-, −Vr-等による派生 （例：きはむ〜きはまる）	48	13
合計	76 (0.74)	27 (0.26)

　片方しか出現していない場合ほどの差はないが、両方の動詞が出現した対の場合にも仮説は裏付けられている。動詞対の約4分の3で、より無標の（コード化されていない）動詞のほうが頻度が高い。また、具体的な頻度が違っても、どの形態的パターンでもこのことが当てはまる。そして、この表では示していないが、他動化においても、非他動化においても同じことがいえる。

2.3.2　Haspelmath et al.（2014）

　Haspelmath et al.（2014）は頻度論的な考え方をもとに7言語（英語、日本語、マルタ語、ルーマニア語、ロシア語、スワヒリ語、トルコ語）の20の動詞対を対象に調査した研究である。Haspelmathは全体で4つの仮説を示したが、ここでは本稿に重要な2つの仮説（下記（2）、（3））のみを紹介する。なお、Haspelmath et al.（2014）は「使役化動詞対〜反使役化動詞対（causative pair〜anticausative pair）」、「使役動詞〜非使役動詞（causal verb〜noncausal verb）」といった用語を使用している。

(2) 通言語的に、使役対（非使役動詞→使役動詞）として表現されることの多い動詞対では、各言語において、使役動詞が非使役動詞より頻度が低い。反使役動詞対（非使役動詞←使役動詞）として表現されることの多い動詞対では、非使役動詞のほうが頻度が低い、と予測される。

(3) 通言語的に使役化の確率が高い動詞対において、使役動詞の方が通言語的に頻度が低く、逆に、通言語的に使役化の確率が低い動詞対において、使役動詞の方が頻度が高い、と予測される。

なお、「通言語的に使役対として表現される確率が高い動詞対」（例：boil (intransitive〜transitive)）は、Haspelmath（1993）によって判明したものである。Haspelmath et al.（2014）の研究の調査対象として使用された 20 の動詞対も Haspelmath（1993）で使用された動詞対の一部である。仮説（2）と（3）は類似しているが、（2）は各言語のデータについて、（3）は通言語的なデータ全体についての仮説である。結果として、仮説（2）も仮説（3）もデータによって明確に支持されたと報告されている。

3　データと方法
3.1　動詞対リストとコーパスデータ

　従来の日本語動詞対のリスト（Jacobsen 1991 の付録；「ことばの畑」[1] など）は、形態的対応を重視し、他動詞〜二重他動詞（例：見る〜見せる）や（二重）他動詞〜（二重）他動詞（例：教わる〜教える）の対も含む。本稿では、「他動化〜非他動化」の概念に基づいて片方の動詞がもう一方の動詞に対して動作主を追加する又は省く対に限定し、いわゆる不安定動詞（labile verb；例：ひらく）及び自動詞同士（例：剥げる：剥がれる）、他動詞同士（例：預かる：預ける）の対を統計には含めない。巻末に本稿の基となる動詞対のリストを載せた。そこに含まれる多くの動詞が次の 3.2 節で紹介される数少ないパターンに分類できる。リストは、今まで公開されたリストを参考にし、可能動詞など語彙的自他対応のないものを取り除いたので、現代日本語の動詞対の最も包括的なリストだと考えられる。同語源でも意味的な対応が希薄あるいは部分的になっているもの、古い言い方になっているものなどは印をつけ、これらの対は計算から除外した。動詞対の頻度調査には、国立国語研究所が開発した『現代日本語書き言葉均衡コーパス（BCCWJ）』（約 1 億語）を利用した。具体的には、国立国語研究所と Lago 言語研究所が共同開発したコーパス検索システム NINJAL-LWP for BCCWJ（NLB）を使用し、頻度表を作成して、それに基づき分析を進めた。

---

[1] http://www.geocities.jp/kotobano_hatake/

3.2 仮説

仮説を立てる前に、まず日本語の動詞対におけるコード化の差について確認しなければならない。現代日本語の動詞対のほとんどが同じ語根に基づいているが、その語根に対して次の操作が行われている（あるいは行われていない）。

(I) 子音語幹動詞（Vc）で、他動性を表す分節音が加えられていない（例：とく tok-u）

(II) 無標な子音語幹動詞（Vc）に対して有標な動詞は母音語幹動詞（Vv）になっている。形態的には見かけ上語幹に形態素 -e 又は -i が加わっているという見方が可能だが、形態論分析上又は歴史的には必ずしも正しくない（ナロック 2007b 参照）（例：とける toke-ru）。

(III) 語根に -ɑr（ɑ は /a/ 又は /o/ で具現する）もしくは -ɑs が加わっていると見ることができる動詞。これも、形態表面的に語幹に形態素 -ɑr 又は -ɑs が加わっているという見方が可能だが、形態論分析上又は歴史的に問題がある（例：とかす tokas-u、そまる somar-u）。

表3に「とく〜とける〜とかす」を例に上記3つの形態的類型の間のコード化の差を示す。動詞ごとの活用形が縦に並んでおり、各行において3つの動詞の形態の中で最もコード化の度合いが高い形態は太字、コード化の度合いが中間の形態は斜体で示している。

表3で見られるように母音語幹動詞は9つの活用形中8つの活用形においてよりコード化されている。語根に -ɑr/s が加わっていると見られる動詞はすべての活用形において最もコード化されている形をとっているが、母音語幹動詞に比べると、5つの活用形においてよりコード化されている[2]。なお、ここでは詳細を省かざるを得ないが、この形態的な関係は通常の歴史的な、そして意味的な派生関係とも一致する。つまり、「〜す・る」タイプの動詞が何も付加されていない子音語幹動詞、又は母音語幹動詞と対立した場合、形態的によりコード化されているだけではなく、意味的・歴史的にもそこからの

---

[2] ある査読者から「まわる〜まわす」のような両極（均衡）対においても音便の活用形（mawat.te mawasi.te）においてコード化の差が生じるのではないかという指摘をいただいたが、これはローマ字表記の問題にすぎないと思われる。/te/の前に生じる促音（この場合、/t/と表記する）は、元の/ri/あるいは対比する/si/と同じ長さを保つので、「まわって」が「まわして」よりコード化の度合いが低いとはいえない。

派生であるといえる。また、子音語幹動詞と母音語幹動詞の対の場合は、通常、後者が前者から派生されているといえる。なお、「付録」の日本語における Haspelmath（1993）の 31 の動詞対の分類は、こうした分析に基づいている。

表 3　現代語の動詞対の形態的パターンとコード化の差

活用形	子音活用動詞（Vc）	母音活用動詞（Vv）	V+ar/s
非過去	tok-u	**toke-ru**	**tokas-u**
意志・未来	tok-oo	**toke-yoo**	**tokas-oo**
条件 I	tok-eba	**toke-reba**	**tokas-eba**
命令	tok-e	**toke-ro**	**tokas-e**
否定連用	tok-azu	toke-zu	**tokas-azu**
テ形	toi-te	*toke-te*	**tokasi-te**
過去・完了	toi-ta	*toke-ta*	**tokasi-ta**
条件 II	toi-tara	*toke-tara*	**tokasi-tara**
例示	toi-tari	*toke-tari*	**tokasi-tari**

ところで、3つの形態的類型から構成された動詞対の中のコード化の差が差の大きい順で並べると、次のようになる。

(a) 子音語幹動詞（Vc）〜V+ar/s[3]
(b) 子音語幹動詞（Vc）〜母音語幹動詞（Vv）
(c) 母音語幹動詞（Vv）〜V+ar/s

同じ語根を持たない動詞対は「死ぬ〜殺す」、あるいは考え方によって「する〜なる」のみである。さて、意味あるいは歴史の側面を別にして、純粋に形態のみに焦点を当てた場合、上記の 3 つの対応パターンを「形態的派生」とみなすことができ、右の動詞が左の動詞から形態的に派生されているとみなすことができる。また、2 つの動詞の形態的な差に対応する意味統語論的関係（他動化、非他動化等）は、ここで「統語論的派生」と名付ける。これに基づいて上記の日本語動詞対について、「形態論的派生」と「統語論的派生」に分けて次の仮説 1a と 1b を立てることができる。

---

[3]　V+ar/s 以外に V+at 動詞及び V+akas 動詞も少々存在するが、次節以降の頻度計算では少数のため便宜的に V+ V+as 動詞に加算する。

仮説 1a： どのような形態的派生パターンにおいても、日本語の動詞対において形態的に派生された（つまり、コード化の度合いがより高い）動詞のほうが頻度が低く、形態的な派生元の動詞（つまり、コード化の度合いがより低い）動詞のほうが頻度が高い。

仮説 1b： どのような統語論的派生パターンにおいても、形態的に派生された動詞のほうが頻度が低く、形態的な派生元の動詞のほうが頻度が高い。

また、日本語においては他動化・非他動化の形態的類型が複数競合している。競合する動詞対については仮説 2 を立てることができる。

仮説 2： 動詞と動詞の間のコード化の差が大きいほど、使用頻度の差も大きい。

また、ナロック（2007a）は現代語より上代語のほうが頻度による動機付けが透明であると仮定した。これについては仮説 3 を立てることができる。

仮説 3： 上代語の動詞対はコード化の差の動機づけをより透明に反映しているため、現代語より高い確率でコード化の度合いが低い動詞が頻度が高い。

ただし、データの量も大きく異なり、上代語のデータが詩文にほぼ限られていることなどから、現代語と上代語の直接的な比較が困難であることを付言しなければならない。

4　結果と分析

表 4 は巻末のリストの中の動詞を形態的派生パターンによって整理し、仮説 1a を検証するために形態的派生パターンごとにコーパス中の出現頻度が多い動詞を示している。

表 4　形態的派生パターン別の頻度差

形態的派生パターン	コード化の度合いが低い動詞のほうが頻度が高い	コード化の度合いが高い動詞のほうが頻度が高い	同頻度
Vc > V+a*s*/*akas*- （他動化）	74 0.90	8 0.10	0
Vc > V+a*r* （非他動化）	8 0.57	6 0.43	0
(a)Vc > V+a*s*/*akas*/*r*-合計	82 0.85	14 0.15	0
Vc > Vv （他動化）	39 0.68	17 0.30	1 0.02
Vc > Vv （非他動化）	36 0.88	5 0.12	0
(b)Vc > Vv　合計	75 0.77	22 0.22	1 0.01
Vv > V+a*s*/*akas*- （他動化）	69 0.84	13 0.15	0
Vv > V+a*r* （非他動化）	59 0.70	25 0.30	0
(c)Vv > V+a*s*/*akas*/*r*-合計	128 0.77	38 0.23	0
合計	285 0.79	74 0.21	1

　表4が示すように、形態的派生パターンに関わらず、コード化の度合いの低い動詞が頻度が高い傾向が顕著である（79%対21%）。従って、仮説1aが支持されている。それに対して仮説2は部分的にしか支持されていない。パターン（a）の対は期待通りに頻度差が最も大きいが、パターン（b）と（c）の間には違いはない。また、これらの仮説と直接関係はないが、個別のパターンに大きな差が見られる。コード化の度合いが低い動詞と高い動詞の間の頻

度差が最も小さいのは、Vc > V+ar による非他動化のパターンであるが、そもそも動詞対の数が非常に少ないので、統計的に信頼できるデータとはいえない。母音活用化（Vc > Vv）による他動化対も頻度差が比較的小さい。ナロック（2007b）で示されたように、歴史的派生という観点からも、その前身である下二段化による他動化対の振舞いが目立つ。まず、このパターンには「まつろふ（四）〜まつろふ（下二）」のように歴史的に消失した対が最も多い（107 対中 54 対が通時的に使用されなくなり、消失した）。また、ナロック（2007b）によれば、56 対中 19 対において、「のく（四）〜のく（下二）」のように実際に観察される歴史的派生が形態的な派生と逆方向である。つまり、これらの対はいわゆる「逆生」の結果である。おそらく、母音活用化による他動化はいわゆる可能動詞（V+(r)e）の出現等によって、誤解されやすい構造になり、母音活用化は次第に「非他動化」と連想されるようになっていったのではないかと推測される。

　なお、以上の計算には意味的な対応が不完全な動詞対と不定動詞を含む対（巻末のリストにおいて「#」と「△」、「%」によって標示される）も含まれている。これらの動詞対が頻度仮説に合致する比率は 67% でやや低いが、これを除外しても全体の比率に大きな影響を与えない。なお、古語的・方言的な動詞（「古」）と他動詞〜二重他動詞（「&」）の対は、逆に全体より高い比率で頻度仮説に合致する（85%, 91%）。

　次に仮説 1b について検証する。そのために、表 5 で他動化・非他動化に分けてコード化の度合いの低い動詞と高い動詞の頻度の差を示す。この表には、コード化の差のない動詞対も含める。

　表 5 が示すように他動化対の 82%、非他動化対の 74% においてコード化の度合いが低い動詞のほうが頻度が高い。つまり、非他動化対より他動化対のほうが、仮説に合致する傾向が強く見られる。これは、日本語の言語使用において、非他動的（自動的）表現法のほうが好まれることを示す。また、コード化の差がない「両極対」において自動詞のほうが頻度が高い（74% 対 26%）のも、自動詞がベースの日本語の性質に原因があると考えられる。

表 5　統語論的派生パターン別の頻度

統語論的派生パターン（形態的パターン別）	コード化の度合いが低い動詞のほうが頻度が高い	コード化の度合いが高い動詞のほうが頻度が高い	同頻度
Vc > Ve（他動化）	39 0.68	17 0.30	1 0.02
Vc > V+as/akas（他動化）	74 0.90	8 0.10	0
Vv > V+as/t（他動化）	69 0.84	13 0.16	0
他動化合計	182 0.82	38 0.17	1 0.005
Vc > Ve（非他動化）	36 0.88	5 0.12	0
Vc > V+ar（非他動化）	8 0.57	6 0.43	0
Vv > V+ar（非他動化）	59 0.70	25 0.30	0
非他動化合計	103 0.74	36 0.26	0
合計	285 0.79	74 0.21	1 0.00
両極対	自動詞	他動詞	
V+as/akas-<> V+ar 等	45 0.74	16 0.26	0

　最後に、仮説 3 に従って、上代語と現代語のデータを比較しよう。日本語の動詞対は上代語において既に語彙化されていたが、動詞間のコード化の差が基本的に保たれてきたのに対し、言葉が使われる社会的・文化的環境が変化し、本来の形態構造もより不透明になってきた。そのため、上代語のほうが本来の動機づけとしての頻度がより透明に現れる、つまり、上代語のほう

がコード化の差が頻度差として直接現れていると考えられる。表6に上代語と現代語のデータを示す。

表6 上代語と現代語の比較

	無標動詞のみ出現	有標動詞のみ出現
上代語	0.86	0.14
現代語	n/a	n/a
	無標動詞が高頻度	有標動詞が高頻度
上代語	0.74	0.26
現代語	n/a	n/a
	無標動詞のみが出現又は高頻度	有標動詞のみが出現又は高頻度
上代語	0.80	0.20
現代語	0.79	0.21

表6で見られるように、両方の動詞が出現している対に絞れば、上代語と現代語の間にほとんど差はない。しかし、片方の動詞がデータに出現していないことも一種の頻度として認めれば、上代語のほうが現代語より明確な頻度差が認められる。ただし、上にも述べたように、上代語と現代語のデータには質と量の両面の違いがあるため、比較には慎重を期する必要がある。

5 結語

本稿では、日本語の動詞対のコード化の差の動機付けとして使用基盤言語学の頻度概念を論じた。従来の研究で提唱された意味論的な動機づけに限界があり、本稿ではそれに対して、頻度の高い語ほど形態が単純（短い）であるという仮説を検証した。ある言語表現の使用頻度は、いわばその形態を決定付ける直接的な要因であるが、頻度という現象の裏にはさらに認知的要因や文化的要因があると推測される。しかし、これらは循環論に陥らずに純粋な言語学的方法論で裏付けることは困難である。本研究では現代日本語の大量のコーパスデータを用いて、頻度仮説を概ね裏付ることができた。具体的な形態的類型、あるいは他動化・非他動化という形態的派生の方向性に関わらず、コード化の度合いの低い動詞のほうが頻度が高い傾向が確認された。ま

た、歴史的に見て自動詞ベースである日本語において、現在も、他動化・非他動化・両極対を通して、非他動的（自動的）表現法のほうが好まれることも明らかになった。

付録

表 7　日本語における Haspelmath (1993) の 31 の動詞対― Haspelmath (1993: 104) Table 4 の A/C の割合に基づく順序

順番	動詞対	自動詞	他動詞	タイプ
1	boil	wak-	wakas-	C
2	freeze	koor-	kooras-	C
3	dry	kawak-	kawakas-	C
4	wake up	oki-	okos-	C
5	go out/put out	kie-	kes-	E
6	sink	sizum-	sizume-	C
7	learn/teach	osowar-	osie-	A
8	melt	toke-	tokas-	C
9	stop	tomar-	tome-	A
10	turn	mawar-	mawas-	E
11	dissolve	toke-	tokas-	C
12	burn	moe-	moyas-	C
13	destroy	koware-	kowas-	E
14	fill	miti-	mitas-	C
15	finish	owar-	owar- (oe-)	L(A)
16	begin	hazimar-	hazime-	A
17	spread	hirogar-	hiroge-	A
18	roll	korogar-	korogas-	E
19	develop	hattatu s-	hattatu sase-	C
20	get lost/lose	naku nar-	nakus-	A
21	rise/raise	agar-	age-	A
22	improve	naor-	naos-	E
23	rock	yure-	yuras-	C
24	connect	tunagar-	tunage-	A

25	change	kawar-	kae-	A
26	gather	atumar-	aatume-	A
27	open	hirak-	hirak-	L
28	break	ware-	war-	A
29	close	simar-	sime-	A
30	split	sake-	sak-	A
31	die/kill	sin-	koros-	S

C=他動化、A=非他動化、E=両極、L=不安定、S=補充、
分類基準は、表3で示したコード化の差による

参照文献

Bybee, Joan L. (2004) *Phonology and language use.* Cambridge: Cambridge University Press.

Bybee, Joan L. (2006) From usage to grammar: The mind's response to repetition. *Language* 82(4): 711–733.

Croft, Willliam (1990) Possible verbs and the structure of events. In: Savas L. Tsohatzidis (ed.) *Meaning and prototypes*, 48–73. London: Routledge.

Haspelmath, Martin (1987) *Transitivity alternations of the anticausative type.* Cologne: Institut für Sprachwissenschaft, Universität zu Köln (Arbeitspapiere, N.F. 5).

Haspelmath, Martin (1993) More on the typology of inchoative/causative verb alternation. In: Bernard Comrie and Maria Polinsky (eds.) *Causatives and transitivity*, 87–120. Amsterdam/Philadelphia: John Benjamins.

Haspelmath, Martin (2008) Frequency vs. iconicity in explaining grammatical asymmetries. *Cognitive Linguistics* 19(1): 1–33.

Haspelmath, Martin, Andrea Calude, Michael Spagnol, Heiko Narrog and Elif Bamyacı (2014) Coding causal-noncausal verb alternations: A form-frequency correspondence explanation. *Journal of Linguistics* 50(3): 587–625.

Hawkins, John A. (2004) *Efficiency and complexity in grammars*. Oxford: Oxford University Press.

Hawkins, John A. (2011) Processing efficiency and complexity in typological patterns. In: Jae Jun Song (ed.) *The Oxford handbook of lnguistic typology*, 206–226. Oxford: Oxford

University Press.

早津恵美子 (1989)「有対他動詞と無対他動詞の違いについて：意味的な特徴を中心に」『言語研究』95: 231–256.

Jacobsen, Wesley M. (1985) Morphosyntactic transitivity and semantic markedness. *Chicago Linguistic Society* 21(2): 89–104.

Jacobsen, Wesley M. (1991) *The transitive structure of events in Japanese*. Tokyo: Kurosio.

ナロック, ハイコ (2007a)「日本語自他動詞対における有標性差の動機付け」角田三枝・佐々木冠・塩谷亨（編）『他動性の通言語的研究』295–306. 東京：くろしお出版.

ナロック, ハイコ (2007b)「日本語自他動詞対の類型論的位置づけ」影山太郎（編）『レキシコンフォーラム』3: 161–193.

Zipf, George K. (1935) *The psycho-biology of language*. Boston: Houghton Mifflin.

「見つかる／つかまる」クラス述語の他動性

岸本　秀樹

【要旨】日本語の「見つかる／つかまる」クラスの自動詞は、動作主の行為の意味を含み、（受身文のように）動作主を「に」でマークして表出できるという特徴をもつ。本稿では、このクラスの自動詞には、影山（1996）の提案する「脱使役化」が関わっていることを示した上で、意味構造に表示される動作主そのものは統語構造にリンクされず表出できないが、着点が動作主と同定されることによって、着点が意味的に動作主として解釈されることを示す。

キーワード：他動性、自動詞、反使役化、脱使役化、動作主、着点

1　はじめに

さまざまな言語において、「割る／割れる（break）」「燃やす／燃える（burn）」「溶かす／溶ける（melt）」「開ける／開く（open）」のような動詞は、対象を残したまま、使役者（causer）の付け外しをすることによって自他交替（使役交替）を起こす。Levin and Rappaport Hovav（1995）によれば、このタイプの動詞は、外部使役（external causation）を表し、自動詞は非対格動詞（unaccusative verb）に分類される。これに対して、「踊る（dance）」「走る（run）」「働く（work）」のような動詞は、そのような使役交替を起こさない。使役化（あるいは反使役化）による自他交替を起こさない動詞の多くは、内部使役（internal causation）を表し、使役者（動作主）が主語として現れる非能格動詞（unergative verb）のクラスに入る。（一般に、非能格動詞は自動詞用法のみをもつものが多いが、「（他人のことを）笑った」「（完成を）急ぐ」「（何事かを）叫ぶ」「（過酷な人生を）生きる」「（席を）立つ」などのように（使役者の付け外しによる自他交替ではなく）対象の付け外しにより自他交替を起こすものもある[1]。）

---

[1]　英語にも少数だがこのタイプの交替は存在する。なお、動作主主語をとる移動動詞は一見、非能格動詞に観察されるような対象の付け外しを行う自他交替を起こすように見えるこ

動作主（使役者）の付け外しにより自他交替を起こす動詞では、他動詞においては動作主が主語として現れるが、自動詞では対象が主語となり行為の意味がなくなるので動作主は現れない。しかし日本語には、影山（1996）が指摘するように、このタイプの自動詞化が起こっても行為の意味が残されるものがある。さらに、村木（1983, 1991）、杉本（1991）などで観察されているように、その中に自動詞化により現れなくなるはずの動作主が（受身文のように）「に」格をともなって表出できるものが見つかる。典型的な動詞は「見つかる」「つかまる」なので、本稿ではこのタイプの動詞を「見つかる／つかまる」クラスの述語として言及する。

　「見つかる／つかまる」クラスの自動詞が受身のような格配列をもつことができるということは日本語の研究においてしばしば言及されるが、筆者の知る限り、それがどうして可能になるかについて分析した研究はない。本稿では、動作主を「に」でマークして表出できる「見つかる／つかまる」クラスの自動詞では、影山（1996）が提案するような脱使役化が関わっていることを示す。そして、このクラスの自動詞文では、動作主そのものは表出できないが、「に」でマークされる着点が動作主と同定され動作主の解釈を受けることを論じる。さらに、これまで観察されてきたものとは異なるタイプの自動詞（使役者が着点と同定されるもの、着点の所有者が動作主の同定に関与するもの）が存在することも示す。

2　「見つかる／つかまる」の語彙的性質

2.1　日本語の自他交替の類型

　自他交替を起こす動詞の形態変化を見た場合、自動詞と他動詞のペアの派生の方向性には、三通りの可能性がある。それは、(1) 自動詞が他動詞に変わる「他動詞化（transitivization）あるいは使役化（causativization）」(2) 他動詞が自動詞に変わる「自動詞化（detransitivization）あるいは反使役化（anticausativization）」

ともある。しかし（すべてというわけではないとしても）多くの移動動詞は、動作主主語だけでなく非動作主主語もとることができるため、非対格動詞として使役者（動作主）のつけ外しを行う使役交替を起こすと考えられる。
　(i)　a.　先生が ｛学生／家具｝ を部屋に入った。
　　　b.　｛学生／家具｝ を部屋に入れた。
動作主主語と非動作主主語がとれる移動動詞の分類については、Dowty（1991）、岸本（2005）などを参照。

(3) 派生の方向性が決められないもの（他動詞・自動詞が別個に派生する「両極化（equipollent）」あるいは動詞の自他が同形になる「浮動（labile）」）である（奥津 1967, Haspelmath 1993 参照）。言語により自動詞化が主となる自動詞化言語（detransitivizing language）や他動詞化が主となる他動詞化言語（transitivizing language）が存在する（Nichols, Peterson, and Barnes 2004）。

　日本語の自他交替は、多くの場合、形態的には語幹を共有し自動詞化あるいは他動詞化する形態素が付加することにより成立し、上であげた三つの可能性のどれもが観察される。Jacobsen（1991）のリストにもとづき、自他交替の形態の点から交替の方向性を見た場合、自動詞化が3パターン、他動詞化が2パターン、両極化（その他を含む）が10パターンある。形態に注目した交替パターンから見ると、両極化が多く、交替の方向性にそれほど偏りは見られない。しかし、ナロック（2007）は、形態的な交替のタイプに生産性の違いがあることに着目し、動詞対の数（トークン）という点では、日本語は他動詞化言語としての傾向があることを、歴史的な変化も考慮に入れながら論じている。

2.2　受身的な自動詞文を派生する脱使役化

　「割る／割れる（break）」「開ける／開く（open）」のように、自他交替（使役交替）を起こす動詞のペアの多くにおいては、(1)のように、他動詞では動作主が主語で対象が目的語になり、自動詞では対象が主語となる。

(1) 　a. 学生が（*ひとりでに）ドアを開けた。
　　　b. ドアが（ひとりでに）開いた。

(1b) の自動詞「開く」は、動作主の行為・働きかけの意味が含まれる他動詞の「開ける」とは異なり、自然に成立するという意味を表す。自動詞「開く」では、動作主の働きかけがなくても成立する事態を指すので「ひとりでに」のような副詞が入れられる（述語により「自然に」「おのずから」などが入ることもある）。

　他動詞が自動詞化した場合には、対象が主語となり、行為の意味が動詞から取り去られることが多い。しかし、「植える／植わる」「決める／決まる」「まける／まかる」などでは、自動詞でも行為の意味が残される。例えば、(2a)

の「植わる」が記述する事態は、誰かが「木を植える」行為を行わない限り成立しない。

(2) a. 木が（*庭師によって／*ひとりでに）そこに植わっている。
    b. 木が（庭師によって／*ひとりでに）そこに植えられた。

自動詞「植わる」は、他動詞の「植える」と同じように「ひとりでに」のような副詞とは共起できない（影山 1996, Kageyama 2013）。そのため、(2a) の自動詞「植わる」には（動作主の）行為の意味が含まれると言えるが、それでも、他動詞「植える」を受身化した (2b) とは異なり (2a) では動作主を表出することができない。

また、Haspelmath（1993）が指摘しているように、さまざまな言語において自動詞がしばしば行為の意味を含むことがあるということも事実である。

(3) a. Bé   whet'e.
       meat be.cooked
       'The meat is cooked.' (Slave 語)
    b. Kartoshka vyrashivaetsja (moei   mamoi).
       potato   grow.3sg.   1sg.inst mum.inst
       'The potato is being grown (by my mum).' (ロシア語)[2]

(3) のように自動詞に行為の意味が含まれる場合、英語では対応する自動詞がないため、受身などの異なる形式を用いてその意味を表すしかない。

「植える／植わる」などの動詞のペアにおいて、行為の意味が含まれる自動詞は、他動詞から行為の意味を取り去る (4a) のような「反使役化（anti-causativization）」ではなく、（行為の意味が自動詞に残る）(4b) の「脱使役化（de-causativization）」によって派生されると、影山（1996: 183–189）は分析している。

(4) a. [x ACT (ON y)] CAUSE [BECOME [y BE-AT z]] →
                                [BECOME [y BE-AT z]]

---

[2] Slave 語の例は、Haspelmath（1993）が Rice（1989）より引用したものである。また、Haspelmath（1993）のあげるロシア語の例は、再帰動詞が現れるが、ロシア語文法では自動詞であるとみなされる。(3b) の例は Anna Bordilovskaya 氏によるものである (p.c.)。

b. [x ACT(ON y)] CAUSE [BECOME [y BE-AT z]] →
[φ ACT (ON y)] CAUSE [BECOME [y BE-AT z]]

(4)の意味構造がどのような意味を表すのかを見ると、矢印の左側の他動詞の意味構造では、動作主が行為を行い、それが対象に対して変化を引き起こすという意味が表される[3]。(4a)の反使役化においては、この他動詞の意味構造から行為を表す部分（使役事象）が取り除かれる（これは(1)の「開く／開ける」のような自他交替に関与する語彙操作である）。これに対して「植える／植わる」の交替を引き起こす(4b)の脱使役化では、他動詞だけでなく自動詞でも行為の意味が保持されるが、動作主を表すxが統語構造にリンクできないφに変わる。

影山（1996）の分析では、脱使役化が起こると動作主は抑制され表出できないことになる。しかし、村木（1983, 1991）、杉本（1991）などが観察しているように、日本語には、自動詞に（動作主の）行為の意味が含まれ、しかも動作主を「に」格で表出できる「見つかる／つかまる」クラスの述語が存在する[4]。

(5) a. 妻がへそくりを見つけた。
　　 b. へそくりが妻に｜見つかった／見つけられた｜。
(6) a. 警官が泥棒をつかまえた。
　　 b. 泥棒が警官に｜つかまった／つかまえられた｜。
(7) a. 悪い男が彼女をひっかけた。
　　 b. 彼女は悪い男に｜ひっかかった／ひっかけられた｜。
(8) a. 弱小チームが優勝候補をやぶった。
　　 b. 優勝候補が弱小チームに｜やぶれた／*やぶられた｜。

---

[3] ここでは「達成（accomplishment）」の意味構造で他動詞の意味を代表させる。本稿で使用する意味構造は、影山のものとは細部が異なるが意図するところは同じである。y BE-AT z は、y が z の位置にする（あるいは移動する）という意味を表し、z の位置に変化を表す定項が入ると y の状態変化が表される。なお、本稿で言及する「項」とは、命題を完成させるのに必要な意味述語の可変部を埋める要素のことで、「付加詞」と対立する統語的な概念としての「項」と直接相関するわけではない。

[4] 村木（1983）や杉本（1991）などでは、「見つかる」の主語が動作主あるいは有生物に限られるとされているが、(5)の「へそくり」の例から、条件が揃えば無生物主語をとってもよいことがわかる。

「見つかる/つかまる」クラスの述語は、動作主を「に」格で表出した場合、項の格配列が受身文の項の格配列と見かけ上同じになるため、しばしば受身的な自動詞とみなされる（ただし（8a）から受身をつくることはできない）[5]。

「見つかる/つかまる」クラスの述語でも「ひとりでに」のような副詞は共起できない（「*ひとりでに{見つかる/つかまる}」）ので、このタイプの自動詞派生には脱使役化が関与しているはずである。しかし、（4b）の脱使役化では派生される自動詞には動作主の表出が許されない。そうすると「見つける/つかまる」では（「に」でマークされる）動作主がなぜ現れうるかということが問題になる。本稿では、これは、脱使役化の際に（9）のように動作主が着点と同定され、その結果、表出される着点が動作主として解釈されるためであると提案したい。

(9)　[x ACT (ON y)] CAUSE [BECOME [y BE-CAUGHT/FOUND (& y BE-AT z)]] →
　　　[ϕ_i ACT (ON y)] CAUSE [BECOME [y BE-CAUGHT/FOUND (& y BE-AT z_i)]]

具体的には、（9）の派生で、動作主 x の行為が y の状態変化を起こすという意味を表す意味構造に対して脱使役化が適用され、x が ϕ に変えられる（これにより、対象 y が主語として現れることになる）。同時に、動作主は行為の結果が再帰的に及ぶ着点とみなされ、ϕ が y BE-AT z の着点 z と同定される[6]。「見つかる/つかまる」では、「見つける/つかまえる」という行為の結果生じる事態を動作主が制御するところまでが意味されると、動作主と着点が同定されることになる。（9）の脱使役化は行為の意味が保持されるという点では（4b）の脱使役化と同じである。脱使役化で抑制された動作主 ϕ は表出できないが、（9）では ϕ と同定される着点 z が表出可能で、z は ϕ と同定されるため、着点が動作主と解釈される。y BE-AT z は BECOME の作用域内にあり、着点は「に」でマークされる。これにより受身と似た格配列が実現し、さらに自動詞に（受身文でも表される）動作主の行為の意味が含まれる

---

[5]　「見つかる/見つける」は、自動詞と他動詞の双方に他動性を変える接辞がついているが、受身的な意味を表すことから、他動詞から自動詞への派生が関わっていると考えられる。「つかまる/つかまえる」と関連する動詞の「ひっつかまる/ひっつかまえる」「とっつかまる/とっつかまえる」「ふんづかまる/ふんづかまえる」も同様に動作主を「に」格でマークして表出できる。

[6]　「見つかる/つかまる」クラスの述語では着点を表出する必要がないので、（9）では意味述語 y BE-AT z は随意的に表示される。y BE-AT z が現れなければ、z は表出されず動作主との同定は行われない。

ため、(5b)～(8b)の受身的な自動詞文が成立するのである[7]。なお、自動詞の「植わる」「決まる」「まかる」は、動詞に行為の意味を含むが、行為の結果を動作主が制御するところまでは意味しないので、たとえ着点があっても動作主とは同定されず、着点を動作主として表出できない。

本稿の分析では、自動詞の動作主に与えられる「に」は着点のマーキングで、受身の動作主をマークする「に」とは異なるということになる[8]。実際、「見つかる／つかまる」クラスの自動詞では、単純な格配列は受身に似ているが、受身とまったく同じ格パターンをとるわけではない。例えば、(10)が示すように、受身文とは異なり、自動詞文では、動作主をマークする「に」は複雑な形式をもつ後置詞「によって」で置き換えることができない。

(10)　a.　泥棒が警官によって{つかまえられた／*つかまった}。
　　　b.　その財布はあの人たちによって{見つけられた／*見つかった}。

また、「やぶれる」の場合、(11)のように「に」を複雑な形式をもつ後置詞「に対して」に置き換えることができるが、用いられる後置詞表現は、受身の場合に「に」に置きかわることになる後置詞表現「によって」とは異なる[9]。

---

[7] 受身は他動詞の意味構造をもつので、(5b)～(8b)の自動詞文は受身と実質的に同じ意味を表す。場所は、単に行為が起こる地点を示す場合、BECOME の作用域の外の位置に現れ「で」でマークされる。

[8] 「つかまる」に関しては、「つかむ」から派生する自動詞もある。この場合には、動作主は「が」格名詞句として現れ「に」格名詞句として表出できない。

　(i)　a.　ジョンが手すりをつかんだ。
　　　b.　ジョンが手すりにつかまった。
　　　c.　*手すりがジョンにつかまった。

この場合の自動詞化には(「を」格名詞句が「に」格名詞句に変わるので)逆受動 (anti-passivization) が関わっていると考えられる。日本語では、逆受動の文法操作は存在しないが、語彙のレベルでは、逆受動が関与すると思われる例が少数ではあるが存在する (Kishimoto, Kageyama, and Sasaki 2013)。

　(ii)　a.　ジョンが試験を受けた。
　　　 b.　ジョンが試験に受かった。

どのような場合に逆受動の形式が成立するのかという問題については、今後の研究課題としたい。

[9] 本稿では詳しく議論できないが、(11a) の「やぶれる」では (i) の脱使役化が起こると考えられる。

　(i)　[x ACT(ON y)] CAUSE [BECOME [y BE-BEATEN(AT z)]] →
　　　　　[ϕ_i ACT(ON y)] CAUSE [BECOME [y BE-BEATEN (AT z_i)]]

(i) では、着点ではなく場所として指定される z と動作主が同定されるため、動作主と解釈される名詞句には「見つかる／つかまる」とは異なるタイプの複雑後置詞が与えられる。ま

(11) a. プロがアマチュア {に／に対して} やぶれた。
    b. 世界記録があの選手 {に／によって} やぶられた。

これらの事実は、「に」格の動作主が表出できる自動詞では、受身と同じ操作によって動作主が表出されていないことを示唆しており、意味構造での同定により着点が動作主として解釈されるとする分析の妥当性を支持することになる。

2.3　「に」格動作主の着点としての意味的な性質

　本稿の分析では「見つかる／つかまる」の「に」格名詞句は動作主と解釈される着点である。「見つかる／つかまる」では、「に」格の着点を随意的に表出できるので、この着点が動作主と同定されると「に」格の動作主（実際には着点）が現れることは十分に予想できる。

(12) a. 腫瘍が胃に見つかった。(cf. 医者は胃に腫瘍を見つけた。)
    b. 例のタヌキは今あそこの檻につかまっている。

「に」格の動作主名詞句は、実際に着点に特有の意味的な性質を示す。例えば、(13)の二つの文を比べると、(13a)の他動詞文とは異なり、(13b)の自動詞文は（動作主を表出した場合に）着点に特徴的な意味が現れる。

(13) a. 男は駅でうまくタクシーをつかまえた。
    b. タクシーがうまく駅で (#男に) つかまった。

(13a) は「男がタクシーを見つけて乗る」という意味を表すが、(13b) で動作主が表出された場合には、タクシーをその場で動けなくしてしまうという意味が表され、タクシーに乗ったことにならない（動作主が表出されない場合には、この意味は必ずしも生じない）。(12b) と (6b) の「つかまる」の例でも、それぞれ、「タヌキが檻にとどめおかれている」「犯人がある地点にとどめおかれる（逃げたくても逃げられない）」という意味が現れる。このように「つかまる」では、「に」でマークされる動作主あるいは着点が表出された場合、その場にとどめおかれるという着点に関連する意味が与えられる。

た、「やぶる」の受身の例として (11b) を用いているのは、他動詞の「やぶる」は「負ける」という意味で受身文を作ることができないからである。

「見つかる」にも同じような状況が観察される。(14a) は単純に編集者がミスを見つけたということを意味するが、(14b) では、動作主が表出されると、意図的に見つかりにくくしてあるミスが見つけられたという意味が出てしまう。

(14) a. 編集者がタイプミスを見つけた。
　　　b. タイプミスが（#編集者に）見つかった。

「に」格の着点が現れる（12a）でも「隠れていた（見つかりにくい）腫瘍が見つかった」という意味が生じる。このように、「見つける／見つかる」で動作主が表出された場合には、着点が表出された場合と同様に「隠れていたものが発見される（その結果、制御可能な状態になる）」という意味が現れる[10]。

「見つける／見つかる」「つかまえる／つかまる」で観察される付加的な意味は、結局のところ、着点の表出に付随して現れるものなので、y BE-AT z に由来すると考えられる。(13a) と (14a) の「見つける／つかまえる」では、動作主は行為の意味構造の中にある x が具現化するだけなので、意味構造に y BE-AT z が現れる必要がない。そのため、(13a) と (14a) は「（たまたま残っていた）タイプミスを発見する」「タクシーを見つけて乗る」という意味を表すことができる。これに対して (13b) と (14b) の「見つかる／つかまる」では、着点（=動作主）が現れると、y BE-AT z が意味構造に現れ、これが着点（特定の場所）での捕捉あるいは拿捕の意味を指定する。そのことにより「見つかる」では「ある場所において容易に見つからないようにされていたものを発見し制御可能な状態にする」という意味、そして「つかまる」では「ある場所において動けるものを動けなくする」という意味が付加

---

[10] y BE-AT z から生じる意味のために、例えば、(5b) の「見つかる」では主語の「隠す」という行為、(6b) の「つかまる」では主語の「逃げる」という行為の存在が示唆される。しかし、これはキャンセル可能な「含意（implicature）」で動詞の意味構造には表示されない。なお、(13) の「つかまえる／つかまる」では、「に」でマークされる着点がなくてもタクシーをその場で動けなくするという意味をもたせることも可能だが、その意味が強制されるわけではない。他動詞でも (i) のように「に」でマークされた着点が現れると、その場に動かないようにしておくという意味が生じる。

　　(i) タヌキをこの檻につかまえている。

また、「見つかる」で、発見された場所から移動することが前提となる場合は、(ii) のように、場所を「で」でマークする必要がある。

　　(ii) 迷子が {公園で／*公園に} 見つかった。

される[11]。結果として、そのような状況が想定しにくい（13b）と（14b）では着点（=動作主）が表出されるとおかしく感じられることになる。（13b）と（14b）は、着点が現れないと付加的な意味を与える y BE-AT z が意味構造に含まれなくてもよいので、通常想定される意味で容認される。

2.4 脱使役化と所有交替

「つかまる」とは異なり、「見つかる」の場合には、所有の発生の意味があるために、他動詞から自動詞を派生する脱使役化とは異なる「所有交替」が起こることもある（岸本 2005）。(15a) は脱使役化が関わる文であるが、(15b) は所有交替が関わる異なる構文である。

(15)　a. 子供がオニに見つかった。
　　　b. 先生に仕事が見つかった。

脱使役化が関わる（15a）では「子供」が隠れるという行為を行い、自分を見つかりにくくしたという状況が想起される。そして、「オニ」によって、その子供が見つけられたという意味が表される。これに対して、所有交替の関わる（15b）では、隠されていたものが見つかったという意味合いはなく、それよりは、「先生」が「仕事」をもつことになったという所有発生の意味を表す。所有の意味を表す（15b）の「見つかる」では、(16) の意味構造の組み替えが起こると考えられる（Kishimoto (2000)、岸本 (2005)、岸本・影山 (2011)）。

(16)　[BECOME [y BE-AT z]] → [BECOME [z HAVE y]]

(16) では、y が z に存在することになるという出現の意味が、z が y を所有するという所有発生の意味に変換され、「に」格名詞句が着点から所有者（主語）に再分析されることになる（この交替では自動詞から他動詞が派生される）。そうすると、(15b) の項の文法関係が (15a) の項の文法関係とは異なることになるが、このことは、(16) および (17) の主語尊敬語化の可能性から確認できる。

---

[11]　(7) の「ひっかける／ひっかかる」はともに動作主と着点の同定が起こっているため、二つの文から生じる含意はほとんど異ならないと考えられる。自動詞の場合は、動作主が抑制されるので、着点が「に」でマークされる。他動詞の場合は、上位の動作主が表出される。そのため、(7) の他動詞「ひっかける」では、物理的な移動の意味で使われた場合とは異なり、着点を表出することができない（「悪い男が {*彼女を／タオルを} そこにひっかけた」）。

(17) a. 先生が オニに 見つかっていらっしゃる。
　　　b. *息子が 先生に 見つかっていらっしゃる。
(18) 先生に 仕事が見つかっていらっしゃらない。

(17) および (18) より、(15a) の受身的な意味を表す「見つかる」の主語は「が」格名詞句であり、(15b) の「見つかる」の主語は「が」格名詞句ではなく「に」格名詞句であることがわかる[12]。岸本 (2005) が議論しているように、所有交替による他動詞化は、もっとも典型的に (「先生のうちには子供がいる」のような) 存在文から (「先生には子供がいる」のような) 所有文が形成される時に起こるが、基本的にこれと同じ他動詞化 (「に」格の場所を主語 (所有者) に再分析する他動詞化) が (15b) の「見つかる」で起こっているのである。

　所有交替により派生された他動詞では、通常の他動詞 (反使役化や脱使役化が関わる自他交替) とは異なり、「が」格名詞句に定性の制約 (definiteness restriction) が課される。そのために、「が」格名詞句に「すべて」「ほとんど」のような修飾語が加えられない (「たくさん」「いくつか」「何人か」ならば容認される)。また、「が」格名詞句は関係節の主要部となることもできない[13]。

(19) a. 先生に {たくさん／いくつか／*ほとんど／*すべて} の仕事が見つかった。

---

[12] 自動詞の「見つかる」と同じクラスの動詞「つかまる」「ひっかかる」「やぶれる」なども「が」格名詞句が主語となることは、(i) のような主語尊敬語化の事実から確認できる。
　(i) a. 先生が 息子につかまっていらっしゃる。
　　　b. *息子が 先生に つかまっていらっしゃる。

[13] 「に」格主語は「できる」「いる」などの状態動詞がとることが多いが、ここでは非状態動詞の「見つかる」が「に」格主語をとっている。(19) と (20) で観察される現象は非状態動詞である自動詞「生まれる」が他動詞化した時にも観察される (岸本 2005)。
　(i) a. おばあちゃんに孫が生まれた。
　　　b. {たくさん／何人か／*ほとんど／*すべて} の孫がおばあちゃんに生まれた。
　　　c. ?*[おばあちゃんに生まれた]孫
これに対して、自動詞「生まれる」がとる「が」格名詞句には定性の制約がかからないことは、(ii) から確認できる。
　(ii) a. この病院で子供が生まれた。
　　　b. {たくさん／何人か／ほとんど／すべて} の子供がこの病院で生まれた。
　　　c. [この病院で生まれた]子供

　　　　b. 先生に{たくさん／何人か／*ほとんど／*すべて}の子供がいる。
(20) a. ?*[先生に見つかった]仕事
　　　b. ?*[先生にいる]子供

これに対して、定性の効果は、(15a)の文の「が」格名詞句には観察されない。

(21) a. {たくさん／何人か／ほとんど／すべて}の子供がオニに見つかった。
　　　b. [オニに見つかった]子供

(19)から(21)の事実から、(15a)の「見つかる」は、他動詞「見つける」を脱使役化することにより派生された（「が」格名詞句が主語となる）自動詞で、(15b)の「見つかる」は、自動詞の「見つかる」がとる場所を所有者に再分析する所有交替により派生された（「に」格名詞句が主語となる）他動詞であることがわかる。

3　脱使役化と拡張的な項の同定

　「見つかる／つかまる」クラス述語が関与する脱使役化は、行為の意味を表す部分を保ったまま、その意味構造の中にある項（動作主）を抑制する。その際に、着点が抑制された項と同定される。意味的に言うと、行為を表す部分に現れる項は、動詞の表す意味により意図的な行為を行う動作主ではなく、対象の変化に直接的に影響を与える使役者の場合もありうる。また、対象の変化を表す意味構造の中で同定される項が厳密には、着点ではなく着点と関係する項となる場合もある。以下では、この二つのケースについて考察する。

　まず、使役者が着点との同定に関わるケースとして、自動詞「倒れる」（他動詞は「倒す」）について考えてみる。「倒れる」では、対象に直接的に変化を引き起こす原因（「急な病／不治の病」「銃弾／凶弾」など）が「に」格で現れると、理由や手段を表す解釈が得られるが、間接的に関与する原因（「睡眠不足」や「ライフル」など）ではそのような解釈ができない。

(22) a. 大統領が{急な病に／狂信者の銃弾に}倒れた。
　　　b. 大統領が{*睡眠不足に／#ライフルに}倒れた。
　　　c. 大統領は地面に倒れた。

(22a)の「急な病」「銃弾」は、(22c)の着点と同じように「に」格で表出できる。しかし(22b)の「睡眠不足」「ライフル」は「に」格で表出しても意図する意味が表せない(「ライフル」は着点としての解釈はできる)。(22a)が可能なのは、直接原因の「急な病」「銃弾」が(23)の意味構造で使役者 ϕ として認定され、さらに着点 z との同定により「に」格の着点が使役者として解釈できるからである。

(23) [ϕ_i] CAUSE [BECOME [y BE-FALLEN.DOWN & y BE-AT z_i]]

直接原因とは異なり、間接的な原因の「睡眠不足」「ライフル」は、着点 z との同定ができる使役者 ϕ とみなされないため、「に」格で表示する可能性が排除される。ちなみに、日本語では(直接および間接の)理由や手段を「で」でマークすることができる。したがって、「急な病」「睡眠不足」を含む自動詞文の(24a)も「銃弾」「ライフル」を含む他動詞文の(24b)も容認される。

(24) a. 学生が|急な病で／睡眠不足で|倒れた。
     b. ハンターはこの|銃弾で／ライフルで|クマを倒した。

(24)から、(22a)の「に」格名詞句は、単純に理由や手段を表しているのではないことがわかる。(22a)で「に」格で現れているのは着点 z で、この着点が理由や手段として解釈されるのは、使役者 ϕ と同定されるためである。

「見つかる／つかまる」と同じように、受身的な意味を表す自動詞文で動作主が表出できるもう一つのケースとして、(25)と(26)をあげることができる。

(25) a. 悪人が子供を毒牙にかけた。
     b. 子供が悪人の毒牙にかかった。
(26) a. 悪人が子供を手にかけた。
     b. 子供が悪人の手にかかった。

(25b)の「毒牙にかかる」と(26b)の「手にかかる」では、(比喩的にではあるが)動作主が「毒牙」および「手」の所有者として現れる。これは、(27)のように、着点に関係する所有者と動作主とが同定されるということを意味する。

(27) [ϕ_i ACT (ON y)] CAUSE
[BECOME [y BE-HARMED/KILLED & y BE-AT (z_i's tooth/hand)]]

(27)の脱使役化の意味構造は、身体部分（着点）の所有者が動作主と同定され、動作主の毒牙や手により y が被害を受けるという意味を表す。そして、動作主と所有者との同定により、自動詞の「毒牙にかかる」「手にかかる」では、動作主を含む身体部分を「に」格で表出することが可能となるのである。

以上のように、原因を「に」でマークする「倒れる」「手にかかる」の例では、同定される項の性質が異なるものの、「見つかる／つかまる」と基本的に同じ脱使役化が起こっていると考えられる。

4　まとめ

日本語の「見つかる／つかまる」クラスの述語は、動作主を「に」でマークする受身的な自動詞文をつくることができるという特徴を有する。本稿では、このクラスの動詞には、影山（1996）の提案する脱使役化が関わっていることを示した。脱使役化が起こった自動詞では、通常、動作主は文中に表出できないが、このクラスの自動詞では、着点を表出することができ、これが動作主と同定されることにより、動作主としての解釈を受けるということを論じた。さらに、項の同定に使役者や着点の所有者が関与する自動詞があることも示した。

謝辞

本稿の執筆にあたって、Prashant Pardeshi、Anna Bordilovskaya、于一楽、眞野美穂、吉成祐子の各氏、および 2 名の査読者から有益なコメントを得た。ここに謝意を表したい。

参照文献

Dowty, David (1991) Thematic proto-roles and argument selection. *Language* 67: 547–619.
Haspelmath, Martin (1993) More on the typology of inchoative/causative verb alternations. In: Bernard Comrie and Maria Polinsky (eds.) *Causatives and transitivity*, 87–120. Amsterdam/Philadelphia: John Benjamins.
Jacobsen, Wesley (1991) *The transitive structure of events in Japanese*. Tokyo: Kurosio.
影山太郎（1996）『動詞意味論』東京：くろしお出版.

Kageyama, Taro (2013) Agents in anticausative and decausative compound verbs. To appear in: Taro Kageyama and Wesley Jacobsen (eds.) *Transitivity and valency alternations: Studies on Japanese and beyond*. Berlin: Mouton de Gruyter.

Kishimoto, Hideki (2000) Locational verbs, agreement, and object shift in Japanese. *The Linguistic Review* 17: 53–109.

岸本秀樹（2005）『統語構造と文法関係』東京：くろしお出版.

岸本秀樹・影山太郎（2011）「存在と所有の表現」影山太郎（編）『名詞の意味と構文』240–269. 東京：大修館書店.

Kishimoto, Hideki, Taro Kageyama, and Kan Sasaki (2013) Valency classes in Japanese. To appear in: Bernard Comrie and Andrej Malchukov (eds.) *Valency classes: A comparative handbook*. Berlin: Mouton de Gruyter.

Levin, Beth, and Malka Rappaport Hovav (1995) *Unaccusativity: At the syntax-lexical semantics interface*. Cambridge, MA: MIT Press.

村木新次郎（1983）「迂言的な受身表現」『国立国語研究所報告 74 研究報告集（4）』1–40. 東京：秀英出版.

村木新次郎（1991）『日本語動詞の諸相』東京：ひつじ書房.

ナロック, ハイコ（2007）「日本語自他動詞対の類型論的位置づけ」影山太郎（編）『レキシコンフォーラム』3: 161–193. 東京：ひつじ書房.

Nichols, Johana, David A. Peterson, and Jonathan Barnes (2004) Transitivizing and detransitivizing languages. *Linguistic Typology* 8: 149–211.

奥津敬一郎（1967）「自動詞化・他動詞化および両極化転形：自・他動詞の対応」『国語学』70: 46–66.

Rice, Keren (1989) *A grammar of Slave*. Berlin: Mouton de Gruyter.

杉本武（1991）「ニ格をとる自動詞：準他動詞と受動詞」仁田義雄（編）『日本語のヴォイスと他動性』233–250. 東京：くろしお出版.

日本語族における他動性交替の地域差

佐々木　冠、當山　奈那

【要旨】本稿では、日本語北海道方言と琉球語首里方言を日本語標準語と対照することにより、他動性交替の地域差を明らかにすることを目指す。Haspelmath (1993) の起動・使役動詞対に対応する各方言のデータを対照すると、自動詞有標型が北で優勢で他動詞有標型が南で優勢であることがわかる。

キーワード：他動性交替、地域差、首里方言、北海道方言

1　はじめに

　言語ごとの自動詞と他動詞の対応関係（他動性交替）のあり方は、言語類型論で近年盛んに論じられているトピックの一つである。1990 年代以降の代表的な他動性交替の言語類型論的研究として Haspelmath（1993）と Nichols et al.（2004）を挙げることができる。これらの研究では、他動性交替の地域的な傾向が指摘されている。起動・使役交替の類型論的研究である Haspelmath（1993: 102–103）は、ヨーロッパが逆使役型の交替（使役動詞をもとに動作主のない自動詞を派生する交替）が好まれる地域であることを指摘している。Nichols et al.（2004: 178）は、北アジアと北米が他動詞化が好まれる地域であることを指摘している。Haspelmath（1993: 102）は、ヨーロッパの外で話されている印欧語であるヒンディー語で逆使役型の交替が優勢でないことから、この傾向が同系性に基づくものであることを否定している。

　日本語は、Haspelmath（1993: 101）では、英語などとともに方向性のない交替（自動詞と他動詞がともに共通部分にプラス α の要素を付加される両極型、自他同形）が優勢な体系として分類されている。一方、Nichols et al.（2004）では日本語は他動詞化が優勢の言語と分析されている。二つの分析の違いは分析に用いた自他動詞対の違いによるものと考えられる。これらの研究が日本語を分析する際に使っているのは標準語のデータである。

Haspelmath（1993）は同じ語族の中でも話されている地域が異なる言語に異なる他動性交替の傾向が現れることを印欧語を例に指摘している。日本語は琉球語とともに日本語族（Japonic family）を形成する。そして、それぞれの言語には多岐にわたる方言が存在する。現代日本語の方言に文法的多様性があることは、アスペクトなどに関してすでに指摘がある（工藤・八亀 2008）。他動性交替に関して日本語族は一様なのか、それとも地域差があるのか。本稿では北海道方言と琉球語首里方言（以下、首里方言）という日本語族の南北の地域的バリエーションを日本語標準語（以下、標準語）と対照することによりこの問題について検証する。

2 分析対象とする方言の概観

この節では、北海道方言と首里方言の概要を示す。各方言の文法体系の全体像を示すことは意図していない。他動性交替に関与する文法特徴について概観する。

2.1 北海道方言

本稿で北海道方言と呼ぶ言語体系は、北海道本島およびその属島で話されていることばを指す。北海道方言は16世紀後半以降北海道南部から定住し始めた和人の影響下で形成された（小野・奥田 1999）。北海道への移住者の大部分が北東北出身者であったため、北海道方言は東北地方北部の方言の影響が強い。北海道方言は沿岸部方言と内陸部方言に分かれる。沿岸部方言は東北地方北部の方言と共通する特徴をより多く持っている。内陸部方言は、日本全国の様々な地域から移住した人たちによって形成されたが、海岸部方言の影響を受けている。北海道方言の話者数は正確には不明である。次の段落で紹介する伝統方言の特徴は、中年層以下には受け継がれていない場合がある。しかし、話者自身の自己認識の如何に関わらず、自発述語形成の生産性などの点では北海道方言の文法特徴を保持している。

沿岸部方言が東北地方北部の方言と共有する特徴には、iとeの合流やkとtの母音間での有声化といった音韻的なものの他、已然形と命令形が同形であるといった形態的なものも含まれる。自発接尾辞 -(r)asar を使った生産的な逆使役型の自動詞化も東北地方北部で話されている方言と共通する特徴の一

つである。自発接尾辞による自動詞化は今日では内陸部方言にも見られる。

　自発接尾辞を使って派生した自動詞は、同じ派生的自動詞でも受動態とは異なり、斜格であっても動作主と共起しない。この点で、自発接尾辞を使って派生した自動詞は起動動詞（後述）と共通点を持つ。この形態法が存在することにより、北海道方言では起動・使役動詞対が標準語よりも広範に存在する。自発接尾辞を使った逆使役型の自動詞化の成立範囲に関しては Sasaki (2013) を参照されたい。

　次節以降で示す自他対応のデータは 30 代の北海道方言話者から得たものである。この話者の方言は伝統方言のいくつかの特徴を失っている。しかしながら、自発接尾辞による自動詞化は生産的である。

2.2　首里方言

　首里は那覇市の東北部に位置する地域であり、かつて琉球王国の王都があった場所である。琉球語は日本語の本土方言と同じく日本語族に属する言語である。琉球語は北琉球方言と南琉球方言に大きく区分される。首里方言は北琉球方言の中の沖縄中南部方言に属している。ここで「首里方言」と呼ぶのは、首里士族の中でも一定の階級を持つ者が使用していた士族語の後継である。首里は、戦後から現在にかけて人の出入りが激しく、人口における年輩の方の割合と首里方言話者の割合は必ずしも一致せず、実際の話者数はわかりづらい。

　首里方言では標準語の/e, o/がそれぞれ/i, u/に対応する（少数の例外があるが、ここでは取り上げない）。この特徴があることにより、標準語で他動性交替を起こす -e が -i に対応する。例：標準語の tok-e-ru「溶ける」と tok-as-u「溶かす」がそれぞれ tuk-i-juN と tuk-as-uN に対応。

　琉球語の中には八重山諸方言のように二段活用がある方言も存在する。一方、首里方言には二段活用は存在しない。この点では、標準語と共通している。

　有対他動詞 tuk-as-uN に含まれる -as は他動詞語幹に後接して使役接尾辞としても用いられる。例：jum-uN「読む」→ jum-as-uN「読ませる」。

　首里方言には生産的な逆使役型の自動詞化形態素がない。生産的形態法に関して使役しかない点で首里方言は標準語と同様である。

　首里方言と標準語の間には使役に関して違いもある。標準語には生産的な

使役接尾辞が -(s)ase 一種類しかない。一方、首里方言には生産的な使役接尾辞が 2 種類ある。-as と -asimi である。それぞれ、古典語の「す」および「しむ」と同源の形態素と考えられる。

　また、首里方言には、-asimi に -as を後接させた -asimirasuN 形式が存在する。この形式は使役文を内に含んで派生した二重使役文の述語に用いられる。次の例文は、「花子」が薬を飲む行為の動作主である。「太郎」は「花子」が薬を飲むという出来事の使役者であると同時に、「次郎」からそのことを差し向けられる被使役者でもある。この構文は標準語への逐語訳が困難である。二重使役文の文法特徴については當山（2013）を参照されたい[1]。

(1) ziruu=ga　　taruu=ni　　hanakoo=Nkai kusui　　num-asimi-ras-uN.
　　次郎=NOM　太郎=DAT　花子=ALL　　薬.ACC　飲む-CAUS-CAUS-NPST
　　次郎が太郎に（言って）花子に薬を飲ま（さ）せる。

　首里方言の概観を締めくくるに当たって、起動・使役動詞対の形態的有標性（後述）を考える上で重要な問題である否定形が raN で終わる動詞の語幹について本稿の立場を示したい。否定形が raN で終わる動詞については、様々な分析が提案されてきた（上村 1972、Ashworth 1973、有元 1993、Miyara 2009）。本稿では、否定形だけでなく音便形に関しても簡潔な分析が可能になる Ashworth（1973）の分析を採用する。すなわち、否定形が raN で終わる動詞のうち、音便語幹に促音を含まない動詞は母音語幹動詞とし（例：ci-「着る」）、音便語幹に促音が現れる動詞は r 語幹動詞とする（例：cir-「切る」）。

3　分析の方法

3.1　Haspelmath（1993）の自他動詞対

　他動性交替の地域差を検証するのに最も良い方法は意味的に規定された 1 セットの自他動詞対のデータを方言間で対照することである。本稿では、Haspelmath（1993）の 31 の自他動詞対を用いて日本語族の地域変種における

---

[1] もともと、=ni と=Nkai は与格と方向格として区別されていたが、現代の首里方言では、両者の違いはほとんどなくなっている。ただし、=ni は時間を表すが、=Nkai は表すことができない。(1) の例で、二つの被使役者が異なる格形式で現れているのは、格形式の重複を避けたためと考えられる。ここでは、二つの名詞句の間で=Nkai と=ni を交替することが可能である。

他動性交替の特徴を分析する。この自他動詞対は、起動（inchoative）動詞と使役（causative）動詞の対の形式的な対立のあり方を通言語的に対照するために提案されたものである。ここで起動動詞と呼ぶものには、変化動詞（アスペクト的には到達）と非動作主的な活動動詞の両方が含まれる（Haspelmath 1993: 108）。他動詞に対応する派生的自動詞でも、動作主を（斜格ではあれ）表すことができる表現である受動態は起動動詞とは異なるものと見なされている（Haspelmath 1993: 90）。以下に Haspelmath（1993）から日本語（標準語）の 31 対を示す。各対の「/」を挟んで左側が自動詞、右側が他動詞である。形態素境界の標示は Haspelmath（1993）に掲載されているものと同じである。硬口蓋接近音は y ではなく j で示してある。この変更は、この後で示す方言のデータとの対照を容易にするためである。他動性交替のタイプの略号は Haspelmath（1993）に倣い、逆使役型（A）、使役型（C）、両極型（E）、自他同形型（L）、補充型（S）とする。

(2) 日本語標準語（A=3.5, C=5.5, E=20.5, L=0.5, S=1）
 1. ok-i-ru/ok-os-u(E); 2. war-e-ru/war-u, or-e-ru/or-u(A); 3. jak-e-ru/jak-u(A); 4. sin-u/koros-u(S); 5. ak-u/ak-e-ru, hirak-u/hirak-u(C/L); 6. toz-i-ru/toz-as-u, sim-ar-u/sim-e-ru(E); 7. hazim-ar-u/hazim-e-ru(E); 8. osow-ar-u/osi-e-ru(E); 9. atum-ar-u/atum-e-ru(E); 10. hirog-ar-u/hirog-e-ru(E); 11. sizum-u/sizum-e-ru(C); 12. kaw-ar-u/ka-e-ru(E); 13. tok-e-ru/tok-as-u(E); 14. kowa-re-ru/kowa-s-u(E); 15. naku-nar-u/naku-s-u(E); 16. hattatu su-ru/hattatu s-ase-ru(C);   17. tunag-ar-u/tunag-u, tunag-ar-u/tunag-e-ru (A/E); 18. wak-u/wak-as-u(C); 19. jur-e-ru/jur-as-u(E); 20. ki-e-ru/ke-s-u(E); 21. ag-ar-u/ag-e-ru(E); 22. ow-ar-u/o-e-ru(E); 23. mawa-r-u/mawa-s-u(E); 24. korog-ar-u/korog-as-u(E); 25. koor-u/koor-ase-u(C); 26. tok-e-ru/tok-as-u(E); 27. mit-i-ru/mit-as-u(E); 28. nao-r-u/nao-s-u(E); 29. kawak-u/kawak-as-u(C); 30. sak-e-ru/sak-u(A); 31. tom-ar-u/tom-e-ru(E)

以下の節で各方言のデータを示す際には、データの前の番号が上に示した標準語との対応関係を示すものとする。

　他動性交替のタイプの数値は、次のように計算する。ある項目の対がある交替のタイプに対応する場合、その交替に 1 を加算する。一つの項目に複数の対がある場合、例えば 5. ak-u/ak-e-ru, hirak-u/hirak-u のように使役型と両極

型の 2 種類の対が対応する場合は、C と E に 0.5 ずつ加算する。また、ある言語で 5 に逆使役型と使役型と自他同形の 3 種類の対が対応する場合は、A、C、L それぞれに 0.33 加算する。ある項目に複数の対が対応する場合でも、それらが同じタイプの場合は、そのタイプに 1 を加算する。

　上記の 31 対を用いることには問題もある。項目の問題として、起動動詞を含まない対が含まれていることが挙げられる。8（英語の learn/teach に対応）がそれである。「教わる」は動詞の語彙的アスペクトが到達ではないし、非動作主的活動動詞でもないので、起動動詞とは見なしがたい。また、起動または使役のいずれかが欠けている場合の計算方法が示されていない点も問題である。対の一方に欠落があった場合の問題については 6 節で提案を行う。

　本稿では、起動・使役動詞対に、生産的な使役接尾辞を使って派生した述語は他動詞が欠落している場合以外含めないことにする。これは、生産的な使役接尾辞を使って派生した述語が起動・使役動詞対の意味的な定義から逸脱する意味的構造を持つ場合があるためである。Shibatani（1973）は生産的な使役接尾辞を使って派生した「起きさせる（oki-sase-ru）」は語彙的使役動詞「起こす」と異なり許容使役の解釈が可能であることを指摘している。「彼は息子に好きな時刻に起きさせた」という生産的使役を用いた文は、被使役者に意図的な動作主としての解釈を許す。意図的な動作主を含む被使役イベントは起動の意味的な定義から逸脱する。すでに指摘したように Haspelmath（1993）の 31 対には起動・使役動詞対の意味的な定義から外れる対が含まれているが、そのような対をさらに増やす必要はないと考えた。逆使役化の場合、自他同形や語彙的派生接尾辞の付加といった語彙的な手段を使った場合でも、再帰代名詞や自発接尾辞といった生産的な手段を使った場合でも、上で指摘した起動・使役動詞対の意味的な定義からの逸脱が生じない。それゆえ、語彙的手段を使った起動動詞と生産的手段を使った起動動詞がある場合は、両方を起動動詞の側に示すことにする。

3.2　形態的有標性

　(2) に示した標準語の自他動詞対の分類は、形態的構成に基づくものである。しかし、この方法では、9. atum-ar-u/atum-e-ru と 23. mawa-r-u/mawa-s-u はともに両極型と分類され、両者の間の形態的有標性の差異を反映すること

ができない(この問題は匿名査読者の指摘による)。23 の対は語幹(この場合、非過去接尾辞 -(r)u に先行する部分を指すものとする)に含まれる分節音の数が同じなので形態的有標性に関しても同じだが、9 の対では起動動詞の方が語幹に含まれる分節音の数が多いため、使役動詞に対して形態的に有標である。

　形態的構成だけから自他動詞対の分類を行うことには、次のような問題もある。北海道方言では自他動詞対の起動の側に自発接尾辞の付加で派生された語形が現れることがある。例えば、次節で示すように 23 には、自動詞の側に mawarasaru がある。この起動動詞は形態的には自動詞語幹 mawar-に自発接尾辞が付加した構成になっているが、意味的には他動詞との関係を考える必要がある。mawar-asar-を述部に含む構文は、(3) のように動作主による働きかけが想定できる場合には成立するが、(4) のように動作主による働きかけが想定できない場合には成立しない。この事実は有対自動詞をもとに派生した自発述語が、意味的には対応する他動詞と関係を持っていることを示唆する[2]。

(3) koma=ga　mawar-asat-te　i-ru.　　　(北海道方言)
　　独楽=NOM　回る-SP[3]-GER　いる-NPST
　　独楽が回っている。(動作主含意)

(4) *tikjuu=ga　mawar-asat-te　i-ru.　　　(北海道方言)
　　地球=NOM　回る-SP-GER　いる-NPST
　　地球が回っている。(動作主含意せず)

　形態的構成だけで自他動詞対を分類した場合、この形態と意味にずれがある自他動詞対の対応関係をとらえることができない。このような対応関係を自他動詞対の分類に反映するため、本稿では形態的有標性を反映した分類を行う。なお、他動詞が自動詞よりも形態的に有標な対は他動詞有標型(T と略す)、自動詞が他動詞よりも有標な対は自動詞有標型(I と略す)と呼ぶことにする。形態的有標性で分類する際に使役型・逆使役型というラベルを使

---

[2] 動作主による働きかけが想定できない場合には有対自動詞をもとに派生した自発述語が成立しないことが、東北地方南部の方言に関して指摘されている(山形市方言に関しては渋谷 2006、福島市方言に関しては白岩 2012 を参照)。
[3] SP (spontaneous) は自発接尾辞を表す。

わないのは、他動詞よりも形態的に有標であるけれども他動詞（使役動詞）をもとに派生したのではない自動詞（上の mawar-asar-u がその例）があるためである。このような自動詞は形態的に逆使役と見なすことは困難である。なお、起動動詞と使役動詞の長さが同じ対のみを形態的有標性の観点から両極型と呼ぶことにする。

　形態的有標性を計算する基準として、本稿では、語幹の分節音の数を採用する。起動・使役動詞対を方言間で対照する上で最良の方法は、形態音素標示のレベルで活用形全体を比較して形態的有標性を示すことである。この方法であれば二段活用が残存する方言も対照に含めることができる。しかし、論述を簡潔にするため、本稿では語幹の長さで形態的有標性を計算した結果を示すことにする[4]。

　語幹の長さを基準として（2）のデータを再解釈すると次のようになる。

(5) 形態的有標性で再解釈した Haspelmath（1993）の 31 対
　　(I=14.5, T=11.0, E=4.0, L=0.5, S=1.0)

　形態的有標性の観点で分類を行った場合、形態的構成で分類する場合と比べて、両極型の数値が小さくなり、他動詞有標型、自動詞有標型という非対称的な対の数値が大きくなることがわかる。次節以降で、北海道方言と首里方言の起動・使役動詞対を示し、方言間の対照を行う。

4　北海道方言

　Haspelmath（1993）の 31 対に対応する北海道方言の起動・使役動詞対を以下に示す。なお、これ以降は終止形ではなく語幹を例に示すことにする。標準語に比べ、自動詞有標型の数値が大きく、他動詞有標型、両極型、自他同形型の数値が小さいことがわかる。

(6) 北海道方言（I=18.33, T=9.33, E=2.00, L=0.33, S=1.00）
　　1. oki-/okos-(T); 2. ware-/war-, ore-/or-, orasar-/or-(I); 3. jake-/jak-, jakasar-/jak-(I); 4. sin-/koros-(S); 5. ak-/ake-, akasar-/ake-, hirak-, hirakasar-/hirak-

---

[4]　二段活用が残存しない方言の場合、形態音素標示で動詞の活用全体を比較して導き出した形態的有標性の差異は、語幹の長さを比較して導き出したそれと一致する。したがって、本稿の分析結果は二段活用が残存する方言を含めて対照を行う際にも活用可能である。

(I/L/T); 6. tozirasar-/tozi-, simar-/sime-, simarasar-/sime-, simerasar-/sime-(I); 7. hazimar-/hazime-(I); 8. osowar-/osie-(I); 9. atumar-/atume-(I); 10. hirogar-/hiroge-(I); 11. sizum-/sizume-(T); 12. kawar-/kae-, kawarasar-/kae-(I); 13. toke-/tokas-, tokasar-/tokas-(I/T); 14. koware-/kowas-(I); 15. naku nar-/nakus-(I); 16. hattatu s-/hattatu sase-(T); 17. tunagar-/tunag-, tunagasar-/tunag-, tunagar-/tunage-, tunagasar-/tunage-(I); 18. wak-/wakas-(T); 19. jure-/juras-(T); 20. kie-/kes-, kesasar-/kes-(E/I); 21. agar-/age-(I); 22. owar-/owaras-, owarasar-/owaras-(I/T); 23. mawar-/mawas-, mawarasar-/mawas-(E/I); 24. korogar-/korogas-, korogasar-/korogas-(E/I); 25. koor-/kooras-, koorasar-/kooras-(I/T); 26. toke-/tokas-, tokasar-/tokas-(I/T); 27. miti-/mitas-(T); 28. naor-/naos-, naorasar-/naos-(E/I); 29. kawak-/kawakas-(T); 30. sake-/sak-(I); 31. tomar-/tome-(I)

　自発接尾辞が付いた起動動詞がある場合、対応する他動詞よりも語幹が長くなるため、常に自動詞有標型になる。しかし、自発述語と他動詞の関係は常に同じではない。自発接尾辞が付いた起動動詞と他動詞の対応関係には次の3種類がある。
　（ⅰ）自動詞有標型であると同時に逆使役型でもあるもの、すなわち他動詞語幹に自発接尾辞が付加されているもの。2、3、5の hirak-asar-、6の tozi-rasar- と sime-rasar-、13、17、20、24 がこのタイプである。このうち 13 と 24 の自発述語はサ抜き（この現象については Sasaki (2011) を参照）を被るので、形態音韻標示に含まれる分節音より少ない分節音で構成されている。それでも自発語形は対応する他動詞よりも多くの分節音で構成されている。
　（ⅱ）自動詞有標型だが逆使役型ではないもの、すなわち自動詞語幹に自発述語が付加されたもの。5、6 の simar-asar-、12、23、28 がこのタイプである。
　（ⅲ）逆使役型かどうか決めがたいが自動詞有標型であるもの。このタイプに属するのは、22、25、26 である。これらの対は、他動詞の側が自動詞語幹に -as が付いた形式になっている。これらの対の自発述語は他動詞語幹に自発接尾辞が付加されサ抜きを被ったかたち（koora⟨s-a⟩sar-（削除される音連続を⟨ ⟩で囲んだ））と考えることもできるし、自動詞語幹に自発述語が付加されたもの（koor-asar-）と考えることもできる。どちらの場合でも自発述語が対応する他動詞よりも多くの分節音を含むので、自動詞有標型と分類さ

れる。

　自発接尾辞が関与することによって一つの自他動詞対に複数の対応関係が生じている場合があることが (6) のデータからわかる。これらの自他動詞対には、三つのタイプがある。両極型と自動詞有標型が共存するもの (E/I)、自動詞有標型と他動詞有標型が共存するもの (I/T)、そして自動詞有標型と自他同形型と他動詞有標型が共存するもの (I/L/T) である。20、23、24、28 が E/I 型である。I/T 型は、13、22、25、26 である。I/L/T 型は 5 である。北海道方言の形態法に自発述語形成がなければ、これらの対はそれぞれ E 型、T 型、L/T 型であった。起動述語を派生する用法を持つ生産的形態法の存在がこの方言の起動・使役動詞対を特徴付けていることがわかる。

5　首里方言

　Haspelmath (1993) の 31 対に対応する首里方言のデータを以下に示す。標準語や北海道方言に比べて自動詞有標型の数値が小さく、他動詞有標型、両極型、補充型の数値が大きいことがわかる。自他同形型は 31 対には存在しなかった。

(7) 首里方言 (I=6.0, T=18.0, E=6.0, L=0, S=1.0)
　　1. ʔuki-/ʔukus-(T); 2. wari-/wa-, uuri-/uu-(I); 3. jaki-/jak-(I); 4. sin-/kurus-, maas-/kurus-(S); 5. ʔak-/ʔaki-(T); 6. sima-/simi-, mica-/mici-(E); 7. hazima-/hazimi-(E); 8. nara-/naraas-(T); 9. ʔacima-/ʔacimi-(E); 10. hwiruga-/hwirugi-(E); 11. sizim-/sizimi-(T); 12. kawa-/kee-(I); 13. tuki-/tukas-(T); 14. jaNdi-/jaNd-, kuuri-/kuus-(I); 15. neeN na-/neeN nas-(T); 16. hattacus-/hattacu simi-(T); 17. ciruga-/cirug-, cinaga-/cinag-(I); 18. wak-/wakas-(T); 19. juri-/juras-(T); 20. caa-/caas-(T); 21. ʔaga-/ʔagi-(E); 22. ʔuwa-/ʔuwaras-(T); 23. maa-/maas-, migu-/miguras-(T); 24. kurub-/kurubas-(T); 25. kuhwa-/kuhwaras-(T); 26. tuki-/tukas-(T); 27. mit-/mici-, mit-/mitas-(T); 28. noo-/noos-(T); 29. kaarak-/kaarakas-(T); 30. jari-/ja-(I); 31. tuma-/tumi-(E)

　4 では起動動詞の側に sin- と maas- の二つの自動詞があるが、いずれも他動詞と語根を共有していないので補充型となる。この対に関連して、sin-as-uN

という使役接尾辞を用いた他動詞も存在する（下地早智子氏による指摘）。この形式は対象が人間の場合に「痛い目に遭わせる」の意味になる。このように意味のずれが生ずる場合があるため、sin-as-uN は 4 の自他動詞対には含めなかった。

　6 の sima- と simi- の自他動詞対は標準語の「閉まる／閉める」に対応するもので、標準語と同源語が用いられている。しかし、標準語では自動詞有標型だが、首里方言では両極型である。これは、標準語のラ行五段活用が首里方言の母音語幹動詞に対応するためである。同じ事情で標準語との対応関係が異なっているのは、9、10、21、31 である。

　20、23 の maa-/maas-、28 も標準語のラ行五段動詞が首里方言の母音動詞に対応することによって、他動性交替のタイプが標準語と異なるタイプである。これらに対応する標準語の対は起動動詞が/r/で終わり、使役動詞が/s/で終わる両極型である。一方、首里方言では、起動動詞の側が母音動詞であり、使役動詞がそれに/s/が加わった構成になっているため、他動詞有標型になっている。なお、15 が他動詞有標型になっているのも同じ要因によるものである。

　8 は標準語でも北海道方言でも自動詞有標型となっているが、首里方言では他動詞有標型である。首里方言では、起動動詞の側で「習う」と同源の nara- が用いられ、使役動詞はこれに使役接尾辞 -as を付加したかたちになっている。

　国立国語研究所（1963）には、古くは、9 の自他動詞対に対応する形式が surijuN/surirasjuN であったことが記載されている。これらの動詞の語幹は音便語幹の形式から判断して、suri-/suriras- であったと考えられる。9 は、かつては他動詞有標型であった。したがって、古い時代には、31 対における他動詞有標型の数値が 1 大きく、両極型の数値が 1 小さかったことになる。

　27 の mit-/mici- は標準語と語根部分は同源であるが、「満ちる／満たす」と対応する語形ではない。起動動詞 mit- に対応する日本語古語の動詞は、中世以前に用いられた四段活用自動詞「満つ」と考えられる（高橋 2007）。一方、使役動詞 mici- に対応する日本語古語の動詞は、中世以前に用いられた下二段活用動詞「満つ」と考えられる。形態的有標性の観点からみると、27 は標準語でも首里方言でも他動詞有標型であるが、形態的構成は異なる。首里方言は、自動詞語幹に直接語彙的派生接尾辞が加わったかたちになっているが、標準語では起動動詞と使役動詞の双方から分節音を取り去らなければ共通部分を切り出すことができない。

6 地域差を左右する要因

　三つの言語体系における起動・使役交替のタイプをまとめたものが表1である。自動詞有標型に関しては、北海道方言の数値が最も大きく、標準語、首里方言の順で数値が小さくなる。一方、他動詞有標型と両極型では、首里方言の値が最も大きく、標準語、北海道方言の順で数値が小さくなる。自他同形型と補充型という形態法が積極的な役割を演じないタイプでは、三つの体系の間の数値の差が1以下になっている。

表 1　起動・使役交替のタイプ

	北海道方言	標準語	首里方言
自動詞有標型 (I)	18.33	14.50	6.00
他動詞有標型 (T)	9.33	11.00	18.00
両極型 (E)	2.00	4.00	6.00
自他同形型 (L)	0.33	0.50	0.00
補充型 (S)	1.00	1.00	1.00
数値合計	30.99	31.00	31.00

　表1からは北の方言ほど自動詞有標型が優勢で南の方言ほど他動詞有標型が優勢になる傾向が読みとれる。この地域差を生み出す要因について考察する。

　北海道方言における自動詞有標型の優勢は、自発述語形成という生産的形態法に逆使役の用法があることによるものである。標準語で他動詞有標型や両極型になっている対にも北海道方言では起動動詞側に自発接尾辞を用いた逆使役述語があり、使役動詞よりも自発述語の方が長いので、自動詞有標型の数値が大きくなっている。しかし、表1に示した北海道方言における自動詞有標型の数値は、北海道方言の実態からすると控え目な数値である。

　Haspelmath（1993）の31対は起動・使役交替が生じやすい意味的な条件を満たしたものがほとんどである。Haspelmath（1993: 94）は、動詞が動作主指向の意味的な要素を指定されている場合や自然に生じることがほとんどあり得ない出来事を意味する場合を除いて、動詞が状態変化や活動の継続を表す場合に起動・使役交替が生じる傾向があることを指摘している。31対は、4（英語のdie/killに対応）以外はこの意味的な条件を満たしている。この意

味的条件から外れる他動詞、とりわけ Haspelmath（1993: 105）の自発的な出来事の生じやすさのスケールの左側（外的な力なしには起こりそうにない出来事を指す）にある動詞を考慮に入れた場合、北海道方言は標準語や首里方言と大きな違いを示す。以下に自発的な出来事の生じやすさのスケールの左側にあると考えられる他動詞を含む北海道方言の自他動詞対を示す。

(8) hurikom-asar-/hurikom-（？／振り込む）、kak-asar-/kak-（？／書く・描く）、okur-asar-/okur-（？／送る）、migak-asar-/migak-（？／磨く）、musub-asar-/musub-（？／結ぶ）、nur-asar-/nur-（？／塗る）、……

北海道方言では、(8) の自他動詞対は全て自動詞有標型になっている。一方、カッコ内の訳語が示すように標準語では起動動詞が欠落している。受動態で穴を埋めることはできない。受動態では斜格で動作主が出現し得るので、起動動詞の定義から外れる。このような対応を自動詞欠落型と呼ぶことにする。Sasaki（2013）には使用頻度の高い逆使役用法を持つ自他動詞対のリストが示されており、その中には (8) に示したもの以外の自発述語も示されている。逆使役用法の自発述語形成は漢語とサ変動詞の組み合わせでも可能であり（例：展示ささる）、北海道方言の自動詞有標型に標準語の自動詞欠落型が対応する例はさらに増やすことができる。

首里方言では標準語のラ行五段動詞の大部分（1 音節語幹で/i/を含むものを除く）が母音語幹動詞に対応する。首里方言が他の二つの体系に比べて他動詞有標型と両極型の数値が大きくなっている要因の一つがこの形態的特徴である。語幹末に/r/が存在しないため、「回る／回す」（標準語では両極型）に対応する自他動詞対が他動詞有標型になっている。また、「始まる／始める」（標準語では自動詞有標型）に対応する自他動詞対が両極型になっている。

8 の自他動詞対では、首里方言で標準語とは異なる語根が用いられている。そして、標準語とは異なり他動詞有標型になっている。前節で述べたように、9 の自他動詞対の古い形式も標準語とは異なる語根を用いており、標準語や現代の首里方言と違って他動詞有標型になっている。

首里方言の起動・使役交替で用いられている形態素は標準語のそれと同源の接尾辞である。首里方言と標準語で起動・使役交替のあり方に違いが出ることは、同じ形態的手段（この場合、非生産的派生接尾辞）しか持たない場合でも地域差が出る可能性があることを意味する。

7 まとめ

本稿では、Haspelmath (1993) の 31 対の起動動詞と使役動詞の対を使って標準語と北海道方言そして琉球語首里方言の自他動詞対を対照し、日本語族の中に他動性交替の地域差があることを明らかにした。他動性交替の傾向を左右する要因としては、他動性交替の機能を持つ生産的な形態法の存在、動詞語幹が被った通時的変化（r 語幹動詞の母音動詞化）、そして異なる語根の使用があることを指摘した。

日本語族の中の他動性交替の地域差は、方言研究の中で追求されてこなかったテーマである。本稿はわずか三つの体系を比べたものに過ぎず、点と点を結んだだけのものである。点と点の間にどのような地域差があるか、今後の調査で明らかにする必要がある。

謝辞

本稿で用いたデータを収集する上で亀山朝貞氏、眞田敬介氏にお世話になった。ここに感謝の意を表したい。匿名査読者からは改訂するに当たって有益な指摘をいただいた。本稿におけるいかなるミスも著者の責任によるものであることは言うまでもない。

本研究は科学研究費補助金基盤研究 (C)（22520405、代表：佐々木冠）、科学研究費補助金特別研究員奨励費（12J04505、代表：當山奈那）の助成を受けたものである。

参照文献

有元光彦（1993）「沖縄・首里方言の規則動詞の形態音韻論：試論」『日本文学研究』29: 1–12.

Ashworth, David (1973) A generative study of the inflectional morphophonemics of the Shuri dialect of Ryukyuan. Doctoral dissertation, Cornell University.

Haspelmath, Martin (1993) More on the typology of inchoative/causative verb alternations. In: Bernard Comrie and Maria Polinsky (eds.) *Causatives and transitivity*, 87–120. Amsterdam/Philadelphia: John Benjamins.

国立国語研究所（1963）『沖縄語辞典』東京：大蔵省印刷局.

工藤真由美・八亀裕美（2008）『複数の日本語』東京：講談社.

Miyara, Shinsho (2009) Two types of nasal in Okinawan. *Gengo Kenkyu* 136: 177–199.

Nichols, Johanna, David Peterson and Jonathan Barnes (2004) Transitivizing and detransitivizing languages. *Linguistic Typology* 8: 149–211.

小野米一・奥田統己（1999）『北の生活文庫 8 北海道のことば』札幌：北海道新聞社.

Sasaki, Kan (2011) Syllable deletion as a prosodically conditioned derived environment effect. In: William McClure and Marcel den Dikken (eds.) *Japanese/Korean Linguistics* 18: 214–225. Stanford: CSLI.

Sasaki, Kan (2013) Anticausativization in the Hokkaido dialect of Japanese. *Asian and African Languages and Linguistics* 7: 25–38.

Shibatani, Masayoshi (1973) Semantics of Japanese causativization. *Foundations of Language* 9: 327–373.

渋谷勝己（2006）「自発・可能」小林隆（編）『シリーズ方言学2　方言の文法』47–92. 東京：岩波書店.

白岩広行（2012）「福島方言の自発表現」『阪大日本語研究』24: 35–53.

高橋俊三（2007）「沖縄方言における『上二段動詞』活用型の変遷」『沖縄国際大学日本語日本文学研究』11(2): 1–11.

當山奈那（2013）「沖縄県首里方言における使役文の意味構造」『日本語文法』13(2): 105–121.

上村幸雄（1972）「琉球方言入門」『言語生活』251: 20–37.

コリャーク語のS=A交替における格枠組みと被動作性

呉人　惠

【要旨】コリャーク語の動詞の自他対応にはS=PパターンとS=Aパターンがある。このうち、S=Aパターンの自動詞文には複数の格枠組みが見られる。すなわち、他動詞文で絶対格を取るPは、削除されるか、場所格、道具格、方向格、与格に降格する。本稿では、このような異なる格枠組みには被動作性が関与していることを論じる。

キーワード：コリャーク語、S=A交替、他動性、他動詞化型、逆受動化、被動作性、降格

1 はじめに

能格言語であるコリャーク語（チュクチ・カムチャツカ語族）は、S（single core argument: 自動詞主語）、A（agentive: 他動詞主語）、P（patientive: 他動詞目的語）の格標示、動詞の屈折いずれにおいても他動詞は自動詞からは明確に区別され、形式上、他動詞か自動詞かが問題視されることはない。しかしその一方で、コリャーク語には意図性（Volitionality）、動作者性（Agency）、被動作性（Affectedness）(Hopper and Thompson 1980) といった、プロトタイプ的他動性に関与する意味上の要素はあるのか、またあるとしたら、それはどのように顕現するのかという疑問がわく。本稿は、逆受動文をはじめとするS=Aパターンの自動詞文に見られる複数の格枠組みの観察をとおして、この疑問に対する答えを探る[1]。

本稿の構成を述べる。まず、2節では、コリャーク語の分布域、系統、話者数、類型論的特徴を概観する。3節では、コリャーク語の動詞の自他対応

---

[1] 同系のチュクチ語におけるS=A交替の格枠組みについては、Kozinsky et al.（1988）が論じている。ただし、そこで簡略に述べられたPの格選択に関する要因で説明すると当てはまらない例も多く、再考が必要とされる。

について、S=PパターンとS=Aパターンの両方から見る。4節では、S=Aパターンの自動詞文に見られる複数の格枠組みを観察し、コリャーク語の他動性に関与する要素を探る。そして、5節では、能格言語であるコリャーク語と対格言語である日本語の格枠組みの特質を比較対照する。

2　コリャーク語の概要

コリャーク語は、ロシア極東カムチャッカ半島の北部ならびに大陸側のマガダン州セヴェロ・エヴェンスク地区に分布する。系統的には、チュクチ・カムチャッカ語族に属する。2002年の人口統計によれば、コリャーク全人口（上記地域に居住するコリャーク族の全人口）8,743人のうち、2,369人（＝27.1%）がコリャーク語を母語として話すと言われている。

コリャーク語は膠着タイプであり、接辞の付加や抱合などによって、一語の中に多くの形態素を含みうる複統合的言語である。また、主要部である動詞、属部である名詞項のいずれの側でも文法関係が標示される二重標示型を示すため、語順は自由度が高い。

名詞には、数、格、有生性が標示される。数は単数、双数、複数を絶対格において区別する。ただし、有生の名詞は、絶対格では数標示に関して他の名詞との区別はないが、斜格では単数と複数が区別される。格には、絶対格、場所格、道具格、与格、方向格、沿格、奪格、接触格、原因格、様態格、共同格、随格がある。

コリャーク語は形態的能格を示す。すなわち、SとPは絶対格を取り、Aは能格を取る。ただし、能格専用の標識をもつのは人称代名詞のみで、その他の名詞では有生性の階層に応じて、場所格あるいは道具格が代用される（詳細は5節参照）。

動詞の屈折形式は基本的には完了／不完了というアスペクトと未来／非未来というテンスが組み合わさってできている。自動詞ではS、他動詞ではAとPの人称の標示がなされ、動詞の自他は形の上で明確に区別される。そのため、対応する自立の人称代名詞の出現は義務的ではない。

動詞の人称標示は、名詞の格標示とは異なり、部分的能格を示す。すなわち、能格型を示すのは（1）（2）のように2人称双数・複数のみで、それ以外は（3）（4）のように主格・対格型を示す（人称標示部分は太字で示す）。

(1) Tuji   qol-tək-Ø.
    2DU.ABS   立ち上がる-**2DU.S**-PRF
    あなたたち二人は立ち上がった。

(2) Mucɣ-ə-nan tuji   mət-uʕet-tək-Ø.
    1PL-E[2]-ERG 2DU.ABS 1PL.A-待つ-**2DU.P**-PRF
    私たちはあなたたち二人を待った。

(3) ɣəmmo   **t**-ə-lqut-ə-k.
    1SG.ABS **1SG.S**-E-立ち上がる-E-PRF
    私は立ち上がった。

(4) ɣəm-nan ənno   **t**-uʕet-ə-n-Ø.
    1SG-ERG 3SG.ABS **1SG.A**-待つ-E-3SG.P-PRF
    私は彼／彼女を待った。

3 自動詞・他動詞の形態的対応

コリャーク語の自他対応は、S が A, P のいずれと対応するかにより 2 つのパターンに分けられる。ひとつめは S=P パターン (5)(6) である。

(5) ɣəm-nan uttəʔut   t-ə-mle-n-Ø.
    1SG-ERG 木（ABS.SG） 1SG.A-E-折る-3SG.P-PRF
    私は木を折った。

(6) Uttəʔut   məle-j-Ø.
    木（ABS.SG） 折れる-PRF-3SG.S
    木が折れた。

ふたつめは、S=A パターン (7)(8) である。(7) では能格の A、すなわち「カリャ」が、(8) では絶対格の S となっている。同時に、(7) の P、すなわち「魚」は (8) では削除されている（削除される要因については 4.1 で述べる）。

---

[2] 本稿で用いている略号の中で、Leipzig Glossing Rules に記載されていないものは次のとおりである。：E=epenthesis（挿入音）、AN: animate（有生）、DIM: diminutive（指小辞）、ESS: essive（様態格）、ET=-et/-at/-al（接尾辞 -et/-at/-al）

(7) Kal'a-na-k　　　　　　　　ənneʔən
　　カリャ（人名）-AN.SG-LOC（ERG）　魚（ABS.SG）
　　ɣa-nqital-lin-Ø　　　　　cen'aq-cəko.
　　RES-凍らせる-3SG.P-3SG.A　物置-の中で
　　カリャは魚を物置の中で凍らせた。

(8) Kal'a-Ø　　　ɣ-ina-nqital-lin　　　　　＜P＞
　　カリャ-ABS.SG　RES-ANTIP-凍らせる-3SG.S
　　カリャは凍らせた。

以下、3.1、3.2でそれぞれのパターンについて概観する。

3.1　S=P パターン

　S=P パターンには、①使役化接辞付加（itit-ə-k「煮える」→ **j**-itit-**ev**-ə-k「煮る」、ləɣ-ə-k「溶ける」→ **j**-ə-ləɣ-**at**-ə-k「溶かす」）、②逆使役化接尾辞付加（kocɣ-ə-k「破る」→ kocɣ-ə-**ŋt-at**-ə-k「破れる」）、③自他同形（məle-k「折れる」「折る」、ilɣətev-ə-k「きれいになる」「きれいにする」）、④補充法（ŋəto-k「出る」– eto-k「出す」）の4種類がある。このうち①が最も優勢である。ちなみに、Haspelmath（1993）の inchoative/causative の動詞ペアによりコリャーク語の自他対応を見てみると、30³ の動詞ペアのうち使役化が最も多く20ペア（67%）で、次に補充法5ペア（17%）、自他同形3ペア（10%）、逆使役化2ペア（6%）と続く。この結果を見るかぎり、コリャーク語は他動詞化型の言語であるといえる（呉人 2013）。

3.2　S=A パターン

　S=A パターンでは、他動詞文を自動詞文に変換してAを前景化させ、Pを背景化させる統語操作がおこなわれる。この際、Aは絶対格に昇格する一方、Pの現れ方には3種類がある。すなわち、(a) 削除か降格、(b) 動詞への包含、(c) 動詞への包含と降格の同時出現である。(a) に用いられるのは、①逆受動化接辞（ine-/ena-、-cit/-cet）付加（ekmit-ə-k → **in**-ekmitək「取る」、ʔaʔa-k →

---

³ Haspelmath（1993）では、31の自他対応動詞ペアが挙げられているが、コリャーク語では7番目の melt（intr.）（tr.）と11番目の dissolve（intr.）（tr.）で同じ動詞形が得られたため1ペアのぞき、全動詞ペア数を30とする。

ʕaʕa-**cit**-ə-k「引きずる」)、②自他同形（pəŋlo-k「尋ねる」、aŋja-k「ほめる」)、③補充法（ewji-k － ju-kkə「食べる」、iwwici-k － pəl-ə-k「飲む」）の 3 種類である。(b)(c) に用いられるのは、④名詞抱合 (kenoŋva-pat-ə-k「肉煮する」、qoja-nomakav-ə-k「トナカイ集めする」)、⑤動詞的概念を表わす語彙的接辞付加（ənnə-tʃul-**u**-k「魚食する」、**ta**-pla-**ŋ**-ə-k「ブーツ作りする」）の 2 種類である。

次に S=A 交替の他動詞文と自動詞文の具体例をいくつか見ておく。(9) は他動詞文、(10) は対応する逆受動化接辞による逆受動文、(11) は他動詞文、(12) は対応する P の抱合である。各例文の和訳では、前景化している部分を太字で示す。

(9) Ajɣəve   vava-na-k   ɣe-jici-linew-Ø   picɣ-u.
    昨日   祖母-AN.SG-LOC(ERG)   RES-集める-3SG.P-3SG.A   食料-ABS.PL
    昨日、祖母は**食料**を集めた。

(10) Ajɣəve   vava-Ø   ɣe-ine-jici-lin   picɣ-ə-k.
     昨日   祖母-ABS.SG   RES-ANTIP-集める-3SG.S   食料-E-LOC
     昨日、**祖母**は食料を集めた。

(11) ɣəm-nan   kinuŋi-Ø   t-əpat-ə-n-Ø
     1SG-ERG   肉-ABS.SG   1SG.A-煮る-E-3SG.P-PRF
     私は**肉**を煮た。

(12) ɣəmmo   t-ə-kenoŋva-pat-ə-k-Ø
     1SG.ABS   1SG.S-E-肉-煮る-E-1SG.S-PRF
     私は肉を煮た。

ただし、本稿では格枠組みについて考察するため、(a) に焦点をあて、(12) のように、P が動詞複合体に包含される (b)(c) は扱わない。

4 被動作性による P の削除と降格

Tsunoda (1981,1985) は、動作が動作対象に及ぶ程度（被動作性）と格枠組みには相関性があるとし、二項述語を被動作性の高い順に、「直接影響」>「知覚」>「追求」>「知識」>「感情」>「関係」>「能力」のように階層化し、階層の高い方ほど典型的な他動詞格枠組みが現れやすく、逆に低い方ほ

ど他の格枠組みが現れやすいとしている。コリャーク語でこの被動作性による階層が反映されていると考えられるのは、他動詞文ではなく、S=A 交替の自動詞文の格枠組みである（呉人 2014）。S=A 交替による自動詞文でも他動詞文と同じ範囲の意味類が表わされるが、P の格標示はひとつではない。すなわち、被動作性の程度によって削除されるか、道具格、場所格、方向格、与格のいずれかに降格する。それぞれの格枠組みに該当する二項他動詞と対応する自動詞形を以下にあげる。また、例文も示す（a が二項他動詞文、b が対応する自動詞文の例）。

4.1　I 類：P の削除

　調査で収集されたデータを見る限り、P が削除されるのは、逆受動化接辞が付加されるタイプの自動詞文の場合である。動詞の大部分は、動作が被動作者に及び、変化を引き起こす被動作性の高い「直接影響」の動詞である。このような動詞を便宜的に I 類とする。

＜他動詞＞	＜逆受動形＞	
jəcimav-ə-k	ina-ncimav-ə-k	「割る」
jəkaŋav-ə-k	ina-nkaŋav-ə-k	「曲げる」
jəlɣat-ə-k	ina-lɣat-ə-k	「溶かす」
jəqitat-ə-k	ina-nqitat-ə-k	「凍らせる」
jətɣevat-ə-k	ena-ntɣevat-ə-k	「忘れる」
jətɣəlev-ə-k	ine-nətɣəlev-ə-k	「温める」
ləʕu-k	ine-lʕu-k	「見える」
məcetku-k	ine-mcetku-k	「壊す」
paje-k	paje-cet-ə-k	「刈る」
tejk-ə-k	ine-tejk-et-ə-k	「作る」
təm-ə-k	ena-nm-at-ə-k	「殺す」
ʕaʕa-k	ina-ʕaʕa-k	「引きずる」

(13) a. Kawi-na-k　　　　　　　　　　təm-ne-n-Ø
　　　カウィ（人名）-AN.SG-LOC（ERG）　殺す-3SG.A-3SG.P-PRF
　　　qajuju-Ø.
　　　仔トナカイ-ABS.SG
　　　カウィは仔トナカイを殺した。【他動詞文】
　　b. Kawi-Ø　　　ɣ-ena-nm-al-len　　　　＜P＞
　　　カウィ-ABS.SG　RES-ANTIP-殺す-ET-3SG.S
　　　カウィは殺した[4]。【逆受動文】

　ところで、このように被動作性の高い動詞の場合にはPが削除されるが、この被動作性の高さは前景化・背景化といった談話現象とも無関係ではない。上述のとおり、逆受動文で他動詞文のAが能格から絶対格に昇格し、Pが絶対格から斜格に降格するという統語操作は、談話構造から見れば、Aの前景化とPの背景化にほかならない。被動作性の高い動詞はPを背景化しにくいために、他動詞文が典型的である。これに対して、逆受動文、すなわち自動詞文ではPの出現を抑制することによってのみ、Aの前景化が可能になるのではないかと考えられる。
　ちなみに、I類の逆受動文では、Pが「なにか」という形でならば許容されることがある。(14)ではjeq「なに」は道具格で現れている。

(14) Kal'a-Ø　　　k-ina-nqitat-ə-ŋ-Ø　　　　　　jeq-e　　amu.
　　　カリャ-ABS.SG　IPRF-ANTIP-凍らせる-E-IPRF-3SG.S　なに-INS　多分
　　　カリャはなにかを凍らせている。

4.2　II類：道具格

　目的語が道具格に降格する動詞には、大きく2種類がある。すなわち、「運ぶ」「降ろす」「送る」などPの位置の変化を意味する動詞と、「食べる」「飲む」などの摂食動詞である。Pの位置の変化は、P自体の変化を意味するわけではない。このことが、Pが削除されるI類の動詞と格枠組みにおいて区

---

[4] 殺した対象を包括的に明示する場合には、名詞抱合によって表わすことが可能である。
　　Kawi-Ø　　　　ɣa-qajojo-nm-al-len.
　　カウィ-ABS.SG　RES-仔トナカイ-殺す-ET-3SG.S
　　カウィは仔トナカイ殺しをした。

別される要因ではないかと推測される。これらは、管見のかぎりでは、逆受動化接辞によって自動詞化する。一方、摂食行為は、Pが体内に取り込まれ、その変化が確認できないうえに、Aは同時に受益者でもある点で、I類とは異なる特徴を示すといえる。すなわち、ここには被動作性だけでなく、動作者性 (Agency) が関与しているとも考えられる。ちなみに、「食べる」「飲む」は、逆受動化接辞によって自動詞化するのではなく、「見る」「聞く」などの動詞とともに、異根の自動詞・他動詞ペアを持っている。

```
<他動詞>        <逆受動形>
ekmit-ə-k       in-ekmit-ə-k       「受け取る」
jet-ə-k         ine-jet-ə-k        「持ってくる」
jiwl-ə-k        ine-jiwl-et-ə-k    「運ぶ」
jəpe-k          ine-jpe-k          「降ろす」
təŋiv-ə-k       ine-nŋiv-ə-k       「送る」
<異根他動詞>    <異根自動詞>
ju-kkə          ewji-k             「食べる」
pəl-ə-k         iwwici-k           「飲む」
```

(15) a. Apappo-na-k　　　　　ɣe-nŋiv-ə-lin-Ø　　　　wojv-etəŋ
　　　 祖父-AN.SG-LOC（ERG）RES-送る-E-3SG.P-3SG.A　村-ALL
　　　 picɣ-ə-n.
　　　 食料-E-ABS.SG
　　　 おじいさんは食料を村に送った。

　　b. Appapo-Ø　ɣ-ine-nŋivel-lin　　　　picɣ-e　　wojv-etəŋ.
　　　 祖父-ABS.SG　RES-ANTIP-送る-3SG.S　食料-INS　村-ALL
　　　 おじいさんは食料を村に送った。

(16) a. En'pici-te　　　ɣe-nu-lin-Ø　　　　　　kinuɲi-Ø.
　　　 父-INS（ERG）　RES-食べる-3SG.P-3SG.A　肉-ABS.SG
　　　 父は肉を食べた。

　　b. En'pic-Ø　ɣ-ewji-lin　　　　kinuŋva-ta.
　　　 父-ABS.SG　RES-食べる-3SG.S　肉-INS
　　　 父は肉を食べた。

4.3 III類：場所格

Pが場所格を取る動詞の類は、他の類と比較して特定の意味を確定するのがむずかしいが、動作が対象に及ぶが、変化が起きるかどうかは含意されていない動詞が多いようである。逆受動化接辞による自動詞の例が認められている。

<他動詞>	<逆受動形>	
cəɣ-ə-k	in'e-cɣ-et-ə-k	「掘る」
ɣənnit-ə-k	ina-ɣənnit-ə-k	「守る」
jəji-k	ine-nni-k	「触る」
kəpl-ə-k	ena-jkəpl-at-ə-k	「殴る」
lejv-ə-k	ine-lejv-et-ə-k	「案内する」
qapl-ə-k	qapl'o-cet-ə-k	「蹴る」

(17) a. Qit-ə-kinuŋi-Ø maleta ku-nni-ŋ-ni-n
  凍る-E-肉-ABS.SG　ゆっくり　IPRF-触る-IPRF-3SG.A-3SG.P
  Kawi-na-k.
  カウィ-AN.SG-LOC（ERG）
  カウィはゆっくり凍った肉に触っている。
 b. Kawi-Ø maleta t-ə-k-ine-nni-ŋ
  カウィ-ABS.SG　ゆっくり　1SG.S-E-IPRF-ANTIP-触る-IPRF
  qit-ə-kinuŋva-k.
  凍る-E-肉-LOC
  カウィはゆっくり凍った肉に触っている。

4.4 IV類：方向格

目的語が方向格を取る動詞はそれほど多くない。下の4つの動詞をかぎり、動作が対象に及ぶことが含意されない「襲いかかる」「つかもうとする」のような動詞、同じく動作が対象に及ばない「嗅ぐ」「見る」といった知覚動詞である。上述のとおり、「見る」は異根の自動詞・他動詞のペアをもつ。

```
<自動詞>          <逆受動形>
ekimit-ə-k        in-ekmit-ə-k       「つかもうとする」
eŋo-k             ena-jŋo-k          「嗅ぐ」
penn'-ə-k         penn'-ə-cet-ə-k    「襲いかかる」
<異根他動詞>      <異根自動詞>
ɣite-k            l'əl'ap-ə-k        「見る」
```

(18) a. Vava-na-k   ɣ-eŋo-len-Ø   kinuɲi-Ø.
        祖母-AN.SG-LOC（ERG）   RES-嗅ぐ-3SG.P-3SG.A   肉-ABS.SG
        祖母は肉を嗅いだ。

   b. Vava-Ø   ɣ-ena-jŋo-len   kenuŋva-jtəŋ.
      祖母-ABS.SG   RES-ANTIP-嗅ぐ-3SG.S   肉-ALL
      祖母は肉を嗅いだ。

4.5　V類：与格

　Pが与格を取るのは、Tsunoda（1981,1985）の二項述語階層では被動作性の低い「知覚」「追求」「知識」「感情」を表わす動詞にかぎられる。逆受動形に加えて、自他同形も用いられる。

```
<他動詞>              <逆受動形>
acacɣ-o ləŋ-ə-k       acacɣ-at-ə-k       「笑う」
jejwec-u ləŋ-ə-k      jejwe-cet-ə-k      「同情する」
jəɣəjulev-ə-k         ine-nɣəjulev-ə-k   「教える」
ləmal-o ləŋ-ə-k       ləmal-av-ə-k       「信用する」
valom-ə-k             ena-valom-ə-k      「聞く」
         <自他同形>
jejol-ə-k             jejol-ə-k          「理解する」
palomtel-ə-k          palomtel-ə-k       「聞く」
uʕet-ə-k              uʕet-ə-k           「待つ」
```

(19) a. Kalicitlʔ-ə-n   en'pici-te   ɣ-uʔel-lin-Ø.
        学生-E-ABS.SG 父-INS（ERG） RES-待つ-3SG.P-3SG.A
        父親は学生を待った。
    b. En'pic-Ø   ɣ-uʔel-lin-Ø   kalicitəlʔ-e-ŋ
        父-ABS.SG RES-待つ-3SG.S   学生-E-DAT
        父親は学生を待った。

5　対格型言語の日本語との格枠組みの違い

　以上、コリャーク語では、S=A パターンの自動詞文における P の現れ方に、被動作性による二項述語階層が関与していることを見てきた。最後に、本節では、他動詞文の格枠組みにおいて対格型の日本語と能格型のコリャーク語の間にはどのような違いがあるのかを見ておきたい。

　角田（2009）によれば、日本語の二項述語文には、被動作性の階層により次のような複数の格枠組みが現れる。

(20)　「直接影響」（変化）　　主格＋対格（ガ＋ヲ）　e.g.　殺す、曲げる
　　　「直接影響」（無変化） 主格＋対格（ガ＋ヲ）　e.g.　叩く
　　　　　　　　　　　　　　　主格＋与格（ガ＋ニ）　e.g.　ぶつかる
　　　「知覚」　　　　　　　　主格＋対格（ガ＋ヲ）　e.g.　見つける
　　　「追求」　　　　　　　　主格＋対格（ガ＋ヲ）　e.g.　待つ、探す
　　　「知識」　　　　　　　　主格＋対格（ガ＋ヲ）　e.g.　知る
　　　　　　　　　　　　　　　与格＋主格（ニ＋ガ）　e.g.　わかる
　　　「感情」　　　　　　　　主格＋対格（ガ＋ヲ）　e.g.　愛する
　　　　　　　　　　　　　　　主格＋与格（ガ＋ニ）　e.g.　惚れる
　　　　　　　　　　　　　　　主格＋主格（ガ＋ガ）　e.g.　欲しい
　　　　　　　　　　　　　　　与格＋主格（ニ＋ガ）　e.g.　要る
　　　「関係」　　　　　　　　主格＋対格（ガ＋ヲ）　e.g.　持つ
　　　　　　　　　　　　　　　主格＋与格（ガ＋ニ）　e.g.　似る
　　　　　　　　　　　　　　　主格＋奪格（ガ＋ガ）　e.g.　成る
　　　　　　　　　　　　　　　与格＋主格（ニ＋ガ）　e.g.　対応する
　　　「能力」　　　　　　　　与格＋主格（ニ＋ガ）　e.g.　できる
　　　　　　　　　　　　　　　主格＋主格（ガ＋ガ）　e.g.　得意

このような被動作性の階層は、典型的他動詞格枠組みの現れ方にも呼応している。すなわち、被動作性の高い方が典型的な他動詞格枠組み「ガ＋ヲ」が出やすく、低くなるにつれて出にくくなり、他の格枠組みが現れやすくなる。他動詞格枠組みが漸次的に自動詞格枠組みに移行していることがわかる。

一方、コリャーク語の他動詞格枠組みでは、日本語とは異なり、A は能格、P は絶対格という格標示を受ける。このうち、P の絶対格という格形式が変わることはないが、A には有生性の度合いによって異なる格形式が代用される。具体的には、有生性の高い順に、A）独自の能格標識 -nan を受ける人称代名詞（21）、B）能格に場所格 -k が代用され、同時に有生の標示 -ne/-na（単）、-jək（複）を受ける固有名詞、人称疑問代名詞「誰」、親族呼称（22）、B/C）能格として任意に場所格か道具格 -te/-ta が代用され、有生の標示も任意である人間名詞、指示代名詞、疑問代名詞「どの」（23）、C）能格に道具格 -te/-ta が代用され、有生の標示を受けない親族名詞、無生物名詞、動物名詞（24）となる（呉人 2001, Comrie 1979）。名詞句階層を反映したこのような A に対する格の使い分けは、S=A パターンの自動詞文における被動作性による P の複数の格標示の原理とは本質的に異質なものである。したがって、日本語に見られるような他動詞格枠組みから自動詞格枠組みへの漸次的な移行を反映したものと同一視することはできない。このことは、名詞項の側だけでなく、動詞が一貫して A, P の両方と一致する他動詞活用をすることからもうかがうことができる。

(21) En'pic-Ø   mocɣ-ə-nan tata-no
　　 父-ABS.SG   1PL-E-ERG   父さん-ESS
　　 mət-ko-lŋ-ə-la-ŋ-ə-n.
　　 1PL.A-IPRF-みなす-E-PL-IPRF-E-3SG.P
　　 父を私たちは「父さん」と呼んでいる。【A】

(22) L'aŋe-na-k   tejk-ə-ni-n-Ø
　　 リャゲ（人名）-AN.SG-LOC（ERG） 作る-E-3SG.A-3SG.P-PRF
　　 icʔ-ə-n   qəlavol-ə-ŋ.
　　 毛皮服-E-ABS.SG   夫-E-DAT
　　 リャゲは夫に毛皮コートを縫った。【B】

(23) El'ʕa-ta   / el'ʕa-na-k   ɣəcci
    女-INS（ERG） 女-AN.SG-LOC（ERG） 2SG.ABS
    ne-ku-ʕejŋew-wi.
    INV-IPRF-呼ぶ-2SG.P
    ある女／その女があなたを呼んでいる。【B／C】

(24) ŋanko   qajuju-pill'aq-a
    あそこで 仔トナカイ-DIM-INS（ERG）
    ko-tənəp-ŋ-ə-ne-n   en'pic-Ø.
    IPRF-角突きする-IPRF-E-3SG.A-3SG.P 父-ABS.SG
    あそこで仔トナカイが父を角突きしている。【C】

6　おわりに

　以上、コリャーク語のS=A交替におけるPの格標示の違いは、おおよそTsunoda（1981,1985）の二項述語階層に対応していることを論じた。まとめると、

　1) 二項他動詞文、S=Aパターンの自動詞文ともに、「直接影響」＞「知覚」＞「追求」＞「知識」＞「感情」まで表わすことができる。

　2) このうち、S=Aパターンの自動詞文は、次の5種類の格枠組みを持つ。

　　　① 　絶対格＋削除
　　　② 　絶対格＋道具格
　　　③ 　絶対格＋場所格
　　　④ 　絶対格＋方向格
　　　⑤ 　絶対格＋与格

　ゼロは「直接影響」のうち、被動作者自体の変化を含意する動詞、道具格は移動を表わす動詞や摂食動詞、場所格は動作が対象に及ぶが変化を含意しない動詞、与格は「知覚」「追求」「知識」「感情」を表わす動詞にそれぞれ出現する。

　3)「関係」は自動詞文でしか表わせないが、格枠組みは絶対格＋与格で、「知覚」「追求」「知識」「感情」を表わすS=A交替自動詞文のそれとの連続性を示す。

4）被動作性は、前景化・背景化といった談話現象や動作者性とも絡んで他動性の階層を形作っている。

とはいえ、被動作性の階層に適合しない知覚動詞 ine-lʃuk「見える」や ena-ntɣevat-ə-k「忘れる」が I 類に出現する理由はなにか、場所格を取る III 類は I、II、IV 類に当てはまらない動詞の寄せ集めのような印象を与えるが、この類を規定するより明確な基準はなにか、などは未解決の課題として残されている。

謝辞

本稿は、呉人（2014）の 4.2 節の分析を基に、日本語との対照部分を加えて書かれた。データは、2013 年 3 月、9 月のロシア連邦ハバロフスク市での聞き取り調査に基づく（科研費補助金基盤研究［C］「コリャーク語形容詞述語構造に関する記述・類型研究」［22520394］による）。調査には、Ajatginina Tat'jana Nikolaevna 氏（1955 年マガダン州セヴェロ・エヴェンスク地区第 5 トナカイ遊牧ブリガード生まれ、女性）にコンサルタントとして協力していただいた。ここに記して謝意を表したい。また、査読の労を惜しまず、貴重なご指摘と丁寧なコメントを下さったお二人の査読者の方にも心からお礼を申し上げたい。もちろん言うまでもなく、本稿における不備はすべて筆者一人の責任に帰するものである。

参照文献

Comrie, Bernard (1979) The animacy hierarchy in Chukchee. In: Paul R. Clyne, William F. Hanks, and Carol L. Hofbauer (eds.) *The elements: A parasession on linguistic units and levels, including papers from the Conference on Non-Slavic Languages of the USSR*, 322–329. Chicago: Chicago Linguistic Society.

Haspelmath, Martin (1993) More on the typology of inchoative/causative verb alternations. In: Bernard Comrie and Maria Polinsky (eds.) *Causatives and transitivity*, 87–120. Amsterdam: John Benjamins.

Hopper, Paul and Sandra Thompson (1980) Transitivity in grammar and discourse. *Language* 56: 251–299.

Kozinsky, I.Sh., Nedjalkov, V.P. and Polinskaja, M.S. (1988) Antipassive in Chukchee: Oblique object, object incorporation, zero object. In: Masayoshi Shibatani (ed.) *Passive and voice*, 651–706. Amsterdam: John Benjamins.

呉人惠（2001）「コリャーク語の名詞句階層と格・数標示」『アジア・アフリカ言語文化研究』62: 107–125.

呉人惠（2013）「コリャーク語動詞の自他対応：中立型か他動詞化型か」『北方言語研究』3: 85–109.

呉人惠（2014）「コリャーク語における S=A 交替」『北方人文研究』7: 25–53.
Tsunoda,Tasaku (1981) Split case-marking patterns in verb types and tense/aspect/mood. *Linguistics* 19: 389–438.
Tsunoda, Tasaku (1985) Remarks on transitivity. *Journal of Linguistics* 21: 385–396.
角田太作（2009）『世界の言語と日本語 改訂版：言語類型論から見た日本語』東京：くろしお出版.

ツングース諸語の自他について

風間　伸次郎

【要旨】本稿ではまずツングース諸語のうち、エウェン語、ウデヘ語、ナーナイ語、満洲語の4言語を取り上げて自他の派生の仕方をみる。これによってツングース諸語の内部の異同やその歴史的背景を検討するとともに、他のアルタイ諸言語との類型論的な異同についても考察する（2節と3節）。さらに日本語との対照をつうじ、日本語とは構文的な対応が異なるツングース諸語における自他対応の特徴を示す（4節）。

キーワード：アルタイ諸言語、構文的対応、言語類型論、移動動詞、運搬動詞

1　はじめに：ツングース諸語の概要

　ツングース諸語は、10ほどの言語からなり、東はカムチャツカ、西はエニセイ川、北は北極海、南は満洲に至る広大な地域に分布している。政治的には、中国領とロシア領の言語に分かれる。分布域に比して人口は少なく、満洲語を除き基本的に無文字言語である。Ikegami（1974）は主に音韻対応の面からツングース諸語を下記のように分類した。各群内部の言語は多くの特徴を共有している。したがってI～IV群の中から一言語ずつみることによって、ツングース諸語における自他対応の全体的な状況を知ることができるものと考えられる（太字・下線が本稿で扱う言語）。

　I群　　**エウェン語（Ew）**、エウェンキー語（Ek）、ソロン語（S）、ネギダル語（N）
　II群　　**ウデヘ語（U）**、オロチ語（Oc）
　III群　**ナーナイ語（Na）**、ウルチャ語（Ul）、ウイルタ語（Ut）
　IV群　**満洲語（Ma）**、女真語（J）

　他の言語群との系統関係は不明だが、古くよりモンゴル諸語およびチュルク諸語と共にアルタイ諸語をなすとする説がある。他方、これらの諸語間の

類似は影響によるとする説がある。他のアルタイ諸言語のみならず、日本語や朝鮮語とも類型的には多くの共通点を持っているが、系統関係はやはり不明である。

次に類型的な観点から説明を加える。まず形態的には膠着的であり、もっぱら接尾辞を用い、複合語をほとんど持たない。オノマトペを除き、重複もほとんどない。一部の言語では衰退しているものの、形態音韻論的な現象として母音調和がある。統語的には主格対格型で、SOV をはじめとする主要部後置型、つまり head-final の語順を示す。

名詞は格と人称で変化し、この順序で接辞が添加される。一部の言語を除き属格がなく、所有構造は head-marking の構造をとる。形容詞は、形態論的に名詞とよく似た振る舞いを示すいわゆる形容詞名詞型の言語である（この点で他のアルタイ諸言語と共通しており、日本語や朝鮮語とは異なる）。動詞は従接（きれつづき）/モダリティ/テンス、および人称で変化する。語幹を拡張する文法的派生接辞によってヴォイス、アスペクトなどの機能を示す。つまり動詞は、[**語幹**-ヴォイス-アスペクト]-<u>**きれつづき/**</u>モダリティ/テンス-人称、のような構成をとる（太字・下線が必須要素）。他のアルタイ諸言語や朝鮮語、日本語との類型的な異同に関しては、風間（2003a）も参照されたい。

ツングース諸語の自他対応、派生に関する研究は十分に行われているとはいい難い。エウェン語の自他や態を概観するには、Novikova（1980: 60–64）、同じくウデヘ語に関しては、風間（2010a: 232–235）、ナーナイ語に関しては、Avrorin（1961: 22–31）および風間（2010b: 247–250）、満洲語に関しては、津曲（2002: 76）を参照されたい。

2 Haspelmath（1993）に基づく調査

2.1 データ収集の方法

以下ではまず Haspelmath（1993）の 31 対の自他動詞に関するデータ収集のプロセスを記す。

エウェン語に関しては、ロシア語エウェン語辞典である Tsintsius i Rishes（1952）からロシア語によって語を収集した。しかるのちに Novikova（1980）の語彙集によってその意味を再確認した。こうして得られた語彙について、風間（2003b, 2009b）、風間（編）(2013) の対訳テキストから、今度は日本語訳

を用いて検索し、それらが自動詞、他動詞の構文環境で用いられているか、少なくともある程度高い頻度で用いられているか、などの点について確認した。

ウデヘ語に関しては、風間（2004, 2006a, 2007a, 2008, 2009a, 2010a）の対訳テキストから日本語訳によって語彙を収集した。またウデヘ語ロシア語辞典である Girfanova（2001）巻末のロシア語索引により、語彙を収集した。意味や構文、頻度についても上記のテキストおよび辞書によって確認した。

ナーナイ語に関しては、ロシア語ナーナイ語辞典である Onenko（1986）からロシア語によって語彙を収集した。意味については、さらにナーナイ語ロシア語辞典である Onenko（1980）を用いて確認した。対訳テキストである風間（2000, 2001, 2002, 2005, 2006b, 2007b）の日本語訳からも語彙を収集し、あわせて構文環境や頻度について確認した。頻度の数値は表中に示した。

満洲語に関しては、満洲語漢語辞典である胡（主編）(1994) の巻末の英語索引ならびに漢語索引により語彙を収集した。しかるのちに福田（1987）によって意味を確認した。両辞典に例文の記載のあるものに関しては構文も確認した。

なお表中には、7. learn/teach のように、「～を学ぶ」から「～に～を教える」を派生するもの、つまり他動詞から複他動詞を派生するものも含まれている。

次に、表中で用いた記号について説明する。xuju(l)- のように丸括弧を用いているものは、その括弧内の要素が主にアスペクトを示す接辞であることを示している。なおアスペクト接辞と自他の関係の十分な解明には、今後の研究が必要である。用例が見いだせなかった場合には、?? とした。辞書には見いだされたものの、テキスト内にその用例が確認できなかったものは（）に入れて示した。16. begin に対して、IV 群を除くツングース諸語では一般に -l, -li, -lu などの形を持つ開始体のアスペクト接辞が動詞に付加されて用いられる。これには（suf.）の略号を付した。動詞でなく、形容詞が用いられる場合には、その語形の後ろに（adj.）の略号を付した。歴史的に過渡的な状況にあって、語幹にゆれがみられる場合には、čamna-～čam- のように示すことにした。

以下の表1に4言語の自動詞・他動詞の形式をまとめて示す（/の前が自動詞、後ろが他動詞である）。

表 1 ツングース 4 言語における Haspelmath（1993）の 31 対の自動詞・他動詞

Comrie(2006)	エウェン	ウデヘ	ナーナイ	満洲
1. boil L-C-C/E-C	xuju(l)- /xuju-	xui(li)- /xui-wənə-	puisi-/pujuu-, puisi-wəən- (7/152, 0)	fuye-/ fuye-bu-
2. freeze ?-C-C-C	iŋəm-/??	gəkti-/ gəkti-wənə-	gəkči-/ gəkči-wəən- (9/0)	beye-, juhe jafa-/ juhene-/ beye-bu-, (juhe jafa-bu-)
3. dry E-S-C/E-C	olga- /olgɪ-	ogo- /wagi-	xolgo-/ xolgi(-či)-, xolgo-waan- (14/3, 0)	olho-/ olho-bu-
4. wake up S-S-C/E-C	mɪal-/xɵru-	sələ(gi)- /siu(gi)-	sənə-/səruu-, sənə-wəən- (56/8, 0)	gete-/ gete-bu-
5. go out/ put out S-C/S-C-C	ňɵɵ-/(ǰuwu-)	ňuu-/gaagi-, ňuu-wənə-	niə-/ niə-wu- (多数/14)	tuci-/ tuci-bu-
6. sink ?-C/S-S-C	xiir-/??	tiama-, juu-/ juu-wənə-	muə doočiani ii-/muəči gidala- (0/1)	iru-/iru-bu- 「溺れさせる」
7. learn/teach L/A-S-L/S-C	xupku-, xupku-p-/ xupku-, ičukən-	ňaansula- /tatusi-	tačioči-/aloosi-, tačioči- (22/0, 14)	taci-/ taci-bu-
8. melt ?-?-C-C	uun-/??	čalia-, uunə-/??	uun-/ uum-buwəən- (4/0)	we(n)-/ wem-bu-
9. stop C-?-C-L/S	ɪl-/ɪl-ükan-	əki-,ili-/??	kaoǰara-,ili-/ kaoǰaroan-, ili-waan- (8, 多数/0, 1)	naka-/naka-, joo-
10. turn E-C-C-C/L	kumərkin- /kumtu-	kumtə-, xuugi-/ kumtə-wənə-, xuugi-wənə-	kəčəri-/ kəčəri-wəən- (27/1)	ubaša-, ubaliya-/ ubaša-, ubaša-bu-, ubaliya-
11. dissolve A-S-A-C/L	(ɵɵňəlgə-p-)/ ɵɵňəlgə-	xəgdə-/ lukta-	ačoa-/ačo- (0/96)	(su-)/ su-, su-bu-

12. burn C-E/S-E-S	dur-/dur-u-	ǰəgdə-/ǰəgdi-, daga-	ǰəgdə-/ǰəgǰi- (18/7)	tefe-/ deiji-
13. destroy A-S-C-C/S	xaajʊ-p-/ xaajʊ-	čamna-～čam-/ čika-, xuai-	bojaa-/ boja-li-, boja-či- (3/5, 7)	mana-/ mana-bu-, efule-
14. fill C-A-L-C	miltərən- / (miltərə-mkən-)	ǰalu-p-, tapči(adj.)/ ǰalu-	ǰalop-/ ǰalop-(0/0)	fihe-, giki- /fihe-bu-, giki-bu-
15. finish S-L/S-A/L-C/S	mʊdan-/od-	malakta-, wadi-/mutə-, wadi-	xoǰi-, xoǰi-p-/xoǰi- (121, 0/121)	waji-/naka-, (waji-bu-)
16. begin A-?-L-C/L	-l(suf.), (mookɪ-p-)/-l (suf.),(mookɪ-)	-li(suf.)/ -li (suf.), dəluu-	təpčiu-, dəruu-, -lo/-lu(suf.)/ təpčiu-, dəruu-, -lo/-lu(suf.) (0, 56, 多数/14, 3, 多数	deri-, deri-bu-/ deri-bu-
17. spread ?-?-A-?	??/əŋkə-, nəsən-, usiŋət-	??/kuŋgədə-	xuul-biə-/ xuul- (0/5)	??/so-, nerki-, sara-
18. roll E-S-A-C	xirun- / (xirukəčuukət-)	puŋguli-, pontoli-/akpi-	xuku-p-/ xuku- (0/57)	fuheše-/ fuheše-bu-
19. develop ?-C/S-E-C	isu-/??	bagdi-/igisi-, bagdi-wana-	urə-/uruuči- (22/0)	badara-, mutu- hūwaša-/ badaram-bu-, mutu-bu-, hūwaša-bu-
20. get lost/ lose A-A-A-L	bəri-p-/bəri-	nodo-p-/nodo-	xuədə-p- /xuədə- (5/35)	ufara-/ ufara-
21. rise/raise S-C-S-S	ojčɪ-/əgər-	tukti-/ tukti-wənə-	too-/əuri- (309/17)	mukde-, wesi-/ tukiye-
22. improve A-C/S-S-?	aj oo-,(aɪ-p-)/ (aj-)	ajasi-/ ajasi-wana-, tausi-	ajanago-/tago- (8/2)	??/ tuwancihiya-, tuwamgiya-
23. rock A-C-C-C	məəji-n-, məəjilbən- /məəji-	ugi-/ ugi-wənə-	tuiŋku-/ tuiŋku-lbu- (8/2)	ašša-/ ašša-bu-

24. connect C-C/S-S-A	iiwuldu-/ (iiwuldu-wkən-)	lagba-/ lagba-wana-, čuga-	kamor očogo-/ sira- (5/2)	(hūwaitaram-bu-) /holbo-, hūwaita-
25. change E/A-S-A-C	(xɵɵntəlbə-, gaajmaat-), oolban- / (xɵɵntəltə-, gaaj-)	(guala(ŋi)-)/ kala(gi)-	kala-p-/ kala-(0/1)	gūwaliya-, kūbuli-/ gūwaliya-bu-, kūbuli-bu-
26. gather A-L/S-S-C/S	čaka-p-/čak-	omosi- /omosi-, (tai-, gəgbə-)	poago-/taosan- (0/10)	isa-, imiya-/ isamja-, bargiya-
27. open A-?-A-C/S	(aaŋa-p-)/aaŋa-	??/niəntilə-	nixəli-p-/nixəli- (1/95)	milara-/nei-, milara-bu-
28. break L-S-A/E-E	kiŋər-/(kiŋəl-)	čamna-~čam-/ bukta-	kaltaa-, kaltali-p-kalta(ram) ənə-/kaltali- (4, 0, 10/2)	bija-/bila-
29. close A/S-?-A-C	(nipkə-p-), xakʊ-, (xooma-p-)/ nipkə-, (xak-, xoom-)	??/likpi-, dakpi-	dasi-p-/dasi- (0/12)	yaksi-/ yaksi-bu-
30. split S-E-E-C	xultir-/ təkəl-	kaktaga-/ kaktali-	gudəə-, xətuə-/ gudə-li-, xətu-li- (1, 8/1, 5)	gakara-/ gakara-bu-
31. die/kill S-S-S-S	kɵkə-, ačča oo-/ maa-	budə-/waa-	bur-/waa- (193/328)	buce-/wa-

2.2　ツングース諸語内部における異同

　上記表1のデータを基に、C:「使役交替」、A:「逆使役交替」、E:「両極性交替」、L:「同一形交替」、S:「補充交替」のいずれであるか判断した。その判断は（Ew）-（U）-（Na）-（Ma）の順で、各項目に［(1. boil) L-C-C/E-C］のような形で示した。2つのタイプがみとめられる場合には、/ の前後に示し、それぞれを0.5としてカウントした。3つ以上のタイプをみとめることはせず、主流と考えられるタイプを2つまでみとめた。非方向性の比率は、全体のうちで両極と同一と補充を合わせたものを指す。

　まず、満洲語の示す非方向性の数値が他の群のツングース諸語の示す数値より低いことがわかる。満洲語をはじめとするIV群の言語は、モンゴル語の影響を強く受けて成立した言語である。さらに近年は漢語による影響も強く

表 2 ツングース諸語における自他の方向性

言語	使役 (C)	逆使役 (A)	両極 (E)	同一 (L)	補充 (S)	非方向性
エウェン語	4	9.5	3.5	2.5	6.5	(/26)48.1%
ウデヘ語	7.5	2	1.5	1	13	(/25)62 %
ナーナイ語	8.5	8	5	3	6.5	(/31)46.8%
満洲語	18.5	1	1	3	5.5	(/29)32.8%

受けている。リンガ・フランカとして機能する中で、クレオール化した状況もあったためか、かなり単純化した文法組織を持っている。満洲語の非方向性の数値が低いことは、このような満洲語の持つ歴史的背景から説明できるだろう。

次にツングース4言語間での派生パターンを対比してみると、4言語とも一致したのは 31. die/kill (S) のみで、うち3言語では音形も対応する。3言語で一致し音形も対応していたのは、1. boil (C) のみである。これらは、祖語から継承されてきたものと考えられる。他方、一致している部分がこのように少ないことは、ツングース諸語が長い時間をかけて多様に分岐してきたことを示している。

さらに使用頻度と派生の方向性に関して考察する。

ナーナイ語において、自動詞から他動詞を派生する主な接辞は -waan/-wəən である。その結果をみると、1. puisi-wəən-「沸かす」(7/0)、2. gəkči-wəən-「凍らす」(9/0)、3. xolgo-waan-「乾かす」(14/0)、4. sənə-wəən-「起こす」(56/0)、8. uum-buwəən-「溶かす」(4/0)、10. kačəri-wəən-「振り向かせる」(27/1) と、派生元の自動詞に比べてその頻度は極端に低い (/ の前の数値は派生元の自動詞の頻度、後ろの数値は派生した他動詞/使役動詞の頻度を示す)。ただし sia-waan-「食べさせる」のみは (695/71) と、使役動詞がある程度の頻度で用いられている。

他方、ナーナイ語において、他動詞から自動詞を派生する主な接辞は -p である[1]。派生元の他動詞と派生後の自動詞の出現比率をみると、xoǰi-p-「終わ

---

[1] なおこの -p はもっぱら他動詞にのみつくため、15. finish のナーナイ語の語形 xoǰi-、xoǰi-p-/xoǰi- において、xoǰi-p- が自動詞から派生したものと分析することはできない。

る」(121/0)、xuku-p-「くるまる」(57/0)、xuədə-p-「失くなる」(35/5)、kala-p-「変わる」(1/0)、nixəli-p-「開く」(95/1)、kaltali-p-「壊れる」(2/0)、dasi-p-「閉まる」(12/0)と、やはり派生元の他動詞に比べてその頻度が極端に低いことがわかる。

したがって使役もしくは逆使役の自他対応においては、派生元の動詞のほうが圧倒的に高い頻度で用いられていることがわかる。他方派生された動詞は形の上でも機能の上でも有標であり、語彙化したものは少なく、使わざるを得ない環境においてのみ用いられるものである、ということができるだろう。

2.3　他のアルタイ諸言語との対照、ならびに類型論的考察

表2の結果を、さらに他のアルタイ諸言語をはじめとする他言語の結果とともに示せば次のようになる。

表 3　他言語との対照からみたツングース諸語の自他の方向性

言語	使役 (C)	逆使役 (A)	両極 (E)	同一 (L)	補充 (S)	非方向性
エウェン語	4	9.5	3.5	2.5	6.5	(/26) 48.1%
ウデヘ語	7.5	2	1.5	1	13	(/25) 62 %
ナーナイ語	8.5	8	5	3	6.5	(/31) 46.8%
満洲語	18.5	1	1	3	5.5	(/29) 32.8%
トルコ語	17.5	9	2.5	0	1	(/30) 11.7%
キルギス語	16	11	3.5	0	0.5	(/31) 12.9%
サハ語	18	6.5	6.5	0	0	(/31) 21 %
モンゴル語	22	6	2	0	1	(/31) 9.7%
朝鮮語	13	10	6	1	1	(/31) 25.8%

（トルコ語、モンゴル語のデータは Haspelmath（1993）による。同じくキルギス語、サハ語は大﨑（2015）、朝鮮語は円山（2012）による。）

ツングース諸語は、この自他の派生の仕方という点に関して、他のアルタイ諸言語とは大きく異なっていることがわかる。

まずチュルク諸語およびモンゴル語では何らかの仕方で自他をはっきりと区別し、同一形交替が存在しないのに対し、ツングース諸語にはある程度の同一形交替がみとめられる（特に「始まる／始める」、「終わる／終える」など

において)。自他の形の間に関連のない補充交替が多い点でも異なっている。これらの特徴に加え、両極性交替もある程度以上存在するため、ツングース諸語にみられる非方向性の比率はかなり高くなっている。

他方、チュルク諸語やモンゴル語が使役交替に大きく依存しているのに対し、ツングース諸語はそれほどでもない。チュルク諸語と異なり再帰形を持たず、逆使役の接辞の生産性も低いので、逆使役交替の割合も低くなっている（この点ではモンゴル語と一致している）。

3 Nichols et al. (2004) に基づく調査

Nichols et al. (2004) では、18 対の動詞の派生の仕方について調査を行い、派生のタイプを下記の 9 つに分類した：他動化／自動化／二重派生／自他同形／活用クラスの変化／助動詞の変化／形容詞／音変化／補充。

下記の表 4 における 1～9 は有生主語動詞、10～18 は無生主語動詞である。

調査方法および諸記号は 2 節におけるものと同じである。同源語には太字と下線を付した。上記の派生のタイプに関しては、3 つの言語が同じ派生を示した場合には下線を付し、4 つの言語とも同じ派生を示した場合には太字と下線を付した。ナーナイ語に関しては使用頻度も示した。*Vi* は自動詞、*Vt* は他動詞、*Vdt* は複他動詞を示す。なお厳密にいえば、Nichols et al. (2004: 159) は、自動詞的概念が形容詞で、他動詞的概念が他動詞で表わされるものを形容詞タイプと呼んでおり、自他ともに形容詞である本稿での派生タイプとは異なっている。しかし便宜的にこれも形容詞タイプとして扱うこととした。

表 4　Nichols et al. (2004) の自他動詞にみるツングース諸語間の対応

	エウェン	ウデヘ	ナーナイ	満洲
1.*Vi* laugh	**iň-**	**iňə-**	**iňə(ktə)-** (2)	**inje-**
1.*Vt* make laugh	??	(iňə-wənə-)	iňəktə-wəən- (0)	inje-bu-
	—	（他動化）	他動化	他動化
2.*Vi* die	kəkə-, ačča oo-	**budə-**	**bur-** (193)	**buce-**
2.*Vt* kill	**maa-**	**waa-**	**waa-** (328)	**wa-**
		補充	補充	補充

3.*Vi* sit	təg-	təə-	təə-(多数)	te-
3.*Vt* make sit	təg-ukən-	təə-wənə-	təə-wəən- (2)	te-bu-
	他動化	他動化	他動化	他動化
4.*Vt* eat	ʝəb-	diga-	sia- (695)	je-
4.*Vdt* feed	ulit-	diga-wana-	sia-waan- (71)	je-bu-, ulebu-
	補充	他動化	他動化	他動化/補充
5.*Vt* learn	xupku-, xupku-p-	ňaansula-	tačioči- (22)	taci-
5.*Vdt* teach	xupku-, ičukən-	tatusi-	tačioči-, (0) aloosi- (14)	taci-bu-
	自他同形/ 自動化/補充	補充	自他同形 /補充	他動化
6.*Vt* see	it-	isə-	ičə-(多数)	tuwa-
6.*Vdt* show	ič-ukən-	isə-wənə-	ičə-wəən- (3)	tuwa-bu-
	他動化	他動化	他動化	他動化
7.*Vi* be angry	xıɪral-, tıkʊl-	tagda- tagda-	ajaktala- (45)	jilida-, sehere-, jili banji-
7.*Vt* anger,	?? make angry	tagda-wana-	ajaktala-waan- (0)	??
	—	他動化	他動化	—
8.*Vi* fear, be afraid	ŋəəl-	ŋəələ-	ŋəələ- (84)	gele-
8.*Vt* frighten, scare	ŋəəl-ukən-	ŋəələ-wəsi-	ŋəələ-wəən- (ʉ)	gele-bu-
	他動化	他動化	他動化	他動化
9.*Vi* hid	dikən-	digən-	siri- (32)	somi-ta-
9.*Vt* hide	ʝaj-	ʝia-	ʝaja- (8), siri-waan- (1)	somi-
	補充	補充	補充/他動化	自動化

10. *Vi* (come to) boil	**xuju(l)-**	**xui(li)-**	**pui(si)-**, (7) **pui(lu)-** (0)	**fuye-**
10. *Vt* (bring to) boil	**xuju-**	**xui-wənə-**	**pujuu-** (152) **puisi-wəən-** (0)	**fuye-bu-**
	自他同形	他動化	他動化	他動化
11. *Vi* burn, catch fire	dur-	**ǰəg-də-**	**ǰəg-də-** (18)	tefe-
11. *Vt* burn, set fire	dur-u-	**ǰəg-di-**, daga-	**ǰəg-ǰi-** (7)	**deiji-**
	他動化	二重派生 /補充	二重派生	補充
12. *Vi* break	kiŋdər-	čam(na)-	**boja-a-** (3)	**bija-**
12. *Vt* break	(kiŋdəl-)	bukta-	**boja-li-**, (5) **boja-či-** (7)	**bila-**
	二重派生	補充	二重派生	二重派生
13. *Vi* open	(aaŋa-p-)	??	nixəli-p- (1)	milara-
13. *Vt* open	aaŋa-	**niəntilə-**	**nixəli-** (95)	nei-, milara-bu-
	自動化	—	自動化	補充/ 他動化
14. *Vi* dry	**olga-**	**ogo-**	**xolgo-** (14)	**olho-**
14. *Vt* make dry	**olgı-**	**wagi-**	**xolgi-** (3), **xolgo-waan-** (0)	**olho-bu-**
	二重派生	補充	他動化	他動化
15. *Vi* become straight	(ŋuuňič)	(čuuli)	toŋdo-na- (ʉ)	(sijirhūn)
15. *Vt* straighten	(ŋuuňič)	(čuuli)	toŋdo-na-waan- (0) toŋdo-lsi- (ʉ)	(sijirhūn)
	形容詞	形容詞	他動化 / 二重派生	形容詞

16.*Vi* hang	**nok-**	(čəŋgəlimə)	**loo-ča-** (2)	**lakiya-bu-**
16.*Vt* hang (up)	**nok-ʋt-**	**loo-**	**loo-** (0)	**lakiya-**
	他動化	—	自動化	自動化
17.*Vi* turn over	**kumərkin-**	**kumtə-**, xuugi-	**xumsiə-** (0)	ubaša-, ubaliya-
17.*Vt* turn over	**kumtu-**	**kumtə-wənə-**, xuugi-wənə-	**xumsə-** (0)	ubaša-, ubaša-bu-, ubaliya-
	二重派生	他動化	二重派生	自他同形/他動化
18.*Vi* fall	**tik-**	**tiŋmə-**	**tuu-** (79)	**tuhe-**
18.*Vt* drop, left fall	uləə-	**tugbu-**	**tug-bu-** (26)	**tuhe-bu-**
	補充	補充	他動化	他動化

　Nichols et al.（2004）の自他動詞には、基本的な単語が多いため、かなりの語が同語源語となる。基本的な語彙に限れば、ツングース祖語の自他対応の様相は、祖語の段階からそれほど大きくは変わっていないものと考えられる。

　18の動詞のうち、他動化と自動化を合わせたもの、つまり方向性のあるものを数えると、エウェン7/18、ウデヘ8/18、ナーナイ12/18、満洲13/18である。方向性があるのは対格型の言語の特徴であるとされているが（Nichols et al. 2004: 167–169）、この点ではツングース諸語は言語によって差がある上、それほど方向性は強くないことがわかる。

　次に1～9の有生主語動詞における他動化の割合をみると、エウェン3/9、ウデヘ6/9、ナーナイ7/9、満洲6/9である。有生主語動詞において他動化が多いのは、OV言語に多く、地域的には北アジアや北西・北東アメリカで好まれる傾向であるというが（Nichols et al. 2004: 170, 178）、この主張はツングース諸語においてもおおむね当てはまるとみてよい（エウェン語のデータには不明の項目があるために他動化の数値が低くなっていると考えられる）。なお、有生主語動詞でも無生主語動詞でも同じ「使役」接辞が用いられており、これは使役と他動詞化の境界が明瞭でないことを示している。

4　対照的観点からみたツングース諸語の自他対応における特殊性

　ナーナイ語には、これまで先行研究で単に「自動詞から他動詞を派生する」とされてきた接辞(-bo/-bu/-wo/-wu)がある。しかしこの接辞がつく動詞の意味を調べてみると、「移動」を示す動詞（意志動詞）に偏っていることがわかる。他方派生されたほうの動詞はもっぱら「運搬」を示す動詞ばかりである。したがってこの接辞の主たる機能を「移動動詞から運搬動詞を派生する」ものと規定することができる（このことは風間 2003a において最初に指摘した）。

　以下に例を示す：ii-「（家などに）入る」ii-**wu**-「（家などに物を）入れる」、niə-「（家などから）出る」niə-**wu**-「（家などから物を）運び出す」、too-「川の方から山の方へ行く」too-**bo**-「川の方から山の方へ（物を）運ぶ」、əu-「川の方へ下りる」əə-**wu**-「川の方へ運ぶ、持って下りる」、xaa-「（舟などを）着岸する」xaa-**bo**-「（舟に積んであった物などを）岸に引き揚げる」

　このような移動動詞と運搬動詞の対応は III 群の言語でもっともよく観察できるが、I 群の言語でもいくつかの移動動詞からの派生に同様のペアを観察することができる（例えば Novikova 1980: 61 参照）。他方、今のところ II 群と IV 群の言語に関しては、はっきりとした複数のペアを見いだすことができていない。

　筆者の知る限り、他のアルタイ諸言語や朝鮮語、日本語にはこのような機能を持つ（自他対応に関連した）接尾辞は見いだされていない。ただしチュルク諸語においては一部の動詞にこのような対応が観察される。トルコ語の git-「行く」、gel-「来る」に対する不規則な使役形 götür-、getir-の意味は、「行かせる」「来させる」ではなく、「持って行く、連れて行く」「持って来る、連れて来る」である（林 1995: 161）。

　これまで日本語学において一般に「自他対応」と呼ばれてきたものは、以下のような構文的な対応を前提としていた。

(1)　a. 本が 落ちる　　　［自動詞文］
　　 b. 彼が 本を 落とす　［他動詞文］

つまり**自動詞主語（S）＝他動詞目的語（P）**（以下「能格型の構文の対応」と呼ぶ）であり、自動詞のほうはもっぱら無意志動詞である。言語類型論的

にも、もっぱら使役変化動詞と非能格動詞の自他対応ばかりが問題にされてきた。しかし上記のツングース諸語にみられる場合にはこうした制限はなく、移動動詞と運搬動詞が対応する場合、むしろ以下のような**自動詞主語（S）=他動詞主語（A）**の対応（「対格型の構文の対応」）を背景に成立している。なお「運搬」の対象は人でも物でもよく、そこに有生性に関する制限はない。次の（2）はナーナイ語の例である（コーパス中の文を若干改変した、（3）も同様）。

(2) a. təi nai ǰook-či-ji **ii**-xə-ni.　　　　［自動詞文］
　　　that person house-DIR[2]-REFL.SG enter-PRF-3SG
　　　その 人が 家に 入った
　　b. təi nai moo-wa ǰook-či-ji **ii-*wu***-xə-ni.　［他動詞文］
　　　that person wood-ACC house-DIR-REFL.SG enter- BO-PRF-3SG
　　　その 人が 薪を 家に 入れた

ただし、この接辞（-bo/-bu/-wo/-wu）による自他のペア全てが上記のような構文的対応を示すわけではない。今回ナーナイ語コーパスによって、-bo/-bu/-wo/-wu により自他対応を示す動詞の構文を確認したところ、次の2つの動詞に関してはもっぱら**自動詞主語（S）=他動詞目的語（P）**の構文的対応を示すことが確認された：tuu-「落ちる」、tug-**bu**-「落とす」、agbin-「現れる」、agbim-**bo**-「取り出す」

(3) a. təi nai pado-ni muə-či **tuu**-xə-ni.　　　　［自動詞文］
　　　that person pouch-3SG.POSS water-DIR fall-PRF-3SG
　　　その 人の 煙草入れが 水に 落ちた
　　b. təi nai pado-ji muu-či **tuu-*bu*-xə-ni**.　　［他動詞文］
　　　that person pouch-REFL.SG water-DIR fall- BO-PRF-3SG
　　　その 人は 煙草入れを 水に 落とした

しかしこのことから次のような重要な点が指摘できる。同じ接辞による自他対応でも能格型の構文の対応を示すものと、対格型の構文の対応を示すものがあり、言語によっては派生元になる動詞の意味（ここでは移動動詞）がその違いを決定している場合がある。上記のようにトルコ語にも存在したこ

---

[2]　DIR: directive case「方向格」。問題の接辞（-bo/-bu/-wo/-wu）のグロスは BO とした。

とからみて、さらに多くの言語でも同じ接辞が一部の動詞で対格型の構文的対応を示す可能性が考えられる。したがって、通言語的に諸言語の自他対応を研究していくに際して、使役変化動詞と非能格動詞の自他対応だけを問題にしていたのでは、自他対応の全体像をつかむことはできないのではないかと筆者は考える。

参照文献

Avrorin, V.A. (1961) *Grammatika nanajskogo jazyka, T. II.* Moskva/Leningrad: AN SSSR.

Comrie, Bernard (2006) Transitivity pairs, markedness, and diachlonic stability. *Linguistics* 44(2): 303–318.

福田昆之（1987）『満洲語文語辞典』横浜：FLL.

Girfanova, A. H. (2001) *Slovar' udegejskogo jazyka.* Sankt-Peterburg: Nauka.

Haspelmath, M. (1993) More on the typology of inchoative/causative verb alternations. In: Bernard Comrie and Maria Polinsky (eds.) *Causatives and transitivity*, 87–120. Amsterdam/Philadelphia: John Benjamins.

林徹（1995）『トルコ語 文法の基礎 Ver. 2.1』東京：東京外国語大学語学教育研究協議会.

胡増益（主編）(1994)『新満漢大詞典』ウルムチ：新疆人民出版社.

Ikegami, J. (1974) Versuch einer Klassifikation der tungusischen Sprachen. In: *Sprache, Geschichte und Kultur der altaischen Völker.* 271–272. Berlin: Akademie-Verlag.

風間伸次郎（2000）『ナーナイの民話と伝説 5』, ツングース言語文化論集 14. 府中：東京外国語大学.

風間伸次郎（2001）『ナーナイの民話と伝説 6』, ツングース言語文化論集 15, 文科省特定領域研究（A）環太平洋の「消滅に瀕した言語」にかんする緊急調査研究 報告書 A2-005. 吹田：大阪学院大学.

風間伸次郎（2002）『ナーナイの民話と伝説 7』, ツングース言語文化論集 18, 文科省特定領域研究（A）環太平洋の「消滅に瀕した言語」にかんする緊急調査研究 A2-020. 吹田：大阪学院大学.

風間伸次郎（2003a）「アルタイ諸言語の 3 グループ（チュルク、モンゴル、ツングース）、及び朝鮮語、日本語の文法は本当に似ているのか：対照文法の試み」A. ボビン・長田俊樹共編『日本語系統論の現在』, 日文研叢書 31：249–340. 京都：国際日本文化研究センター.

風間伸次郎（2003b）『エウェン語 テキストと文法概説』, ツングース言語文化論集 23, 文科省特定領域研究（A）環太平洋の「消滅に瀕した言語」にかんする緊急調査研究 報告書 A2-030. CD1 枚付き. 吹田：大阪学院大学.

風間伸次郎 (2004)『Udihe Texts (A)』, ツングース言語文化論集 24/A, 平成 16 年度科学研究費補助金 (B)(2)(一般)「複統合性をめぐる北東シベリア・北アメリカ先住民言語の比較研究 (代表：呉人徳司)」研究成果報告書. 府中：東京外国語大学アジア・アフリカ言語文化研究所.

風間伸次郎 (2005)『ナーナイの民話と伝説 8』, ツングース言語文化論集 27, 平成 16 年度科学研究費補助金 (B)「アムールランド文化とアイヌ物質文化形成に関する言語・生態人類学的研究 (代表：荻原真子)」研究成果報告書. 千葉：千葉大学.

風間伸次郎 (2006a)『Udihe Texts 2』, ツングース言語文化論集 31. 府中：東京外国語大学アジア・アフリカ言語文化研究所.

風間伸次郎 (2006b)『ナーナイの民話と伝説 9』, ツングース言語文化論集 32. 千葉：千葉大学.

風間伸次郎 (2007a)『Udihe Texts 3』, ツングース言語文化論集 35. 札幌：北海道大学.

風間伸次郎 (2007b)『ナーナイの民話と伝説 10』, ツングース言語文化論集 36. 札幌：北海道大学.

風間伸次郎 (2008)『Udihe Texts 4』, ツングース言語文化論集 42. 府中：東京外国語大学.

風間伸次郎 (2009a)『Udihe Texts 5』, ツングース言語文化論集 44. 府中：東京外国語大学.

風間伸次郎 (2009b)『Ewen Texts 2 (A)(B)』, ツングース言語文化論集 45 (A)(B). 府中：東京外国語大学.

風間伸次郎 (2010a)『Udihe Texts 6』, ツングース言語文化論集 47. 府中：東京外国語大学アジア・アフリカ言語文化研究所.

風間伸次郎 (2010b)『ナーナイの民話と伝説 12』, ツングース言語文化論集 48. 府中：東京外国語大学アジア・アフリカ言語文化研究所.

風間伸次郎 (編) (2013)『エウェンの民話』, K. A. Novikova 採集, Z. I. Babtseva 翻訳, ツングース言語文化論集 56. 府中：東京外国語大学.

円山拓子 (2012)「韓国語の語彙的自他交替」国立国語研究所プラシャント班「述語構造の意味範疇の普遍性と多様性」プロジェクト研究会ハンドアウト (2012/12/04)

Nichols, J., D. A. Peterson and J. Barnes (2004) Transitivising and detransitivizing languages. *Linguistic Typology* 8, 149–211.

Novikova, K. A. (1960, 1980) *Ocherki dialektov evenskogo jazyka.* (v 2 tomax) Moskva/ Leningrad: AN SSSR.

Onenko, S. N. (1980) *Nanajsko-russkij slovar'*. Moskva: Russkij jazyk.

Onenko, S. N. (1986) *Russko-nanajskij slovar'*. Moskva: Russkij jazyk.

大﨑紀子 (2015)「チュルク語の自他交替の方向性：交替タイプの変異と安定性」本書

所収.

Tsintsius, V. I. i L. D. Rishes (1952) *Russko-evenkij slovar'*. Gosudarstvennoe izdatel'stvo inostrannykh i natsional'nykh slovarej. Moskva: Izdatel' stvo inostrannykh natsional'nykh slovarej.

津曲敏郎（2002）『満洲語入門 20 講』東京：大学書林.

韓国語の語彙的自他交替

接辞-i/hi/li/ki- による派生の双方向性

円山　拓子

【要旨】韓国語の語彙的自他交替を担う接辞 -i/hi/li/ki- は、自動詞化・他動詞化の両方に用いられており、項の増加と減少という双方向の派生に関わっている。本稿は -i/hi/li/ki- による動詞の派生を意味によって分類し、その分析から -i/hi/li/ki- は「動作主の追加／削除を軸として対となる動詞を派生させるマーカー」であり、-i/hi/li/ki- は動作主に関して「追加／削除」のスイッチの切り換えを行う役割を果たしていると主張する。また、派生の方向と動詞の意味の関係性について、ある程度の相関性は認められるものの、意味から派生の方向性を完全に予測することは困難であることを指摘する。

キーワード：自動詞化、他動詞化、自発イベント、使役イベント、他動性

1　はじめに

韓国語は朝鮮半島とそれに隣接する中国東北地方・ロシア沿海州等において話されている言語である。話者人口は韓国が5000万人、北朝鮮が2200万人、その他に中国・日本・アメリカ等に在住する話者を加えると、全体で7500万人にのぼる。系統関係は不明だが、アルタイ語族説が有力であるとされている[1]。類型論的に見ると、語順は OV 型であり、形態統語論的には膠着型の言語である。

1.1　自他交替に関わる形式

韓国語の動詞の自他交替は形態論的に見て、主に次の 6 つの方法によって行われている。

---

[1] 梅田（1986: 966–968）による。

1) 接辞 -i/hi/li/ki- の付加（他動詞化・自動詞化[2] の両方）
2) 接辞 -wu/kwu/chwu- の付加（他動詞化）
3) 補助動詞-cita の付加（自動詞化）および-cita と-ttulita の交替（他動詞化）
4) -hata と-toyta の交替（hata 用言が他動詞の場合の自動詞化）
5) 補充形
6) 自他同形

このうち、固有語の語彙的な自他交替として捉えられているのは、1) -i/hi/li/ki-の付加と 2) -wu/kwu/chwu-の付加による動詞の派生である。本稿はこの 2 つについてデータを提示し、その中でも特に -i/hi/li/ki- の付加による自他交替を議論の対象としたい。

以下で詳しく述べるように、-i/hi/li/ki- は他動詞化と自動詞化の両方の派生で使われている。本稿では、まず、-i/hi/li/ki- によって自動詞化する動詞と他動詞化する動詞を意味的特徴によって分類する。そして、なぜ -i/hi/li/ki- が項の増加と減少という双方向の派生に使われているのかについて説明を試みる。さらに、動詞の意味と派生の方向の関係について考察し、意味から派生の方向を予測することが可能かどうかについて論じる。

1.2　先行研究

韓国国内の研究では、-i/hi/li/ki- による動詞の派生を「被動・使動」と呼び、ヴォイスとして扱うのが通例となっている[3]。そのため、自他交替という側面からの研究は等閑視されてきた。また、被動接尾辞の -i/hi/li/ki- と使動接尾辞の -i/hi/li/ki- は別のものとして見なされ、同じ形式が「被動」と「使動」の両方で使われているという見方は一般的ではない。

一方、日本や欧米圏の研究では、-i/hi/li/ki- が受動と使役の両方を表すことが主要な論題の一つとなっている。代表的な研究としては、Washio（1995）や Sohn（1996）、鄭聖汝（2008）などがある。しかし、-i/hi/li/ki- による自他交替はあくまでヴォイスの議論の一部分として扱われているため、自他交替

---

[2]　自他交替に関わる派生を「使役化」「反使役化」という用語でも表現するが、韓国語の場合、自他交替における使役化と文法的な使役の区別が曖昧で、語形からでは判断できない。よって、用語の混乱を避けるため、本稿では「自動詞化」「他動詞化」という用語を用いることとする。
[3]　代表的なものとして高永根・南基心（1985）、李翊燮ほか（1997）を挙げることができる。「被動」は passive、「使動」は causative の訳語である。

を集中的に論じるものはこれまでほとんどなかった。

2 接辞 -i/hi/li/ki- の特徴
2.1 -i/hi/li/ki- による派生

　-i/hi/li/ki- は固有語の動詞と形容詞の語幹に付く。-i/hi/li/ki- はすべての用言に付くわけではなく、どの用言に付くのか、-i/hi/li/ki- のうちどの形が付くのかはすべて語彙的に決まっている[4]。また、-i/hi/li/ki- で派生する用言は新たに追加されることがない、いわゆる「閉じた類」の語彙である。

　-i/hi/li/ki- のもっとも注目すべき特徴は、自動詞化・他動詞化・受動化・使役化という複数の機能を持つ点である。(1a) の他動詞 kam-ta「巻く」に -ki- が付加されて派生した kam-ki-ta は、(1b) では自動詞の「巻く」、(1c) では受動形「巻かれる」、(1d) では使役形「巻かせる」として用いられている。

(1) a. sikyey　thayyep-ul　　　kam-ass-ta.
　　　時計　　ぜんまい-ACC　巻く-PST-DECL
　　　時計のぜんまいを巻いた。（他動詞）

　　b. hayma-uy　　　　kkoli-nun　twungkul-key　kam-*ki*-e
　　　タツノオトシゴ-GEN　尾-TOP　　丸く-ADV　　　巻く-*i/hi/li/ki*-INF
　　　iss-ta.
　　　PROG-DECL
　　　タツノオトシゴの尾は丸く巻いている。（自動詞）

　　c. elley-ey　　　kam-*ki*-ess-ten　　　yencwul.
　　　糸巻き-LOC　巻く-*i/hi/li/ki*-PST-RT[5]　凧糸
　　　糸巻きに巻かれた凧糸。（受動）

　　d. ttal-eykey　sil-ul　　kam-*ki*-ess-ta.
　　　娘-LOC　　糸-ACC　巻く-*i/hi/li/ki*-PST-DECL
　　　娘に糸を巻かせた。（使役）

---

[4] 音韻環境という観点から -i/hi/li/ki- の現れ方を見ると、先行する子音が流音の時は -li- が多く、無気の破裂音の時は -hi- が多いといった傾向が見られるが、すべてが規則的とは言えない。

[5] RT：retrospective relativizer suffix（回想連体形語尾）

一方で（2a）の自動詞 swum-ta「隠れる」に -ki- が付くと、(2b) swum-*ki*-ta「隠す」という他動詞になる。

(2) a. salam-tul　thwum-ey　swum-ess-ta.
　　　人-PL　　　隙間-LOC　隠れる-PST-DECL
　　　人ごみに隠れた。（自動詞）
　　b. kitwung　twi-ey　　mom-ul　swum-*ki*-ess-ta.
　　　柱　　　　後ろ-LOC　体-ACC　隠れる-*i/hi/li/ki*-PST-DECL
　　　柱の陰に身を隠した。（他動詞）

このように -i/hi/li/ki- は複数の機能を持つ。それゆえ、動詞の形態だけでは自動詞・他動詞・受動形・使役形のどれに該当するのか判別できず、構文や文の意味、文脈などから判断するしかない場合も多い。

2.2　数値から見た -i/hi/li/ki-

今回、国立国語研究所の研究プロジェクトにおいて『朝鮮語辞典』（油谷ほか 1993）に記載されている動詞を分析する機会を得た。その結果、-i/hi/li/ki-（および -wu/kwu/chwu-）による動詞の派生関係は合計 283 対見られた。その内訳は表 1 のようになる。なお、「自動詞・他動詞・受動・使役」の分類は『朝鮮語辞典』の記述に依拠している[6]。

一見して分かるとおり、-i/hi/li/ki- による派生には受動・使役も加わり、複雑な様相を呈している。本稿の議論に関係するものとしては、＜自動詞＋ -i/hi/li/ki- ＞で他動詞化するものが 76 対（以下、「他動詞化タイプ」とする）、＜他動詞＋ -i/hi/li/ki- ＞で自動詞化するものが 81 対見られた（以下、「自動詞化タイプ」とする）。

---

[6] 上述のように、-i/hi/li/ki- の付いた動詞が自動詞・他動詞・受動形・使役形のどれに該当するのかは形態からでは判別できず、個々の構文や文の意味から判断する必要がある。しかし、それでは -i/hi/li/ki- の全体像を把握することが容易には望めないため、本稿では便宜的に辞書の記述に依拠して動詞を分類することにした。なお、この調査は自他交替を主な対象としたため、＜形容詞＋ -i/hi/li/ki- ＞はカウントしていない。そのため、形容詞まで含めると -i/hi/li/ki- による派生の総数は 283 対よりもさらに大きな数になると考えられる。

表 1 ＜動詞＋-i/hi/li/ki-＞による派生の数

自動詞 → 他動詞	70	
→ 他動詞・使役	4	76
→ 他動詞・受動	2	
→ 使役	7	
他動詞 → 自動詞	34	
→ 自動詞・受動	37	
→ 自動詞・受動・使役	5	81
→ 自動詞・使役	5	
→ 受動	74	
→ 受動・使役	29	
→ 使役	8	
その他（自他ともに派生）	8	

3　意味的特徴による分類

　上記の他動詞化タイプ 76 対、自動詞化タイプ 81 対を意味的な特徴によって分類してみる。派生元の動詞の意味を見ていくと、他動詞化タイプは大きく 4 つ、自動詞化タイプは 2 つのグループに分類できる。

3.1　他動詞化タイプの意味的特徴

　まず、自動詞に -i/hi/li/ki-（および -wu/kwu/chwu-）が付いて他動詞化する 76 対の動詞は、意味的に見ると「状態変化」「位置・姿勢の変化」「感情・心理的活動」「その他」の 4 つに分類することができる。このうち大部分（全体の 82％）を「状態変化」と「位置・姿勢の変化」の 2 つが占める。以下では左が元の自動詞、右が派生された他動詞である。

(3) 状態変化（全 39 対）
　a. モノに関するもの（水分・温度）(16 対)
　　kkulh-ta 沸く＞ kkulh-*i*-ta 沸かす、nok-ta 溶ける＞ nok-*i*-ta 溶かす、nwuk-ta（寒さが）やわらぐ＞ nwuk-*i*-ta やわらげる、tal-ta 煮詰まる＞ tal-*i*-ta 煮詰める、tey-ta やけどする＞ tey-*wu*-ta あたためる、tul-ta（汗が）乾

く > tul-*li*-ta（汗を）乾かす、malu-ta 乾く > mal-*li*-ta 乾かす、mwulu-ta（煮て）やわらかくなる > mwul-*li*-ta（煮て）やわらかくする、pwut-ta ふやける > pwul-*li*-ta ふやかす、sek-ta（雪が）溶ける > sek-*i*-ta（雪を）溶かす、sik-ta 冷める > sik-*hi*-ta 冷ます、el-ta 凍る > el-*li*-ta 凍らせる、cac-ta 干上がる > cac-*hi*-ta 水気を飛ばしてご飯を炊き上げる、cel-ta 漬かる > cel-*i*-ta 漬ける、chwuk-ta 湿る > chwuk-*i*-ta 湿らせる、tha-ta 燃える > thay-*wu*-ta 燃やす

b. モノに関するもの（その他）（11 対）
kwut-ta 固まる > kwut-*hi*-ta 固める、nul-ta 増える > nul-*li*-ta 増やす、mey-ta 詰まる > mey-*wu*-ta 埋める、pel-ta（隙間が）開く > pel-*ki*-ta 広げる、pel-ta（隙間が）開く > pel-*li*-ta 開ける、pwuphwul-ta 膨らむ > pwuphwul-*li*-ta 膨らます、pi-ta 空く > pi-*wu*-ta 空にする、cwul-ta 減る > cwul-*i*-ta 減らす、ci-ta 生じる > ci-*wu*-ta 生じさせる、cha-ta 満ちる > chay-*wu*-ta 満たす、thui-ta（障害物が）なくなる > thuy-*wu*-ta 取り除く

c. 自然現象に関するもの（6 対）
sak-ta 発酵する > sak-*hi*-ta 発酵させる、say-ta（夜が）明ける > say-*wu*-ta（夜を）明かす、ssek-ta 腐る > ssek-*i*-ta 腐らせる、yemwul-ta 熟する > yemwul-*li*-ta 熟させる、ik-ta 実る > ik-*hi*-ta 実らせる、phi-ta 咲く > phi-*wu*-ta 咲かせる

d. 有生物に関するもの（6 対）
kuul-ta 日焼けする > kuul-*li*-ta（日に）当てる、nas-ta 治る > nas-*wu*-ta 治す［古］、nulk-ta 老いる > nulk-*hi*-ta 老いさせる、sak-ta（食べ物が）こなれる > sak-*i*-ta 消化する、amwul-ta（傷が）癒える > amwul-*li*-ta（傷を）癒す、cwuk-ta 死ぬ > cwuk-*i*-ta 殺す

「状態変化」に該当する自動詞は、「モノに関するもの」「自然現象に関するもの」「有生物に関するもの」に下位分類できる。特徴的なのは、(3a) の水分・温度に関する状態変化を表すものが特に多いことである。これらに共通しているのは、いずれも一般的に外部の力なしに単独で自然発生的に起こる状態変化、つまり自発イベントを表すものが中心となっていることである。そこから派生される他動詞は「外部の力が働きかけて当該の状態変化を引き起こす」ことを表している。

(4) 位置・姿勢の変化（全23対）

a. 移動（12対）

kenne-ta 渡る＞kenne-*y*-ta 渡す、kwul-ta 転がる＞kwul-*li*-ta 転がす、na-ta 出る＞na-*y*-ta 出す、nal-ta 飛ぶ＞nal-*li*-ta 飛ばす、tot-ta（月・太陽が）上がる＞tot-*wu*-ta 上げる、tul-ta 入る＞tul-*i*-ta 入れる、ttu-ta 浮かぶ＞ttuy-*wu*-ta 浮かべる、sos-ta 上がる・湧く＞sos-*kwu*-ta 跳ね上がらせる、olu-ta 上がる＞ol-*li*-ta 上げる、olm-ta 移る＞olm-*ki*-ta 移す、ci-ta 落ちる＞ci-*wu*-ta 落とす、hulu-ta 流れる＞hul-*li*-ta 流す

b. 姿勢の変化（11対）

kwup-ta 曲がる＞kwup-*hi*-ta 曲げる、kiwul-ta 傾く＞kiwul-*i*-ta 傾ける、nwup-ta 横たわる＞nwup-*hi*-ta 横たえる、tol-ta 回る＞tol-*li*-ta 回す、pet-ta 伸びる＞pet-*chi*-ta 伸ばす、swuk-ta（頭が）傾く＞swuk-*i*-ta（頭を）下げる、swum-ta 隠れる＞swum-*ki*-ta 隠す、se-ta 立つ＞sey-*wu*-ta 立てる、anc-ta 座る＞anc-*hi*-ta（上に）置く、ca-ta 寝る＞cay-*wu*-ta 寝かせる、thwi-ta 跳ねる＞thwi-*ki*-ta 跳ね飛ばす

「位置・姿勢の変化」に該当する自動詞は主語が有生物の場合、動作主が単独で行う行為である。主語が無生物の場合は、当該の変化を引き起こす外的な力があるとしても示されない。これらの動詞の意味的な共通点は、「移動」は自らの位置を変化させ、「姿勢の変化」は自らの体の形を変えるという意味で再帰的なイベントであることである。そこから派生される他動詞は「外部の力が働きかけて当該の位置や姿勢の変化を引き起こす」ことを表す。

他動詞化タイプにはこの他に以下のような動詞がある。「感情・心理的活動」を表すものと上記の分類のいずれにも属さないものである。

(5) 感情・心理的活動（7対）

kkay-ta 覚める＞kkay-*wu*-ta 覚ます、nol-ta 遊ぶ＞nol-*li*-ta からかう、nolla-ta 驚く＞nolla-*y*-ta 驚かす、sok-ta だまされる＞sok-*i*-ta だます、wuk-ta 意気がそがれる＞wuk-*i*-ta へこます、wul-ta 泣く・鳴る＞wul-*li*-ta 泣かせる・鳴らす、wus-ta 笑う＞wus-*ki*-ta 笑わせる

(6) その他（7対）

nam-ta 余る＞nam-*ki*-ta 余す、nuc-ta 遅れる＞nuc-*chwu*-ta 遅らせる、

mac-ta 合う＞ mac-*chwu*-ta 合わせる、mac-ta 当たる＞ mac-*hi*-ta 当てる、mwuk-ta 泊まる＞ mwuk-*hi*-ta 泊める、pwuth-ta くっつく＞ pwuth-*i*-ta くっつける、sal-ta 生きる＞ sal-*li*-ta 生かす

ここまでをまとめると、他動詞化タイプのほぼ全体に共通するのは「自律的・自己充足的に起きる変化や行為」を表すという点である。また、派生された他動詞は「外部の力が働きかけて当該の変化や行為を引き起こす」ことを表している。

3.2 他動詞化タイプの文

他動詞化タイプの動詞を述語とする文に共通しているのは、派生された他動詞の文では元の自動詞の文にはなかった動作主（あるいは使役者）が追加され、それが主語になるという点である。

(7) a. kwuk-i   sik-ess-ta.
       スープ-NOM　冷める-PST-DECL
       スープが冷めた。

    b. chelswu-ka   kwuk-ul   sik-*hi*-ess-ta.
       チョルス-NOM　スープ-ACC　冷める-*i*/*hi*/*li*/*ki*-PST-DECL
       チョルスがスープを冷ました。

(7a)の自動詞文では動作主は登場しないが、(7b)の他動詞文では動作主が追加され、それが主格標示されて主語になっている。
一方、「位置・姿勢の変化」の場合、(8a)の自動詞文では動作主が登場して主格標示され主語となっているが、(8b)の他動詞文ではさらに外部の動作主（あるいは使役者）が追加され、そちらが主格標示され主語になっている。

(8) a. sonnim-tul-i cwasek-ey anc-ass-ta.
       客-PL-NOM　座席-LOC　座る-PST-DECL
       客たちが座席に座った。

    b. chelswu-ka   ay-lul   mal wi-ey   anc-hi-ess-ta.
       チョルス-NOM　子ども-ACC　馬 上-LOC　座る-*i*/*hi*/*li*/*ki*-PST-DECL
       チョルスが子どもを馬の上に乗せた（座らせた）。

つまり、元の自動詞文における動作主の有無は動詞や文の状況により様々だが、「状態変化」「位置・姿勢の変化」のいずれの場合も派生後の他動詞文では動作主が追加されるという点で共通している。

3.3 自動詞化タイプの派生

次に、他動詞に -i/hi/li/ki- が付いて自動詞化する 81 対の動詞は、意味的に見ると「動作主による対象への働きかけ」と「知覚・認識・心理的活動」の 2 つに分類できる。以下では左が元の他動詞で、右が派生された自動詞である。

(9) 動作主による対象への働きかけ（71 対）

a. 打撃・接触（21 対）

kkekk-ta 折る＞ kkekk-*i*-ta 折れる、kko-ta ねじる＞ kko-*i*-ta ねじれる、kkunh-ta 切る＞ kkunh-*i*-ta 途切れる、nel-ta（ネズミが）かじり散らす＞ nel-*li*-ta 散らばる、ttwulh-ta（穴を）開ける＞ ttwulh-*li*-ta（穴が）開く、mwuncilu-ta こする＞ mwuncil-*li*-ta こすれる、pak-ta 打ち込む＞ pak-*i*-ta はまり込む、pak-ta 打つ＞ pak-*hi*-ta 打ち込まれる、pey-ta 切る＞ pey-*i*-ta 切れる、pwutic-ta ぶつける＞ pwutic-*hi*-ta ぶつかる、pithul-ta ねじる＞ pithul-*li*-ta ねじれる、ssel-ta 切る＞ ssel-*li*-ta 切れる、ssul-ta なでる・掃く＞ ssul-*li*-ta（風に）なびく、ssul-ta こする・研ぐ＞ ssul-*li*-ta 擦り剥ける、ssip-ta 噛む＞ ssip-*hi*-ta 噛める、ccilu-ta 刺す＞ ccil-*li*-ta 刺さる、cha-ta 蹴る＞ cha-*y*-ta つまずく、chi-ta 打つ＞ chi-*i*-ta 轢かれる、thel-ta はたく＞ thel-*li*-ta（ほこりが）落ちる、holth-ta こそげ落とす＞ holth-*i*-ta 少なくなる、hwulth-ta（稲を）しごく＞ hwulth-*i*-ta しなびる・縮む

b. 着脱・設置（14 対）

kam-ta 巻く＞ kam-*ki*-ta 巻き付く、kel-ta 掛ける＞ kel-*li*-ta 掛かる、kkal-ta 敷く＞ kkal-*li*-ta 一面に散らばる、kkoc-ta 挿す＞ kkoc-*hi*-ta 差し込まれる、noh-ta 置く＞ noh-*i*-ta 置いてある、tal-ta つるす＞ tal-*li*-ta ぶら下がる、teph-ta 覆う＞ teph-*i*-ta かかっている、mal-ta 巻く＞ mal-*li*-ta 巻き上がる、mayc-ta 結ぶ＞ mayc-*hi*-ta 結ばれる、pes-ta 脱ぐ＞ pes-*ki*-ta 脱げる、ssah-ta 積む＞ ssah-*i*-ta 積もる、enc-ta 載せる＞ enc-*hi*-ta（船が）乗り上げる、camku-ta（鍵を）かける＞ camk-*i*-ta（鍵が）かかる、phwul-ta ほどく＞ phwul-*li*-ta ほどける

c. 統合・分割（13 対）

kali-ta 分ける＞ kal-*li*-ta 分かれる、kalu-ta 分ける＞ kal-*li*-ta 分かれる、ket-ta 取り立てる＞ ket-*hi*-ta（お金が）集まる、nanwu-ta 分ける＞ nanwu-*i*-ta 分かれる、mou-ta 集める＞ mo-*i*-ta 集まる、pemwuli-ta 混ぜる＞ pemwul-*li*-ta 混ざる、ppop-ta 抜く＞ ppop-*hi*-ta 抜ける、awulu-ta 一緒にする＞ awul-*li*-ta 一緒になる、elk-ta 縛る＞ elk-*hi*-ta もつれる、ewulu-ta 合わせる＞ ewul-*li*-ta 調和する、olk-ta 縛る＞ olk-*hi*-ta もつれる、cca-ta 組む＞ cca-*y*-ta（編成が）整う、huth-ta 散らす＞ huth-*i*-ta 散らばる

d. 運動・出入り（12 対）

tat-ta 閉じる＞ tat-*hi*-ta 閉まる、tamku-ta 浸す＞ tamk-*i*-ta 浸る、ttel-ta 震わす＞ ttel-*li*-ta 震える、mak-ta 埋める＞ mak-*hi*-ta 詰まる、mwut-ta 埋める＞ mwut-*hi*-ta 埋もれる、mil-ta 押す＞ mil-*li*-ta たまる・滞る、eph-ta ひっくり返す＞ eph-*i*-ta ひっくり返る、yel-ta 開ける＞ yel-*li*-ta 開く、camku-ta 浸す＞ camk-*i*-ta 浸る、cicilu-ta 押さえつける＞ cicil-*li*-ta 押さえつけられる、thu-ta 開ける＞ thu-*i*-ta 開く、huntul-ta 揺らす＞ huntul-*li*-ta 揺れる

e. その他（11 対）

kam-ta（目を）閉じる＞ kam-*ki*-ta まぶたが合わさる、kesulu-ta 逆らう＞ kesul-*li*-ta（気に）障る、tel-ta 減らす＞ tel-*li*-ta 減る、ttalu-ta 従う＞ ttal-*li*-ta つく・付属する、mek-ta 食べる＞ mek-*hi*-ta 食が進む、mwul-ta 追う＞ mwul-*li*-ta 寄り集まる、pel-ta 稼ぐ＞ pel-*li*-ta 儲かる、cap-ta つかむ＞ cap-*hi*-ta 捕まる、ccik-ta 撮る＞ ccik-*hi*-ta 写る、khye-ta ぐっと飲む＞ khye-*i*-ta（思わず）飲んでしまう、phal-ta 売る＞ phal-*li*-ta 売れる

「動作主による対象への働きかけ」に該当する他動詞は、典型的には人間の意志的な動作による行為であり、それによって対象が変化するという使役イベントを表すものが中心となっている。もっとも典型的なのが、(9a) の打撃・接触を表す動詞である。一方、そこから派生される自動詞は、動作主による働きかけが捨象されて、行為の結果として対象に起きる「状態変化」を表すものが多く見られる[7]。

---

[7] 状態変化の他に ssip-ta「噛む」＞ ssip-*hi*-ta「噛める」のような可能を表すもの、chi-ta「打つ」＞ chi-*i*-ta「鞭かれる」のような受動的な内容を表すもの、khye-ta「ぐっと飲む」＞

(10) 知覚・認識・心理的活動（9 対）

kkwu-ta 夢を見る＞ kkwu-*i*-ta 夢に現れる、tut-ta 聞く＞ tul-*li*-ta 聞こえる、ttu-ta（目を）覚ます＞ ttu-*i*-ta（目が）覚める、mit-ta 信じる＞ mit-*ki*-ta 信じられる、po-ta 見る＞ po-*i*-ta 見える、ic-ta 忘れる＞ ic-*hi*-ta 忘れられる、cap-ta（大雑把に）決める＞ cap-*hi*-ta（大雑把に）決まる、ciph-ta 推し量る＞ ciph-*i*-ta 思い当たる、holi-ta 魅惑する＞ hol-*li*-ta うっとりする

「知覚・認識・心理的活動」の他動詞も典型的には人間の行為だが、意志的かどうかは明確ではなく、対象も変化しない。そこから派生される自動詞は、行為そのものではなく「知覚・認識・心理的活動の成立やそれが可能であること」を表している。

まとめると、自動詞化タイプの元の他動詞は基本的に「人間が対象に対して行う行為」を表しており、派生された自動詞は「その行為の成立や対象の状態変化」を表している。

3.4 自動詞化タイプの文

自動詞化タイプの動詞を述語とする文に共通するのは、元の他動詞の文の動作主などが派生後の自動詞文では削除されるという点である。

(11) a. chelswu-ka   namwuskaci-lul   kekk-ess-ta.
       チョルス-NOM   木の枝-ACC   折る-PST-DECL
       チョルスが木の枝を折った。

　　 b. namwuskaci-ka kekk-*i*-ess-ta.
       木の枝-NOM   折る-*i*/*hi*/*li*/*ki*-PST-DECL
       木の枝が折れた。

（11a）の他動詞文では主格標示され主語になっている動作主が、（11b）の自動詞文では削除されている。そして、代わりに行為の対象が主格標示されて主語になっている。

---

khye-*i*-ta「（思わず）飲んでしまう」という非意図的行為を表すものも見られる。Nichols et al.（2004: 175–176）では派生によって項が減少する場合に多義化と語彙の特殊化が起きやすいことを指摘している。これが韓国語でも起きていると考えることができる。

もう一方の「知覚・認識・心理的活動」について見ると、(12a) の他動詞文は知覚の経験者が主格標示され、主語になっている。(12b) の自動詞文では、知覚の経験者が降格して与格で標示されたり、その名詞句自体が削除されてしまう。そして、知覚の対象が主格標示されて主語になる。

(12) a. chelswu-ka   somwun-ul tul-ess-ta.
    チョルス-NOM 噂-ACC   聞く-PST-DECL
    チョルスが噂を聞いた。
  b. (chelswu-eykey) somwun-i tul-*li*-ess-ta.
    (チョルス-LOC)   噂-NOM   聞く-*i/hi/li/ki*-PST-DECL
    (チョルスに) 噂話が聞こえた。

 (11), (12) に共通するのは、派生された自動詞の文では他動詞文の動作主・経験者等の主語が削除され (あるいは降格され)、行為の対象が主格標示されて主語になるということである。

4 -i/hi/li/ki- による派生の双方向性

 ここまで見たように、-i/hi/li/ki- は他動詞化と自動詞化の両方で用いられており、項の増加と減少という両方向の派生に関わっている。では、こういった -i/hi/li/ki- の双方向性はどのような機能に基づいているのだろうか。

4.1 -i/hi/li/ki- の双方向性と動作主表示

 3. で見てきた他動詞化タイプと自動詞化タイプの意味的特徴と動作主の有無について表2にまとめる。

 この表の動作主の有無に関する部分に着目すると、他動詞化タイプでは動作主を追加し、自動詞化タイプでは動作主 (あるいは知覚の経験者) を削除している。2つを合わせて考えると、-i/hi/li/ki- は動作主の追加／削除のどちらかを行うことで動詞を派生させているということになる。つまり、-i/hi/li/ki- は「動作主の追加／削除を軸として対になる動詞を派生させるマーカー」であるということができる。言い換えると、-i/hi/li/ki- は動作主の存在に関して「追加／削除」というスイッチの切り換えをする役割を果たしている。-i/hi/li/ki- の役割がスイッチの切り換えだと考えると、自動詞化・他動詞化の両方が -i/hi/li/ki-

表 2 -i/hi/li/ki- による派生の意味的特徴と動作主表示

分類	形態	意味	動作主の有無
他動詞化タイプ	自動詞	自律的・自己充足的に起きる変化や行為	動作主の有無は動詞による
	自動詞 + -i/hi/li/ki-	上記の変化や行為を引き起こす	追加される
自動詞化タイプ	他動詞	人間が対象に対して行う行為	動作主あり(知覚の経験者含む)
	他動詞 + -i/hi/li/ki-	上記の行為の成立や対象の状態変化	削除・降格される

という共通の形を持つことに説明がつく。同じ機能のものを同一の形式で表すことは言語の経済性にもかなっているためである。したがって、-i/hi/li/ki-による派生の双方向性は動作主表示を転換する機能に基づくものであると考えることができる。

4.2 派生の方向性と意味的特徴

次に、派生の方向性と動詞の意味的特徴の相関性について考察する。ある動詞が自動詞化タイプになるのか他動詞化タイプになるのかは、意味的特徴からどの程度予測できるものなのだろうか。

3. で示した動詞の分類に沿って見ると、(3c) 自然現象に関する状態変化と(4a) 移動、(4b) 姿勢の変化に該当するような意味の動詞対は他動詞化タイプにのみ存在し、自動詞化タイプに見られない。ik-ta「実る」> ik-*hi*-ta「実らせる」のような自然現象に関する状態変化は、行為や働きかけをする外的な存在を想定しにくい。また、na-ta「出る」> na-*y*-ta「出す」や、se-ta「立つ」> sey-*wu*-ta「立てる」のような移動や姿勢の変化を表す動詞は、自らの位置や姿を変化させる再帰的な意味を持つ。このような意味的な特徴があるため、これらの動詞対では自動詞が無標の形になると考える。

逆に、(9a) 打撃・接触に該当するような意味の動詞対は自動詞化タイプに圧倒的に多く、他動詞化タイプにはほとんど見られない。こちらは対象の形が変化するなど、他動性の高い意味を表していることから、他動詞が無標の

形になりやすいと考える。

　しかし、その他の分類に関しては、ある程度の傾向は見られるものの、意味から派生の方向を予測することは困難である。例えば、他動詞化タイプのcwul-ta「減る」＞cwul-*i*-ta「減らす」と自動詞化タイプのtel-ta「減らす」＞tel-*li*-ta「減る」は、同じような意味を表しているのにも関わらず派生の方向が逆になっている。この場合、「行為→状態変化」というイベントの流れのうち、行為に着目する場合は他動詞が無標の形になり、状態変化に着目する場合は自動詞が無標の形になっている。そして、どちらを選択するかは恣意的であると言わざるを得ない。

　したがって、動詞の意味と派生の方向の間にはある程度の傾向は見られるものの、一部の分類を除いては、意味から派生の方向を完全に予測することは困難である[8]。

5　-i/hi/li/ki- と日本語の -e-

　日本語の自他交替に関わる -e- という形には、韓国語の -i/hi/li/ki- と類似した現象が見られる。(13) に挙げるような動詞対の場合、-e-は自動詞化と他動詞化の両方に用いられており、項の増加と減少という双方向の派生に関わっている。

(13)　a. 自動詞→他動詞
　　　　立つ tat-u ＞立てる tat-*e*-ru　　　　開く ak-u ＞開ける ak-*e*-ru
　　　　付く tuk-u ＞付ける tuk-*e*-ru　　　　並ぶ narab-u ＞並べる narab-*e*-ru
　　　　進む susum-u ＞進める susum-*e*-ru　　沈む sizum-u ＞沈める sizum-*e*-ru
　　　b. 他動詞→自動詞
　　　　折る or-u ＞折れる or-*e*-ru　　　　　もぐ mog-u ＞もげる mog-*e*-ru
　　　　切る kir-u ＞切れる kir-*e*-ru　　　　剥ぐ hag-u ＞剥げる hag-*e*-ru
　　　　焼く yak-u ＞焼ける yak-*e*-ru　　　　裂く sak-u ＞裂ける sak-*e*-ru

---

[8]　Haspelmath et al. (2014) では、動詞の派生関係を頻度によって説明しようとしている。韓国語の場合はどうなのか韓国の 21 世紀世宗計画コーパス (www.sejong.or.kr) を使って予備的な調査を行った。論文に提示されている 31 対の動詞中、韓国語で語彙的自他交替に該当するものは 20 対だった。このうち、kkulh-ta「沸く」＞ kkulh-*i*-ta「沸かす」のみが派生動詞の方の頻度が高かったものの、残りの 19 対では無標の動詞の方の頻度が高いという結果が得られた。

このことについて、須賀 (2000: 120) は「使役的働きかけをする主体が顕在する場合はそれを潜在化し、逆に潜在する場合はそれを顕在化するのである。「-e」の機能は、それの切り換えの表示である」と述べている。つまり、-e が表示しているのは、他動詞の動作主を削除・降格して自動詞化することと、自動詞では動作主を追加して他動詞化することの両方である。これは本稿で論じた「-i/hi/li/ki- は動作主の追加／削除を軸として対になる動詞を派生させるマーカーである」ということと共通する点が非常に多いのではないかと考える。日本語と韓国語という隣接する二言語で、このような類似した現象が起きていることは非常に興味深い[9]。日本語の -e- と韓国語 -i/hi/li/ki- の共通点と相違点を探るのは、今後の日韓対照研究のテーマとしても意義深いものになるのではないかと考える。

6 まとめ

-i/hi/li/ki- は韓国語の語彙的自他交替を担う接辞だが、他動詞化と自動詞化の両方に用いられ、項の減少と増加の双方向の派生を行っている。

『朝鮮語辞典』を対象とする調査では、他動詞化タイプが 76 対、自動詞化タイプが 81 対見られた。他動詞化タイプは元の自動詞が「状態変化」や「位置・姿勢の変化」などの「自律的・自己充足的に起きる変化や行為」を表しており、派生された他動詞は「その変化や行為を引き起こす」ことを表している。一方、自動詞化タイプでは元の他動詞が「動作主による対象への働きかけ」や「知覚・認識・心理的活動」などの、典型的には「人間が対象に対して行う行為」を表しており、派生された自動詞は「その行為の成立や対象の状態変化」を表している。

他動詞化・自動詞化の両タイプを合わせて考えると、-i/hi/li/ki- は「動作主の追加／削除を軸として対となる動詞を派生させるマーカー」として機能しており、動作主の存在に関して「追加／削除」というスイッチの切り換えの役割を果たしている。一方、意味と派生の方向の関係性については、ある程度の傾向が見られるものの、意味によって派生の方向を完全に予測すること

---

[9] Vovin (2010: 81) では、日本語の -e- と韓国語の -i/hi/li/ki- を 'transitivity flipper' と呼び、同じカテゴリーで扱っている。また、Martin (1987: 64) では 2 つが同語源である可能性を指摘している。さらに Robbeets (2007) では、日本語 -e- と韓国語 -i/hi/li/ki- のみならずツングース諸語、モンゴル諸語、チュルク諸語に見られる類似した機能を持つ形について論じ、これらが共通の祖語 *ki- に遡る可能性を主張している。

は困難であることを述べた。また、日本語の自他交替に関わる -e- には、派生の双方向性という -i/hi/li/ki- と共通した特徴が見られることを指摘した。

　なお、本稿の分析はあくまで辞書の記述に基づいたものであり、方法論的に限界があるのは認めざるを得ない。さらに、-i/hi/li/ki- の自他交替は受動・使役と形態的に区別できないため、ヴォイスも含めて包括的に扱う必要がある。しかし、これは紙幅と筆者の力量を超える問題であるため、今後の課題としたい。

謝辞

　本稿は 2012 年 2 月 4 日に行われた国立国語研究所「述語構造の意味範疇の普遍性と多様性」プロジェクト研究会での発表が元になっている。発表ではたくさんの方から大変有益なコメントをいただいた。また、査読者の先生方からは本稿の枠組みについて根本的なところから考察を深めるきっかけをいただいた。韓国語の自他交替のリストは呉泰均氏（北海道大学大学院）の協力がなければ作成することができなかった。本稿の執筆にあたっては、山口和彦氏（札幌医科大学）および金京愛氏から多くの助言をいただいた。ご協力くださった多くの方々に御礼申し上げたい。

参照文献

鄭聖汝 (2008)「使役と受身の曖昧性はどこからくるか？：韓国語の動詞接辞 -i/-hi/-li/-ki の機能を求めて」『大阪大学大学院文学研究科紀要』48: 97–166.

Haspelmath, Martin (1993) More on the typology of inchoative/causative verb alternations. In: Bernard Comrie and Maria Polinsky (eds.) *Causatives and transitivity*, 87–120. Amsterdam/Philadelphia: John Benjamins.

Haspelmath, Martin, Andrea Calude, Michael Spagnol, Heiko Narrog and Elif Bamyacı (2014) Coding causal-noncausal verb alternations: A form-frequency correspondence explanation. *Journal of Linguistics* 50(3): 587–625.

高永根・南基心 (1985)『標準国語文法論』ソウル：塔出版社.

李翊燮・李相億・蔡琬 (1997)『韓国の言語』ソウル：新旧文化社.

Martin, Samuel E. (1987) *The Japanese language through time.* New Haven: Yale University Press.

Nichols, Johanna, David A. Peterson and Jonathan Barnes (2004) Transitivizing and detransivizing languages. *Linguistic Typology* 8: 149–211.

Robbeets, Martine (2007) The causative-passive in the Trans-Eurasian languages. *Turkic languages* 11(2): 235–278.

Sohn, Ho-Min (1996) Reanalysis in Korean complex predicative constructions: Causative derivation. *Japanese/Korean Linguistics* 5: 37–64.

須賀一好（2000）「日本語動詞の自他対応における意味と形態の相関」丸田忠雄・須賀一好（編）『日英語の自他の交替』111–131. 東京：ひつじ書房.

梅田博之（1989）「朝鮮語」亀井孝・河野六郎・千野栄一（編）『言語学大辞典 第 2 巻』950–980. 東京：三省堂.

Vovin, Alexander (2010) *Koreo-Japonica: A re-evaluation of a common genetic origin.* Honolulu: University of Hawai'i Press.

Washio, Ryuichi (1995) *Interpreting voice: A case study in lexical semantics.* Tokyo: Kaitakusha.

油谷幸利・門脇誠一・松尾勇・高島淑郎（1993）『朝鮮語辞典』東京：小学館.

モンゴル語の身体部位運動を表す文に見られる動詞の形態

梅谷　博之

【要旨】モンゴル語において自他同形動詞はほとんど観察されず、対応関係にある自動詞と他動詞は多くの場合、形が異なる。しかし数は少ないが、同一の動詞が自動詞としても他動詞としても用いられる場合がある。本稿では、自らの身体部位を動かすことを表す他動詞文（口を開ける）に現れる動詞が、対応する自動詞文（口が開く）に現れる動詞と同形である場合があることを示す。

キーワード：モンゴル語、身体部位、自他同形、再帰、nontranslational motion

1　文法概略
1.1　モンゴル語ハルハ方言および使用するデータ

　モンゴル語ハルハ方言（以下「モンゴル語」と略す）は、モンゴル国の首都ウランバートルを中心に話されている。話者は 200 万人程度である。膠着型の言語で、母音調和の現象がある。基本的な語順は SOV。主格対格型の言語で、主節の主語は主格（ゼロ接辞）で現れる。直接目的語の形については別途 1.4 節で説明する。また、文脈から推測可能な文成分（主語や直接目的語など）はしばしば文中に現れない。

　本稿で使用するデータは、4 名の母語話者（1971 年生まれの男性、1974 年生まれの女性、1979 年生まれの女性、1995 年生まれの男性、4 名ともウランバートル生まれ）から得た。

1.2　動詞

　動詞内において、形態素は「語基（−ヴォイス接辞）（−アスペクト接辞）−動詞語尾」の順序で配列される。例 (1) は *xus-*「そぎ落とす」にヴォイス接辞（受身 *-gd*）、アスペクト接辞（完成 *-čix*）、動詞語尾（過去を表す終止語尾 *-laa*）が付いた例である。

(1) Ažl-aas-aa   xusa¹-gd-čix-laa.²
    仕事-ABL-REFL   そぎ落とす-PASS-COMPL-TV.PST
    仕事から落とされてしまった（解雇されてしまった）。

ヴォイス接辞、アスペクト接辞は必ずしも現れなくてよいが、動詞語尾（動詞の屈折接辞）は必ず現れなければならない。動詞語尾は終止語尾、副動詞語尾、形動詞語尾の3種類に分類される。「終止語尾」という接辞が1つだけあるのではなく、終止語尾に分類される接辞は複数ある。副動詞語尾、形動詞語尾についても同様である。

終止語尾を伴った動詞は文を終えることができる。副動詞語尾を伴った形は非言い切り形として用いられる。形動詞語尾は動詞を名詞節や連体節の述語として用いる際に付加される。また、形動詞語尾を伴った形は、文を終止することもできる（終止語尾と同じ役割も果たしうる）。

動詞は自動詞と他動詞の2つに分類される。本稿では先行研究（Luvsanvandan 1968: 30, Bjambasan 1970: 231–232 など）に従って次の基準で両者を区別する：自動詞とは直接目的語をとることができない動詞を指す。他動詞とは直接目的語をとりうる動詞を指す（直接目的語の形については 1.4 節を参照）。

モンゴル語において自他同形動詞はほとんど観察されない（数少ない自他同形動詞の例としては *exel-*「始まる／始める」などがある）。動詞の自他交替に関わる接辞には主に次のものがある³。

(i) 自動詞から他動詞を派生する接辞には *-UUL, -AA, -GA* の3つがある。*-UUL* は（他動詞を含む）ほぼ全ての動詞に付くことができ、生産的で

---

¹ 接辞が語基や接辞に付く際に、母音・子音が挿入されたり、母音が脱落したりすることがある。例 (1) の語基 *xus-* の末尾にある *a* は、受身接辞 *-gd* が付く際に挿入されたものである。
² 本稿での例文表記は、キリル文字による正書法に従い、ローマ字転写したものを用いる：а=a, б=b, в=v[β], г=g, д=d, е=je/jö, ё=jo, ж=ž[dʒ〜tʃ], з=z[dz〜ts], и=i, й=j, к=k, л=l[ɮ], м=m, н=n, о=o[ɔ], ө=ö[θ], п=p, р=r, с=s, т=t, у=u[ʊ], ү=ü[u], ф=f, х=x, ц=c[tsʰ], ч=č[tʃʰ], ш=š[ʃ], ъ=", ы=y[iː], ь=', э=e, ю=ju/jü, я=ja。
　また、本稿で独自に用いる略号は次の通り。MP: modal particle（モダリティー小辞）、OPT: optative（希求）、PSN: personal name（人名）、TV: terminating verbal（終止語尾）、VN: verbal nominal（形動詞語尾）、VOL: voluntative（意思）。
³ モンゴル語の動詞の自他、ヴォイスに関するより詳細な説明は、Kullmann and Tserenpil (1996: 115–130) や Janhunen (2012: 147–151) などを参照。

ある[4]。*-UUL*には*-lg, -uul, -üül*の異形態がある。二重母音・長母音で終わる語基には*-lg*が付く（*ongoj-*「開く」→ *ongoj-lg-*「開ける」）。その他の語基には*-uul*もしくは*-üül*が付く。*-uul*と*-üül*は母音調和による異形態である（*boxird-*「汚れる」→ *boxird-uul-*「汚す」；*živ-*「沈む」→ *živ-üül-*「沈める」）。

一方、*-AA*と*-GA*は、一部の自動詞のみに付き、非生産的である。*-AA, -GA*の異形態については説明を省略する[5]。

(ii) 他動詞から自動詞を派生する接辞には*-gd, -r*などがある[6]。
(iii) 同一語基に*-r*もしくは*-l*が付き、前者が付いた場合には自動詞が、後者が付いた場合には他動詞が派生される例もある（両極化）[7]。

1.3 名詞

名詞語幹は格接辞をとり屈折する。格接辞の後にはさらに、再帰接辞*-aa*（母音調和により*-oo/-ee/-öö*の異形態がある）が付きうる。再帰接辞は「斜格（主格以外の格）形の名詞に付いて、それが、文の主語に所属することを表わし、多くの場合、「自分の〜」と訳しうる」（栗林1992: 507、丸括弧による補足は原文のまま）。

次の例(2)を用いて説明すると、文中の3番目の語*ax-taj-gaa*に見られる再帰接辞は、再帰接辞が付いている名詞の指示対象「兄」が主語名詞句の指示対象「私」に属する・関係するものであることを表している。

(2) Bi　　　　öčigdör　　**ax-taj-gaa**　　zax　　jav-san.
　　1SG.NOM　昨日　　　兄-COM-REFL　市場　行く-VN.PST
　　私は昨日（自分の）兄と市場に行った。

ただし、再帰接辞が対格接辞の後に付加される場合は、多くの場合、対格接辞が現れず、語幹に直接、再帰接辞が付く。例(3)の*devtr-ee*を参照。

---
[4] *-UUL*は他動詞に付くと、使役を表すほか、受身も表しうる。*-UUL*（および(ii)に挙げた*-gd*）の機能や意味については梅谷 (2008) を参照。
[5] *-AA*と*-GA*の例はそれぞれ次の通り：*nur-*「崩れる」→ *nur-aa-*「崩す」、*duus-*「終わる」→ *duus-ga-*「終える」。
[6] *-gd*と*-r*の例は次の通り：*xolbo-*「繋ぐ」→ *xolbo-gd-*「繋がる」、*asga-*「こぼす」→ *asga-r-*「こぼれる」。
[7] *-r*と*-l*による両極化の例は次の通り：*xuga-r-*「折れる」vs. *xuga-l-*「折る」。

(3) Bi   **devtr-ee**   tend   mart-čix-san.
    1SG.NOM ノート-REFL そこに 忘れる-COMPL-VN.PST
    私は（自分の）ノートをそこに忘れてしまった。

1.4 直接目的語

　直接目的語がとりうる形には複数ある。本稿で用いた例文中の直接目的語は、次の形で現れる。

(a) 例 (3) の *devtr-ee*（ノート-REFL）のように名詞語幹に再帰接辞が直接付いた形。直接目的語名詞句の指示対象が、主語名詞句の指示対象に属する・関係するものである場合に、直接目的語はこの形をとる。直接目的語名詞句の指示対象が、主語名詞句の指示対象に属する・関係するものでない場合には、次の (b), (c) のいずれかで現れる。

(b) 例 (5c) の 3 番目の語 *xuruu-g*（指-ACC）のように名詞語幹に対格接辞が付いた形。主に、直接目的語の指示対象が定である場合。例 (4b) の *un'n-uud-yg=n'*（梁-PL-ACC=3POSS）のように、さらに後ろに人称所属小辞を伴う場合もある。

(c) 例 (7) の最後から 2 番目の語 *em*（薬）のように、名詞語幹そのままの形。主に、直接目的語の指示対象が不定である場合。

2 身体部位運動を表す文に現れる動詞
2.1 モンゴル語に多く見られる自動詞と他動詞の関係

　1.2 節で述べたように、モンゴル語では動詞ごとに自動詞であるか、それとも他動詞であるかが概ね決まっており、自動詞としても他動詞としても用いられる動詞は少ない。例 (4a), (5a) では自動詞 *arvaj-*「広がる」が現れている。この動詞をそのままの形で他動詞として用いることはできず、他動詞文の述語として用いるためには、項を増やし他動詞を派生する接辞（ここでは *-UUL*）を付加する必要がある。例 (4b), (5b), (5c) を参照。

(4) a. Ger-ijn　　un'n-uud=n'　　　　[**arvaj-čix-san/**
　　　　ゲル-GEN　梁-PL(.NOM)=3POSS　広がる-COMPL-VN.PST

　　　　***arvaj-lga-čix-san**][8]　　　　baj-na.
　　　　広がる-CAUS-COMPL-VN.PST　いる-TV.NPST
　　　　ゲルの屋根の骨組みが（地面の上でばらばらに）広がっている。（ゲル＝モンゴル式テント）

　　b. Ger-ijn　　un'n-uud-yg=n'　　　[***arvaj-čix-san/**
　　　　ゲル-GEN　梁-PL-ACC=3POSS　　広がる-COMPL-VN.PST

　　　　arvaj-lga-čix-san]　　　　baj-na.
　　　　広がる-CAUS-COMPL-VN.PST　いる-TV.NPST
　　　　ゲルの屋根の骨組みを（地面の上にばらばらに）広げて（置いて）ある。

(5) a. Xuruu=n'　　　[**arvaj-ž/**　　　***arvaj-lga-ž**]
　　　　指.NOM=3POSS　広がる-CVB.IPFV　広がる-CAUS-CVB.IPFV

　　　　baj-na.
　　　　いる-TV.NPST
　　　　彼の指は開いている。（指を怪我した患者の指を医者が診察して）

　　b. Xuruu-gaa　[***arvaj-gaaraj/**　**arvaj-lg-aaraj**].
　　　　指-REFL　　広がる-TV.OPT　　広がる-CAUS-TV.OPT
　　　　指を開いてください。

　　c. Emč　　minij　　xuruu-g　[***arvaj-san/**　　**arvaj-lga-san**].
　　　　医者.NOM　1SG.GEN　指-ACC　広がる-VN.PST　広がる-CAUS-VN.PST
　　　　医者は私の指を開いた・開かせた。

2.2　身体部位運動を表す文に現れる動詞の形

　2.1 節の例（5a）は、身体部位（手、足、目など）が運動することを表す自動詞文である。それに対して（5b）と（5c）は他動詞文であり、(5b) では「主

---

[8] 例（4a）では *arvaj-čix-san* と *arvaj-lga-čix-san* を [ ] の中にスラッシュで区切って提示している。本稿では、このようにして、文の一部だけが異なる複数の文（*Gerijn un'nuud n' arvajčixsan bajna*. と *Gerijn un'nuud n' arvajlgačixsan bajna*.）を簡潔に示す。なお、スラッシュで区切られた 2 つのバリエーションのうち、一方が許容されないものである場合には、当該の語にアスタリスクを付して示す。

語名詞句[9]の指示対象が 自分の 身体部位を動かす」ことが、(5c) では「主語名詞句の指示対象が 他人の 身体部位を動かす・動かさせる」ことが表されている。これら「身体部位が運動することを表す自動詞文 (5a)」「自分の 身体部位を動かすことを表す他動詞文 (5b)」「他人の 身体部位を動かす・動かさせることを表す他動詞文 (5c)」を合わせて、「身体部位運動を表す文」と呼ぶことにする。

身体部位運動を表す文に現れる動詞の形を観察すると、すでに述べたように、(5b) と (5c) では (5a) と同形の動詞が現れることはできず、(5a) の動詞に他動詞を派生する派生接辞が付加されたものが現れている。このことを整理すると次の表1のようになる[10] (表の左列の "TR" は「他動詞を派生する接辞」を示す。また、セル中の (i)〜(vi) の番号は、当該箇所に後で言及する際に用いる)。

表 1　身体部位運動を表す文における動詞の形 (その1)

文の意味 動詞の形と例	自動詞文 身体部位が動く	他動詞文	
		自分の身体部位を動かす	他人の身体部位を動かす (動かさせる)
V　　arvaj-	(i) √	(ii)	(iii)
V-TR　arvaj-lg-	(iv)	(v) √	(vi) √

---

[9] 1.1節で述べたように、文脈から推測可能な文成分は文中に現れないことがある。例 (5b) はその事例に当たり、主語名詞句 (聞き手を表す代名詞) は現れていない。

[10] 本稿で度々言及するように、身体部位運動を表す文に現れる動詞のほとんどは、表1のパターンを示す。そうした数多くの動詞の中から、いくつかの具体例を下に挙げる。

a.　böxij-「(頭が) 前に傾く」　→　böxij-lg-「(頭を) 前に傾ける、お辞儀する」
b.　gedij-「(頭が) 後ろに傾く」　→　gedij-lg-「(頭を) 後ろに傾ける」
c.　öndij-「(頭が) もち上がる」　→　öndij-lg-「(頭を) もち上げる」
d.　gilžij-「(首が) 傾く」　→　gilžij-lg-「(首を) 傾ける」
e.　ürčij-「(顔が) しわくちゃになる」　→　ürčij-lg-「(顔を) しわくちゃにする」
f.　tümbij-「(頬が) 膨れる」　→　tümbij-lg-「(頬を) 膨らませる」
g.　onij-「(目が) 細くなる」　→　onij-lg-「(目を) 細める」
h.　atir-「(眉が) しわになる」　→　atir-uul-「(眉を) ひそめる」
i.　sortoj-「(耳が) 立つ」　→　sortoj-lg-「(耳を) 立てる、そばだてる」
j.　sarvalz-「(腕が) 動く」　→　sarvalz-uul-「(腕を) 振る」
k.　godgono-「(尻尾が) 動く」　→　godgon-uul-「(尻尾を) 振る」

ところが、数は少ないが、身体部位運動を表す自動詞文（表の i）で用いられる動詞が、そのままの形で、「自分の 身体部位を動かす」文で他動詞として用いられる（表の ii）例が観察される。そのような例として次の（6）が挙げられる。(6a) の *angaj-*「開く」は自動詞として用いられている。この *angaj-* が (6b) では、他動詞として用いられている（なお、例 (6b) では、*angaj-* に他動詞を派生する接辞を付けた形 *angaj-lg-* も現れることができる）。

(6) a. Am=čin'　　[**angaj-gaad/**　*angaj-lg-aad]　　baj-na
　　　口.NOM=2POSS　開く-CVB.PFV　開く-CAUS-CVB.PFV　いる-TV.NPST
　　　šüü.
　　　MP
　　　君の口、開いているよ。
　　b. Bi　　　　öörijn erxgüj am-aa　　[**angaj-čix-san/**
　　　1SG.NOM　思わず　　　　口-REFL　開く-COMPL-VN.PST
　　　angaj-lga-čix-san].
　　　開く-CAUS-COMPL-VN.PST
　　　私は知らないうちに口を開けてしまった。

angaj- が他動詞として用いられる現象は、「自分の」身体部位を動かすことを表す文中においてのみ観察される。次の (7) のように、「他人の」身体部位を動かす（あるいは動かさせる）ことを表す他動詞文では、*angaj-* を用いることはできず（すなわち表の iii に該当する実例は無く）、派生接辞を付けた形のみが許容される。

(7) Xüü-gijn-xee　　am-yg　　[**angaj-ž/*　　　　**angaj-lga-ž**]
　　息子-GEN-REFL　口-ACC　開く-CVB.IPFV　開く-CAUS-CVB.IPFV
　　baj-gaad　　　　em　　uu-lga-san.
　　いる-CVB.PFV　薬.NOM　飲む-CAUS-VN.PST
　　息子の口を開けて・開けさせて薬を飲ませた。

ここで、(6) と (7) で挙げた *angaj-/angaj-lg-* が表しうる身体部位運動について表にまとめると次のようになる。太枠部分は、表 1 と分布が異なる箇所

である。

表 2 身体部位運動を表す文における動詞の形(その 2)

動詞の形と例 \ 文の意味	自動詞文 身体部位が動く	他動詞文 自分の身体部位を動かす	他動詞文 他人の身体部位を動かす(動かさせる)
V *angaj-*	(i) √	(ii) √	(iii)
V-TR *angaj-lg-*	(iv)	(v) √	(vi) √

念のために強調しておくが、身体部位運動を表す自動詞文で用いられる全ての動詞が、「自分の身体部位を動かす」ことを表す他動詞文でも現れる(すなわち表2のパターンを示す)訳ではない。むしろそのような例は少数派で、身体部位運動を表す自動詞文で用いられる動詞の多くは、他動詞文では現れることができない(例(5)および表1を参照)。

表2のパターンを示す動詞には例(6)、(7)で示した *angaj-/angaj-lg-*「(口が)開く/(口を)開ける」以外に(8)に挙げたものが確認されている(スペースの節約のため、(8)では、他動詞を派生する接辞が付いた形、およびその意味の掲載を省略する)。

(8) a. alcaj- (脚が)広がる/(自分の脚を)広げる
 b. anisxij- (目が)瞬きする/(自分の目を)瞬きさせる
 c. sarvaj- (腕が)差し伸ばされる/(自分の腕を)差し伸ばす
 d. anivč- (目が)瞬きする/(自分の目を)瞬きさせる
 e. atij- (脚が)畳まれて屈んだ姿勢になる/(自分の脚を)畳む
 f. sölij- (目が)横目になる/(自分の目を)横目にする
 g. tamšaa- (口・唇が)くちゃくちゃと動く/(自分の口・唇を)くちゃくちゃと動かす
 h. angalz- (口が)ぱくぱくと開く/(自分の口を)ぱくぱくと開ける

(8)のうちa〜c(および(6)、(7)の *angaj-/angaj-lg-*)は、4人のコンサルタント全員のデータにおいて、表2のパターンを示すことが確認された。dは4人中3人のデータで表2のパターンを示しており、1名のデータでは表1のパターンを示している。e〜hは4人中2人のデータで表2のパターンを

示しており、他の 2 名のデータでは表 1 のパターンを示している。4 人中 1 人のデータで表 2 のパターンを示すものは（8）には含めていない。

　また、表 2 と分布が若干異なるが、身体部位運動を表す自動詞文で用いられる動詞が、そのままの形で、「自分の身体部位を動かす」ことを表す他動詞文（表の ii）で用いられるさらなる例として、例（9）のようなものがある。例（9）は、身体部位運動を表す自動詞文で用いられる動詞が、「自分の身体部位を動かす」ことを表す他動詞文でも現れる点で、(8) に挙げた動詞（および、例（6）の *angaj-*）と同じである。しかし、他動詞を派生する接辞が付いた形が、「自分の身体部位を動かす」ことを表せない点で異なっている（すなわち、(8) に挙げた動詞とは、表の v の部分で異なる）。

(9) a. Dorž-ijn　　nüd　　　[ani'-san/　　　*ani-ul-san]
　　　PSN-GEN　目.NOM　閉じる-VN.PST　閉じる-CAUS-VN.PST
　　　baj-na.
　　　いる-TV.NPST
　　　ドルジの目は閉じている。

　　b. Dorž　　　nüd-ee　[ani-ad/　　　**ani-ul-aad**]
　　　PSN.NOM　目-REFL　閉じる-CVB.PFV　閉じる-CAUS-CVB.PFV
　　　xevte-ž　　　　　baj-na.
　　　横になる-CVB.IPFV　いる-TV.NPST
　　　ドルジは目を閉じて横になっている。（例（6b）を参照。[ ] 内の許容される形式が、(9b) と (6b) では異なる。）

　　c. Dorž-ijn　　nüd-ijg　[*ani-ad/　　　ani-ul-aad]
　　　PSN-GEN　目-ACC　閉じる-CVB.PFV　閉じる-CAUS-CVB.PFV
　　　xevt-üül-'je.
　　　横になる-CAUS-TV.VOL
　　　ドルジの目を閉じさせて横にならせよう。

　例（9）に見られる、動詞の形とその動詞が表しうる意味の対応関係を表にま

とめると、表3のようになる（太枠部分は表1と分布が異なる箇所）。

表 3　身体部位運動を表す文における動詞の形（その3）

動詞の形と例 \ 文の意味	自動詞文 身体部位が動く	他動詞文 自分の身体部位を動かす	他動詞文 他人の身体部位を動かす（動かさせる）
V　　*an'*-	(i) √	(ii) √	(iii)
V-TR　*ani-ul*-	(iv)	(v)	(vi) √

　表3の分布を示す動詞としては、例（9）の *an'*-「（目が）閉じる／（自分の目を）閉じる」の他に、*žimij*-「（口・唇が）閉じる／（自分の口・唇を）閉じる」が確認されている。

2.3　2節のまとめ

　第2節での観察結果をまとめると、次のようになる。

（A）モンゴル語では動詞ごとに自動詞であるか、それとも他動詞であるかが概ね決まっており、自動詞としても他動詞としても用いられる動詞は少ない。このモンゴル語全体の特徴に従って、身体部位運動を表す自動詞文で用いられる動詞の形と、身体部位運動を表す他動詞文で用いられる動詞の形は多くの場合異なる。

（B）しかし、身体部位運動を表す自動詞文で用いられる動詞の中には、そのままの形で、身体部位運動を表す他動詞文で用いられるものがある。ただしこのことは、「自分の 身体部位を動かす」場合に限って観察される。

（C）身体部位運動を表す自動詞文、および「自分の 身体部位を動かす」ことを表す他動詞文の両方に同形で現れうる動詞には、次の2種類が存在する。1つは、それに項を増やす接辞を付けた際に、「自分の 身体部位を動かす」ことおよび「他人の 身体部位を動かす」ことの両方を表しうるものである（表2および、例（6b）、（7）を参照）。もう1つは、項を増やす接辞を付けた際に、「自分の 身体部位を動かす」ことは表せ

ず、「他人の 身体部位を動かす」ことのみを表せるものである（表3および、例（9b）、（9c）を参照）。

3 「自分の身体部位を動かす」事態と動詞の自他

「自分の 身体部位を動かす」ことを表す他動詞文が、意味的には自動詞文と似ていることが、様々な研究で指摘されている。例えば、Kemmer（1993）は、自分の身体部位を動かす事態を nontranslational motion と呼び（同書 16–17, 56–57, 67–68 ほか）、「中動態」の1つとして含めている。そして Kemmer は、中動態の特徴の1つとして、行為に関わる2者（Initiator と Endpoint）が分離されておらず、その（未）分化の程度に関して、（典型的には行為者が単一である）自動詞文が表す事態と近いことを指摘している（同書 71–73）。

また、日本語の研究では、「自分の身体部位を動かす」ことを表す他動詞文は、動詞の「再帰用法」や「再帰構文」の一種として扱われており、やはり、意味的に[11]自動詞文が表す事態と似ていることが指摘されている（高橋 1985: 11、ヤコブセン 1989: 227–229 など）。

モンゴル語において、身体部位運動を表す自動詞文に現れる一部の動詞が、「自分の 身体部位を動かす」ことを表す他動詞文に限って現れることができるのは、両者が意味的に類似していることの1つの反映であると考えられる[12]。

4 今後の課題

本稿では、身体部位運動を表す文に現れる動詞を、形式と意味の対応関係に着目して記述した。今後、検討を要する点としては、以下の事柄が挙げられる。

身体部位運動を表す自動詞文に現れる動詞のうち、なぜ（6）、（8）、（9）に挙げたものに限って「自分の身体部位を動かす」ことを表す他動詞文でも現

---

[11] 日本語においては、「再帰構文」が統語的にも他の他動詞文と異なることが指摘されている。例えば高橋（1985: 11）では、「太郎がまどからくびをだした」などの文が、対応する受動文を持たないことが指摘されている。
[12] ただし、「ある他動詞文が表す事態が意味の面から自動詞文の表すものと近ければ、その他動詞文で用いられる動詞は自動詞文で用いられる動詞と 常に 形が一致する」とまでは言えない。すなわち、3節で述べたことはあくまで既に得られているデータを見た時に言える観察結果であって、ある特定の動詞が表1〜表3のうちどのパターンを示すかを（実際のデータを見ずに）予測することは（少なくとも現段階では）できない。

れることができるのか、その理由は現時点では不明である[13]。

　また、身体部位運動を表す自動詞文に現れる一部の動詞（例 (6)、(8)、(9)）が、「自分の身体部位を動かす」ことを表す他動詞文でも同形で現れうることが明らかになったものの、それが可能なのは、ある限られた文脈や、決まった文型においてのみである可能性がある。

　さらに、表 2 から分かるように、「自分の身体部位を動かす」ことを表す他動詞文において、異なる形式の 2 つの動詞が許容される場合がある（表 2 の ii と v）。この場合、2 つの動詞がどのような意味の違いを持つかはまだ分かっていない。

　加えて、「自分の身体部位を動かす」ことを表す他動詞文が、典型的な他動詞文と比べて、統語的に異なるふるまいを示すかどうかについても未調査である。今後はこれらの問題に取り組みたい。

謝辞

　本稿の執筆に当たりご協力くださった 4 名のコンサルタント、および、有益なコメントをくださった査読者 2 名の方に、この場を借りて厚くお礼申し上げます。

参照文献

Bjambasan, P. (1970) Orčin cagijn mongol xelnij üjl ügijn xev, bajdal [Voice and aspect of the verb in Modern Mongolian]. *Xel Zoxiol Sudlal* 8: 201–300.

Janhunen, Juha A. (2012) *Mongolian*. London Oriental and African language library 19. Amsterdam/Philadelphia: John Benjamins.

Kemmer, Suzanne (1993) *The middle voice*. Typological studies in language 23. Amsterdam/Philadelphia: John Benjamins.

Kullmann, Rita and D. Tserenpil (1996) *Mongolian grammar*. Hong Kong: Jensco.

栗林均（1992）「モンゴル語」亀井孝・河野六郎・千野栄一（編）『言語学大辞典　第 4 巻　世界言語編　下-2』501–517. 東京：三省堂.

Luvsanvandan, Š. (1968) *Orčin cagijn mongol xelnij bütec: Mongol xelnij üg, nöxcöl xojor n'* [Structure of Modern Mongolian: Words and inflectional suffixes in Mongolian]. Ulaanbaatar: B.N.M.A.U. Šinžlex Uxaany Akademi.

高橋太郎（1985）「現代日本語のヴォイスについて」『日本語学』4(4): 4–23.

---

[13] この段落、および次の段落に記した着眼点・課題は、査読者からの指摘による（1 つめは一方の査読者からのもので、2 つめはもう一方の査読者からのもの）。記して感謝申し上げる。

梅谷博之（2008）「モンゴル語の使役接辞 -UUL と受身接辞 -GD の意味と構文」博士論文、東京大学.
ヤコブセン、ウェスリー・M（1989）「他動性とプロトタイプ論」久野暲・柴谷方良（編）『日本語学の新展開』213–248. 東京：くろしお出版.

ギャロン語ヨチ方言の他動性

自他動詞対からの分析

白井　聡子

【要旨】ギャロン語ヨチ方言の自他動詞対においては、使役化が主流であるが、反使役化も一定数観察される。特に生産的に用いられる形態法は、使役化においては接頭辞 sə- の付加、反使役化においては接頭辞 ŋa- の付加である。本稿では、これらの接頭辞の機能を分析し、日本語と対照することで、ギャロン語の他動性の特徴を検討する。ギャロン語は日本語に比べて、意図性と使役化／逆使役化の独立性が高いと考えられる。また、接頭辞 ŋa- の多機能性について、他動性の捨象から派生された可能性を示す。

キーワード：他動性、通言語的研究、対照研究、意図性、ギャロン語

1　はじめに

本稿では、ギャロン語ヨチ方言における自他動詞対の形態法について、記述と分析を行う。特に、使役化パターンに用いられる接頭辞 sə- と、反使役化パターンに見られる接頭辞 ŋa- について、それぞれの機能を分析した上で、日本語の使役および受動と対照し、ギャロン語における他動性の性質を考察する。

本稿は以下のように構成される。1 節ではギャロン語の概要と先行研究を示す。2 節ではギャロン語の自他動詞対に見られる形態的特徴を検討した上で、生産的に用いられる接頭辞 sə-, ŋa- についてその特徴を記述する。3 節では意図性および脱他動化の機能の広がりについて、日本語との対照から、ギャロン語の特徴を詳しく考察する。4 節でまとめる。

1.1　ギャロン語およびヨチ方言の概要

ギャロン語（rGyalrong／嘉絨）は、中国四川省西部で話される言語である。系統的にはシナ＝チベット語族チベット＝ビルマ語派に属し、チアン語

支（Qiangic）の下位グループ、ギャロン語群（rGyalrongic）に位置づけられている（Sun 2003）。東部、北部、西部の三つの方言群に分けられる[1]。方言群間の差異は大きく、相互理解は困難である。基本構成素順はSOVで、後置詞を取り、能格型の格標示体系を持つ。チベット＝ビルマ語派の中でも特に接辞の多い言語で、接頭辞も接尾辞も用いられる。一つの語根に複数の接頭辞・接尾辞が付加されうる。たとえば（1）では、語根rdu「会う」に、三つの接頭辞（完了／直接認識のna-、2人称のta-、動詞標識のwa-）と、一つの接尾辞（2人称単数の-n）が付加されている[2]。

(1) no ḷamo na-ta-wa-rdu-n?
2SG PSN PFV.EVD-2-VB-会う-2SG
あなたはラモに会いましたか。

本稿では、特に断りのない限り、筆者が調査したギャロン語ヨチ方言について述べる。ギャロン語ヨチ方言は、四川省雅安市宝興県のヨチ・チベット族自治郷（Yophyi／磽磧藏族自治郷[3]）で話される、ギャロン語東部方言群の一方言である。ヨチ郷の人口は約5,000人だが、ギャロン語の話者数に関する統計は、管見の限り、ない[4]。

ギャロン語ヨチ方言に関するまとまった先行研究はない。わずかに、Nagano and Prins（eds.）(2013)に、筆者およびTshe-dbang sGrol-ma氏がそれぞれ提供したデータが公開されている。

1.2　ギャロン語の自他動詞に関する先行研究

ギャロン語群の自他動詞対について、Sun（2000: 180–186）は、接頭辞の母音交替が語群内に広く見られることを例示した上で、次のようにまとめて

---

[1] Sun (2000, 2003: 490) はそれぞれの方言群名を中国名に基づきSitu（eastern）、Chabao（northeastern）、Sidaba（northwestern）としている。本稿では便宜的に東部、北部、西部とする。
[2] 例文グロスに用いる略号のうち、Leipzig glossing rules (http://www.eva.mpg.de/lingua/resources/glossing-rules.php) にないものは次のとおりである。ANTIC: anticausative（逆使役態）; CISL: cislocative（向心移動）; DIR: directional prefix（方向接辞）; EVD: direct evidential（直接証拠性）; PSN: personal name（人名）; RDP: reduplication（重複）; TRNL: translocative（離心移動）; VB: verbal marker（動詞標識）; VN: verbal noun（動名詞）.
[3] 地名については、チベット文語を参考にしたローマ字表記と、漢語に基づく漢字表記を括弧内に示す。
[4] 協力者によれば、住民の約60％がギャロン語を解し、約30％が流暢に話すという印象だという。

いる。「他動性はギャロン語群の動詞形態法において際立った役割があると考えられる。他動詞と自動詞は、異なる活用法、専用の接辞、語幹の母音交替などさまざまな方法で区別される」(Sun 2000: 186[5])。このうち、他動詞・自動詞を派生する接辞は幅広い言語・方言に見られることが指摘されている (ibid. 脚注 37)。本稿で扱うヨチ方言においても、接頭辞の母音交替と自他それぞれの動詞派生接辞が見られる。

　以下、個別の方言の自他動詞対に関する代表的な研究を挙げておく。

　ヨチ方言と同じ東部方言群の研究としては、チョクツェー (Cogtse／卓克基) 方言の動詞形態法を対象とした Nagano (1984) などがある。ただし、ヨチ方言とチョクツェー方言は地理的にかなり離れており、語彙だけでなく動詞形態法においても違いが見られる[6]。Nagano (1984: 43–50) は、使役化標識として sə-, syə-, rə-, wa- を挙げている。このうち、sə- は、最も生産的に用いられ、自他動詞対の他動詞も形成する (Nagano 1984: 44–45)。wa- は名詞や形容詞に付加されて動詞を形成する機能を持つ (Nagano 1984: 48–49)。また、相互行為標識 (mutual act marker) の ŋgə- が、自他動詞対の自動詞にも見られることが指摘されている (Nagano 1984: 44–45, 49–50)。これらの接頭辞は、ヨチ方言の sə-, sa-, ʂə-, ra-/rək-; ŋa-, wa- (2.2 節参照) とよく対応するようである。

　北部方言群に属するチャプ (Japhug／茶堡) 方言については、向・陳 (2007) や Jacques (2012) などがある。向・陳 (2007) は、チャプ方言の自動詞派生接頭辞 a-/ɤ-/kɤ- について論じている。a-/ɤ- は祖語の *ŋa- に由来する形式で、kɤ- は間接証拠性の完了態において現れる特殊な形式であるという。この接頭辞はチャプ方言においては無動作主受動動詞 (agentless passive verb) を派生する機能を持つが、ギャロン祖語の段階では、幅広く行為関連項 (actant) を削除する接頭辞であったと結論づけている。

　孫 (2006) は、西部方言群に属するツォブドゥン (Tshobdun／草登) 方言について、結合価変更の機能を持つ接辞として次のものを挙げている。ʁ-：

---

[5] 原文は次のとおり。"Transitivity assumes a prominent role in the morphology of the rGyalrongic verb. Transitive and intransitive verbs are distinguished variously by distinct conjugations [...], by specialized affixes, or by stem ablaut [...]."
[6] たとえば、相互行為を表す際、チョクツェー方言においては相互行為標識が付加されるのみで動詞語根の重複はないが (Nagano 1984: 50)、ヨチ方言では相互行為標識が付加された上に動詞語根が重複される。

無動作主受動（agentless passive）；kɐ-：中動態（middle）；sɐ-（人）／rɐ-（人以外）：逆受動（antipassive）；ɲɐ-：再帰；sə-/sɐ-/wɐ-/ʃ-：使役；nə-/nɐ-：適用態（applicative）。このほか、次の動詞派生接辞を挙げている。nə-/nɐ-：さまざまな名詞から動詞を派生する；wə-/wɐ-：「～を豊富に含む」「～を帯びる」を意味する状態動詞を名詞から派生する；rə-/rɐ-：「（その名詞が意味する物や状態を）産出／実現する」という意味の動詞を名詞から派生する。

2　自他動詞対の形成法

2.1　自他動詞対リスト

　論文末尾の表 1 に、Haspelmath（1993）の 31 動詞におおむね添うギャロン語ヨチ方言の自他動詞リストを示す。示す順番は、Comrie（2006）に基づいて並べ替えたものである。Comrie（2006）の番号は C-No. の列に、Haspelmath（1993）のリストの番号は H-No. の列に示す。なお、以下、本文中で表 1 の動詞に言及する際は、C-No. に「#」記号を付して示す。派生関係は、C：使役化（Causative）、A：反使役化（Anticausative）、E：両極形（Equipollent）、S：補充形（Suppletive）、L：自他同形（Labile）のいずれであるかを示す。

　動詞は、不定形に相当する、名詞化接頭辞 kə-/ka- を伴った形式で示す[7]。原則として、自動詞には kə- が、他動詞には ka- が付加される[8]。ただし、派生関係を見る場合には、この接頭辞を除いて考える。

　表 1 に見られる派生関係のタイプを集計すると、C が 21 対（約 44 %）、A が 6 対（約 13 %）、E が 10 対（約 21 %）、S が 6 対（約 12 %）、L が 5 対（約 10 %）で、使役化を好む一方で、反使役化も可能な言語であることが分かる。

---

[7]　名詞化接頭辞を伴う形式はテンス・アスペクト・方向・人称について中立的であり、引用形式として最も適当であるため、この形式を用いる。
[8]　例外として、対応する自動詞がないために他動詞の形式がそのまま自動詞文にも用いられるタイプ（例：#16 ka-saja「始まる／始める」）や、名詞 + ka-pa「作る」からなる複合動詞（例：#19 fadʒan ka-pa（漢語 fāzhǎn ＋「作る」）「発展する」）などがある。後者は自動詞にもなりうる語形成法だが、ka-pa「作る」が他動詞であるため、名詞化接頭辞としては ka- が用いられる。

2.2 派生方法について

表1の語彙において、他動詞に見られる派生接辞は、sə-（#1-4 など多数）、sa-（#13, 19, 25, 26）、ṣə-（#7）、rək-（#5）[9] である。また、自動詞に見られる派生接辞は、ŋa-（#23-30 など多数）、wa-（#23）である。これらの接頭辞の付加される位置は、動詞語根の直前であり、他の接頭辞がこれらよりも前に付加される。

他動詞に見られる四つの接頭辞（sə-, sa-, ṣə-, rək-）は、いずれも、他動詞に特徴的であり、使役化の機能を持つものと考えられる。このうち、sa-, ṣə-, rək- の三つは生産性が観察されず、語彙的に付加される語根が決まっていると考えられる。しかし、sə- は極めて生産性が高い。また、表1以外の動詞を見ると、このほかに ra- という使役化接頭辞があり、ka-ra-ntsək「切る」、ka-ra-ci「引く」などの例がある。ra- は sa-, ṣə-, rək- と同様、非生産的である。

自動詞に見られる二つの接頭辞（ŋa-, wa-）のうち、wa- は自他に関係なく動詞を派生／標示する接頭辞であると考えられる。表1以外の動詞で、この接頭辞を含む他動詞もいくつか見られ、たとえば、ka-wa-smɛ「治療する」という他動詞が接頭辞 wa- を含んでいる。この動詞は、チベット語から借用された名詞 smɛ「薬」に wa- を付加して派生されたものと考えられる[10]。表1において、自動詞に wa- を含む自他動詞対は両極形ないし補充形にのみ見られる。たとえば #23 kə-wa-pəsə「揺れる」、ka-sa-pəsə「揺する」のような両極形ペアは、自動詞に含まれる動詞標識 wa- の位置に使役化接頭辞 sa- が取って代わることで形成されたと考えられる。以上のことから、表1において反使役化の接頭辞とみなせるのは ŋa- のみであると結論づけられる。

次の節からは、典型的な使役化の接頭辞 sə- と、反使役化の接頭辞 ŋa- について、それぞれの機能を分析する。

---

[9] ṣə-, rək- については、表1に一つずつしか他動詞の例がないが、これ以外の動詞の例として、次のようなものがある：ka-ṣə-rdar「おどす、怖がらせる」；ka-rək-na「聞く」。なお、rək- は表1#7 の「教わる」にも見られるが、これは教わる対象を目的語に取れる他動詞である。

[10] 表1#24 kə-ŋa-wərdu「つながる」、ka-sa-wərdu「つなぐ」という動詞ペアに見られる wə- も、wa- と同じく動詞標識と考えられるが、他の例が見つかっていないため本稿では扱わない。

2.3 使役化パターンに見られる接頭辞 sə- の機能

ギャロン語の自他動詞対応には、使役化パターンが多く、その多くは接頭辞 sə- によって他動詞が形成される。接頭辞 sə- は非常に生産的で、動詞から生産的に使役形を作る機能も持つ（例：ka-mut「飲む」＞ ka-sə-mut「飲ませる」；kə-dʑok「（氷上を）滑る」＞ ka-sə-dʑok「滑らせる」）。この接頭辞は、チベット＝ビルマ祖語の使役接頭辞 *s- に起源を持つと考えられる[11]。

ギャロン語において、接頭辞 sə- は、二重に付加することが可能である。次の例 (2) では、dzas「壊れる」(#28 dzɛt の異形態[12])に接頭辞 sə- が付加されて他動詞「壊す」を派生し、さらに重ねて接頭辞 sə- が付加されることで使役形となっている。つまり、接頭辞 sə- によって派生された他動詞に、使役標識としての sə- がさらに付加されうる。使役文では、使役者が能格で標示される。

(2) losaŋ=kə tsherjaŋ peitsə now-sə-sə-dzas.
    PSN=ERG PSN   コップ PFV.EVD.CISL-CAUS-CAUS-壊れる
    ロサンはツェリャンにコップを壊させた。

次の (3)、(4) を比べると、(4) では重ねて付加された接頭辞 sə- が使役者項を導入しておらず、使役化の機能を果たしていないように見える。能格標示を受けているのは動作主である。これらの例では、重ねて付加されるかどうかが意図性の解釈に関わってくる。(3) のように phos「逃げる」に接頭辞 sə- が1回付加されると、他動詞「逃がす」になるが、(4) のように二重に接頭辞 sə- が付加されると、逃がすつもりはなかったのにうっかり逃がしてしまったということが含意される。これは、(4) において重ねて付加された使役接頭辞が、使役者（その行為をさせた何者か）のかわりに行為の間接性（その行為をさせた別の要因）を導入する機能を果たし、「ツェリャンが

---

[11] 祖語の使役接頭辞 *s- に由来する形式は、チベット＝ビルマ系の他の言語においても、自他動詞対をなす他動詞にしばしば見られる。たとえば、チベット文語は s- を含む初頭子音連続を一部残している。例：「沸く／沸かす」khol/skol、「起きる／起こす」lang/bslang など。なお、ギャロン語はチベット語から多くの借用語を取り入れているが、これらの例を表1の#1, #21 と対照すると、チベット語からの借用ではない固有語の動詞に sə- が現れていることが確認できる。しかし一方で、ギャロン語の接頭辞 sə- は、祖語から直接継承されたものではない可能性も考えられる。本稿では sə- の由来に関する分析にはこれ以上立ち入らない。

[12] ギャロン語の動詞はアスペクト等に応じた語幹交替を示す。末子音や母音の交替によって特徴付けられる。詳細は Sun (2000: 169–179) などを参照していただきたい。

別の誰か／何かによって鼠を逃がした」という含意を持つ文になって、結果的に、非意図的な解釈が生じるものと考えられる[13]。

(3) tsherjaŋ=kə pei tow-sə-phos.
    PSN=ERG   鼠 UP.CISL-CAUS-逃げる
    ツェリャンは鼠を（わざと）逃がした。

(4) tsherjaŋ=kə pei tow-sə-sə-phos.
    PSN=ERG   鼠 UP.CISL-CAUS-CAUS-逃げる
    ツェリャンは鼠を（うっかり）逃がした。

表1 #31に示すとおり、自動詞 kə-ɕi「死ぬ」に対して、意図的に「殺す」ことを表す他動詞は、ka-ntʃha である。ただし、非意図的に死なせた場合には（たとえば「蟻に気付かず、踏んで殺してしまった」場合）、ka-ntʃha「殺す」のほかに、kə-ɕi「死ぬ」の使役形 ka-sə-ɕi も用いられうる。これも、(4) と並行する現象である。

ここで注意すべきことは、ギャロン語の他動詞が必ずしも意図性を前提としない点である。もちろん、一般的な解釈では、上の (3) は、ツェリャンが意図的に鼠を逃がしたということになる。しかし、他動詞は特に意図性を捨象する標識を伴うことなく、非意図的行為を表すことが可能である。(5) の主文述部 ʔə-mut「飲んだ」は、非意図的な行為を表すが、意図的な行為を含意する (6) と同じ形式である[14]。(7) においても、dej-sə-ru「目覚めさせた」は非意図的な行為であるが、他動詞が用いられる。

(5) tsherjaŋ=kə khu-gwi tujo na-ka-lɛt   ʔej-miz
    PSN=ERG   茶碗-中 毒 PFV.EVD-VN-放つ PFV.TRNL-忘れる
    ʔədəs   ʔə-mut.
    そのため   PFV-飲む
    ツェリャンは、茶碗に毒を入れたのを忘れて、飲んでしまった。

---

[13] Kulikov (1993) は、さまざまな言語に見られる二重使役などの意味の不透明性について検討している。その中には、distant causation（ヒンディ語など）、accidental causation（カシミール語など）といった、(4) と関連する現象が含まれている。

[14] (5) は、スタウ語に関する黄布凡 (1991: 36) の例を参考にしたものである。スタウ語はギャロン語と同じギャロン語群に属するが、スタウ語においては意図性が重要であり、(5) に対応する例と (6) に対応する例で動詞の形式が異なる。

(6) tsherjaŋ=kə tujo ʔə-mut.
　　PSN=ERG　毒　PFV-飲む
　　ツェリャンは毒を飲んだ。

(7) tsherjaŋ=kə phantsə now-sljak　　ʔədə,　ʔatɕi ʔə-ɲak
　　PSN=ERG　皿　PFV.EVD.CISL-落とす そして 子供 3-目
　　dej-sə-ru.
　　UP.TRNL-CAUS-覚める
　　ツェリャンが皿を落として子供を目覚めさせてしまった。

以上のことから、次のように結論づけられる。ギャロン語において、他動性と意図性の結びつきは強くない。接頭辞 sə- は、意図性とは関係なく使役者（動作主）項を導入する、使役の接頭辞である。ただし、二重に付加される場合に、使役者を導入せず、かわりに行為の間接性を表すという現象も見られる。意図性の問題については、3.1 節でさらに検討する。

2.4　反使役化パターンに見られる接頭辞 ŋa-の機能

次に、ギャロン語の反使役化（Anticausative）および両極形（Equipollent）において自動詞の派生に用いられる接頭辞 ŋa- の機能について考察する。

接頭辞 ŋa- は、生産的に用いられる。前節で見た使役標識の sə- と同様に、使役化接頭辞によって派生された他動詞に付加することが可能である。ŋa- が付加された動詞は、もとの他動詞の目的語を主語に取る。例：kə-ŋa-sə-sto「沸かされる」（cf. kə-sto「沸く」、ka-sə-sto「沸かす」）；kə-ŋa-sə-jok「終えさせられる」（cf. kə-jok「終わる」、ka-sə-jok「終える」）。

次の (8) は、聞き取り調査において、他動詞目的語を主語にした受動文を訳してもらったものである。接頭辞 ŋa- は、一見すると、受動態形成の機能を持つように見える。

(8) ʔəjo ʔow-rak ʔej-ŋa-mut.
　　3SG　3-酒　PFV.TRNL-ANTIC-飲む
　　彼の酒は飲まれてしまった。

ところが、接頭辞 ŋa- を用いても、動作主を明示した受動文を作ることはできない。動作主が明示されている文では、他動詞を使わなければならないの

である。(9) は、「ツェリャンがロサンの酒を飲んだ」に対応する受動文「ロサンの酒は、ツェリャンに飲まれた」をギャロン語に訳してもらおうとして得られたものだが、動詞に接頭辞 ŋa- を付加することはできない。述語の形式は能動文（(6) を参照）と同じである。また、項の格標示についても、能動文と同じく動作主が能格、対象が絶対格であり、降格や昇格は見られない。すなわち、逐語的には「ロサンの酒（を）ツェリャンが飲んだ」である。

(9) losaŋ ʔow-rak tsherjaŋ=kə {ʔə-mut/*ʔej-ŋa-mut}.
　　PSN　3-酒　　PSN=ERG　{PFV-飲む／PFV.TRNL-ANTIC-飲む}
　　ロサンの酒は、ツェリャンに飲まれた。

以上のことから、(8) に見られる ŋa- の機能は、目的語を昇格させる受動態ではなく、動作主を削除する逆使役態[15] の形成と考えるのが妥当である。

また、ŋa- には、逆使役態形成とは異なる機能も見られる。その一つが、相互態 (reciplocal voice) の形成である。(10) は能動文、(11) は相互文である。相互態では、動詞語根が重複され、接頭辞 ŋa- が付加される。

(10) tsherjaŋ=kə losaŋ ʔə-sti.
　　 PSN=ERG　PSN　PFV-打つ
　　 ツェリャンがロサンを殴った。
(11) tsherjaŋ=ʃtʃen losaŋ ʔej-ŋa-stisti.
　　 PSN=COM　　PSN　PFV.TRNL-ANTIC-打つ.RDP
　　 ツェリャンとロサンは殴り合った。

さらに、ŋa- と同形の接頭辞が、継続相と再帰態にも見られる。(12)、(13)、(14) の述語動詞には、接頭辞 ŋa- が付加されており、それぞれ、結果状態の継続、動作の継続、再帰を表す。継続や再帰を標示する ŋa- は、(13)、(14) のように、能格で標示される動作主項との共起が可能である。

(12) tɕjaŋthai ʔow-tej no　thje də-ŋa-ta.
　　 教壇　　　3-上　　TOP　何　IPFV-DUR-置く
　　 教壇の上には、何が置いてありますか。

---

[15] 向・陳 (2007) や Sun (2006) が無動作主受動 (agentless passive) としている機能とほぼ一致すると考えられる。なお、本稿では、anticausative の訳語として、自他動詞対応パターンの名称としては本書の術語法に従って「反使役化」を用い、ヴォイス範疇の名称としては佐々木 (2006) などと同様に「逆使役態」を用いている。

(13) ʔəjoɲje=kə tə-thaspa　ʔə-gu-j　　 thje ŋa-pa.
　　 3PL=ERG　INDF-教室　3SG-中-DAT　何　DUR-する
　　 彼らは何をしていますか。
(14) tsherjaŋ=kə ʔəjo ŋa-na-sti.
　　 PSN=ERG　3SG　REFL-PFV.EVD-打つ
　　 ツェリャンは自分を殴った。

　以上のことから、ŋa- という形式の接頭辞は、逆使役態を形成するだけでなく、かなり多義的であることが分かる。この接頭辞 ŋa- の機能については、3.2 節で日本語と対照しつつさらに検討したい。継続と再帰の接頭辞 ŋa- については、逆使役態／相互態の接頭辞 ŋa- と同源である可能性が高いものの、同形異機能の接頭辞と結論づけ、直接の論考の対象としない[16]。ただし、逆使役態／相互態と継続／再帰の機能の関連性については部分的に検討する。

3　日本語との対照

3.1　意図性と使役／受動／他動性

　ギャロン語における他動性の特徴を明らかにするために、意図性に関わる特徴について、日本語と対照して考えてみたい。日本語の使役化と受動化は、意図性について異なる特徴を見せる。

(15) 警官が車を止めた。
(16) 車が警官に止められた。
(17) 太郎が車を警官に止めさせた。

　能動文 (15) では、動作主である主語（警官）の意図性が含意されるが、受動文 (16) では、斜格に降格された動作主の意図性は捨象され、主語（車）の意図性も含意されない[17]。一方、使役文 (17) は、使役者である主語（太郎）

---

[16] 向・陳 (2007) も、チャプ方言において、自動詞／無動作主受動詞を派生する接頭辞と同源同形の接頭辞で再帰形 (reflexive) を標示する接頭辞が存在し、両者を別の接頭辞であるとしている。なお、向・陳 (2007) は再帰形標示機能についてチャプ方言における後期の発展と述べているが、ヨチ方言においても同源の接頭辞 ŋa- が逆使役態と再帰態の両方に発展していると考えられることから、再帰への機能的派生はより早い段階であると考える必要があるだろう。
[17] ただし、「わざと」のような意図性を表す副詞を用いることで強制的に意図性を表現することも可能である。影山 (2009: 95) は、「ジョンはわざとそのトラックに追突された」という例を挙げ、日本語の受動文において態度副詞が表面上の主語を修飾することを示している。

が意図的に「警官が車を止める」イベントを引き起こしたことを含意している。このように、日本語においては、一般に、受動文は意図性を含まず、使役文は意図性を含む傾向がある。

　一方、ギャロン語において、形式の上で受動文に似ているのは、逆使役文 (18) になる。しかし、(16) と並行的に動作主（警官）を明示しようとすると、(19) のような使役化接頭辞 sə- を用いた形式になる。逐語的には「車（を）警官が止めさせた／止めた」という使役ないし他動詞の文であるが、意図性とは無関係の文となっている[18]。

(18) tʃhetsə ʔej-ŋa-sə-nna.
　　　車　　PFV.TRNL-ANTIC-CAUS-止まる
　　　車は止められた。
(19) tʃhetsə maŋmi=kə ʔə-sə-sə-nna/ʔə-sə-nna.
　　　車　　警官=ERG　PFV-CAUS-CAUS-止まる／PFV-CAUS-止まる
　　　車は警官に止められた。

　このことから、ギャロン語においては、形の上で逆使役化接頭辞 ŋa- が用いられても、使役化接頭辞 sə- が用いられても、意図性が同等であり得ることが分かる。

　意図性と他動性の関係については、日本語とギャロン語で共通点とずれが見られる。日本語においても、「足を滑らせる」のように、使役形や他動詞が非意図的な文でも用いられることが知られている。ただし、西光 (2010: 223) が指摘するように、この現象には一定の制限があると考えられる。西光 (2010: 223) によると、「非実現（望ましい結果の非成就）の責任」や「望ましくない結果回避の失敗の責任」があると見なされる場合、意図性がなくても他動詞が用いられうる。次の (20) のような例である。

(20) 戦争で息子をなくした。　　　　　　　　　　（西光 2010: 223）

　ギャロン語においても、2.3 節 (5)、(7) で見たように、非意図的な他動詞文が観察される。しかし、日本語に見られるような制限は、必ずしも当て

---

[18] 接頭辞 sə-は一つだけ付加されてもよいが、ʔə-sə-sə-nna のように重ねて付加された形式の方が受け身らしい文という印象だと判断される。2.3 節 (4) と同様に、二重の使役接頭辞によって、能格で示される行為者（警官）の関与が間接的になるためではないかと考えられる。

はまらないと考えられる。たとえば (21) のような例は、結果が「望ましくない」かどうかについて中立的な例と考えられ、西光 (2010: 223) の示す制限からは外れる。つまり、日本語で「?太郎が（うっかり）石にぶつかって転がした」というのは、やや不自然である[19]。しかし、ギャロン語では他動詞 (#18 の異形態 kəŋəpərtjas ʔə-sə-jet「転がした」) が問題なく用いられる。

(21) dəlok   tsherjaŋ   ʔə-ʃei   tə-stot   ʔədə,   ʔəjo=kə
     なぜなら   PSN   3SG-石   DIR[上]-ぶつかる それから   3SG=ERG
     kəŋəpərtjas ʔə-sə-jet.
     転がること   PFV-CAUS-行く
     ツェリャンは石にぶつかったために、転がし（てしまっ）た。

以上のことから、ギャロン語は日本語に比べて、意図性と使役化／逆使役化の独立性が高い言語と結論づけられる。他動性についても、意図性との独立性が日本語よりも高い可能性があり、今後解明していきたい。

3.2 脱他動化と受動／自発

2.4 節で見たように、ギャロン語の接頭辞 ŋa- は複数の接頭辞に共通する形式である。この点で、日本語の「〜ラレル」が自発・受身・可能・尊敬に共通する形式であることと共通性が見られ、興味深い[20]。ここで、ギャロン語の接頭辞 ŋa- の機能の広がりについて考察しておきたい。

逆使役態の接頭辞 ŋa- のもう一つの機能は、(11) のような相互態の形成である。逆使役態と相互態は、共に、能格で標示される動作主が現れない。これらの機能については、接頭辞 ŋa- が動作主を削除し、他動性を捨象すると考えてよい。

継続を表す例 (12)、(13) では、能格標識を伴う行為者が出現可能であり、一見すると、逆使役態とは関わりがないように見える。しかし、(12) のような結果状態の継続を見ると、視点が行為よりも結果状態に置かれるという点

---

[19] 転がっても問題ない状況を想定する。なお、「太郎が（うっかり）石にぶつかって転がしてしまった」のように、非意図性を表す「〜テシマッタ」形にすると問題なく容認される。
[20] 柴谷 (2000: 161–162) は、「〜ラレル」によって表される自発・受身・可能・尊敬について「独立した構文タイプと認めながらも、それらを貫く共通の意味的、認知的、または語用論的基盤が」あるとしている。

では、他動性の捨象と一定の関連性がある。他動性は典型的には意図性・制御可能性・責任性などの特徴を伴うが（パルデシ 2007）、結果状態にはそのいずれもないからである。このことから、接頭辞 ŋa- が持つ他動性の捨象という機能から、結果状態を表す機能が派生し、さらに動作の継続の表示へと広がった可能性が考えられる。日本語の方言においても、アスペクトの変化を伴う逆使役態（自発）の例が報告されている（佐々木 2006: 37）。

(14) のような再帰態については、参加者が一人になるという点で、Hopper and Thompson（1980）の挙げる他動性が低くなる意味特徴に合致する。やはり、逆使役態の接頭辞から脱他動化という特徴をとおして派生したものと考えてよいだろう。

以上のことから、接頭辞 ŋa- の基盤的機能は、他動性の捨象と考えてよいだろう。

4 まとめ

本稿では、まずギャロン語ヨチ方言の自他動詞対を見た上で、接頭辞 sə-、ŋa- の機能を分析した。使役化パターンを形成する接頭辞 sə- は意図性と関係なく行為者・使役者項を増項する機能、および、間接性を導入する機能を持つ。また、反使役化パターンを形成する接頭辞 ŋa- は逆使役態の標示を主たる機能として持ち、相互態の表示にも用いられる。また、継続相および再帰態の接辞も同じ形式を持つ。

その上で、日本語との対照をとおして、ギャロン語の他動性について考察した。ギャロン語では意図性や他動性と使役化／受動化の独立性が日本語よりも高いこと、他動性の捨象がアスペクトなど他の機能と関連する現象がギャロン語と日本語に共通して見られることを示した。

謝辞

本稿の一部は、NINJAL Typology Festa 2014（2014 年 2 月 22 日、国立国語研究所）において発表した内容に改訂を加えたものです。コメントくださった皆様に感謝いたします。本研究は JSPS 科研費 21251007、23720203、24242015 の助成を受けています。また、調査にご協力くださった西南民族大学藏文系各位に深く感謝申し上げます。

参照文献

Comrie, Bernard (2006) Transitivity pairs, markedness, and diachlonic stability. *Linguistics* 44(2): 303–318.

Haspelmath, Martin (1993) More on the typology of inchoative/causative verb alternations. In: Bernard Comrie and Maria Polinsky (eds.) *Causatives and transitivity*, 87–120. Amsterdam/Philadelphia: John Benjamins.

Hopper, Paul J. and Sandra A. Thompson (1980) Transitivity in grammar and discourse. *Language* 56: 251–299.

黄布凡（Huang, Bufan）(1991)〈道孚語〉戴慶厦等《藏緬語十五種》1–45. 北京：燕山出版社.

Jacques, Guillaume (2012) Argument demotion in Japhug Rgyalrong. In: Katharina Haude and Gilles Authier (eds.) *Ergativity, valency and voice*, 199–226. Berlin: Mouton de Gruyter.

向伯霖・陳珍（Jacques, Guillaume and Zhen Chen）(2007)〈茶堡話的不及物前綴及相関問題〉*Language and Linguistics* 8(4): 883–912.

影山太郎 (2009)「出来事を表す受身」影山太郎（編）『形容詞・副詞の意味と構文』78–119. 東京：大修館書店.

Kulikov, Leonid I. (1993) The "second causative": A typological sketch. In: Bernard Comrie and Maria Polinsky (eds.) *Causatives and transitivity*, 121–154. Amsterdam/Philadelphia: John Benjamins.

Nagano, Yasuhiko (1984) *A historical study of the rGyarong verb system*. Tokyo: Seishido.

Nagano, Yasuhiko and Marielle Prins (eds.) (2013) rGyalrongic Languages Database. http://htq.minpaku.ac.jp/databases/rGyalrong/

西光義弘 (2010)「他動性は連続体か？」西光義弘、プラシャント・パルデシ（編）『自動詞・他動詞の対照』211–234. 東京：くろしお出版.

パルデシ, プラシャント (2007)「「他動性」の解剖：「意図性」と「受影性」を超えて」角田三枝・佐々木冠・塩谷亨（編）『他動性の通言語的研究』179–190. 東京：くろしお出版.

佐々木冠 (2006)「格」佐々木冠・渋谷勝己・工藤真由美・井上優・日高水穂（著）『シリーズ方言学 2　方言の文法』1–46. 東京：岩波書店.

柴谷方良 (2000)「ヴォイス」仁田義雄・村木新次郎・柴谷方良・矢澤真人（著）『日本語の文法 1　文の骨格』120–186. 東京：岩波書店.

Sun, Jackson T.-S. (2000) Parallelisms in the verb morphology of Sidaba rGyalrong and Lavrung in rGyalrongic. *Language and Linguistics* 1(1): 161–190.

Sun, Jackson T.-S. (2003) Caodeng rGyalrong. In: Graham Thurgood and Randy LaPolla (eds.) *Sino-Tibetan languages*, 490–502. New York: Routledge.

孫天心（Sun, Jackson T.-S.）(2006)〈嘉戎語動詞的派生形態〉《民族語文》2006.4: 3–14.

付録

表1:ギャロン語ヨチ方言の自動詞・他動詞

C-No.	意味	H-No.	自動詞	他動詞	派生関係
1	沸く／沸かす	18	kə-sto	ka-sə-sto	C
2	凍る／凍らせる	25	kə-rpoŋ	ka-sə-rpoŋ	C
3	乾く／乾かす	29	kə-roŋ	ka-sə-roŋ	C
4	覚める／覚ます	1	ʔəɲak kə-ru	ʔəɲak ka-sə-ru	C
5	出る／取り出す	20	kə-dʑok	ka-rək-dʑok	C
6	沈む／沈める（中に行く／行かせる）	11	ʔəgus kə-tɕhe	ʔəgus ka-sə-tɕhe	C
7	教わる／教える	8	ka-rək-tɕhət	ka-sə-ks̪ut/ ka-sə-ks̪ut	S
8	溶ける／溶かす（雪）	13	kə-ɖi	ka-sə-ɖi	C
9	止まる／止める	31	kə-nna	ka-sə-nna	C
10	回る／回す	23	kə-ntʃər	ka-sə-ntʃər	C
11	溶ける／溶かす（塩）（=#8)	26	kə-ɖi	ka-sə-ɖi	C
12	燃える／燃やす	3	kə-rok	ka-tʃok/ ka-sə-rok	S/C
13	滅びる（死ぬ）／滅ぼす	14	kə-ɕit	ka-sə-ɕit	C
	破壊される／破壊する（殺す）		kə-ŋa-ntʃha	ka-sa-ntʃha/ ka-ntʃha	E/A
14	満ちる／満たす	27	kə-ɳɳɵt	ka-sə-ɳɳɵt/ ka-ktɕut	C/S
15	終わる／終える	22	kə-jok	ka-sə-jok	C
16	始まる／始める	7	ka-saja	ka-saja	L
17	広がる／広げる（本・絨毯）	10	kə-ŋa-ktɕhar	ka-ktɕhar	A

18	転がる／転がす	24	kəŋəpərtjas ka-tɕhet	kəŋəpərtjas ka-sə-tɕhet	C
19	育つ／育てる 発展する／発展させる	16	kə-zɛt fadʒan ka-pa kə-la kə-ŋa-kpa	ka-ŋgu fadʒan ka-pa kə-la ka-sa-kpa	S L E
20	なくなる／なくす	15	kə-ŋa-phit	ka-phit	A
21	起きる・立つ／起こす・立てる	21	kə-rjɛt	ka-sə-rjɛt	C
22	良くなる／良くする	28	kə-la ka-pa	kə-la ka-sə-pa	C
	良い／良くする		kə-la	ka-sə-la	C
23	揺れる／揺する	19	kə-wa-pəsə/ kə-ŋa-pəsə	ka-sa-pəsə	E/E
24	つながる／つなぐ	17	kə-ŋa-wərdu	ka-sa-wərdu	E
	〃（船を）		kə-ŋa-tɕəprak	ka-sa-tɕəprak	E
25	変わる／変える	12	kə-ŋa-kpa	ka-sa-kpa	E
			ka-nadu	ka-nadu	L
26	集まる／集める（人）	9	kə-ŋa-ular	ka-sa-ular	E
	〃（金）		ka-ɕuŋ	ka-ɕuŋ	L
27	開く／開ける	5	ka-toŋ	ka-toŋ /ka-sə-toŋ	L/C
			ka-ŋa-toŋ	ka-toŋ /ka-sə-toŋ	A/E
28	壊れる／壊す（碗）	2	kə-dzɛt	ka-sə-dzɛt/ ka-tɕhok	C/S
	〃（玩具）		kə-ŋa-ntʃha	ka-sa-ntʃha	E
29	閉まる／閉める	6	kə-ŋa-tʃɛt	ka-tʃɛt	A
30	裂ける／裂く（服）	30	kə-ŋa-pre	ka-pre	A
	〃（木）		kə-wak	ka-sə-wak	C
31	死ぬ／殺す	4	kə-ɕi	ka-ntʃha	S

現代ウイグル語の他動性について
形態的派生の方向性と意図性の観点から

新田　志穂、栗林　裕

【要旨】チュルク諸語の一つである現代ウイグル語の形態的派生の方向性は他動詞化型が優勢であることを中型辞書の全数調査により論じる。また、現代ウイグル語と日本語には意図性に関わる補助動詞があり、それらは主語の意図的な行為であると解釈される場合と、主語の非意図的な行為であると解釈される場合の両方に関わるが、その使用条件は異なることを指摘する。

キーワード：現代ウイグル語、チュルク諸語、意図性、補助動詞、恩恵性

1　はじめに

　現代ウイグル語[1]は主に中国国内の新疆ウイグル自治区を中心に、カザフスタン、キルギス、ウズベキスタン、アフガニスタン、パキスタン、モンゴルなどにも話者が広く存在しており、話者数は 600 万〜1000 万人であると推定される（Hahn 2006b: xvii）。チュルク諸語の南東グループに属し、母音音素は次の 8 個である：/i/, /e/, /ä/, /a/, /ü/, /u/, /ö/, /o/。子音音素は次の 25 個である：/p/, /t/, /k/, /q/, /ʔ/, /b/, /d/, /g/, /č/, /ǰ/, /f/, /s/, /š/, /x/, /w/, /z/, /ž/, /ʁ/, /h/, /m/, /n/, /ŋ/, /l/, /r/, /y/[2]（林 1996: xiii-xiv）。なお、現代ウイグル語は他のチュルク諸語と同様に母音調和がある（例：-lAr（複数接尾辞）：kishi-ler「人々」、qush-lar「鳥たち」）。くわえて、調音点の前後の調和については母音だけでなく子音にも適用される（例：-lIK（名詞化・形容詞化接尾辞）：kech-lik「晩の」、qar-liq「雪のある」）。基本的に膠着型で SOV の語順を取り、後置詞を用いる。修飾語は被修飾語に先行する。名詞と形容詞は形態的な違いから区別するこ

---

[1] 現代ウイグル語の文法性の判断については、次の話者から協力を得ている：Dilshat Sultan 氏、男性、1958 年新疆ウイグル自治区ウルムチ生まれ。1985 年から現在（2015 年）に至るまで岡山市に在住。
[2] 本稿の例文中では、/e/=é, /ä/=e, /č/=ch, /ǰ/=j, /š/=sh, /ʁ/= gh, /ŋ/=ng で表記している。表記法は菅原（2009: vi-vii）に拠った。

とは困難な場合があり、名詞には格や所有人称接辞などが付き曲用する。動詞には活用があり、態・否定・アスペクト・テンス・ムード・人称接辞などの接辞が付加される。また、テンスを表すための多様な体系が発達しており、特にそれは単独の接辞を用いるよりも複合した形式を用いることで表される (Hahn 2006a: 392)。

　本稿の構成は次の通りである。まず、第 2 章では、現代ウイグル語の動詞の形態的派生の方向性を明らかにする。第 3 章では日本語と現代ウイグル語を対照し、それぞれの言語における補助動詞と意図性との結びつきについて示す。

2　現代ウイグル語における動詞の形態的派生の方向性

2.1　Haspelmath（1993）および Nichols et al.（2004）

　動詞の形態的派生の方向性については近年、Haspelmath（1993）や Nichols et al.（2004）で複数の言語を対象とした調査が行われている。まず、先行研究として Haspelmath（1993）および Nichols et al.（2004）によるチュルク諸語における動詞の形態的派生の方向性の調査結果を概観する（前者ではトルコ語が、後者では現代ウイグル語が対象となっている）。

　Haspelmath（1993）での 31 対の動詞に基づくと、トルコ語における動詞の派生の方向性は表 1 の通りに示される[3]。

表 1　トルコ語　動詞の派生の方向性

total	A	C	E	L	S	A/C	%non-dir.
30	9	17.5	2.5	0	1	0.51	12

（Haspelmath1993: 101 より一部抜粋）

　表 1 の略記号は以下の通りである：A は anticausative（逆使役交替。他動詞が基本形で自動詞を派生させる。例：buz-**ul**-「壊れる」（vi）/buz-「壊す」（vt））、C は causative（使役交替。自動詞が基本形で他動詞を派生させる。例：öl-「死ぬ」（vi）/ öl-**tür**-「殺す」（vt））、E は equipollent（両極交替。同じ語

---

[3] トルコ語については一部の動詞が欠けており、表 1 の total が 30 になっている。また、一つの動詞に対し異なった 2 つの表現がある場合、それぞれを 0.5 と数えている。

幹から異なる接辞を用いて他動詞と自動詞を派生させる。例：oygha-n-「起きる」(vi) /oygha-t-「起こす」(vt))、L は labile（同一形交替。自他ともに同じ形である。例：püle-「吹く」(vi) / püle-「吹く」(vt))、S は suppletive（補充形交替。異なる語根を用いる）。A および C であれば「派生の方向性がある」ということになり、その他であれば「派生の方向性がない」といえる。表1の A/C は、A を C で割った数であり、右端の non-dir. は派生の方向性がないことを意味する。A/C の値が1よりも小さいため、トルコ語においては他動詞化の方が優勢であるといえる。

一方、Nichols et al.（2004）では18対の動詞が設定されている。これらは有生物を主語／目的語に取る動詞（「笑う」、「死ぬ」など）と、無生物を主語／目的語に取る動詞（「沸く」、「壊れる」など）とに分類される。Nichols et al.（2004）では現代ウイグル語の動詞の派生の方向は表2のように示されている。

表2　現代ウイグル語　有生動詞／無生動詞の派生の方向性

	Augment	Suppletion	Reduce	Double	n.d.	High	Type
有生動詞	6	2	0	0	0	Augm	Trans
無生動詞	3	0	3	1	1	Reduce	Detrans

（Nichols et al. 2004: 190, 193 より一部改変）

表2の略記号は以下の通りである：Augment は項を増加させる派生、Suppletion は補充形による交替、Reduce は項を減じる派生、Double は両極型の派生、n.d. は派生の方向性が見られないものである。ここで注目したいのは無生動詞の場合の派生の方向性である。「Type」が有生動詞とは別のもの、つまり他動詞化型（Trans）から自動詞化型（Detrans）になっており、有生性と動詞の形態的派生の方向性との関連を示唆している。

以上、先行研究を概観したが、いずれも少数の特定の共通形式に関する抽出調査であり、現代ウイグル語の網羅的な全数調査についてはまだなされていない。そこで、本稿では中型辞書一冊を用い、現代ウイグル語の全体的な派生の方向性を調べることにする。これにより現代ウイグル語全体の派生の方向性がより鮮明に浮かび上がることが期待できる。また、Nichols et al.（2004）

では有生動詞と無生動詞とで派生の方向性が違っているが、派生の方向性は抽出語彙の選択により変わる可能性があるため、注意しなければならない（たとえば、'burn' に対し、qala-n-（vi）/ qala-（vt）のペアを選べば自動詞化型に、köy-（vi）/ köy-dür-（vt）のペアを選べば他動詞化型になる）。

2.2 辞書による全数調査
2.2.1 抽出基準
　動詞の全数調査の手順は以下の通りである：菅原（2009）の『現代ウイグル語小辞典』（収録語数 16,000 語余り）から動詞を抽出する。抽出された動詞を有対のものと無対のものに分け、有対のものはさらにその派生関係を調査する。

　今回の辞書からの抽出には次の基準を設けている：(1) 接辞の形式が異なるものは別個の動詞としてカウントする（例：har-「疲れる」に対して har-ghuz-, har-dur-「疲れさせる」）。(2) 自他のペアが見られ、その片方が他の動詞ともペアをなす場合、それぞれを別個にカウントする（例：agh-「傾く」と agh-dur-「ひっくり返す」で他動詞化型が 1 組、agh-dur-ul-「ひっくり返される」と agh-dur-「ひっくり返す」で自動詞化型が 1 組とする）。

　現代ウイグル語の派生において特徴的なのは、他動詞化接辞と使役接辞とが同形（-DIr,-GUz,-t, -Ir, -Ar）ということである。また、自動詞化接辞と受身接辞も同形になる（-(I)l, -(I)n）。そのため、他動詞化接辞なのか使役接辞なのか、自動詞化接辞なのか受身接辞なのかの区別が難しい。抽出にあたってはひとまず、辞書に記載されているものは語彙化したもの、すなわち他動詞化接辞／自動詞化接辞であるとみなしている。

2.2.2 調査結果
　その結果、抽出された動詞は 2,895 個であり、そのうち自他のペアをなしているものは 852 組であった（表3）。表中の数字はペア数で示してある。

　全体に占める A の割合は約 36 ％であり、C の割合は約 50 ％である。A/C の割合から現代ウイグル語には派生の方向性が認められ、他動詞化型派生が若干優勢であるといえる。また、この結果は、Haspelmath（1993）のトルコ語の場合と比較すると、現代ウイグル語の方が A に対して C が占める割合が

1.4倍高い。すなわち、現代ウイグル語に派生の方向性はあるものの、トルコ語ほどではないということが分かる。

表3　現代ウイグル語　動詞の派生の方向性

total	A	C	E	L	S	A/C	%non-dir.
852	308	423	117	4	0	0.73	14

2.3　有生動詞／無生動詞の派生の方向性

有生動詞／無生動詞の派生の方向性について Nichols et al.（2004）では現代ウイグル語の具体的対応例が挙げられていないため、資料1のような対応表（p.171）を作成した。この対応表に基づき有生／無生動詞での自他の派生の方向性について表4を作成した。動詞の抽出基準に関して両者には違いがあるため、表4と Nichols et al.（2004）による表2の数値は異なっている。今回の調査で特に注意すべきは、有生動詞については派生の方向性が Nichols et al.（2004）および大﨑（2012）の調査したものと違いが見られず、無生動詞については明確に自動詞化型であるとの結論は下せないという点である。

表4　現代ウイグル語　有生動詞／無生動詞の派生の方向性[4]

	Augment	Suppletion	Reduce	Double	High	Type
有生動詞	8	0	0	1	Augm	Trans
無生動詞	5	0	4	0	Augm/Reduce	Trans/Detrans

有生動詞の場合、派生の方向性は他動詞化型であるが、無生動詞の場合は他動詞化型と自動詞化型が拮抗している。この点、有生性に関わらず一貫して他動詞化型であるトルコ語（栗林 2012: 13）とは異なることになる。なお、

---

[4] High の決定は次の基準による：High=more than one standard deviation above the mean freaquency (as percent) for that deviation（Nichols et al. 2004: 189, 193 参照）。たとえば現代ウイグル語の無生動詞の Augment について見ると80言語の平均が2.5、標準偏差が2.0となっている。平均に標準偏差を足したもの（2.5 + 2.0 = 4.5）より数値が高いので High であると認定できる。なお、Nichols et al.（2004: 189–196）における High の認定には不明な点も見られるため、前述の基準は暫定的なものとしたい。

無生動詞の派生の方向性に関しては、Nichols et al.（2004）の調査結果では自動詞化型（表2参照）であり、大﨑（2012）では他動詞化型である。そして、今回の調査結果では他動詞化型か自動詞化型か決定的でない。このように調査結果にゆれがあることを踏まえると、派生の方向性が有生性と直接関連するかどうかについては慎重でなければならないだろう。

3　補助動詞「al-」について

意図性と他動性との関係は多くの研究で論じられ、Hopper&Thompson（1980）では他動性を定義する指標の一つとされる。Tsunoda（1985）のように、意図性（volitionality）ではなく、むしろ受影性（affectedness）との関わりが重要だとするものもあるが、ここでは他動性と関連のあるトピックとして意図性を取り上げ、特に補助動詞を中心に現代ウイグル語と日本語とを対照していく。

3.1　補助動詞 al- の用法

al- の本動詞としての意味は「取る」であり、補助動詞として用いられる場合は副動詞形に続けて使われる。先行研究での記述を整理すると、次の3点から補助動詞 al- の性質に着目したものが見られる。(1)「行為の影響が主語に帰ってくる」という再帰性に関するもの（Tömür 1987: 412, Ablahat 1995: 109）。(2)「主語が意図的である、あるいは非意図的である」という意図性に関するもの（Bridge 2008: 44–46, Ablahat 1995: 110–111）。(3)「行為の結果により主語が利益を得る、あるいは不利益を被る」という恩恵性に関するもの（Tömür 1987: 412, Hahn 2006b: 612, Bridge 2008: 44–46, Ablahat 1995: 109–111）。

(1)　adris-i-ni　　　　　　yéz-iw-al-di-m.[5]
　　　住所-POSS.3SG-ACC　書く-CVB-取る-PST-1SG
　　　（私は）彼女の住所を（私自身のために）書いた。

(2)　waywey!　qol-um-ni　　　　　kés-iw-al-di-m!
　　　INT[6]　　手-POSS.1SG-ACC　切る-CVB-取る-PST-1SG
　　　あっ、手を切ってしまった。　　　　　　　　　　（Hahn 2006b: 612）

---
[5]　副動詞化接辞の -(I)p の p は、al- の前で摩擦化および有声化する。
[6]　INT: interjection（間投詞）

上記の例文で「書く」あるいは「切る」という行為は主語に影響している。(1) は主語が意図的に行為を行い利益を得る例で、(2) は主語が非意図的な自身の行為により怪我をするという不利益を被る例である。

主語が動作による影響を受けるという点では補助動詞 al- は再帰態と類似しているように思われる。現代ウイグル語の再帰を表す接辞は -(I)l および -(I)n (受身接辞と同形) があり、これらは動詞語幹に付加される。

(3) Ali yuy-un-di.
　　アリ 洗う-REFL-PST
　　アリは（自分の体を）洗った。

(4) ayrupilan kötür-ül-di.
　　飛行機　　持ち上げる-REFL-PST
　　飛行機が飛び立った。　　　　　　　　　（ミリカダム 2004: 24, 28）

しかし、補助動詞 al- と再帰接辞とではそれらが関わる主語の性質が異なる。補助動詞 al- が取る主語は有生物に限られるが、再帰形を取る文では、(3) と (4) で見るように有生物・無生物の両方とも主語とすることができる。先行研究においては明記されていないが、補助動詞 al- と関わる意図性や恩恵性といった性質は補助動詞 al- の主語が有生物であることが前提となっている。「(主語が) 意図的である、あるいは非意図的である」ということ、および「(主語にとっての) 利益となる、あるいは不利益となる」という相反することを同じ形式で表しうるのは一見矛盾するようだが、主語が有生物であるからこそ、どちらの極も関わりうるのだと思われる。

補助動詞に関して、パルデシ (2007: 181) によると南アジアの諸言語では TAKE に相当する補助的な動詞を用いることで非意図的事象を表し、主語が出来事の結果を被るという再帰性を表すという指摘がある。たとえば、次のようなタミル語の例文が挙げられている。

(5) avan (marathil-irunthu keza vizunthu) kaalai udaithu-<u>kondan</u>.
　　He   (tree-from   down fall)   leg   break-took
　　彼は木から落ちて足を折った。　　　　　　　　　（パルデシ 2007: 182）

仮にこのような動詞を TAKE 補助動詞と呼ぶとすると、(2) の「主語にとって望ましくない行為がなされる」という状況における補助動詞 al- も主語の非意図的な行為を表し、かつ被害を被るという再帰性を示すという点で、TAKE 補助動詞の性質に結びつくと考えられるかもしれない[7]。

3.2 補助動詞が表す意図性

さて、先行研究のうち、意図性に関する記述を取り上げてみると、たとえば Ablahat (1995: 110–111) では、「al- が主語の望んだ結果の達成を表すため、その行為が意図的に、目的を持って、故意に」行われることを示すと記述している ((6) 参照)。一方で「論理的に結果が主語にとって望ましくないものであることが明確であるとき、その行為は非意図的になされたものである」ことを示すとしている ((7) 参照)。

(6) yigit qiz-gha   bir-ikki qétim qar-iw-<u>al</u>-di.
    少年   少女-DAT   1-2   回   見る-CVB-取る-PST
    少年は少女を 1、2 回見た。   (Ablahat 1995: 110)

(7) apla, qol-ingiz-ni   kés-iw-<u>a</u>-p-siz   ha!⁸
    INT   手-POSS.2SG-ACC   切る-CVB-取る-PRF.EV⁹-2SG   INT
    ああ、(あなたは) 手を切ってしまったんですね！   (Ablahat 1995: 111)

しかし、(6) の例では、補助動詞 al- の前の本動詞が主語により意図的になされる行為を示す動詞であるため、そもそも補助動詞 al- が意図性に関与しているのかどうか明確でない。どのような条件で、主語が意図的あるいは非意図的であると解釈されるのだろうか。以下に補助動詞 al- が関わって主語が非意図的であると解釈される条件を中心に検討していく[10]。

日本語の他動詞「折る」は主語の意図的な行為を表す場合にも非意図的な行為を表す場合にも用いられる。

---

[7] Pardeshi (2005) によると南アジアの諸言語における TAKE 補助動詞も (5) のような場合の他に、主語が利益を得るような場合にも用いられうる。
[8] ここでは al- の l が落ちている。
[9] EV: evidentiality (証拠性)
[10] 補助動詞の al- が主語の意図的な行為に関与している証拠としては、たとえば次のようなものがある：自動詞である öl-（「死ぬ」）の副動詞形に補助動詞 al- が続くと、öl-üw-al-（「自殺する」）という意味になる。つまり、本来は主語がコントロールできない現象を示す動詞であるが、補助動詞 al- により主語が意図的に行うという意に転じている。

(8) 太郎は足を折った。［±意図性］

　(8) は偶発的に足の骨が折れた場合と、(「学校に行きたくない」などの理由で) 故意に足の骨を折った場合の二通りの読みが可能である。一方、現代ウイグル語の場合、日本語とは異なり、他動詞である sundur-(「折る」) は主語の意図的な行為として解釈されるが、非意図的な行為としては解釈されない。そのため、行為が非意図的になされたことを示す副詞 (éhtiyatsizliqtin「不注意で」) と共起しない。

(9)　a.　put-um-ni　　　　　sundur-di-m.
　　　　　足-POSS.1SG-ACC　折る-PST-1SG
　　　　 (私は) 足を折った。［＋意図性］
　　b. *éhtiyatsizliqtin put-um-ni　　　　　sundur-di-m.
　　　　 不注意で　　　　足-POSS.1SG-ACC　折る-PST-1SG
　　　　 (私は) うっかり足を折った。

　このとき、主語の非意図的な行為であることを表すために補助動詞 al- が用いられる。

(10)　éhtiyatsizliqtin put-um-ni　　　　　sundur-uw-al-di-m.
　　　 不注意で　　　　足-POSS.1SG-ACC　折る-CVB-取る-PST-1SG
　　　 (私は) うっかり足を折ってしまった。［－意図性］

　ここでのポイントは、(10) で補助動詞 al- が使用されている点であり、(9b) と比べ副詞との共起が可能であることからも、行為が非意図的になされたことを表すのに補助動詞 al- が関わっていることが分かる。
　また、現代ウイグル語は使役文を用いて受身の意味を表すことがあるが、その場合にも補助動詞 al- が関与することがある。たとえば次の例を見てみよう。

(11)　a.　heri-ge　　chéq-quz-uw-al-di-m[11].
　　　　　ハチ-DAT　刺す-CAUS-CVB-取る-PST-1SG
　　　　 (私は) ハチに刺された。(lit. (私は) ハチに刺させて取った。)

---

[11] 使役化と他動詞化の接辞が同形であることを前述したが、ここでは使役接辞であるとみなせる (被使役者が表示されているため)。

b. heri-ge   chéq-quz-di-m.
   ハチ-DAT   刺す-CAUS-PST-1SG
   （私は）ハチに（意図的に）刺された。（lit.（私は）ハチに刺させた。）

　(11a) では主語がハチに刺されるという被害を被っている。構文上では使役文であるが、ここでの出来事は意図的な主語が引き起こしたものではなく、非意図的に引き起こされたものであり、補助動詞 al- はその解釈に関わっている。その証拠に補助動詞 al- がない (11b) の場合は「故意にハチに刺させた」という読みが生じ、特別な状況でない限り不自然な文になる。このことは主語が非意図的であることを表す副詞との共起の可否からも分かる。(12a) は文法的であるのに対し、(11b) で示したように使役形だけでは主語の意図的な行為であるという読みになるため、(12b) では副詞とは共起できない。

(12) a. éhtiyatsizliktin heri-ge   chéq-quz-uw-al-di-m.
        不注意で   ハチ-DAT   刺す-CAUS-CVB-取る-PST-1SG
        注意していなかったのでハチに刺された。
     b. *éhitiyatsizliktin heri-ge   chéq-quz-di-m.
        不注意で   ハチ-DAT   刺す-CAUS-PST-1SG

　以上、補助動詞 al- が関わり、主語が非意図的であると解釈される例を見てきたが、上記で見てきたものに共通するのは本動詞が体の負傷を表すような意味を含む他動詞（「切る」、「折る」、「刺す」など）であるということである。言い換えれば、主語が被害を被るような動詞の場合に主語が非意図的であると解釈されやすい。

　一方、日本語の場合は「〜てもらう」という補助動詞が存在する。これは元々「もらう」という授受動詞であり、ある物体が主語の手に渡る、またある行為が主語に影響するという点で再帰性を持つといえる。意図性に関しては主語が意図的である場合（(13)）と非意図的である場合（(14)、(15)）と両方ありうる。恩恵性に関しても主語が利益を得る場合（(13)）と不利益を被る場合（(14)、(15)）との両方を表しうる。

(13) 太郎に代わりに行ってもらった。
(14) 忘れてもらっては困る。

(15) しかし間違っ<u>てもらって</u>はいけない。

（山田 2004: 153 より一部省略）

山田（2004）は（14），（15）のような用例を「非恩恵型テモラウ」と呼んでいる。以下に、山田（2004）からの引用を示す。

非恩恵的な意味を持つテモラウは少なくとも次の二種類が考察される。一つは、（中略）「〜てもらっては困る。」に代表されるように、テハ節などの従属節内で用いられ、後件に感情表出表現が来る用法である。もう一つは、（中略）「〜てもらってはいけない。」の形で現れ聞き手に対する働きかけを意図した表現である（山田 2004: 154）。

このことを言い換えれば、日本語の「〜てもらう」は特定の従属節内での生起という統語的な条件および、後件に来る表現（感情が関わる表現、あるいはモーダルな表現）により、主語が非意図的であると解釈されるのだといえる。

上記のことをまとめると、現代ウイグル語の補助動詞 al- と日本語の「〜てもらう」の意図性に関する条件は、表 5 のようにまとめることができるだろう。なお、表中の［＋意図性］は主語が意図的であることを、［－意図性］は主語が非意図的であることを示している。

表 5　現代ウイグル語と日本語の補助動詞と意図性との関わり

	（主語の）意図性
現代ウイグル語 (al-)	通常：［＋意図性］ 本動詞が主語の負傷を表す：［－意図性］
日本語（〜てもらう）	通常：［＋意図性］ 特定の従属節内に生起・後件に感情表現やモーダルな表現が来る：［－意図性］

補助動詞 al- も「〜てもらう」も主語が意図的であること・非意図的であることのどちらとも表しうる。しかし、現代ウイグル語の補助動詞と日本語の補助動詞の意図性の質は全く同じわけではない。現代ウイグル語では通常は［＋意図性］であり、補助動詞 al- の前の本動詞が、負傷などの主語にとって被害となるような意味を表す場合に［－意図性］となる。それに対して日本

語は通常、意図性に関して［＋意図性］であり、特定の従属節内での生起という条件とその後件に特定の感情表現あるいはモーダル表現が来るという条件がそろう場合に［－意図性］になる。

4 おわりに

本稿では以下の点を明らかにした。

- 現代ウイグル語には派生の方向性が認められ、その全体的な派生の方向性は他動詞化型であるが、圧倒的に他動詞化型が多いというわけではない。また、派生の方向性があるということを示す数値はトルコ語に比べると低い。
- 有生動詞／無生動詞の派生の方向性の調査結果についてはゆれがある。有生性と動詞の派生の方向性とが結びついている可能性はあるが、これについても語彙数を増やして調査する必要がある。
- 動詞の他動性に密接に関わる意図性について現代ウイグル語と日本語の補助動詞を対照させながら、どのような場合に主語が非意図的であると解釈されうるのか、その条件の違いを明らかにした。現代ウイグル語の場合、補助動詞 al- に先行する本動詞が主語に被害が及ぶような、負傷などを表す動詞であるときに主語が非意図的であると解釈されやすい。一方、日本語の場合は従属節という統語的な条件とその後件に現れる表現が関わっている。

資料1　Nichols et al.（2004）の動詞と現代ウイグル語との対応

	Nichols の動詞 18 対		現代ウイグル語の動詞 18 対		派生の方向
1	laugh	make laugh	kül-	kül-dür-	C
2	die	kill	öl-	öl-tür-	C
3	sit	seat	oltur-	oltur-ghuz-	C
4	eat	feed	ye-	yi-güz-	C
5	learn	teach	üge-n-	üge-t-	E
6	see	show	kör-	kör-set	C
7	be angry	make angry	ghezeplen-	ghezeplen-dür-	C
8	be afraid	scare	qorq-	qorqu-t-	C
9	hide	hide	mök-	mök-tür-	C
10	boil (intr)	boil (tr)	qayna-	qayna-t-	C
11	burn, catch fire	burn, set fire	köy-	köy-dür-	C
12	break (intr)	break (tr)	sun-	sun-dur-	C
13	open (intr)	open (tr)	éch-il-	ach-	A
14	dry	make dry	quru-	quru-t-	C
15	be straight	straighten	tüzit-il-	tüzet-	A
16	hang (intr)	hang (tr)	és-il-	as-	A
17	turn over (intr)	turn over (tr)	aghdur-ul	aghdur-	A
18	fall	drop	chüsh-	chüsh-ür-	C

※ 1-9 が有生動詞、10-18 が無生動詞

謝辞

本稿を執筆するにあたり、現代ウイグル語の例文の確認にご協力くださったウイグル語母語話者である Dilshat Sultan 氏に心からお礼を申し上げます。また、査読者二名の方にも詳細かつ有益なコメントをいただきました。この場を借りて厚くお礼申し上げます。現代ウイグル語のデータベース作成には平成 23 年度岡山大学文学部プロジェクト研究「コミュニケーションの本質と実践に関する総合的探求」による経費の援助を受けた。

参照文献

Ablahat, Ibrahim (1995) Meaning and usage of compound verbs in Modern Uighur and Uzbek. Doctoral dissertation. University of Washington.

Bridge, Michelle (2008) Auxiliary verbs in Uyghur. Master's thesis, University of Kansas.

Hahn, Reinhard F. (2006a [1998]) Uyghur. In: Lars Johanson and Éva A. Csató (eds.) *The*

Turkic languages, 379–396. New York: Routledge.

Hahn, Reinhard F. (2006b [1991]) *Spoken Uyghur*. Seattle: University of Washington Press.

Haspelmath, Martin (1993) More on the typology of inchoative/causative verb alternations. In: Bernard Comrie and Maria Polinsky (eds.) *Causatives and transitivity*, 87–120. Amsterdam/Philadelphia: John Benjamins.

林徹（1996）『現代ウイグル語ウルムチ方言語彙集』東京：東京外国語大学アジア・アフリカ言語文化研究所.

Hopper, Paul J. and Sandra A. Thompson (1980) Transitivity in grammar and discourse. *Language* 56: 251–299.

栗林裕（2012）「チュルク諸語動詞の形態的派生の方向性について」吉村大樹（編）『チュルク諸語研究のスコープ』5–20. 広島：渓水社.

ミリカダム, スレイヤー（2004）「現代ウイグル語のヴォイス」未公刊修士論文. 岡山大学.

Nichols, Johanna, David A. Peterson and Jonathan Barnes (2004) Transitivizing and detransitivizing languages. *Linguistic Typology* 8(2): 149–211.

大﨑紀子（2012）「キルギス語の自動詞・他動詞と使役・受動・再帰動詞」国立国語研究所「他動性プロジェクト」第1回研究会（於京都大学文学研究科）ハンドアウト.

Pardeshi, Prashant (2005) Benefaction and malefaction: Two-in-one—A subtle interplay of "volitionality" & "transitivity" in Indic languages. Paper presented at the 9th International Cognitive Linguistics Conference, Yonsei University, Seoul, Korea, 17–22 July, 2005.

パルデシ, プラシャント（2007）「『他動性』の解剖：「意図性」と「受影性」を超えて」角田三枝・佐々木冠・塩谷亨（編）『他動性の通言語的研究』179–190. 東京：くろしお出版.

菅原純（2009）『現代ウイグル語小辞典』府中：東京外国語大学アジア・アフリカ言語文化研究所.

Tömür, Hämit (1987) *Hazirqi zaman Uyghur tili grammatikisi (morfologiye)*. Beijing: Minzu Publishing House.

Tsunoda, Tasaku (1985) Remarks on transitivity. *Journal of Linguistics* 21: 385–396.

山田敏弘（2004）『日本語のベネファクティブ：「てやる」「てくれる」「てもらう」の文法』東京：明治書院.

チュルク語の自他交替の方向性

交替タイプの変異と安定性

大﨑　紀子

【要旨】ユーラシア大陸に分布するチュルク語から地域ごとに選んだ計9言語を対象に行った語彙調査の結果を、古代チュルク語の資料と比較しながら、現代のチュルク語における自他交替の方向性を分析する。チュルク語間の交替タイプの異同は①異分析と語彙の交替および②抽出語彙の選択によって生じることを指摘するとともに、通言語的に使役交替型が観察されやすいと言われる語彙グループにおいて高度な通時的安定性が観察されることを指摘する。

キーワード：自他交替、通言語的研究、チュルク語、言語変化

1　はじめに

　チュルク語は、ユーラシア大陸を横切る広大な地域に分布し、SOVの語順による対格型の言語で、もっぱら接尾辞と後置詞によって文法範疇を表示するという共通した特徴をもち、語彙の面でも、少なからぬ数の語彙を共有している。例えば、「開ける」の意味を表す動詞の形式は、多くのチュルク語でač-であり（但しカザフ語ではaš-、ハカス語ではas-）、「始める」はbašla-（トルコ語、タタール語、ウイグル語など）あるいはbašta-（キルギス語）、pasta-（ハカス語）などのように、一定の音韻変化を経た同源語が用いられている。東シベリアのサハ語と、ヴォルガ川流域のチュヴァシュ語は、他のチュルク語とは異なる形式をもつことが多いが、それでもサハ語の「開ける」はas-、チュヴァシュ語の「始める」はpušla-である。さらに、他動詞を自動詞化する接尾辞は、受動接尾辞と呼ばれる-(I)l-と、いわゆる再帰接尾辞-(I)n-の2種類で、ほとんどのチュルク語に共通している[1]。加えて、自動詞を他動詞化する接尾辞も、主に単音節語幹につく-DIr-と、主に多音節語幹につく-t-という

---

[1] 但し、サハ語の受動接尾辞は-n-と-lIn-/-IIIn-という形式をとる。

形式が基本的かつ生産的な使役接尾辞としてチュルク語全体にわたって見られる。

このように、共通する語彙を少なからず持ち、自他を派生する接尾辞を共有するチュルク語であるが、語彙的な自動詞・他動詞の派生の方向性を類型論的に考察した Haspelmath（1993）や Nichols et al.（2004）のいずれの枠組みによっても、ある言語は他動詞化型派生が明確に優勢、またある言語は自動詞化型が他動詞化型に量的に拮抗して見られるなど、チュルク語内で認定される言語タイプは一致しない。本稿では、自他交替の方向性について、チュルク語内でどのような異同が見られ、またなぜそのような異同が見られるのかについて考察を行い、さらに自他交替方向性の通時的安定性について論じる。

2 チュルク語の語彙的自他方向性
2.1 チュルク語の自他対応（交替）タイプ

Haspelmath（1993）では、31 の動詞対を選び、類型論的観点から自動詞と他動詞の対応関係を調べる方法が採用され、チュルク語からはトルコ語のデータが挙げられている。しかし、チュルク語全体で見れば、トルコ語で用いられている動詞語彙が他のチュルク語とは異なる場合も少なくない。そこで、チュルク語全体での傾向を知るために、30 余り認められているチュルク語の方言の中から、地域ごとに[2] 計 9 つの言語を取り上げて Haspelmath（1993）で提示された 31 の動詞語彙を調査した（表 1 および表 2）。調査対象言語は、南西グループ（SW）からトルコ語とアゼルバイジャン語、南東グループ（SE）からウズベク語とウイグル語、北西-中央グループ（NW-C）からタタール語とキルギス語、北グループ（N）からハカス語とトワ語、そして東シベリア（ES）のサハ語である。そして、参考資料として古代チュルク語の語彙形式を添えた[3]。なお、語彙リストの表示は、Haspelmath（1993）によって提案さ

---

[2] 言語特徴をもとにした分類は、地理的分布とほぼ重なっている。
[3] 調査の方法は、辞書調査を基本としたが、トルコ語については Haspelmath（1993）に挙げられた語彙リストを利用した。また、サハ語については、国立国語研究所基幹型プロジェクト「述語構造の意味範疇の普遍性と多様性」における、江畑冬生氏の提供による語彙リストを利用させてもらっている。アゼルバイジャン語、ウズベク語、キルギス語、ハカス語については、母語話者に対して面接または文書交換による確認を行ったが、タタール語、ウイグル語、トワ語については辞書調査のみに限られている。古代チュルク語については、Clauson（1972）*An etymological dictionary of pre-thirteenth-century Turkish* に挙げられた語彙項目を利用した。

れ、Comrie（2006）でも利用された、自動詞の表す出来事の自発性の程度が高い（つまり一般的に使役交替型が起きやすい）と認められる15の動詞群と、自発性の程度が低く反使役交替型が優勢である15の動詞群および、通言語的に補充法が多く見られる「死ぬ─殺す」の対の順に提示している。自他交替のタイプは、Haspelmath（1993）に従い、A（反使役交替型）、C（使役交替型）、E（両極型）、L（自他両用型）、S（補充型）の5種類に分類している。このとき一つの動詞概念に複数の語彙が対応する場合がしばしばあるが、交替タイプにつき1組だけを挙げることとし、交替タイプが異なる場合のみ複数語彙を掲載することにする。

表 1　チュルク諸言語の自他語彙リスト（1）[4]

（言語名表示は以下の通り：Turkish=トルコ語、Azerbaijan=アゼルバイジャン語、Uzbek=ウズベク語、Uyghur=ウイグル語、Tatar=タタール語）

		Turkish	Azerbaijan	Uzbek	Uyghur	Tatar
1	boil (vi)	piş- (C)	qayna- (C)	qayna- (C)	qayna- (C)	kayna- (C)
	(vt)	piş-ir-	qayna-t-	qayna-t-	qayna-t-	kayna-t-
2	freeze (vi)	don- (C)	don- (C)	toʻng- (C)	toŋla- (C)	tuŋ- (C)
	(vt)	don-dur-	don-dur-	toʻng-dir-	toŋla-t-	tuŋ-dïr-
3	dry (vi)	kuru- (C)	quru- (C)	quri- (C)	quru- (C)	kir- (C)
	(vt)	kuru-t-	quru-t-	quri-t-	quru-t-	kir-ter-
4	wake up (vi)	uyan- (C)	oya-n- (E)	oygʻo-n- (E)	oyγa-n- (E)	uya-n- (E)
	(vt)	uyan-dır-	oya-t-	oygʻo-t-	oyγa-t-	uya-t-
5	go out (vi)	sön- (C)	sön- (C)	oʻch- (C)	öč- (C)	sün- (C)
	put out (vt)	sön-dür-	sön-dür-	oʻch-ir-	öč-ür-	sün-der-
6	sink (vi)	bat- (C)	bat- (C)	bot- (C)	pat- (C)	bat- (C)
	(vt)	bat-ır-	bat-ır-	bot-ir-	pat-ur-	bat-ïr-
7	learn (vi)	öğrə-n- (E)	öyrə-n- (E)	oʻrga-n- (E)	ügä-n- (E)	öyrä-n- (E)
	teach (vt)	öğre-t-	öyrə-t-	oʻrga-t-	ügä-t-	öyrä-t-
			oxy- (C)	oʻqi- (C)	oqu- (C)	ukï- (C)
			oxy-t-	oʻqi-t-	oqu-t-	ukï-t-

---

[4]　各言語の表記は、ラテン文字による正書法をもつ言語（トルコ語、アゼルバイジャン語、ウズベク語）についてはそのまま記載し、キリル文字による正書法をもつ言語（タタール語、キルギス語、ハカス語、トワ語、サハ語）、アラビア文字による正書法をもつウイグル語については、それぞれ正書法通りの表記をラテン文字に翻字する方法によって表記した。

		Turkish	Azerbaijan	Uzbek	Uyghur	Tatar
8	melt (vi)	eri- (C)	əri- (C)	eri- (C)	eri- (C)	ere- (C)
	(vt)	eri-t-	əri-t-	eri-t-	eri-t-	ere-t-
9	stop (vi)	dur- (C)	dayan- (C)	toʻxta- (C)	toxta- (C)	tukta- (C)
	(vt)	dur-dur-	dayan-dır-	toʻxta-t-	toxta-t-	tukta-t-
10	turn (vi)	dön- (C)	dön- (C)	aylan- (C)	aylan- (C)	äylän- (C)
	(vt)	dön-dür-	dön-dər-	aylan-tir-	aylan-dur-	äylen-der-
			çevr-il-	bur-il-	burul-	bor-ïl-
			çevir- (A)	bur- (A)	?	bor- (A)
11	dissolve (vi)	çöz-ül-	aç-ıl-	yech-il-	yeš-il-	čiš-el-
	(vt)	çöz- (A)	aç- (A)	yech- (A)	yäš- (A)	čiš- (A)
			həll ol-	hal boʻl-	hel bol-	
			həll et- (E)	hal qil- (E)	hel qil- (E)	
12	burn (vi)	yan- (S)	yan- (C)	yon- (S)	yan- (S)	yan- (C)
	(vt)	yak-	yan-dır-	yoq-	yak-	yan-dïr-
				kuy- (C)	köy- (C)	
				kuy-dir-	köy-dür-	
13	destroy (vi)	boz-ul-	poz-ul-	buz-il-	buz-ul-	boz-ïl-
	(vt)	boz- (A)	poz- (A)	buz- (A)	buz- (A)	boz- (A)
			dağı-l-			
			dağı-t- (E)			
14	fill (vi)	dol- (C)	dol- (C)	toʻl- (C)	tol- (C)	tutïr-ïl-
	(vt)	dol-dur-	dol-dur-	toʻl-dir-	tol-dur-	tutïr- (A)
15	finish (vi)	bit- (C)	bit- (C)	bit- (C)	püt- (C)	bet- (C)
	(vt)	bit-ir-	bit-ir-	bit-ir-	püt-küz-	bet-er-
			qurtar- (L)			
16	begin (vi)	?	başla- (L)	bošla-n-	äč-il- (S)	bašla-n-
	(vt)	başla-		bošla- (A)	bašla-	bašla- (A)
17	spread (vi)	yay-ıl-	yay-ıl-	yoy-il-	yeyil-	jäel-
	(vt)	yay- (A)	yay- (A)	yoy- (A)	yay- (A)	jay- (A)
18	roll (vi)	yuvarla-n-	diyirlə-n-	yumala- (C)	domila- (C)	tägär- (C)
	(vt)	yuvarla- (A)	diyirla- (A)	yumala-t-	domila-t-	tägär-ät-
19	develop (vi)	inkişaf et- (C)	inkişaf et- (C)	rivojlan- (C)	rewajlan- (C)	üs- (C)
	(vt)	inkişaf et-tir-	inkişaf et-dir-	rivojlan-tir-	rewajlan-dur-	üs-ter-

		Turkish	Azerbaijan	Uzbek	Uyghur	Tatar
20	get lost (vi)	kayb-ol- (E)	it- (C)	yo'qo-l- (E)	yoqa-l- (E)	yugal- (C)
	lose (vt)	kayb-et-	it-ir-	yo'qo-t-	yoqa-t-	yugal-t-
21	rise (vi)	kalk- (C)	qal- (C)	ko'tar-il-	kötir-il-	kütär-el-
	raise (vt)	kal-dır-	qal-dır-	ko'tar- (A)	köter- (A)	kütär- (A)
22	improve (vi)	düzel- (C)	düzəl- (C)	tuza-l- (E)	tüze-l- (E)	tözə-l- (E)
	(vt)	düzel-t-	düzəl-t-	tuza-t-	tüze-t-	tözə-t-
23	rock (vi)	salla-n-	yellə-n- (E)	selkilla- (C)	lingši- (C)	selke-n- (E)
	(vt)	salla- (A)	yellə-t-	selkilla-t-	lingši-t-	selke-t-
				tebra-n- (E)		
				tebra-t-		
24	connect (vi)	birleş- (C)	birleş- (C)	ula-n-	ula-n-	berek- (C)
	(vt)	birleş-tir-	birleş-dir-	ula- (A)	ula- (A)	berek-ter-
						kuš-ïl-
						kuš- (A)
25	change (vi)	değiş- (C)	dəyiş- (C)	o'zgar- (C)	özgär- (C)	üzgär- (C)
	(vt)	değiş-tir-	dəyiş-dir-	o'zgar-tir-	özgär-t-	üzgär-t-
26	gather (vi)	topla-n-	topla-n-	yig'-il-	yiγ-il-	jïna-l-
	(vt)	topla- (A)	topla- (A)	yig'- (A)	yiγ- (A)	jïna- (A)
27	open (vi)	aç-ıl-	aç-ıl-	och-il-	eč-il-	ač-ïl-
	(vt)	aç- (A)	aç- (A)	och- (A)	ač- (A)	ač- (A)
28	break (vi)	kır-ıl-	sın- (C)	sin- (C)	sun- (C)	sïn- (C)
	(vt)	kır- (A)	sın-dır-	sin-dir-	sun-dur-	sïn-dïr-
29	close (vi)	kara-n-	bağla-n-	yop-il-	yäp-il-	yab-ïl-
	(vt)	kara- (A)	bağla- (A)	yop- (A)	yap- (A)	yap- (A)
		kara-n-				
		kara-t- (E)				
30	split (vi)	yar-ıl-	yar-ıl-	yor-il-	yir-il-	yar-ïl-
	(vt)	yar- (A)	yar- (A)	yor- (A)	yar- (A)	yar- (A)
		çatla- (C)				
		çatla-t-				
31	die (vi)	öl- (C)	öl- (C)	o'l- (C)	öl- (C)	ül- (C)
	(vt)	öl-dür-	öl-dür-	o'l-dir-	öl-tür-	ül-ter-

表 2 チュルク諸言語の自動詞・他動詞語彙リスト (2)
(言語名表示は以下の通り：Kyrgyz=キルギス語、Khakas=ハカス語、Tuvan=トワ語、Sakha=サハ語、Old Turkic=古代チュルク語)

		Kyrgyz	Khakas	Tuvan	Sakha	Old Turkic
1	boil (vi)	kayna- (C)	xayna- (C)	xayïn- (C)	bus- (C)	qayïn- (C)
	(vt)	kayna-t-	xayna-t-	xayïn-dïr-	buh-ar-	qayïn-tur-
2	freeze (vi)	toŋ- (C)	toŋ- (C)	doŋ- (C)	toŋ- (C)	toŋ- (C)
	(vt)	toŋ-dur-	toŋ-dïr-	doŋ-ur-	toŋ-or-	toŋ-ur-
3	dry (vi)	kurga- (C)	xura- (C)	kurga- (C)	kuur- (C)	qurï- (C)
	(vt)	kurga-t-	xuru-t-	kurga-t-	kuur-t-	qurï-t-
4	wake up (vi)	oygo-n- (E)	usxu-n- (E)	od-un- (E)	uhugun-	od-un- (E)
	(vt)	oygo-t-	usxu-r-	ot-tur-	uhugun-nar- (C)	od-ɣur-
5	go out (vi)	öč- (C)	üs- (C)	öš- (C)	umul-un-	öč- (C)
	put out (vt)	öč-ür-	üz-ïr-	öj-ür-	umul-lar- (E)	öč-ür-
6	sink (vi)	bat- (C)	pat- (C)	düš- (C)	timir- (C)	bat- (C)
	(vt)	bat-ïr-	pat-ïr-	düš-ür-	timir-t-	bat-ur-
7	learn (vi)	üyrö-n- (E)	ügre-n- (E)	ööre-n- (E)	üore-n- (E)	ögrä-n- (E)
	teach (vt)	üyrö-t-	ügre-t-	ööre-t-	üore-t-	ögrä-t-
		oku- (C)				ögrät-in-
		oku-t-				ögrät- (A)
8	melt (vi)	eri- (C)	xayïl- (C)	eri- (C)	ir- (C)	erü- (C)
	(vt)	eri-t-	xayïl-dïr-	eri-gis-	ir-ier-	erü-t-
9	stop (vi)	tokto- (C)	toxta- (C)	doktaa- (C)	toxtoo- (C)	tur- (C)
	(vt)	tokto-t-	toxta-t-	doktaa-t-	toxto-t-	tur-ğur-
10	turn (vi)	aylan- (C)	aylan- (C)	egil- (C)	ergiy- (C)	tön- (C)
	(vt)	aylan-dïr-	aylan-dïr-	egil-dir-	ergi-t-	töŋ-der-
		bur-ul-				
		bur- (A)				
11	dissolve (vi)	čeč-il-	pög-ïl-	češ-tin-	bïhaar-ïlïn-	seš-il-
	(vt)	čeč- (A)	pök- (A)	češ- (A)	bïhaar- (A)	seš-(A)
12	burn (vi)	ǰan- (S)	köy- (C)	xïp- (S)	umay- (C)	yan- (S)
	(vt)	ǰak-	köy-dïr-/-gïz-	xaar-	uma-t-	yak-
		küy- (C)				köñ- (C)
		küy-güz-				köñ-ür-

		Kyrgyz	Khakas	Tuvan	Sakha	Old Turkic
13	destroy (vi)	buz-ul-	puz-ul-	buz-ul-	alǰa-n- (E)	buz-ul-
	(vt)	buz- (A)	pus- (A)	bus- (A)	alǰa-t-	buz- (A)
		kïyra- (C)	sïn- (C)			
		kïyra-t-	sïn-dïr-			
14	fill (vi)	tol- (C)	tol- (C)	dol- (C)	tuol- (C)	tol- (C)
	(vt)	tol-tur-	tol-dïr-	dol-dur-	tol-or-	tol-tur-
15	finish (vi)	büt- (C)	tooz-ïl-	tön- (C)	büt- (C)	büt- (C)
	(vt)	büt-ür-	toos- (A)	tön-dür-	büt-er-	büt-ür-
				doos-tun-		
				doos- (A)		
16	begin (vi)	bašta-l-	pasta-l-	egele- (L)	saɣala-n-	bašla-n-
	(vt)	bašta- (A)	pasta- (A)		saɣalaa- (A)	bašla- (A)
17	spread (vi)	ǰay-ïl-	čay-ïl-	čat-tïl-	tapɣa-n-	yad-ïl-
	(vt)	ǰay- (A)	čay- (A)	čat- (A)	tapɣa-t- (E)	yad- (A)
18	roll (vi)	tomolo-n	tolɣa-n-	čuul-	tökünüy- (C)	yuv-ul-
	(vt)	tomolo- (A)	tolɣa- (A)	čug- (A)	tökünü-t-	yuv- (A)
		tegere-n- (E)				
		tegere-t-				
19	develop (vi)	önük- (C)	ös- (C)	sayzïra- (C)	sayïn- (C)	ös- (C)
	(vt)	önük-tür-	ös-kĭr-	sayzïra-dïr-	sayïn-nar-	?
21	rise (vi)	kötör-ül-	ködĭr-ĭl-	ködür-ül-	kötöɣ-ülün-	kötr-ül-
	raise (vt)	kötör- (A)	ködĭr- (A)	ködür- (A)	kötöx- (A)	kötür- (A)
				ït-ïn- (E)		ün- (C)
				ït-ïar-		ün-tür-
22	improve (vi)	tüzö-l-	tüze-l- (E)	et-tin-	kön- (C)	tüz-ül-
	(vt)	tüzö- (A)	tüze-t-	et- (A)	kön-nör-	tüz- (A)
23	rock (vi)	silk-in-	sïlĭg-ĭn-	čayga-n-	dolguy- (C)	silk-in
	(vt)	silk- (A)	sïlĭk- (A)	čayga- (A)	dolgu-t-	silk- (A)
		terme-l- (E)				
		terme-t-				

		Kyrgyz	Khakas	Tuvan	Sakha	Old Turkic
24	connect (vi) (vt)	baylanïš- (C) baylanïš-tïr- koš-ul- koš- (A)	palγa-l-ïs- palγa- (A)	ula-š- ula- (A)	xolbo-n- xolboo- (A)	qoš-ul- qoš- (A)
25	change (vi) (vt)	özgör- (C) özgör-t-	alïs- (C) alïs-tïr-	ösker-l- (E) ösker-t-	ularïy- (C) ularï-t-	tägš-il- (E) tägš-ür-
26	gather (vi) (vt)	jïy-ïl- jïy- (A) čogul- (C) čogul-t-	čïïl- (S) čïγ-	čïg-l- čïg- (A)	muh-un- mus- (A)	yïğ-ïl- yïğ- (A) quvra- (C) quvra-t-
27	open (vi) (vt)	ač-ïl- ač- (A)	az-ïl- as- (A)	aš- (C) aj-ït-	ah-ïlïn- as- (A)	ač-ïl- ač- (A)
28	break (vi) (vt)	sïn- (C) sïn-dïr-	sïn- (C) sïn-dïr-	sïn- (S) sïk-	tohu-n- (E) tohu-t-	sï- (C) sï-tur-
29	close (vi) (vt)	jab-ïl- jap- (A)	čab-ïl- čap- (A)	xag-dïn- xag- (A)	sab-ïlïn- sap- (A)	yap-ïl- yap- (A)
30	split (vi) (vt)	jar-ïl- jar- (A)	čar-ïl- čar- (A)	čar-dïn- čar- (A)	xayï-n- (E) xayï-t-	yar-ïl- yar- (A)
31	die (vi) (vt)	öl- (C) öl-tür-	öl- (C) öl-dïr-	öl- (C) öl-ür-	öl- (C) öl-ör-	öl- (C) öl-ür-

　表1および表2に挙げた各チュルク語の自他交替タイプは、表3のようにまとめられる[5]。全体として、使役交替型が優勢だが、とくにサハ語、アゼルバイジャン語では反使役交替型の出現数が少なく、反使役交替型の占める割合が比較的高いトワ語、ハカス語に比べると、使役交替型に対する出現割合は約2分の1という開きがある。

---

[5] 一つの動詞概念に、交替タイプの異なる複数の語彙が対応する場合は、0.5として計上している。

表 3 チュルク語の自他交替タイプ

	合計	A	C	E	L	S	A/C
トルコ語（SW）	30	9	17.5	2.5	0	1	0.51
アゼルバイジャン語（SW）	31	7.5	18.5	3.5	1.5	0	0.41
ウズベク語（SE）	31	10	16	4.5	0	0.5	0.63
ウイグル語（SE）	31	8.5	17	4	0	1.5	0.50
タタール語（NW-C）	31	11	16.5	3.5	0	0	0.67
キルギス語（NW-C）	31	11	16	3.5	0	0.5	0.69
ハカス語（N）	31	11.5	15.5	3	0	1	0.74
トワ語（N）	31	11.5	13.5	3	1	2	0.85
サハ語（ES）	31	6.5	18	6.5	0	0	0.36
（参考）古代チュルク語	30	12.5	14.5	2.5	0	0.5	0.86

2.2　チュルク語内の異同の理由（1）：異分析と語彙の交替

　語彙リスト 20 番の get lost/lose（なくなる／なくす）の組み合わせを例に取ると、チュルク語では、表 4 のように両極型（E）と使役交替型（C）が見られる。古代チュルク語の y- は、サハ語 s-、ハカス・トワ語 č- に対応するので、サハ・ハカス・トワ語の形式は同源であり、アゼルバイジャン語の形式もそこに含まれる。そして、ウズベク・ウイグル・タタール・キルギス語の形式もまた古代チュルク語の yokal-「なくなる」に遡ると考えられる。yok「無い」+ bol-～ol-「なる／ある」を語源とする説もあるが（Kazem-Bek 1846, Ščerbak 1981: 149-150 の引用による）、Ščerbak が指摘するように南西（オグズ）グループ以外のチュルク語で bol-「なる」の語頭の b- が消失することは、古代チュルク語を含め、見られない現象なので、この説は採用されがたい。yokal- は、*yoka- の受動形だとする説もあるが（Clauson 1972: 902l）、期待される他動詞形 yoka-t-（yoka-d-）は自動詞で（「消失する、壊れる」）、使役形 yokad-tur-「消失させる、破壊する」と対応する。いずれにせよ、タタール語（そしてカザフ語 žoγal-/žoγal-t-）では yugal- がひとまとまりの自動詞として解釈されて使役形 yugal-t- と対応するのに対して、ウズベク・ウイグル・キルギス語では語幹に受動接尾辞 -l が接続した形式として解釈されて両極型の対応を見せる。一方、トルコ語では、アラビア語からの借用語彙 kayb 'absent'

を用いた両極型が定着している。このように、語幹末の-l の異分析によって自他交替タイプが異なる結果は、語彙リスト 22 番の improve「なおる／なおす」でも見られ、また借用語の使用による語彙の交替によって異なる交替タイプが生じるのは 11 番の dissolve「とける／とかす」にも当てはまる。

表 4　get lost/ lose（なくなる／なくす）に対応するチュルク語語彙

	両極型（E）	使役交替型（C）
トルコ語	kayb-ol-/kayb-et-	yit-/yit-ir-[6]
アゼルバイジャン語		it-/it-ir-
ウズベク語	yo'qo-l-/yo'qo-t-	
ウイグル語	yoqa-l-/yoqa-t-	
タタール語		yugal-/yugal-t-
キルギス語	jogo-l-/jogo-t-	
ハカス語		čït-/čïd-ïr-
トワ語		čit-/čid-ir-
サハ語		süt-/süt-er-
古代チュルク語		yit-/yit-ür-, yit-tür-yokad-/yokad-tur-, yokal-/?

2.3　チュルク語内の異同の理由（2）：抽出語彙の選択

　例えば、語彙リスト 10 番の turn「まわる／まわす」に該当するキルギス語の語彙を見ると、次のように、反使役交替型（A）、使役交替型（C）、両極型（E）の 3 つの異なる交替タイプが存在する[7]。

---

[6]　この語彙は、表 1 に挙げた Haspelmath（1993）によるトルコ語リストには含まれていない。
[7]　両極型（E）に属する語彙は、語彙リスト 18 番の roll「ころがる／ころがす」に組み入れた。

(1) bur-ul-/bur-（反使役交替型）：一回方向を変える
   a. At-tïn   baš-ï-n   bur-du-m.
      馬-GEN   頭-3.POSS-ACC   まわす-PST-1sg
      私は馬の向きを変えた。
   b. bur-ul-uš   učur
      まわす-PASS-NMLZ   時
      転換期
(2) aylan-/aylan-dïr- aylan-t-（使役交替型）：方向を変える、回転・循環する
   研究所が大学に aylan-（変わる）、頭が aylan-（くらくらする＝めまいがする）、血が aylan-（循環する）、年が aylan-（過ぎる）、洗濯機の水が aylan-（回転する）など。
(3) tegere-n-/tegere-t-（両極型）：まわる、回転する、中心が固定された面の回転
   年が tegere-n-（過ぎる）、車輪を tegere-t-（まわす）、(他者の) 頭を tegere-t-（頭をくらくらさせた＝魅了した）

このように、類義の3種類の語彙の使い分けは、認識される「回転」の様態によって決まり、意味的な派生関係と、形式的な派生関係は必ずしも一致しない。

この「まわる／まわす」という動詞概念は Haspelmath (1993) および Comrie (2006) において通言語的に使役交替型が起こりやすいと認められるグループに属し、チュルク語でも実際に、古代語から現代語まで、各言語で語彙は異なっても一貫して使役交替型が観察される動詞概念である。一方、反使役交替型の (1) bur-ul-/bur- は、古代チュルク語の bür-「ひねる、ねじる」に遡り、現代のチュルク語にも広く行き渡っている語彙だが、'turn' に当たる語彙として認定するかどうかの判断は容易ではない。本稿ではウズベク・タタール・キルギス語については語彙リストに加えたものの、交替型の異なる語彙を語彙リストに加えるかどうかによって、あるいは抽出語彙の選択によって、最終的な言語タイプの認定が容易に左右される場合があることを指摘しておきたい。

そしてこのことは、日本語についても当てはまる。Haspelmath (1993) では日本語動詞の自他交替の方向性も調査対象に含まれ、そこで 'develop' に該

当する語彙として「発達する／発達させる」（使役交替型）が採用されているが、これは漢語からの借用語彙である。和語に適当な語彙は見当たらないが、仮に「よくなる／よくする」（両極型）という表現を当てはめるとすれば、当然、分析数値の結果にも影響を及ぼすことになる。

2.4 チュルク語における通時的安定性 diachronic stability について

チュルク語は、Haspelmath（1993）および Comrie（2006）の予測に比較的よく合致して、通言語的に使役交替型の傾向が強いと指摘されるグループ（語彙リスト1〜15番）では使役交替型の出現率が高く（C：A の平均出現割合は約5対1）、反使役交替型が優勢と予測されるグループ（16〜30番）では反使役交替型の出現率がやや高い（C：A の平均割合は約2対3）。

Comrie（2006）は、通言語的な傾向として自他交替の方向性が通時的に保持されやすいことを指摘しているが、千年ほどの間にユーラシア大陸の広大な範囲に拡散し分岐したチュルク語でも、大まかな方向性は相当程度に維持されていると言ってよい。

表 5 各チュルク語における交替タイプ変化型の出現率（単位：％）[8]

語彙	Tur.	Aze.	Uzb.	Uyg.	Tat.	Kyr.	Kha.	Tuv.	Sak.	計
1-15	0.74	1.85	1.11	0.74	1.48	1.11	1.11	0.37	2.22	10.7
16-30	4.81	3.70	3.33	4.44	3.33	2.59	2.22	2.22	5.56	32.22
1-31	2.69	2.69	2.15	2.51	2.33	1.79	1.61	1.25	3.76	20.8

表5は、言語ごとに、古代チュルク語には見られない交替型を発展させた語彙の出現率を語彙1〜15番と16〜30番のグループに分けて示したものである[9]。最下段は全体での変化型の出現率を示しているが、ここには31番「死ぬ／殺す」の語彙も含めている。全体としては変化型の出現率は20.8 ％で、

---

[8] 言語名略号：Tur. = トルコ語、Aze. = アゼルバイジャン語、Uzb. = ウズベク語、Uyg. = ウイグル語、Tat. = タタール語、Kyr. = キルギス語、Kha. = ハカス語、Tuv. = トワ語、Sak. = サハ語

[9] 変化型出現率は、分析対象9言語全体の中で、各言語に現れる変化型語彙の占める割合を示している。例えば、トルコ語の語彙1〜15番では、4番 uyan-/uyan-dır-「起きる／起こす」のみが変化型であるので、1（語彙）÷（15語彙×9言語）＝ 0.0074…により 0.74 ％とした。なお、一つの動詞概念に二つの語彙が挙げられている場合には、一つの変化型を 0.5 として計上している。

約8割の交替方向性が維持されている。個別の語彙ごとに見ると、語彙リスト前半における維持率がとくに高く、約89％という高い割合で自他交替の方向性が保持されているのに対して、語彙リスト後半の交替型維持率は約68％で、約32％、すなわち約3分の1が交替型の変化を被っている。さらに言語別に見ると、サハ語は全体として変化率が高く、トルコ語、ウイグル語では語彙リスト後半での変化率が目立って高いことが分かる。

表3で見たように、チュルク語全体としては使役交替型が優勢であるが、変化型の出現が反使役交替型が相対的に多く見られる16-30番の語彙グループにおいてより顕著に見られることを鑑みれば、現代語に見られる傾向は使役交替型優勢の方向にゆるやかに変化してきた結果と見ることができる。

ちなみに日本語でも、「なびく nabik-u、なびかす nabik-as-u」「あく ak-u、あかす ak-as-u」に見られるような-as-という使役接尾辞が異分析されて-(a)kas-という接尾辞が生まれ、それが類推によって他の動詞に拡散した結果、対応する他動詞の無かった自動詞「甘ゆ（現代語では「甘える」）」「おびゆ（同「おびえる」）」にそれぞれ「甘やかす amay-akas-u」「おびやかす obiy-akas-u」という他動詞形が発生したと言われており（蜂矢 1991）、自他交替型の通時的変化が部分的に見られる。

3　おわりに

チュルク語における自他交替の方向性は、全体として通時的な安定性を見せながらも、異分析や語彙の交替を原因として、部分的に変化を被っていることを述べた。ここで重要なのは、この変化はあくまで内部的変化が中心であり、言語接触など外的な要因によって引き起こされた要素は極めて少ない点である。ロシア語との密接な接触下にある言語でも自他交替の方向性に関してロシア語の影響はまったく見られず、モンゴル語の強い影響を受けたとされるトワ語にも影響の痕跡はほとんど見られないことを最後に指摘しておきたい。

参照文献

Clauson, Sir Gerard (1972) *An etymological dictionary of pre-thirteenth-century Turkish*. Oxford: Oxford University Press.

Comrie, Bernard (2006) Transitivity pairs, markedness, and diachronic stability. *Linguistics* 44(2)：303–318.

Haspelmath, Martin (1993) More on the typology of inchoative/causative verb alternations. In: Bernard Comrie and Maria Polinsky (eds.) *Causatives and transitivity*, 87–120. Amsterdam/Philadelphia: John Benjamins.

Kazem-Bek, A. (1846) *Obščaya grammatika turecko-tatarskogo yazïka.* 2-e izd. Kazan'.

Nichols, Johanna, David A. Peterson and Jonathan Barnes (2004) Transitivizing and detransitivizing languages. *Linguistic Typology* 8(2)：149–211.

Ščerbak, Aleksandr Mixaylovič (1981) *Očerki po sravnitel'noy morfologii Tyurkskix yazïkov (glagol)*. Leningrad: Nauka.

蜂矢真郷（1991）「カス型動詞の構成」吉井巖先生古稀記念論集刊行会（編）『吉井巖先生古稀記念論集　日本古典の眺望』347–368. 東京：桜楓社.

辞書（辞書調査限定の言語について使用した辞書）

タタール語：

Ganiev, F. A. (1991) *Russko-Tatarskiy slovar'*. Moskva: Russkiy yazïk.

ウイグル語：

Nadǰip, E. N. (1968) *Uygursko-russkiy slovar'*. Moskva: Izdatel'stvo sovetskaya enciklopediya.

Schwarz, Henry G. (1992) *An Uyghur-English dictionary*. Washington: Center for East Asian Studies, Western Washington University.

トワ語：

Monguša, D.A. (1980) *Russko-Tuvinskiy slovar'*. Moskva: Russkiy yazïk.

第2部

東南アジア・南アジア

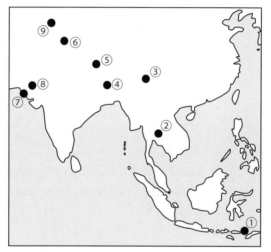

①ラマホロット語　②タイ語
③ラワン語　④メチェ語　⑤ネワール語
⑥ヒンディー語　⑦ウルドゥー語　⑧スィンディー語
⑨ブルシャスキー語

ラマホロット語の自他交替

長屋　尚典

【要旨】 本稿は、ラマホロット語（オーストロネシア語族中央マラヨ・ポリネシア語派; 東インドネシア）の自他交替を分析する。ラマホロット語のような孤立語にあっては文法項の判定が難しいが、本稿ではこの言語の事実にもとづく文法項判定テストを 3 つ提案する。その上で、Haspelmath（1993）の動詞リストの調査結果を提示し、自他交替の派生パターンを分析する。さらに、この言語の他動詞が日本語のそれと興味深い違いを持つことにも触れる。

キーワード：ラマホロット語、オーストロネシア語族、他動性、自他交替

1　はじめに

　本稿は、インドネシア共和国東部・フローレス島で話されるラマホロット語 (Lamaholot) の自他交替を分析する。この言語は、オーストロネシア語族中央マラヨ・ポリネシア語派に属する。この語派に属する言語は、フィリピンや西インドネシアのオーストロネシア諸語と異なり「フォーカス・システム」のような自他交替・ヴォイス体系を持たない。特に、今回扱うラマホロット語をふくむフローレス島の言語はオーストロネシア諸語としては珍しく孤立語的である。本稿ではそのような孤立語的オーストロネシア語族の言語であるラマホロット語をとりあげ、その自他交替の全容を記述する。

　本稿は以下のように構成される。第 2 節ではラマホロット語の特徴をこの言語にかかわる背景的情報と言語類型論的特徴にわけて紹介する。第 3 節では統語的他動性を議論する際に常に問題となる文法項認定の問題を扱う。第 4 節では、この言語の自動詞と他動詞の形態的派生関係を Haspelmath（1993）の動詞リストによる調査にもとづいてまとめる。第 5 節ではラマホロット語の他動詞の特徴を日本語との比較で分析する。第 6 節で論文をまとめる。

2 ラマホロット語の特徴

本節では、ラマホロット語の概略を記述する。第 2.1 節では、この言語の系統関係、話されている地域や話者数などの情報を紹介する。第 2.2 節では、本稿の目的に合致する範囲で、この言語の類型論的特徴を述べる。

2.1 ラマホロット語レオトビ方言について

ラマホロット語は、オーストロネシア語族中央マラヨ・ポリネシア語派に属し、インドネシア共和国東部に位置するフローレス島の東部およびその周辺の島々で話される言語である。系統的には、マンガライ語、リオ語などフローレス島で話される言語よりも、ティモール島やロティ島の言語と近いとされる。話者人口は全体で 200,000 人ほどと推定されるが、33 もの方言に分類する研究もあり、単一の言語であるというよりは方言連鎖と考えた方がよい。

本稿ではこのラマホロット語諸方言のなかでもレオトビ方言に焦点をあてる。レオトビ方言は東フローレス県イレ・ブラ郡およびその周辺地域で話されており、ラマホロット語諸方言のなかでも西の端に位置している。この地域の人口は 6,000 人程度であり、このほとんどがレオトビ方言の話者と考えてよい。本稿のレオトビ方言の記述は、すべてヌリ村に居住する言語コンサルタントの協力のもと得たデータによっている。

2.2 ラマホロット語の類型論的特徴

ラマホロット語には大きな類型論的特徴が 2 つある（Nagaya 2013）。第一に、その他のフローレス島の言語と同じく、ほぼ孤立語であるということである。文法的機能をもつ生産的な接辞や接語は数えるほどしかない。たとえば、自動詞文主語（S）および他動詞文主語（A）について人称と数の一致情報を示す S/A 一致接頭辞（表 1；限られた数の基本動詞に義務的に使われる）、自動詞文主語（S）の人称と数を任意で標示する S 一致接語（表 2）、所有および名詞化の標識（-N および =kə̃）などがあるばかりである。

このようにラマホロット語は文法的機能を担う接辞や接語が少ない孤立語であるが、特にこの論文の文脈で重要なことは、自他交替やヴォイス交替にかかわる機能を備えた生産的な接辞がないことである。このことはこの言語の自他交替のパターンにとって重要な意味をもつ（第 4 節）。

表 1 S/A 一致接頭辞

	SG	PL
1	k-	m-(EXC) t-(INC)
2	m-	m-
3	n-	r-

表 2 S 一致接語

	SG	PL
1	=əʔ	=kə (EXC/INC)
2	=ko	=kə
3	=aʔ	=ka

　第二に、ラマホロット語は典型的な所有者前置型の言語である。Himmelmann (2005) の類型論によれば、西オーストロネシア諸語は、対称的ヴォイス型言語 (Symmetric voice languages) と所有者前置型言語 (Preposed possessor languages)、およびその中間に位置する言語 (Transitional languages) にわけられる。フローレス島の諸言語には対称的ヴォイス型から所有者前置型への中間段階にある言語が多いようであるが、ラマホロット語ははっきりとした所有者前置型言語である。具体的には、以下のような諸性質をあわせもっている。まず、基本語順は例文 (1) のように SVO である。次に、表 1 および表 2 で示したように、自動詞文の主語や他動詞文の主語について人称と数の一致がある。例文 (1) や (2) の n- や =aʔ がそれである。例 (3) や (4) にあるように、語彙的な所有者名詞句は所有物に先行する[1]。所有者前置型言語と呼ばれるゆえんである。さらに、例 (3) や (4) は、この言語が譲渡可能所有と不可能所有を構文的に区別することも示している。前者では =kə̃、後者では -N という所有標識をもちいる。また、例 (5) に示すように、数詞は後置される。最後に、例文 (6) のように、この言語の TAM 標識は文末に現れる。SVO 言語であるが、このような SOV 言語的性質もあわせもつのである。

(1) Hugo n-enũ　　tua.　　　　　(n- は省略不可)
　　Hugo 3SG-飲む　ココヤシの酒
　　Hugo はココヤシの酒を飲んだ。

---

[1] 一方で、所有者代名詞は所有物に後行する ((17) を参照)。また、譲渡不可能性の区別も中和する。

(2) Hugo n-aʔi　　=aʔ　kaeʔ.　　（n- は省略不可 ; =aʔ は省略可）
　　Hugo 3SG-去る =3SG PFV
　　Hugo はもう去った。

(3) Hugo laŋoʔ　=kə̃
　　Hugo 家　　=POSS
　　Hugo の家

(4) Hugo kotə̃ʔ　　(kotəʔ + -N)
　　Hugo 頭.POSS　（頭 + -POSS）
　　Hugo の頭

(5) ata rua
　　人　2
　　二人の人

(6) go　isə　kbako　həlaʔ.
　　1SG 吸う タバコ NEG
　　私はタバコを吸いません。

3　ラマホロット語の自動詞と他動詞

　本節ではラマホロット語においてどのように自動詞と他動詞が区別できるかについて議論する。いかなる言語でも動詞の統語的他動性を議論する際には文法項とそうでないものを見わけることがポイントとなるが、本稿では 3 つのテストをラマホロット語について提案する（3.1 節、3.2 節、3.3 節）。これら 3 つのテストの間に優先順位はなく、ある動詞に適用した場合、3 つのテストは同じ結果をだす。しかし、例外もある。3.4 節では、この例外について議論する。最後にこれらのテストを利用して観察されるラマホロット語動詞の全体像を 3.5 節で提示する。

3.1　Test I: 前置詞的要素を必要とするかどうか

　ラマホロット語における文法項を決定する第一の基準は「ある名詞句が前置詞的要素なしに現れるのならば、それは文法項である」ということである。ここでいう前置詞的要素とは、場所を表す ia および指示詞・方向詞の前置詞用法のことである。さらに、動詞が文法化した前置詞的要素もふくまれる（具

体例は（16a）における k-ə̃ʔə̃ を参照）。たとえば、以下の例文で、前置詞的要素なしに文に出現している Ika と Nia は文法項であるが、laŋoʔ「家」は文法項ではない。

(7) Ika bəŋo Nia *(rae)   laŋoʔ.
    Ika 殴る Nia DIR.MOUNTAIN[2] 家
    Ika は山の方向にある家で Nia を殴った。

ただし、逆は必ずしも真ならずである。文法項であるものが随意的に前置詞的要素とともに現れることはある[3]。

(8) Ika tama (rae)   laŋoʔ.
    Ika 入る DIR.MOUNTAIN 家
    Ika は（山の方向にある）家に入った。

3.2　Test II: S 一致接語をとることができるかどうか

ラマホロット語における文法項を決定する第二のテストは「ある動詞がS一致接語をともなうなら、その動詞は自動詞である」というものである。第2.2 節で述べたように、この言語は自動詞文主語（S）と人称と数について一致するS一致接語をもつ。この接語は直示移動動詞をのぞくすべての自動詞につくことができるが、他動詞につくことはない。したがって、このテストはある動詞が自動詞であるかどうかを判定するのに役立つ。(9) と (10) を比較してほしい。

(9) Ika plaʔe (=aʔ)
    Ika 走る =3SG
    Ika は走った。　　　　（自動詞なので S 一致接語をとることができる）
(10) Ika bəŋo (*=aʔ) go.
    Ika 殴る =3SG 1SG
    Ika は私を殴った。　（他動詞なので S 一致接語をとることができない）

---

[2]　DIR = Directional（方向詞）。ラマホロット語には地理的環境にもとづく方向表現がある。rae「山の方向」、lau「海の方向」、teti「天の方向」、lali「地の方向」などである。これらの方向詞は (7) や (8) のように前置詞としても使用することができる。

[3]　紙幅の都合でその理由は詳しくは述べられないが、これはラマホロット語の前置詞的要素、すなわち、場所を表す ia、指示詞、および方向詞が名詞から文法化した要素であり、今でも名詞的に働くことができるためである。

ただし、このテストも逆は必ずしも真ならずである。S一致接語は、ほとんどすべての自動詞につくことができるものの、義務的ではない。(9)にあるように、あってもなくても文法性にはかわりがない。

3.3 Test III: トピックになることができるかどうか

ラマホロット語における文法項決定の第三のテストは「ある名詞句が文法項であるならば、トピックになることができる」である。ここでいうトピックとは、文頭に現れる裸名詞句のことで、ラマホロット語のいくつかの節連結構文で重要な役割を果たす (Nagaya 2013)。

このトピックになれるかどうかというテストは動詞のうしろに出てくる名詞句が文法項であるかどうかを判断するのに役立つ。(11)にあるように、tobo「座る」のうしろに出現している kursi「イス」はトピックになれないので文法項ではない。したがって、tobo は自動詞ということになる。一方で、(12)にあるように、sepa「蹴る」のうしろに出現している Nia はトピックになることができる。したがって、文法項であり、動詞 sepa は他動詞である。

(11) a. Ika tobo rae kursi.
   Ika 座る DIR.MOUNTAIN イス
   Ika は山の方向にあるイスに座っている。
  b. *kursi Ika tobo
(12) a. Ika sepa Nia.
   Ika 蹴る Nia
   Ika は Nia を蹴った。
  b. Nia Ika sepa.

このテストの特徴は、他の2つのテストと異なり、逆もまた真であるということである。逆にいえば (12b) のようなトピックを持っている文があった場合、そこで使われている動詞は他動詞である。

3.4 まぎらわしいケースと「準他動詞」というカテゴリー

本節では、ラマホロット語で文法項を判定するために、3つのテストを提案した。第4節で報告する調査結果は、これら3つのテストを調査対象の動

詞に適用することで、動詞の自他を決定している。これら3つのテストの間に優先順位はなく、また、ほとんどすべての動詞において同じ判定結果を出したので、他動性が容易に判定できた。しかし、まぎらわしいケースが2つ存在した。本節ではその点について述べたい。

　第一に、主題化によって成立したトピック構文なのか単なる自動詞文なのか判別しがたいケースが存在する。3.3節で述べたようにラマホロット語には目的語を前置してトピックをつくる文法的プロセスが存在する。一方で、この言語はいわゆる pro 省略型言語であるので、その結果、文頭の名詞句がトピックなのか自動詞文の主語なのか判定しがたい場合がある。たとえば、(13) のような他動詞文を考えてみる。この文における動詞 horõ が他動詞であることは、doi「お金」が裸名詞のままでてきていること、そして、(13b) のようなトピック構文が存在することからわかる。

(13) a. Ika horõ doi.
　　　　Ika 隠す お金
　　　　Ika はお金を隠した。
　　b. Doi Ika horõ.

　ここで問題となるのは (14) のような場合である。一見すると、horõ がすでに他動詞であることがわかっているので、(14) は (13b) から他動詞の動作者項が削除されたものと判定できそうである。しかし、一方で、horõ に自動詞としての用法があるという分析も可能そうだ。

(14) Doi horõ.
　　　お金 隠す／隠れる（？）
　　　他動詞分析: Doi ø horõ 「（その）お金は（誰かが）隠した。」(cf. (13b))
　　　自動詞分析: Doi horõ 　 「（その）お金は隠れた。」

　このようなまぎらわしいケースは、テスト II をもちいることで簡単に解決できる。なぜなら、S 一致接語がつく動詞は自動詞であるので、この接語をとることができなければ他動詞だからである。これを (14) のケースにあてはめてみると、(15) のように S 一致接語をとることができない。

(15) Doi ø horõ (*=aʔ).
　　お金　　隠す
　　（その）お金は（誰かが）隠した。

　したがって、(14)のような文においても、horõは依然として他動詞で、この動詞は自動詞用法を持たないと断定できる。一般に、ラマホロット語のような孤立語的な言語においては単なる自動詞構文と主語が省略された目的語主題構文の見わけがつきにくいが、ラマホロット語には自動詞のみに現れる一致要素があるので、両者の区別が容易にできる。
　3つのテストがまぎらわしい結果をだす第二のケースは、この3つのテストの結果が一致しない「準他動詞」である。先に述べたように、本節で論じた3つのテストは基本的にどの動詞についても同じ結果（自動詞であれば3つとも自動詞という結果、他動詞であれば3つとも他動詞という結果）をだすが、brea「好きである」、gehĩ「嫌いである」、taku「怖い」、səna「うれしい」、mia「恥ずかしい」などの限られた数の心理動詞はそうではない。具体的には、テストIおよびテストIIの結果は自動詞であるが、テストIIIの結果は他動詞なのである。たとえば、brea「好きである」の例を見てみよう。

(16) a. go　　brea　=əʔ　k-ə̃ʔə̃　mo.
　　　1SG　好き　=1SG　1SG-する　2SG
　　　私はあなたが好きだ。（k-ə̃ʔə̃はここでは「～に対して」の意味を表す）
　　b. mo　go　　brea　=əʔ.
　　　2SG　1SG　好き　=1SG
　　　（同上）

　テストIについてみた場合、(16a)にあるようにbreaは前置詞的要素をもたないで出現している項を1つしか持たない。つまり自動詞である。さらに、テストIIもこの判断を支持する。S一致接語が用いられているので、自動詞であるということだ。一方で、(16b)を見ると動詞breaはトピックを持ちうるので他動詞であるという分析を支持する。テストI・IIとテストIIIの結果が一致しないのである。
　本稿では、このような統語的性質をもつ心理動詞を準他動詞と呼び、自動詞からも他動詞からも区別する。この分析はラマホロット語の言語内的事実

にもとづくものであるが、自動詞とも他動詞とも言いがたい心理述語が存在することは通言語的によく知られている（たとえば Dryer 2007: 270ff）。

3.5　まとめ：自動詞と他動詞

本節では文法項認定のための3つのテストを提案した。これにもとづきラマホロット語の動詞を文法項の数について分類すると、自動詞、準他動詞、他動詞の3つのカテゴリーが区別できる。それぞれ、文法項の数が、1、1.5、2である。どの動詞がどのカテゴリーに属するかは語彙的に決まっている。これらに加えて、文法項を3つもった複他動詞が存在するがここでは扱わない。

4　ラマホロット語の自他交替のパターン

本節では、ラマホロット語の自動詞と他動詞の形態統語論的派生パターンについて、Haspelmath（1993）で提示された31の動詞リストの調査結果にもとづき、報告する。31すべての動詞のリストとそのパターンは4.5節で提示する。

4.1　他動詞のみが存在し自動詞がないパターン

Haspelmath（1993）のリストのなかには、ラマホロット語において、当該の状態変化の概念を表現するのに適当な自動詞がなく、他動詞のみが存在する場合がある。たとえば、(17)にあげた suruʔ「燃やす」がそうである。

(17)　a. *kadʒoʔ suruʔ =3SG.　　　(Non-causative)
　　　　 木　　燃える =3SG
　　　　意図された意味: 木が燃えた。
　　 b. go 　 suruʔ　kadʒoʔ.　　　(Causative)
　　　　 1SG 燃やす 木
　　　　私は木を燃やした。

このグループの特徴は当該の状態変化を表現する自動詞が存在しないことである。自動詞が存在せず、他動詞のみしかないので、Haspelmath（1993）の分類には該当せず、うまくあてはまらない。ただし、このことは、このグループに属する動詞が状態変化の意味を表現できないということまでは意味しな

い。他動詞文の目的語をトピックにすることで、ある程度近い意味を表現できる（3.3 節と 3.4 節を参照）。

4.2 自動詞のみが存在し他動詞が存在しないパターン

4.1 節で紹介したパターンは他動詞しかないパターンであったが、一方で、当該の状態変化を表現する単純な動詞が自動詞しかないパターンも存在する。この場合、動詞ø-ɔ̃ʔɔ̃「する」を用いた動詞連続使役構文で対応する使役状態変化の概念を表現する。たとえば、(18) のような場合である。

(18) a. oto goʔẽ da. (Non-causative)
   車 1SG.NMLZ 壊れる
   私の車が壊れた。
  b. *Nia da oto goʔẽ.
   Nia 壊れる 車 1SG.NMLZ
   意図された意味：Nia は私の車を壊した。
  c. Nia n-ɔ̃ʔɔ̃ oto goʔẽ da. (Causative)
   Nia 3SG-する 車 1SG.NMLZ 壊れる
   Nia は私の車を壊した。

（18a) にあるように da「壊れる」は自動詞である。(18b) が示すように、この動詞はそのままでは目的語の状態変化を表現する他動詞として使用することはできない。(18c) のように動詞連続による迂言的な使役構文を用いなくてはならない。

Haspelmath (1993) の分類に従うならば、このタイプのパターンは、自動詞が単純で、他動詞に相当する表現が動詞連続構文という複雑なものなので、使役型（causative）に分類することができる。

4.3 自他同形のパターン

3 番目のパターンは、当該の状態変化概念に対応する自動詞と他動詞が同じ形をもつ自他同形のパターンである。これは Haspelmath (1993) の分類では labile verb とされるものである。たとえば、(19) で動詞 lətuʔ は自動詞としても他動詞としても使用されている。

(19) a. knaweʔ lətuʔ =aʔ.   (Non-causative)
　　　戸　　　閉まる　=3SG
　　　戸が閉まった。

　　b. go lətuʔ knaweʔ.   (Causative)
　　　1SG 閉める 戸
　　　私は戸を閉めた。

4.4　その他のパターン

　以上で観察してきた3つのパターンが基本的にラマホロット語の自他交替のパターンの大部分をしめるが、その他にいくつか例外的に観察されるパターンもある。まず、両極派生（equipollent）による自他交替である。これはdʒadi es「凍る、氷になる」とnə̃ʔə̃ es「凍らせる、氷にする」の間に見られる派生関係で、es「氷」という名詞に前者ではdʒadi「なる」が後者ではnə̃ʔə̃「する」が付与されている。なお、dʒadiとesはインドネシア語からの借用である。

　次に、補充法（suppletion）による自他交替である。自動詞belajar「学ぶ」に他動詞aja「教える」が対応するパターンである。前者はインドネシア語からの借用、後者はフローレス島で話されるマレー語の変種からの借用である。両者はラマホロット語の文法のなかでは派生関係はない。

　最後に、今回扱った動詞のリストでは出現しなかったが、使役派生接辞を用いた使役型派生をする場合もある。2.2節で述べたようにラマホロット語には動詞の自他交替やヴォイスに関する生産的な接辞は存在しない。しかし、そのような機能をもつ接辞は化石的には存在している。たとえば、使役派生接頭辞gN-を利用して自動詞taku「恐れる」から他動詞gnaku「恐れさせる」が派生される。

4.5　まとめ

　本節で考察した内容は表3のようにまとめることができる。

表 3　Haspelmath（1993）のリストにもとづく動詞派生パターン

動詞	被使役形	使役形	派生パターン
SPLIT	—	bəwa	該当せず（4.1 節）
CHANGE	—	gelu?	該当せず（4.1 節）
CONNECT	—	holo	該当せず（4.1 節）
FILL	—	pota	該当せず（4.1 節）
GATHER	—	pupu	該当せず（4.1 節）
ROCK	—	redõ	該当せず（4.1 節）
BURN	—	suru?	該当せず（4.1 節）
BOIL	bura	nə̃?ẽ bura	使役（4.2 節）
DESTROY	da:	nə̃?ə da:	使役（4.2 節）
BREAK	da:	nə̃?ə da:	使役（4.2 節）
RISE/RAISE	gere	nə̃?ə gere	使役（4.2 節）
WAKE UP	hogo	nə̃?ə hogo	使役（4.2 節）
SINK	ləmẽ	nə̃?ə ləmẽ	使役（4.2 節）
GO OUT/PUT OUT	lou	nə̃?ə lou	使役（4.2 節）
MELT	lo?	nə̃?ə lo?	使役（4.2 節）
DISSOLVE	lo?	nə̃?ə lo?	使役（4.2 節）
DEVELOP	madʒu (ADJ)	nə̃?ə madʒu	使役（4.2 節）
DRY	mara (ADJ)	nə̃?ə mara	使役（4.2 節）
DIE/KILL	mata (ADJ)	nə̃?ə mata	使役（4.2 節）
GET LOST/LOSE	mələ?	nə̃?ə mələ?	使役（4.2 節）
BEGIN	pura	nə̃?ə pura	使役（4.2 節）
IMPROVE	sare? (ADJ)	nə̃?ə sare?	使役（4.2 節）
FINISH	waha	nə̃?ə waha	使役（4.2 節）
FREEZE	dʒadi es	nə̃?ə̃ es	両極（4.4 節）
OPEN	buka	buka	自他同形（4.3 節）
ROLL	goli	goli	自他同形（4.3 節）
STOP	həkə	həkə	自他同形（4.3 節）
CLOSE	lətu?	lətu?	自他同形（4.3 節）
SPREAD	teta?	teta?	自他同形（4.3 節）

| TURN | tue? | tue? | 自他同形（4.3節） |
| LEARN/TEACH | belajar | aja | 補充法（4.4節） |

本節でみてきた通り、ラマホロット語の自動詞と他動詞の形態統語論的派生パターンは大きく5パターン存在する。第一に、当該の意味に対応する動詞として他動詞のみが存在するパターンである（4.1節；表では「該当せず」と表記）。このパターンは自他交替に相当する現象がない。第二に、自動詞から他動詞を主に動詞連続使役文を利用して派生するパターンである（4.2節；表では「使役」と表記）。このパターンは自動詞よりも他動詞のほうが複雑な使役型派生である。第三に、同じ動詞が自動詞にも他動詞にも使われるパターンである（4.3節；表では「自他同形」と表記）。数の点でいえばこの3つのパターンがほぼ全てであり、数として、「該当せず」型が7動詞、「使役」型が16動詞、「自他同形」型が6動詞である。これに加えて、例外的な存在である両極派生をするFREEZEと補充法で派生するLEARN/TEACHという二つの動詞がある。

残念ながら現時点で得られたデータからは、どういう意味を持つ動詞がどういう派生パターンに属するかについて一般化することは難しい。ただ一つ言えることは、「該当せず」の派生パターン、すなわち、他動詞はあってもそれに対応する自動詞がない7つの動詞は、どれも（すくなくともラマホロット語においては）動作者の意図的な行為によって引き起こされる状態変化を意味する。つまり、常に動作者の意図的な行為によって起こされる状態変化なので、常に動作者をともなう他動詞として表現されるということである。この点については動詞の表す意味と派生パターンの間に相関があると言える。

5 ラマホロット語の他動詞の特徴：日本語との対照

本節では、日本語と対照させたときの、ラマホロット語の他動性に関する現象の言語類型論的意義について2点指摘したい。第一に、ラマホロット語の他動詞は非意図的な事態を表現することはできない。日本語では「私は財布をなくした」のように自分が直接の動作者ではない事態についても主語に出現することがあるが、ラマホロット語ではそういうことはない（たとえば(20)を参照）。

(20) *go   hoa   dompet.
     1SG   消える   財布
     意図する意味: 私は財布をなくした。

(20) で意図されているような意味を表現するには、(21) のようにø-əʔə̃「する」という動詞をもちいた動詞連続使役構文を使う必要がある。

(21) go   k-ə̃ʔə̃   dompet   hoa.
     1SG   1SG-する   財布   消える
     私は財布をなくした。

このことは身体部分を目的語にとった場合でも同じで、動詞連続を利用した使役構文なら、(22) のように意図せずに起こった自らの身体部位の変化も表現することができる。

(22) Ika   n-ə̃ʔə̃   lima   nəʔẽ   meiʔ.
     Ika   3SG-する   手   3SG.NMLZ   血がでる
     Ika は（誤って）自分の手を切ってしまった。

第二に、ラマホロット語の他動詞はいわゆる「介在性の他動詞文」が表現できない。日本語では「太郎は散髪した」などのように、実際に散髪したのは理髪師であるにもかかわらず、構文上はそのような処置を受けた側が動作者の位置に出現することが可能である。しかし、ラマホロット語ではこのようなことは許されない。「命令した」などの述語といっしょに使われて初めてそのような意味がでるのである。単純な他動詞が使われた (23) と ruda「命令する」とともに使われた (24) を比較してほしい。

(23) Camat   hone   skola.
     市長   建てる   学校
     市長は学校を（自ら作業することで）建てた。

(24) Camat   ruda   ra   hone   skola.
     市長   命令する   3PL   建てる   学校
     市長は学校を建てるように彼ら（作業員ら）に命じた。

この節で示したように、ラマホロット語と日本語は他動詞文によって表現される範囲が異なっている。第一に、単純な他動詞文で非意図的事態を表現することが、日本語にはできても、ラマホロット語にはできない。第二に、介在性の他動詞文が日本語には存在するが、ラマホロット語には存在しない。非意図的事態や介在性の状況などは、動詞連続をもちいた複雑な構文をもちいることで表現するのである。両者の他動性に関する特性は大きく異なっている。

6　おわりに

本稿は東インドネシアのフローレス島で話されるラマホロット語の自他交替パターンについて、この言語における文法項の判定テストを3つ提案した。その上で、Haspelmath (1993) の動詞一覧にもとづく調査を報告した。さらに、日本語とラマホロット語の非典型的他動詞文を比較することで、ラマホロット語の他動詞が非意図的行為や介在性の状況を表現できないことを論じた。

謝辞

本稿の内容は、国立国語研究所・他動性プロジェクトの研究発表会（2012年11月18日）で発表した。その際に貴重な質問・コメントをくださった方々に感謝したい。また、ハイコ・ナロック氏には論文を丁寧に読んでいただいた。言うまでもなく本稿に残るいかなる誤りも著者の責任である。本稿で使用したラマホロット語のデータを収集した際には、ラマホロット語レオトビ方言の話者の方々、特にHugo Hura Puka氏にお世話になった。心から感謝したい。なお、本稿は、科学研究費補助金 #25884018（代表：長屋尚典）からの支援を受けている。最後に、この論文をMartinus Keda Puka (Besa) の霊前に捧ぐ。本稿を改訂中であった2014年2月13日、Besaは50代半ばで突然この世を去った。筆者にとってBesaはラマホロット語の調査を始めて以来のよき友人であり尊敬するラマホロット語の先生であった。

参照文献

Dryer, Matthew S. (2007) Clause types. In: Timothy Shopen (ed.) *Language typology and syntactic description 1: Clause structure,* 224–275. Second Edition. Cambridge: Cambridge University Press.

Haspelmath, Martin (1993) More on the typology of inchoative/causative verb alternations. In: Bernard Comrie and Maria Polinsky (eds.) *Causatives and transitivity,* 87–120. Amsterdam/Philadelphia: John Benjamins.

Himmelmann, Nikolaus P. (2005) The Austronesian languages of Asia and Madagascar: Typological characteristics. In: Alexander Adelaar and Nikolaus P. Himmelmann (eds.) *The Austronesian languages of Asia and Madagascar*, 110–181. London: Routledge.

Nagaya, Naonori (2013) Voice and grammatical relations in Lamaholot of eastern Indonesia. *NUSA* 54: 67–101.

タイ語の Freeze 事象表現

コーパスを使った事例研究

高橋　清子

【要旨】Freeze 事象表現は、日本語とタイ語でその特徴が異なる。本稿のコーパス調査から、タイ語では、複合動詞を含む動詞句連続体が他動性の高い Freeze 事象を表し、単独の複合動詞が他動性の低い Freeze 事象を表す傾向があることがわかった。動詞述語表現の他動性の値はその実際の使用頻度や使用文脈がわからなければ同定し得ないことが示された。

キーワード：Freeze 動詞、日タイ対照、Freeze 事象表現の他動性

1　はじめに

Haspelmath（1993: 97）の表2に挙げられている31対の自動詞／他動詞に対応するタイ語動詞についてタイ語母語話者コンサルタントに確認していたとき、筆者は初めて chêε-khěŋ「凍らす」（chêε「浸す／冷やす」＋ khěŋ「堅い／凍る」）という他動詞の存在を知った。「浸す」を意味する chêε が「冷やす」意味で用いられたり、「堅い」を意味する khěŋ が「凍る」意味で用いられたり、冷凍食品を「食品名＋chêε-khěŋ」で呼んだりすることは知っていたが、chêε-khěŋ が「凍らす」という意味で用いられることは知らなかった。さらに Freeze 事象（温度低下に伴い液体が個体に変化する事象）の日タイ表現を比較してみると面白い発見が多々あった。「魚が凍る」といった単純な表現でさえ簡単には自然なタイ語に訳すことができず、「魚は冷たくて｜堅くなる／凍る｜ほどだ」などと冗長な言い方をしなければならない。「彼は魚を冷蔵庫の中で凍らす」といった少し複雑な表現をタイ語に訳すとなると、「彼は魚を持って行って冷蔵庫の中で凍らす、彼は魚を冷凍スペースに入れておく、彼は冷凍スペースの中で魚を冷やす」などのように、凍らし方をかなり具体的に描写しなければ自然な表現にはならない。日本語の Freeze 動詞「凍る、凍

らす、凍らせる」はどのような Freeze 事象表現に用いられてもその他動性の値が大きくは変わらないのに対し、タイ語の Freeze 動詞 khɛ̌ŋ「堅い／凍る」、chɛ̂ɛ-khɛ̌ŋ「凍らす」は他の動詞と共起しなければ叙述的な節を構成することが難しい（1つの Freeze 動詞だけを使った簡潔な Freeze 事象表現は不自然に聞こえる）上、それらの動詞を含む Freeze 事象表現の他動性の高低は文脈や詳しい意味内容に大きく左右されるようだ、ということに気づいた。その気づきが日タイの Freeze 事象表現を対照して考察したいと思った動機である。タイ語の Freeze 事象表現に焦点を当ててその他動性を詳しく考察することにしたのは、タイ語の Freeze 事象表現の他動性を掘り下げれば「動詞述語表現の他動性は個々の表現内容によってその値が変わり得るため実際の使用状況を調査しなければその真相を追究することはできない」という事実を最も如実に示すことができるであろうと考えたからである。

本稿の目的は以下の3つである。第一に、日本語とタイ語の Freeze 動詞の形式的および意味的特性を対照的に記述する（第2節）。第二に、両語の共同体において Freeze 事象がどのように生起するのかが、両語の Freeze 動詞の異なる特徴に反映されていることを論じる（第3節）。第三に、大規模コーパスから収集した実際の使用例をもとにタイ語の Freeze 事象表現を分類し、その他動性を分析する（第4節）。本稿の分析結果は以下のことを示唆する。第一に、動詞述語表現の他動性の高低を評価するには、Thompson and Hopper (2001: 49–52) が指摘するように、実際の使用頻度や使用文脈などの語用論的側面を考慮しなければならない。第二に、タイ語の複合動詞には、叙述用法を主とする一般動詞タイプの他に、chɛ̂ɛ-khɛ̌ŋ「凍らす」のような修飾用法（e.g. plaa chɛ̂ɛ-khɛ̌ŋ「冷凍魚」）を主とする形容詞[1]もどきのタイプがある。

---

[1] Prasithrathsint (2010: 49–52) によれば、タイ語の形容詞（名詞の後ろに生起し、否定辞で否定されず、限定詞 níi「この」で限定されない語）には、níi「この」、nán「その／あの」、ʔɯ̀ɯn「他の」、nǎj「どの」、daj「どの」といった単音節の語の他、sùan tua「(部分＋身体／自分＞) 個人的な」、sùt thɔ́ɔŋ「(最後尾の＋腹＞) 末っ子の」、dii dii「(よい＋よい＞) よい」、tàaŋ tàaŋ「(異なった＋異なった＞) 様々な」といった複合語（複数の形態素を直接構成要素として成り立つ語）もある。

2 日本語とタイ語の Freeze 動詞
2.1 日本語の Freeze 動詞

日本語の Freeze 動詞には次のような特徴がある。第一に、「凍てつく、凍りつく、凍る、凍らす、凍らせる」という和語起源の動詞（和語動詞）[2]と「凍結する、冷凍する」という漢語起源の動詞（漢語動詞）がある。

第二に、和語動詞「凍る、凍らす、凍らせる」について言えば、その形態的複雑度（その動詞の形態的な複雑さの度合い）および直接使役度（その動詞が表す使役事象において動作主あるいは自然の力が被動者に及ぼす影響の直接性の度合い）に差が見られる。すなわち「凍る＜凍らす＜凍らせる」の順で形態的複雑度が増し、反対に「凍らせる＜凍らす」の順で直接使役度は高くなる[3]。形態的に最も単純な「凍る」は使役事象ではなく自発事象を表す（「水が凍る」など）。形態的にやや複雑な「凍らす」はより直接的な使役事象を表す（「吹雪が湖面を凍らす」など）。形態的に最も複雑な「凍らせる」はより間接的な使役事象を表す（「魚を冷凍庫に 2 時間置いて凍らせる」など）。

第三に、漢語動詞「冷凍する」について言えば、「冷凍」という漢語熟語の前後に他の漢語熟語を加えることによって複雑な Freeze 事象を簡潔に表現することができる（「無菌冷凍する、冷凍保存する」など）。「冷凍する」に含まれる「冷凍」という漢語熟語の名詞は、具体的な概念ではなく、抽象的ないわば類型の概念を表し、複合名詞の構成素として使われることが多い（「冷凍庫、急速冷凍」など）[4]。

2.2 タイ語の Freeze 動詞

タイ語はタイ王国の公用語である。およそ 2 千万の母語話者人口がある。典型的な孤立語で、SVO, Head-Modifier という基本語順を持つ。

---

[2] 「凍つ、凍てる、凍む、凍みる」といった古語は、現代日本語の標準語では使われない。
[3] 現代語においては「凍らせる」と「凍らす」は入れ換え可能なことがある。しかし "春を凍らす" 改悪は理不尽だ」（2013 年 12 月 26 日、Google 検索）のような比喩的な Freeze 事象を表す「凍らす」（春を凍らす＝庶民が冬の困苦から免れるはずの春に庶民の困苦を招く事態を引き起こす；法律の改悪が庶民を苦しめる）は「凍らせる」には置き換えられない。この事実は「凍らせる」事象と「凍らす」事象の本来的な直接使役度の差（凍らせる＜凍らす）を示唆する。
[4] Google エンジンを使って「冷凍」を含む語句を検索した結果（2013 年 12 月 26 日検索）、「冷凍する、冷凍した」などの述語の用例は少なく、「冷凍食品、冷凍保存方法」などの複合名詞の用例のほうが多いことがわかった。

タイ語の Freeze 動詞には次のような特徴がある。第一に、「凍る」という自発事象を表す自動詞 yûak-khɛ̌ŋ は、物理現象としての「凍る」や「氷点」といった科学的概念を表すためにつくられた自然科学分野の専門用語である。辞書に記載はあるが、日常生活で使われることはない[5]。日常会話で「凍る」事象を表現するときは khɛ̌ŋ「堅い」[6] を使う（e.g. plaa yen con khɛ̌ŋ (tua)［魚＋冷たい＋〜に至るまで＋堅い／凍る（＋体）］「魚は（体が）堅くなる／凍るほど冷たい、魚は凍る」）[7]。

第二に、「凍らす」という使役事象を表す他動詞 chêɛ-khɛ̌ŋ／chêɛ-yûak-khɛ̌ŋ[8]（e.g. kháw chêɛ-khɛ̌ŋ plaa「彼は魚を凍らす」）は chêɛ「浸す」と khɛ̌ŋ「堅い」／yûak-khɛ̌ŋ「凍る」という 2 つの動詞が組み合わされた複合語であるが、これらの語が使われ出したのはかなり最近のことであると考えられる。その証拠に、タイ国内で最も権威ある辞書とされる『タイ学士院辞書』には、2011年版（Royal Institute of Thailand 2013）においても、それらの語項目の記載はない。

第三に、「凍る」という自発事象を表す動詞より「凍らす」という使役事象を表す動詞のほうが形態的複雑度が高い点、「魚を凍らす」などの直接使役度の高い事象は他動詞が直接目的語をとる形式で表される点、「魚を冷蔵庫で冷やして、魚が凍る」などの直接使役度の低い事象は複文の形式で表される点は、日本語の場合と並行的である。しかし日本語と異なり、タイ語では chêɛ-khɛ̌ŋ plaa「魚を凍らす」といった他動性の高い Freeze 事象表現の使用頻度が極端に低い。タイ語の最大規模の電子コーパスである Thai National Corpus(TNC)<http://ling.arts.chula.ac.th/tnc2/> から chêɛ-khɛ̌ŋ「凍らす」の実際

---

[5] 母語話者コンサルタントも聞き取り調査のときに yûak-khɛ̌ŋ を使わなかった。この語は yûak「寒気がする」と khɛ̌ŋ「堅い」が組み合わされた複合語であると考えられる。

[6] khɛ̌ŋ は基本的には「堅い」という状態を表す自動詞である。属性や性質を表すタイ語の語には、注 1 で言及した形容詞の他、khɛ̌ŋ「堅い」のような動詞―否定辞で否定され得る語（Prasithrathsint 2010: 46-47）―の 1 下位分類である状態動詞がある。形容詞より状態動詞のほうが多い。一般に、態や相の標識を伴わないタイ語の動詞は、実際の談話文脈の中で発話されない限り、その態や相の値を確定することができない。生起する統語環境や談話文脈が異なれば、態や相の解釈も異なり得る。khɛ̌ŋ は「堅い」という状態の他、「堅くなる」という状態変化を表すためにも使われる。

[7] 「plaa khɛ̌ŋ」だけでは「魚は堅い」としか解釈されない。状態変化を明示的に表す完了相標識 khûn を添えて「plaa khɛ̌ŋ khûn」としても「魚は堅くなる」としか解釈されない。

[8] 母語話者コンサルタントは聞き取り調査において chêɛ-khɛ̌ŋ を使い、chêɛ-yûak-khɛ̌ŋ は使わなかった。Thai National Corpus には、堅い表現として使われている chêɛ-yûak-khɛ̌ŋ の使用例（ʔùtsăahàkam ʔaahăan chêɛ-yûak-khɛ̌ŋ「冷凍食品産業」など）が数例あった。chêɛ-yûak-khɛ̌ŋ はそのような堅い表現にしか使われず、chêɛ-khɛ̌ŋ より使用頻度が低い。

の使用例を収集したところ（2013年3月27日検索）、目的語をとる叙述用法（chêɛ-khěŋ plaa「魚を凍らす」）はなく、複合名詞の修飾部分になる用法（plaa chêɛ-khěŋ「冷凍魚」[9]）が多いことがわかった（第4節）。機能の点から言えば、タイ語の複合動詞 chêɛ-khěŋ「凍らす」は、修飾語として使われることが多い日本語の漢語熟語名詞「冷凍」に似ている。

3　Freeze 事象の背景

　Freeze 動詞は、Haspelmath（1993: 97）の表2の25番目に挙げられ、表4（ibid.: 104）では Boil 動詞（温度上昇に伴い液体が沸点を超えて気化する事象―Boil 事象―を表す動詞）に続いて2番目に挙げられている。Boil 事象や Freeze 事象は、人間が引き起こすことができない事象というわけではないが、典型的には「我々の身の周りで普通に生起する、外的動作主（意志的に被動者に働きかけて使役事象を引き起こす動作主）が必要とされない事象」（Haspelmath 1993: 103–105）―すなわち自発事象―であると説明されている。日本語共同体を含め、外気温がしばしば零度以下になるところに住む人々がFreeze 事象を「普通に生起する事象」と捉えるのは確かに自然である。そのような場所では、「凍る」という自発事象を表す動詞が頻繁に使われて当然と言えよう。日本語で「凍る＞凍らす＞凍らせる」という自動詞から他動詞への形態的派生が見られるのも、「凍る」事象を基本事象と見なすに足る日本語共同体の自然環境および生活環境が背景にあろう。

　しかし東南アジアに位置するタイ語共同体では、ものが自然に凍ることはあり得ない。タイ語に「凍る」という自発的変化事象を表す日常語の動詞が

---

[9] 査読者から「plaa chêɛ-khěŋ「冷凍魚」の修飾部分を成す chêɛ-khěŋ は関係節か不定節か。節性の低い（より句に近い）不定節は Hopper and Thompson 1980 や Thompson and Hopper 2001 の分析対象から除外されている」というコメントをもらった。本稿では不定節（複合名詞の修飾部分）の chêɛ-khěŋ も分析対象とし、その定性（表す事象の現実性や対象の個体性）の低さに起因する他動性の低さを指摘する。不定節も分析対象に含めるのは、タイ語の不定節と関係節は連続的であり、両者の定言的分類は不可能であると考えられるからである。本稿のコーパス調査（第4節）から chêɛ-khěŋ は不定節（複合名詞の修飾部分）としての使用が多いことがわかったが、関係節の読みが不可能というわけではない。関係節化形式を含まない裸の関係節構文（主名詞句＋関係節）は、文脈が不明であれば、不定節構文（主名詞句＋不定節：複合名詞句）や叙述構文（主語＋述語）と区別がつかないことがある。その主たる理由として、タイ語の動詞には定動詞と不定動詞の形態的区別がなく、必須項もないため、句や節や文などの統語単位が曖昧であることが挙げられる。その他、連体修飾形式「被修飾語の名詞句＋修飾語の動詞句」と叙述形式「主語の名詞句＋述語の動詞句」に語順や音調の違いがないことも関係している（高橋 2011b: 255）。

ないのは、「凍る」事象は「普通に生起する事象」ではあり得ず、日常生活の中で動詞1語でコンパクトに表現する必要もないからだと言える。さらに、他動詞 chêe-khĕŋ / chêe-yûak-khĕŋ「凍らす」も『タイ学士院辞書』2011年版に未だ語項目としての記載がない。それはタイ語共同体において完全に定着した複合語であるとは見なされていないことを意味する。冷凍庫や冷凍食品が普及し始めたのは近年のことであり、今でもそれらから縁遠い生活を送っている人々が多いという事情が背景にある。しかしながら、タイで生産される冷凍エビや冷凍鶏などの冷凍食品は今やタイの主要輸出品の1つに数えられ、産業面の新聞記事や報告書では chêe-khĕŋ が多用されていることもまた事実である。産業分野の専門用語としてはすでに定着していると言える[10]。

熱帯の人々の認識では、Freeze 事象も Cool-down 事象（温度が下がる事象）も、どちらも自然に逆らった何らかの人為的操作が必要とされる事象であることに変わりはない。Freeze 事象のほうは未だタイ語共同体の多くの人々にとって身近な事象ではないが、Cool-down 事象のほうはすでに馴染みのある事象になっている。家に冷蔵庫はなくとも、近くの店で氷を購入して保冷容器に入れ、その中でものを冷やしている人が多い。料理店の店頭では食材が氷の上に並べられ、行商の手押し車の中では果物や飲み物が氷あるいは氷を入れた冷水によって冷やされている。タイ語共同体では、まだ冷蔵庫が各家庭に普及していなかった頃、「（氷の製造と販売が各地で常態化して以降は、氷を使って冷水をつくり、その）冷水に浸して冷やす」ことが Cool-down 事象の典型であった。複合語 chêe-yen「冷やす」（chêe「浸す」 + yen「冷たい」）は「冷水に浸して冷やす」という当時の典型的な Cool-down 事象を基盤として成立したと言えよう。今では chêe-yen の意味は一般化を遂げ、冷水にものを浸して冷やす Cool-down 事象の他、冷蔵庫のような冷やされた空間にものを置いて冷やす Cool-down 事象も chêe や chêe-yen で表現され得る。

タイ語共同体の中で先に誕生し定着した複合語 chêe-yen「冷やす」は、新たな複合語 chêe-khĕŋ「凍らす」が誕生するにあたって、先行モデルの役割を果たした—すなわち、既存の複合語の意味と形式から、類推によって、新たな複合語が創造された—のではなかろうか。具体的には、以下のような語形成の過程を経たのではないかと考えられる。まず chêe-yen という複合語の定

---

[10] 民間の出版社が編纂した（官製の『タイ学士院辞書』より情報量が多い）『マティチョン辞書』（Matichon 2004）には chêe-khĕŋ の語項目が載っている。

着によって、元々「(冷水に)浸す」という意味を表していた動詞 chêɛ がより抽象的で一般化された「冷やす」という意味を獲得した。そこからさらに、chêɛ-yen の語構造（chêɛ「冷やす」＋ yen「冷たい」）に準じて、他動詞 chêɛ「冷やす」と自動詞 khɛ̌ŋ「堅い」を組み合わせることによって chêɛ-khɛ̌ŋ「凍らす」という語がつくられた。しかし chêɛ-yen plaa「魚を冷やす」といった chêɛ-yen の叙述用法をもとに chêɛ-khɛ̌ŋ がつくられたわけではないようである。次節で詳しく述べるように、コーパスから拾った chêɛ-yen と chêɛ-khɛ̌ŋ の実例は修飾用法が多く、その修飾用法は被動者の意味役割を持つ主名詞を修飾するものが多い。この事実は、両者の被動者修飾用法（plaa chêɛ-yen「冷蔵魚」と plaa chêɛ-khɛ̌ŋ「冷凍魚」など）に強い結びつきがあることを示唆する。

4 タイ語の Freeze 事象表現

4.1 動詞句連続体

タイ語では複数の動詞句が接続詞を介さずに直接結びつき、動詞句連続体[11]が構成されることが多い。タイ語の動詞句連続体の基本形は、(1) 〜 (4) のように 2 つの動詞句が組み合わされた形である（Chuwicha 1993: 39, Takahashi 2009: 215）。動詞句連続体が表す事象は、文化的に容認可能で、想起が容易な、複雑だがまとまりのある単一の事象であると当該言語話者によって見なされている事象である。動詞句連続体に含まれる各動詞句で表される事象は、その全体事象の構成素としての事象である。それらはお互い経験的に結びついた事象であり、その結びつきは文化的に重要な結びつきであると当該言語話者は認識している（Bruce 1988: 28–32, 44-45, Durie 1997: 326–330, Enfield 2002: 232, 242–254）。

(1) a. kháw cháy ŋən mòt.
    PRO[12]　使う　お金　尽きる
    彼は金を使って（金が）尽きる。(cháj「使う」 → mòt「尽きる」)

---
[11] より平易に「動詞連続体」と呼ばれることもある。
[12] 「PRO: pronoun」というグロスは「代名詞一般」を意味する。タイ語の代名詞は基本的に多義で意味範囲が広く、実際の談話文脈が不明であれば指示物の人称、数、性別などを特定できないことが多い。本稿の例文に含まれる代名詞の訳は、したがって、便宜的なものである。

b. kháw kin lâw maw.
　　PRO　飲む　酒　酔う
　　彼は酒を飲んで酔う。(kin「飲む」→ maw「酔う」)
c. cɛɛkan tòk tɛ̀ɛk.
　　花瓶　落ちる　壊れる
　　花瓶は落ちて壊れる。(tòk「落ちる」→ tɛ̀ɛk「壊れる」)

(2) cɛɛkan lɔɔj maa.
　　花瓶　浮遊する　来る
　　花瓶は漂流して来る。(lɔɔj「浮遊する」= maa「来る」)

(3) kháw paj súɯɯ.
　　PRO　行く　買う
　　彼は買いに行く。(paj「行く」→ súɯɯ「買う」)

(4) kháw yàak paj.
　　PRO　欲する　行く
　　彼は行きたい。(yàak「欲する」= paj「行く」)

基本動詞句連続体の統語構造は、Rappaport Hovav and Levin（2001）の分類に従えば、以下の3種類に分類できる。

- transitive-based, object-oriented タイプ：先行動詞は目的語をとり、後続動詞は先行動詞の目的語の述語になる。例：(1a)。
- transitive-based, subject-oriented タイプ：先行動詞は目的語をとり、後続動詞は先行動詞の主語の述語になる。例：(1b)。
- intransitive-based, subject-oriented タイプ：先行動詞は目的語をとらず、後続動詞は先行動詞の主語の述語になる。例：(1c) – (4)。

基本動詞句連続体が表す事象の事象構造は大きく以下の4種類に分類できる（Takahashi 2009）。

・継起関係にある2つの現実事象：現実事象→現実事象。例：(1)。
・共起関係にある2つの現実事象：現実事象＝現実事象。例：(2)。
・継起関係にある現実事象と非現実事象：現実事象→非現実事象。例：(3)。

・共起関係にある現実事象と非現実事象：現実事象＝非現実事象。例：(4)。

以下に複合動詞 chêɛ-yen「冷やす」と chêɛ-khɛ̌ŋ「凍らす」に関連する表現（コーパスの実例をもとにした作例）を挙げる。1つの動詞 chêɛ「浸す」を含む表現を (5) に挙げ、2つの動詞 chêɛ「浸す／冷やす」と yen「冷たい」あるいは chêɛ「浸す／冷やす」と khɛ̌ŋ「堅い」を含む表現を (6) に挙げる[13]。

(5) a. kháw chêɛ plaa (loŋ) nay nám yen.
　　　PRO　浸す　魚　（下る）　〜の中　水　冷たい
　　　彼は魚を冷水に浸す。

b. plaa chêɛ nám yen yùu.
　　魚　浸す　水　冷たい　DUR
　　魚は冷水に浸かっている。

c. plaa chêɛ yùu nay nám yen.
　　魚　浸かる　DUR　〜の中　水　冷たい
　　魚は冷水に浸かっている。

(6) a. kháw chêɛ plaa con (man) {yen/khɛ̌ŋ}.
　　　PRO　浸す／冷やす　魚　CONJCT　(PRO)　{冷たい／堅い}
　　　（それが）{冷える／堅くなる}まで彼は魚を浸す（あるいは冷やす）。

b. kháw chêɛ plaa hâj (man) {yen/khɛ̌ŋ}.
　　PRO　浸す／冷やす　魚　誘発する／COMP　(PRO)　{冷たい／堅い}
　　（彼は魚を浸して（あるいは冷やして）(それが) {冷える／堅くな
　　る} 事態を誘発する＞）彼は {冷えるように／堅くなるように} 魚
　　を浸す（あるいは冷やす）。

c. kháw chêɛ plaa {yen/khɛ̌ŋ}.
　　PRO　浸す／冷やす　魚　{冷たい／堅い}
　　*彼は魚を浸して（あるいは冷やして）(魚が) {冷える／堅くなる}。
　　彼は {冷たい／堅い} 魚を浸す（あるいは冷やす）。

(5a) の第1動詞 chêɛ「浸す」の後ろに第2動詞 loŋ「下る」が続く場合、(1a) タイプ（統語的には「transitive-based, object-oriented」タイプで、意味的

---

[13] 「CONJCT: conjunctive」というグロスは「接続詞」を意味する。

には「現実事象 → 現実事象」タイプ）の動詞句連続体となる。chêε は (5a) のように動作主名詞句を主語、被動者名詞句を目的語にとり「浸す」という使役の意味を表す他、(5b)、(5c) のように独立存在物名詞句を主語として「浸かる」という中間態の意味を表すこともある。(5b) では、道具としての液体を表す名詞句（nám yen「冷水」）が chêε の後ろに添えられている。

(6a) は、接続詞 con「〜に至るまで」を含む複文である。(6b) は、現代タイ語では一般的に、「目的事象や期待事象などの非現実事象を表す補語（hâj yen「冷えるように」、hâj khěŋ「堅くなるように」）を含む構文」であると見なされる。つまり、(6b) に含まれる hâj は、「事態を誘発する」という意味を表す動詞（実質語）ではなく、目的事象や期待事象を表す補語を導く補語標識（機能語）であると見なされることが多い（Takahashi 2012: 139）。(6c) は、「魚を浸して（あるいは冷やして）(魚が)｜冷える／堅くなる｜」という意味には解釈されず、「｜冷たい／堅い｜魚を浸す（あるいは冷やす）」という意味に解釈される[14]。言い換えれば、末尾の動詞 yen「冷たい」、khěŋ「堅い」は、動詞句連続体の構成素であるとは解釈されず、直前の主名詞 plaa「魚」を修飾する連体修飾節を構成していると解釈される。chêε「浸す／冷やす」と yen「冷たい」の 2 つの動詞あるいは chêε「浸す／冷やす」と khěŋ「堅い」の 2 つの動詞を構成素とする (1a) タイプの動詞句連続体は成立しないことがわかる。動詞句連続体 chêε「浸す／冷やす」＋ yen「冷たい」／ khěŋ「堅い」が成立しないということは、すなわち、タイ語話者の認識では、他動詞 chêε「浸す／冷やす」が表す事象と自動詞 yen「冷たい」、khěŋ「堅い」が表す事象には経験的な結びつきや文化的に重要な結びつきがない（自然な原因・結果の関係性が認められない）ということである。

4.2　複合語

典型的孤立語のタイ語における唯一の生産的な語形成の方法は、複合語をつくることである。タイ語の複合語は、複合動詞と複合名詞に分かれる。

---

[14] タサニー・メーターピスィット氏の指摘。(6c) の plaa「魚」と yen「冷たい」、khěŋ「堅い」が名詞句 plaa yen「冷たい魚」、plaa khěŋ「堅い魚」を構成していることは、後ろに tua níi「この」などの連体修飾表現を添え得ることよって証明される（e.g. plaa yen tua níi「この冷たい魚」、plaa khěŋ tua níi「この堅い魚」)。ただし plaa khěŋ「堅い魚」は日常生活でほとんど使われることのない不自然な表現である。そのため kháw chêε plaa khěŋ (tua níi)「彼は（この）堅い魚を浸す」という表現も不自然に聞こえる。

タイ語の複合動詞は、畳語、重複語、動詞句／動詞句連続体、述部、節などの形式と関連があり（cf. Singnoi 2008）、chêɛ-yen「冷やす」や chêɛ-khɛ̆ŋ「凍らす」は「動詞句連続体から転用されたタイプ」の複合動詞である。複合動詞 chêɛ-yen／chêɛ-khɛ̆ŋ を含む表現を（7）に挙げる。

(7) a. kháw ｛chêɛ-yen/chêɛ-khɛ̆ŋ｝ plaa.
　　　 PRO　 ｛冷やす／凍らす｝　　　魚
　　　 彼は魚を｛冷やす／凍らす｝。

　　b. kháw ʔaw plaa maa ｛chêɛ-yen/chêɛ-khɛ̆ŋ｝.
　　　 PRO　持つ　魚　来る　｛冷やす／凍らす｝
　　　 彼は魚を持って来て｛冷やす／凍らす｝。

　　c. plaa thùuk (kháw) ｛chêɛ-yen/chêɛ-khɛ̆ŋ｝.
　　　 魚　 PASS　(PRO)　｛冷やす／凍らす｝
　　　 （魚は（彼が）｛冷やす／凍らす｝という事態を被る＞）魚は（彼によって）｛冷やされる／凍らされる｝[15]。

　　d. plaa ｛chêɛ-yen/chêɛ-khɛ̆ŋ｝ yùu nay tûu yen.
　　　 魚　 ｛冷やす／凍らす｝　　 DUR　〜の中　冷蔵庫
　　　 魚は冷蔵庫の中で（自ずと）｛冷えている／凍っている｝[16]。

　　e. plaa ｛chêɛ-yen/chêɛ-khɛ̆ŋ｝
　　　 魚　 ｛冷やす／凍らす｝
　　　 冷蔵魚／冷凍魚

（7a）、（7b）は能動態の叙述用法である。（7a）では複合動詞が単独で使われ、（7b）では複合動詞が動詞句連続体の後続動詞として使われている。（7c）は受動態の叙述用法である。コーパスから集めた実際の用例の中に動作主名詞句を含む受動態構文はなかったが、動作主名詞句が生起するときの統語位置を示すために代名詞 kháw「PRO」を括弧に入れて表記した。（7d）は中間態の叙述用法である。（7e）は名詞句であり、主名詞 plaa「魚」が chêɛ-yen／chêɛ-khɛ̆ŋ によって修飾されている。

---

[15] thùuk chêɛ-khɛ̆ŋ「凍らされる」より thùuk chêɛ-yen「冷やされる」のほうが自然である（タサニー・メーターピスィット氏との私信）。

[16] chêɛ-khɛ̆ŋ yùu「（自ずと）凍っている」より chêɛ-yen yùu「（自ずと）冷えている」のほうが自然である（タサニー・メーターピスィット氏との私信）。

TNC コーパスには chêɛ-khɛ̌ŋ「凍らす」が 55 トークン含まれていた。比喩的用法の 10 トークンと固有名詞（会社名）に使われた 1 トークンを除いた 44 トークンの中で、複合名詞の構成素として使われる修飾用法（kûŋ chêɛ-khɛ̌ŋ「冷凍エビ」や chôŋ chêɛ-khɛ̌ŋ「冷凍スペース」など）が 40 トークンと、圧倒的に多かった。

タイ語の複合名詞は、下記のとおり、構成素の組み合わせパタンと主名詞の意味役割によっていくつかの種類に分類できる（Singnoi 2005: 48–56）。

(a) S-V-(O) パタン
  1. Agent-V-(O)：khon-khàp-rót（人＋駆る＋車）「運転手」
  2. Experiencer-V-(O)：phûu-rúu（人＋知る）「事情に通じた人」
  3. Theme-V：plaa-dìp（魚＋生だ）「生魚」
  4. Instrument-V-(O)：môɔ-hǔŋ-khâaw（鍋＋炊く＋米）「炊飯器」
(b) O-V パタン
  1. Patient-V：klûaj-thɔ̂ɔt（バナナ＋揚げる）「揚げバナナ」
  2. Patient-V-Patient：mǔu-thɔ̂ɔt-krathiam（豚＋炒める＋ニンニク）「ニンニクを添えた豚肉炒め」
(c) COMP-V パタン
  1. Place-V-(O)：hôŋ-ráp-khɛ̀ɛk（部屋＋迎える＋客）「応接室」
  2. Time-V-(O)：wan-yùt（日＋止まる）「休日」
(d) V-S パタン
  1. V-Agent：phát-lom（吹く＋風）「（風が吹く＞）扇風機」
  2. V-Theme：wǎan-caj（甘い＋心）「（心が甘い＞）愛する女性」

TNC コーパスに含まれていた chêɛ-khɛ̌ŋ を含む複合名詞は、(b1)「主名詞が被動者の意味役割を持つ O-V パタン」と (c1)「主名詞が場所の意味役割を持つ COMP-V パタン」の 2 種類だった。「冷凍エビ」などの (b1) 被動者タイプが 25 トークン、「冷凍スペース」などの (c1) 場所タイプが 15 トークンあった。

一方、叙述用法は4トークンしかなかった。その4トークンの中には、「凍らされた」という受動態の例が2トークン[17]、「凍っている」という結果状態を表す例（「氷の塊の中に凍って沈んでいるのが発見された」）が1トークン、「冷凍保存する」という行為を表す例（「死体を持って行って氷の塔の中に冷凍保存した」）が1トークン含まれていた。行為を表す例の chêe-khěŋ は、(7b) のような目的語をとる必要のない動詞句連続体の後続動詞として使われていた。(7a) のような目的語をとる例は、母語話者コンサルタントへの聞き取り調査では容認できると判定されたが、TNC コーパスには含まれていなかった[18]。

TNC コーパスから拾った chêe-khěŋ を含む複合名詞の多くが「冷凍エビ、冷凍鶏、冷凍食品」などの「被動者タイプ」だったということは、複合名詞に含まれる chêe-khěŋ の多くは「凍らされた」という受動態（あるいは「（自ずと）凍った」という中間態）の意味を表しているということである[19]。chêe-khěŋ は、(7a)、(7b) のように動的でより具体的、個別的な「何かを凍らす」という行為（他動性の高い行為）を表すために使われるよりも、(7e) のように静的でより抽象的、一般的な「冷凍の何か」という状態（他動性の低い状態）を表すために使われることのほうが多い。つまり（一般の動詞の主用法は叙述

---

[17] chêe-khěŋ が「無為に放置する」という比喩的意味を表す場合は受動態（「無為に放置される」や「周りの変化から置き去りにされ旧態依然のまま取り残される」など）になることが多く、10 トークンあった比喩的用例の中で半数以上の 6 トークンが受動態だった。因みに、(1a) タイプの khâa taaj「殺して死ぬ」という動詞句連続体も受動態になることが多い。その受動態構文は「原因となる行為（殺す）と結果の状態変化（死ぬ）の両者が焦点化され統合された単一事象（殺して死ぬ）の生起によって主語名詞句の指示物が影響を被る」ことを表す（高橋 2011a）。
[18] chêe-yen「冷やす」の用例は TNC コーパスになかったので、Google エンジンを使って検索したところ（2013 年 3 月 27 日検索）、chêe-khěŋ「凍らす」と同様、修飾用法（ʔaahǎan chêe-yen「冷蔵食品」など）が圧倒的多数を占めていることがわかった。見つかった少数の叙述用法には、名詞化された例（kaan chêe-yen「冷蔵」など）と目的語をとる必要のない動詞句連続体の後続動詞として使われている例（ʔaw waj-dɛɛŋ pay chêe-yen「赤ワインを持って行って冷やす」など）しかなかった。
[19] 査読者から「複合名詞に含まれる chêe-khěŋ は「誰かが凍らす、凍らせる」という能動態の意味を表していると考えられないか。もし能動態であれば、その他動性は高い」というコメントをもらった。しかし複合名詞に含まれる不定節の chêe-khěŋ は「凍らされた」といった受動態もしくは「（自ずと）凍った」といった中間態の意味を表している。先に挙げた複合名詞分類一覧を見てほしい。動作主（Agent）の主語（S）を含む「O–(S)–V パターン」はない。査読者の挙げた例 ʔaahǎan tham ʔeeŋ「自分でつくった料理」の修飾部分 tham ʔeeŋ「自分でつくる」は、節性の低い不定節ではなく、節性のより高い関係節であると考えられる。さらに言えば、動作主が明示された受動態表現 (7c) も一般的ではない（タサニー・メータービスィット氏との私信）。

用法であるが）chêɛ-khɛ̌ŋ の主用法は修飾用法である。chêɛ-khɛ̌ŋ は「被動者を表す名詞を修飾する修飾語（冷凍の～）として主に機能する形容詞的な複合語」である。

4.3　Freeze 事象表現の他動性

　タイ語の Freeze 事象表現（7a）～（7e）の他動性比較を表 1 に示す。他動性の高さを示唆する 10 の因子（A）～（J）(Hopper and Thompson 1980: 252–253) の適合数は、「能動態の複合動詞単独の叙述用法（7a）：彼は魚を凍らす」と「能動態の動詞句連続体の叙述用法（7b）：彼は魚を持って来て凍らす」と「受動態の叙述用法（7c）：魚は凍らされる」が 9、「中間態の叙述用法（7d）：魚は（自ずと）凍っている」が 4、「修飾用法（7e）：冷凍魚」が 2 である。したがって他動性の値は「（7a）／（7b）／（7c）＞（7d）＞（7e）」の順に低くなると言える。

表 1　タイ語の Freeze 事象表現（7a）～（7e）の他動性比較

	A: 複数参加者	B: 動作性	C: 動作限界あり	D: 瞬間的	E: 意志的	F: 肯定	G: 現実性	H: 動作能力	I: 全体的被動作性	J: 対象の個体性
(7a)	√	√	√		√	√	√	√	√	√
(7b)	√	√	√		√	√	√	√	√	√
(7c)	√	√	√		√	√	√	√	√	√
(7d)						√	√		√	√
(7e)						√			√	

　複合動詞 chêɛ-khɛ̌ŋ が「凍らす」という使役の意味を表すときは（7b）のように目的語をとる必要のない動詞句連続体の後続動詞として使われることがわかった。さらに、そのような叙述用法は実際にはあまり見られず、（7e）の

ような「冷凍の〜」という意味の修飾用法の使用例が圧倒的に多いということもわかった。修飾用法は状態性の表現であり、動的事象を表す叙述用法に比べ、その他動性は低い。特に、(G) 事象の現実性 (Mode) と (J) 対象の個体性 (Individuation of O) の程度が低いことが修飾用法の特徴である。叙述用法 (7a) 〜 (7d) の chêɛ-khěŋ は現実の Freeze 事象を表すが、修飾用法 (7e) の chêɛ-khěŋ は非現実の Freeze 事象を表す。叙述用法 (7a) 〜 (7d) の被動者名詞句の指示物は当該談話文脈の中で同定できる具体的な被動者（個別のもの）だが、修飾用法 (7e) の主名詞の指示物は類型概念としての抽象的な被動者（一般化されたもの）である。

5 おわりに

本稿のコーパス調査によって、タイ語話者は、具体的に「何かを凍らす」事象を叙述したいときには複合動詞を含む動詞句連続体を使い、何かについて「冷凍の〜」と修飾してタイプ分けしたり一般化したりしたいときには単独の複合動詞を使う傾向があることが明らかになった。複合動詞 chêɛ-khěŋ は修飾機能を主とし、いわば形容詞もどきである。形容詞的性質を持つ複合動詞で表される事象は動詞句連続体で表される事象より低い他動性を示す。

現代タイ語の動詞述語表現に（1 音節の基本的な）動詞が単体で使われることはそれほど多くない。使用頻度が高いのはむしろ動詞句連続体や複合動詞である。使用頻度を言語形式の典型性の指標とするならば、タイ語動詞述語表現の典型は動詞句連続体や複合動詞であると言ってよいだろう。そうした動詞述語表現の他動性とはいかなるものか。本稿はその問いを追求した 1 つの事例研究である。本稿の分析結果は「実際に個々の動詞述語表現が当該言語共同体の中でどのように使われているのかを調査しなければ、その他動性の値を同定することはできない」という事実を示している。

謝辞
本稿は 2012 年度神田外語大学研究助成（短期在外研究 No.11）を受け、タイ国家学術研究評議会（National Research Council of Thailand）から許可（No. 0002/6121）を受けて、タイで 5 ヶ月間（2012 年 10 月から 2013 年 2 月まで）実施した調査研究の成果の一部である。根気よく母語話者コンサルタントを務めてくださったアッカラチャイ・モンコンチャイ氏と例文の適格性を判断していただき助言をいただいたタサニー・メータービスィット氏に感謝申し上げる。建設的な批評と有

益な示唆をいただいた 2 名の匿名査読者にも感謝申し上げる。

参照文献

Bruce, Les (1988) Serialization: From syntax to lexicon. *Studies in Languages* 12(1): 19–49.

Chuwicha, Yajai (1993) *Khwaam pen prayòok khɔ̌ɔŋ nùaj sâaŋ kariyaa rian naj phaasǎa thaj* [*Clausehood in serial verb constructions in Thai*]. Doctoral dissertation, Chulalongkorn University.

Durie, Mark (1997) Grammatical structures in verb serialization. In: Alex Alsina, Joan Bresnan, and Peter Sells (eds.) *Complex predicates*, 289–354. Stanford: CSLI Publications.

Enfield, Nicholas J. (2002) Cultural logic and syntactic productivity: Associated posture constructions in Lao. In: N. J. Enfield (ed.) *Ethnosyntax: Explorations in grammar and culture*, 231–258. Oxford: Oxford University Press.

Haspelmath, Martin (1993) More on the typology of inchoative/causative verb alternations. In: Bernard Comrie and Maria Polinsky (eds.) *Causatives and transitivity*, 87–120. Amsterdam/Philadelphia: John Benjamins.

Hopper, Paul J. and Sandra A. Thompson (1980) Transitivity in grammar and discourse. *Language* 56(2): 251–299.

Matichon (2004) *Phótcànaanúkrom chabàp matichon* [*Matichon dictionary of the Thai language*]. Bangkok: Matichon.

Prasithrathsint, Amara (2010) *Chanít khɔ̌ɔŋ kham naj phaasǎa thaj: Kaan wíkhrɔ́ʔ thaaŋ wâakkàyásǎmphan* [*Parts of speech in Thai: A syntactic analysis*]. Bangkok: A.S.P. Publishers.

Rappaport Hovav, Malka and Beth Levin (2001) An event structure account of English resultatives. *Language* 77(4): 766–797.

Royal Institute of Thailand (2013) *Phótcànaanúkrom chabàp râatchabandìtàyásàthǎan phɔɔ sɔ̌ɔ sɔ̌ɔŋ phan hâa rɔ́ɔj hâa sìp sìi* [*Royal Institute dictionary of the Thai language, 2011 edition*]. Bangkok: Royal Institute of Thailand.

Singnoi, Unchalee (2005) *Kham naam prasǒm: Sàat lɛ́ʔ sǐn naj kaan sâaŋ kham thaj* [*Compound nouns: Science and art of Thai word-formation*]. Bangkok: Chulalongkorn University Press.

Singnoi, Unchalee (2008) Kham kariyaa prasǒm naj phaasǎa thaj: Mùat mùu thîi pràp plìan tháp sɔ́ɔn lɛ́ʔ sàp sǒn [Compound verbs in Thai: Confusing, overlapping and transitional category]. *Language and Culture* 27(2): 23–40.

Takahashi, Kiyoko (2009) Basic serial verb constructions in Thai. *Journal of the Southeast Asian Linguistics Society* 1: 215–229.

高橋清子（2011a）「タイ語コーパス TNC を利用した談話分析に基づく khâa-taay（殺す–死ぬ）事象の考察」『日本認知言語学会論文集』11: 191–201.

高橋清子（2011b）「タイ語の関係節構文」長谷川信子（編）『70 年代生成文法再認識：日本語研究の地平』253–275. 東京：開拓社.

Takahashi, Kiyoko (2012) On historical semantic changes of the Thai morpheme *hâj*. *Journal of the Southeast Asian Linguistics Society* 5: 126–141.

Thompson, Sandra A. and Paul J. Hopper (2001) Transitivity, clause structure, and argument structure: Evidence from conversation. In: Joan Bybee and Paul Hopper (eds.) *Frequency and the emergence of linguistic structure*, 27–60. Amsterdam: John Benjamins.

ラワン語の自他動詞
形態的対応と事象のコード化の面からの考察

大西　秀幸

【要旨】本稿では、ラワン語における自他動詞の形態的関係と、派生の手段及び方向性を概観し、事象のタイプ別に自動詞文と他動詞文のどちらでコード化されるかを日本語と対照しながら観察する。結論として、ラワン語は反使役化の形態的派生をもたない「他動詞化」の言語であり、事象のコード化における自他の選択については、意図性や有責性等ではなく、発話において何が話題として挙がっているのかが重要な動機になる言語であるといえる。

キーワード：ラワン語、他動性、対照研究、派生、自他のコード化

1　はじめに

　これまでラワン語[1]における自他動詞（文）の諸側面については、自他動詞の形態特徴や統語的ふるまいについてまとめられた先行研究（LaPolla 2011、Morse 1963 他）はあるものの、任意の事象が自動詞文と他動詞文のどちらでコード化されるのか、その選択の決め手になるのは何かを述べた研究は管見の限り見当たらない。本稿では、自他動詞の形態的関係と、派生の手段及び方向性を概観したうえで、事象のタイプに基づき、それぞれが自／他動詞文のどちらでコード化されるのかを観察し、最終的に、事象のコード化を決定するために最も重要になる動機を明らかにする。

　ラワン語はミャンマー連邦共和国及び中華人民共和国で話されるチベット＝ビルマ語派、中央チベット＝ビルマ語群、ヌン語支に属する少数民族の言語で

---

[1] 本稿でのラワン語の表記は正書法に従う。正書法とはアメリカの宣教師 Robert H. Morse によって導入された転写法である（詳しい音韻解釈については Morse 1963 を参照されたい）。ほとんどの文字は英語の発音に対応するが、次に示す文字は音価を示す必要があるだろう。v = [ə], ø = [ɯ], q = [ʔ], c = [s ～ ts]、コロンは長母音を表す。正書法では示されないが閉鎖音が音節末に現れる音節以外では低、中、高、降の 4 種の声調が観察される。声調の区別は声調記号を付して示す。

ある（Matisoff 2003、長野 1989 他）。インターネット版 ethnologue[2] にはミャンマー国内の話者数が 62,000 人（2000 年調査）という数字が挙がっている。Barnard（1934）によるとラワン語には 100 以上の方言があるとされ、方言間では意志の疎通がほとんど不可能な場合もある[3]。類型論的特徴としては、基本的に文内の構成素（語）は文中の生起位置によってその役割が決まり、他動詞の場合は AOV、自動詞の場合は SV という順番になる。しかし文脈から推測可能であれば名詞句は節から省略が可能である。項の役割は格接尾辞を付加することによっても示すことができる。また、ラワン語の動詞は項の人称・数に一致する屈折を受けるがこれは、文中に現れる動詞が自動詞であるか他動詞であるかを判断するために重要な手がかりとなる（2 節に詳述）。

本稿構成としては、まず 2 節で自動詞（文）、他動詞（文）と呼ぶものを定義する。そして 3 節では、筆者の作成したコーパスからラワン語の動詞を抽出し、有対動詞と無対動詞に分類したうえで、有対動詞に関しては派生の手段と方向性をまとめる。そのうえで 4 節では、事象を自／他動詞でコード化する際に何が動機になるのかを問題として提起し、日本語と対照させて論じる。

本稿で扱う例の一次資料は、母語話者であるコンサルタント[4]の協力により得られたものである。具体的には、筆者はコンサルタントから民話を収集し、コーパスを作成した。このコーパスから動詞だけを抽出し、ラワン語の動詞リストを作成し調査を行った。民話の収集は 2012 年 12 月～2013 年 1 月と 2013 年 2 月～3 月に 2 回行い、コンサルタントの語りを録音し書き起こしを行った。本稿で挙げる例文は特に断りのない限り、コーパスデータからの引用である。尚、筆者作例と付してある例文に関しては、コンサルタントによってその適格性が保証されている。

2　自動詞と他動詞

本稿ではラワン語の自動詞と他動詞を次のように定義する。ラワン語の動詞が受ける屈折を概観すると 2 つに大別できることが分かる。1 つは、参与

---

[2]　http://www.ethnologue.com/language/raw （最終閲覧日 2013 年 9 月 16 日）
[3]　これはおそらく彼らの居住地が山がちな場所にあり、相互の交流が難しかったことによると考えられる。
[4]　コンサルタントはカウンランプー出身で 1939 年生まれ、言語形成期（6–12 歳）をカウンランプーで過ごしている。その後、教員としてカチン州内を転々とし、現在はミッチーナに在住している。

者の人称・数に一致する＜タイプ1＞で、もう1つは動作の方向に一致する＜タイプ2＞である。代表として非過去形の屈折パターンを表1に示す。

表1 ラワン語の屈折のタイプ

タイプ1			タイプ2	
1人称	単数：	Vng	1＞2：	Vng
	双数：	Vshī	1＞3：	Vngò
	複数：	Vì	2＞1：	ēVng
2人称	単数：	ēV	2＞3：	ēVò
	双数：	Vshī	3＞1：	ēVng
	複数：	ēVnīng	3＞2：	ēVò
3人称：		ø	3＞3：	Vò

　＜タイプ2＞の動詞が述語に現れる節では動作主にあたる名詞句が動作主格マーカー-íで標示されるという特徴がある。本稿では＜タイプ1＞の動詞を自動詞、＜タイプ2＞の動詞を他動詞と定義する[5]。そして自動詞が述語に現れる文を自動詞文、他動詞が述語に現れる文を他動詞文と呼ぶ[6]。

　自動詞文の主語と、他動詞文の対象が同一で、その自動詞と他動詞が形態的に関係している場合、「自他対応がある（有対動詞）」と呼び、関係しないものを「自他対応がない（無対動詞）」と呼ぶ。有対動詞の例を（1）に、無対動詞の例を（2）に挙げる。

(1) a. dvrè shv̀l-ē.
　　　物　　移動する.3SG-NPST
　　　物が動く。

　　b. àng-í　dvrè　shàlò-ē.
　　　3SG-A　物　　移動させる.3＞3-NPST
　　　彼は物を移動させる。

---

[5] ラワン語に関する先行研究であるLaPolla（2011）他では、自動詞と他動詞の定義について、動詞に後続する叙述マーカーの区別を自他の区別として定義している。しかし叙述マーカーとは謂わば文マーカーであり、動詞が主文の述語として生起する場合は現れるものの、補文節や、名詞節の述語として生起する場合は現れないため、有効な定義とはいえない。一方で屈折は、動詞が生起する文が何であったとしても現れるため、本稿では、屈折のタイプを自／他動詞の定義として用いる。

[6] 3章以降の主張はラワン語の文が自動詞文か他動詞文のいずれかに必ず分類できるという作業仮説に基づくものである。

(2) a. àng-í   ngà   ēsà:tv̀ng-ē
       3SG-A 1SG   殺す.3>1-NPST
       彼は私を殺す。
    b. àng   shī-ì.
       3SG   死ぬ.3SG-PST
       彼は死んだ。

3　自／他動詞の派生の方向と手段
3.1　自動詞と他動詞の形態的関係

　本節では自他動詞の形態的関係を概観する。動詞リスト内の動詞を有対と無対動詞に分類し、さらに Haspelmath（1993）の提案する枠組みをあてはめる。その結果を表 2 にまとめる。全体の動詞のうち有対動詞が 56（28 組）観察される。このうち自動詞と他動詞が同形のペアが 5 組ある。自他同形の 5 組の動詞は自動詞として用いられる場合、自動詞の屈折を、他動詞として用いられる場合には他動詞の屈折を受ける（v́m-è「食べる」、v́mò-è「（何かを）食べる」）。共通語幹から自他ともに派生が生じる両極化のパターンを示すものとして、d-/r- が 6 組（dè「壊れる」— rè「壊す」）、ch-/s- が 6 組（chap「裂ける」— sap「裂く」）、ø-/v- が 4 組（tìdín「沈む」— tìvdín「沈める」）、m-/b- が 3 組（mīng「満たされる」— bīng「満たす」）観察できる。自動詞と対応する他動詞との間に形態的な関係の一切ない所謂補充形が用いられているペアは 4 組ある。形態的なペアをなさない所謂無対動詞は 155 個あり、そのうち 87 個は自動詞で語彙的に対応する他動詞を欠いており、必要であれば 3.2 で示す使役化を用いて他動詞を派生させるか、語根の異なる他動詞を用いる。一方残りの 68 個は他動詞で語彙的に対応する自動詞がなく、3.3 で示す再帰化という統語的手段を用いて自動詞を派生するか、語根の異なる自動詞を用いる。

表 2　有対動詞間の形態的関係と無対動詞 (N=211)

有対動詞 56		
自他同形		10（5 組）
両極化		
	d-/r-	12（6 組）
	ch-/s-	12（6 組）
	ø-/v-	8（4 組）
	m-/b-	6（3 組）
補充		8（4 組）
無対動詞 155		
自動詞（対応する他動詞を欠く）		87
	自動詞＞他動詞の形態的派生 [7]	18
他動詞（対応する自動詞を欠く）		68

　Nichols, Peterson and Barnes（2004）は、自動詞から他動詞を派生する傾向（transitivising（他動詞化））、他動詞から自動詞を派生する傾向（detransitivising（脱他動詞化）、neutral（中立）、inderminate（中間））という 4 つの枠組みを提案している。この枠組みにあてはめると、ラワン語は反使役化（＝脱他動詞化）に対して使役化が圧倒的に多く、動詞の派生の方向性という点から「他動詞化」の言語と位置づけることができる。

　次に 3.2 と 3.3 で特に使役化と反使役化の機能を持つ再帰化の操作について概観する。

3.2　使役化

　接辞によって自動詞を他動詞に派生させる動詞は 18 例観察される。このうち dv- を付加する動詞は 12 例、shv- を付加する動詞は 6 例であった。派生接辞による使役化派生は、自動詞から二価他動詞を派生することにのみ用いられる手法である [8]。

---

[7]　本稿では、有対動詞に焦点を当てて議論を進めるため、無対動詞については詳しい考察を行うことはしない。

[8]　＞：派生の方向を示す。

(3) nɵ́-ē.
　　おとなしい.3SG-NPST
　　おとなしい。
　　　＞ shv-nɵ́ò-ē
　　　　CAUS-おとなしい.3>3-NPST
　　（動物を）てなずける。

派生接辞による使役化の他に補助動詞 wā によっても使役化は行える。wā は、単独で「する、成す」を意味する主動詞としても用いられながら、他の動詞に後続して文の項を増加させるという機能ももち、かなり生産的である。以下に例文を挙げる。(4) が自動詞＞二価他動詞、(5) が二価他動詞＞三価他動詞、(6) が三価他動詞＞四価他動詞の例である。

(4) a. kōdù nér yāmà-taq rɵ́:tn-ē.
　　　PN[9]　TOP　ここ-LOC　座る.3SG-NPST
　　　コードゥーはここに座る。

　　b. kōdù-í nér ngà yāmà-taq ērɵ́:tng ēwāng-ē.
　　　PN-A　TOP　1SG　ここ-LOC　座る.3>1　CAUS.3>1-NPST
　　　コードゥーは私をここに座らせる。

(5) a. àng-í nér nā ēvgaqò-ì.
　　　3SG-A　TOP　2SG　雇う.3>2-PST
　　　彼はあなたを雇った。

　　b. àng-í nér ngà-sv̀ng nā ēvgang ēwāngò-ì.
　　　3SG-A　TOP　1SG-LOC　2SG　雇う.3>1　CAUS.3>1-PST
　　　彼は私にあなたを雇わせた。

使役文を作る場合、動詞は使役主＞被使役者の人称に一致し、被使役者は処格-sv̀ng で標示される。

(6) a. ngà-í nā kīmpà zíng-ì.
　　　1SG-A　2SG　贈り物　与える.1>2-PST
　　　私はあなたに贈り物を与えた。

---

[9] PN: proper-noun（固有名詞）

b. ngà-í　nā-svng　àng　kīmpà　zíng　　　wāng-ì.
　　　 1SG-A 2SG-LOC 3SG　贈り物　与える.1>2　CAUS.1>2-PST
　　　 私はあなたに対して彼に贈り物を与えさせた。

　項が4つ想定できるような使役文を作る場合も同様に、動詞の人称接辞は使役主から受益（領）者への方向に一致する。

3.3　再帰化（反使役化）

　再帰化とは他動詞表現を自動詞表現にする操作（反使役化）のことを指す。LaPolla with Yang（2004）他は反使役化の機能を担う補助動詞 shīに対して再帰（REFL）というグロスを付している。そのため本稿でもそれに倣い再帰化と呼ぶ。shīは（7）のように反使役化として働くこともあれば、（8）のように他動詞文に対して再帰的な意味を実現することもある。

(7)　a.　àng-í　shvlá tì-taq　zērò-í.
　　　　 3SG-A　塩　水-LOC　溶かす.3>3-PST
　　　　 彼は塩を水に溶かした。

　　 b.　shvlá tì-taq　zēr　　shī-ì.
　　　　 塩　水-LOC　溶かす.3SG　REFL.3SG-PST
　　　　 塩が水に溶けた。

(8)　a.　àng-í　tvwv̀n vchaqò-ē.
　　　　 3SG-A　雪　掃き落とす.3>3-NPST
　　　　 彼は雪を掃き落とす。

　　 b.　àng　tvwv̀n vchaq　　　shī-ē.（筆者作例）
　　　　 3SG　雪　掃き落とす.3SG　REFL.3SG-NPST
　　　　 彼は自分の身体についた雪を掃き落とす。

4　事象のコード化：日本語との対照

　本節ではラワン語における事象のコード化について述べる。ラワン語において、事象を自動詞文でコード化するか他動詞文でコード化するかを決める手がかりになるものは何か。本節ではその疑問を日本語との対照から検証する。まず、日本語における事象のコード化について概観しておく。Nishimitsu

(2002)、及びパルデシ・堀江(2005)は、日本語では意図性や有責性が、事象を他動詞文でコード化するか自動詞文でコード化するかに関係すると指摘している。つまり意図的、有責的な事象であるほど他動詞文で表されやすく、そうでない事象ほど自動詞文で表されやすいということである。Nishimitsu (2002)、パルデシ・堀江(2005)は、日本語における他動性の連続体として(9)に示す枠組みを提唱している。

(9)　「意図的事象＞有責任事象＞自然的事象＞自発的事象」

　ラワン語の事象のコード化が(9)の枠組みに沿って行われているとすれば、「意図的事象の原型となる構文は他動詞文で、自発的事象は自動詞文でコード化される」という仮説が立てられる。仮説を検証するために、本節では、ラワン語においてどのような事象を（再帰文を含む）自動詞文あるいは（使役文を含む）他動詞文でコード化するのかを Nishimitsu (2002)、パルデシ・堀江(2005)の提唱する枠組みにあてはめて観察する。

4.1　意図的事象と非意図的事象

　意図的事象は動作主が意図的に行動する事象である。前述のように意図的事象は最も他動詞文で示されやすい。しかしパルデシ・堀江(2005)では、日本語において意図的事象であっても、自動詞文でコード化できる例として、「ホテルが決まった」という例を挙げている。この場合、ホテルを決めたことは意図的であるにも関わらず、自動詞文でコード化できるのである。同様にラワン語においても動作主が意図的に関与する事象を他動詞文でも自動詞文でもコード化することができる。

(10)　a.　vshat nārì-taq　rɵngdāng bīm-ì.
　　　　　八　～時-LOC　座席　　決まる.3-PST
　　　　　8時に座席が決まった（列車の座席のチケットを買った）。
　　　b.　sāndāng-í vshat nārì-taq　rɵngdāng rīmò-ì.
　　　　　PN-A　　 八　～時-LOC　座席　　決める.3>3-PST
　　　　　サンドンは8時に座席を決めた。

　(10a)は、動作主が明示されていないために自動詞文でコード化されると考えることもできるが、ラワン語は動作主が前の文脈ではっきりしてい

り、推測が容易であったりする場合は他動詞文であっても省略できる。そのため、(10a)、(10b)の違いが動作主の存在如何の問題とはいえない。よって、ラワン語でも意図性が事象のコード化に関わらない場合があるといえる。では、なぜ同一の事象が自動詞文でも他動詞文でもコード化できるのか。文脈を見ると(10a)は、列車のチケットを買えるかどうか分からなかった場面で発話された文であり、発話者は、誰がチケットを買ったのか、あるいは、座席が予約できたという事実には関心がなく、決定された座席(座席のランク等)に関心がある。一方でbはサンドンの1日の行動を、話し手が思い出しながら語っている場面で、事象に関与した動作主に関心が向いている文である。このことから、ラワン語では、「発話において何が話題[10]になっているかが、自他のコード化に関わっている」という仮説が立てられる。この仮説を(11)で検証する。

(11) vrá vnángò-è. mvshám ākvt gə̄ táng-ē.
　　　何度も 忘れる.1>3-NPST 歌　　 とにかく 聞こえる.1-NPST
　　　何度(聞いて)も(歌詞を)忘れちゃうよ。とにかく歌を聞かなきゃ。

　(11)の文は、歌の練習を行っている人が、何度聞いても歌がうまく歌えず、話し手はさらに歌を聴いて練習しなくては、と語っている場面である。ここで疑問になるのは、話者が歌を聴こうとしている点で事象のパターンは意図的であるにもかかわらず、なぜ歌を主語とする自動詞文で表現されるのかということである。(11)の中心的な事象は、うまく歌を覚えられなくて、話者が歌を聴くことを必要としているということである。ここでは誰が事象に関与するかは問題ではない。むしろ歌を聴いて練習することの方が話者の関心事である。つまり話題は「歌」の方にあり、その結果、歌が主語の位置に現れるのである[11]。

(12) a. shǿng yv̀ngò-è.
　　　　木　 見る.3>3-NPST
　　　　(彼は)木を見ている／彼には木が見える。

---

[10] 話題の定義についてはTomlin et al. (1997)を参照されたい。
[11] 日本語でも自他両方が可能な場合、何を話題にするかでコード化の選択が違うといえる。しかし日本語はそれに加えて意志性や有責性が関係している。ラワン語においては意図性や有責性が全く関係しないという点で日本語とは異なる。

b. shǿng yv̀ng-è.
      木　　見える.3SG-NPST
      木が見える。

　日本語の場合、他動詞文である「木を見る」と自動詞文である「木が見える」は別の事象である。それは動作主の意図性の有無（あるいは程度）によって説明ができよう。しかし、ラワン語の場合は、(12a) と (12b) の違いを意図性では説明できない。(12a) は彼がどんな状態にあるのかに話題の中心が置かれる文であり、(12b) は対象の「木」に話題の中心が置かれ、いささか木の見えにくい状況を指す文になる。以上のように、日本語は意図性が事象のコード化に関係してくるのに対して、ラワン語は意図性によってコード化の違いを説明できず、話題性が関係しているといえる。

4.2　自然的事象

　日本語では自然現象（雷、雨、風、熱気など）あるいは無生物（鍵、ハンマーなど）を主語として受け入れることは不自然である。このことについて西光（1999: 1）は英語と日本語の対立として次の例を挙げている。

(13) The heat makes me lethargic.
(14) 暑いので私は身体がだるい（*熱気が私をだるく感じさせる）。

　(14) のように日本語は、無生物が参与する事象では、無生物の事象参与者を背景化（斜格化）して人を自動詞主語にとる。つまり、主語の有生性も自他を選択する重要な決め手になる。筆者が収集したラワン語のデータも、日本語と同様に無生物の事象参与者を背景化して人の方を主語としてとる自動詞文が多い (15)。一方で、(16) のように「自然現象」が動作主の位置を占める文も少数ながら存在する。

(15) tòtāng vnā-mēr mvrèngkā-rì shángbè shì-ì.
　　 コレラ　病気-INS　村人-PL　　すべて　死ぬ.3PL-PST
　　 コレラによって村人はすべて死んだ。
(16) mvrūmē-í kōngshí lupmō-ì.
　　 嵐-A　　小舟　　沈める.3>3-PST
　　 嵐が小舟を沈めた。

（15）と（16）はいずれも自然な文である。違いは話題の中心が「自然現象」なのか、被害を受けた対象なのかという問題になる。自然力事象のコード化に関しても、影響をもたらした動作主が背景化されて自動詞文でコード化される例の方が頻度が高いことは「話題性」によって説明できる。自然力事象について述べる場合、話題にのぼるのは大抵自然現象によって恩恵／被害を受けた対象であり、現象自体（原因）が話題にのぼることは稀と考えられるからである。

4.3　自発的事象

　日本語は自発的な事象を他動詞文でコード化することはない。ラワン語においても筆者の一次資料から自発的事象を他動詞文でコード化する例は見当たらないが、作例によって本来自発の解釈が可能な自動詞文を他動化して参与者を増やすことができる。この場合導入される動作主に意図性はない。

(17) a.　ngà　nēr　vgī-mēr　gāi　　svrēng-ē.
　　　　1SG　TOP　犬-INS　自然に　恐ろしい.1SG-NPST
　　　　私は犬を見ると恐怖が湧いてくるのだ。

　　 b.　vgī-í　ngà　　gāi　　　ēsvrēng-ē.　　　（筆者作例）
　　　　犬-A　1SG　　自然に　　恐ろしがる.3>1-NPST
　　　　犬は私に（いつも）恐怖を湧き出させる。

(17a)、(17b)はいずれも自発的事象を示すが、a は、話し手と聞き手がお互いの苦手なものについて語っているときに、話し手が、聞き手の苦手なものを聞いた後で、話し手自身のことを語り出した場面である。b は筆者作例であるが、コンサルタントに場面を設定してもらうと、怖いことで有名な犬について語り合っている中で、話し手自身があの犬を見るといつも恐怖が湧きあがってくると話す場面ということである。
　いずれも、自発的な意味を実現しながら、特に話題に挙がっているものが何かで自動詞文か他動詞文かが決まるようである。

4.4　有責任事象

　日本語の場合、4.1〜4.3 で示した概念の他に、有責性やコントロール性がコード化に関わってくる。パルデシ（2007: 181）は、動作主が事象に対して責任がどの程度あるのかが、自他のコード化に関わりうる、と指摘している。例えば、「財布を落とした。」のような事象は動作主に意図性がなくても、財布を落とすことを回避できるという点で、事象の結果部分が動作主のコントロール下にあると認知される。よって、その動作主は事象に対して責任がある。そして、コントロール性が高ければ高いほど、それに対する主語の有責性も高くなり、結果として、その出来事が他動詞文としてコード化される可能性も高くなる。しかし、ラワン語に目を向けると、有責性、コントロール性もまた、自他によるコード化の区別を説明することはできない。

　例えば、日本語では「毎日たくさん毛が抜けた」に対して、「彼は毎日たくさん毛を抜いた」は同じ事象を指すのには使えない。これは、日本語では毛が抜ける事象が、典型的な自発現象であり、かつ、毛の所有者のコントロール下にない[12]。ラワン語は有責性やコントロール性が関係しないため、上記の事象についても自他どちらでもコード化できる。

(18) a. mīl　　　　　vngā　　　　shì-ē.
　　　（髪以外の）毛　抜け落ちる.3SG　REFL.3SG-NPST
　　　（自分の）毛が抜ける。

　　b. àng-í　vmī dvngāǒ-ē.
　　　3SG-AGT　髪　抜く.1>3-NPST
　　　彼は髪が抜けているんだよ。

　　c. mīl　dvdv̄m　　　vngā　　　　shì-ē.（筆者作例）
　　　毛　頑張って　抜け落ちる.3SG　REFL.3SG-NPST
　　　毛を頑張って抜く。

　（18a）も（18b）も毎日毛が抜けてしまって困っていることを表す文である。（18a）は、民話の中の虎が、毛がなくては寒くて冬が越せないかもしれないのに身体の毛が抜けてしまうことを心配している文であり、毛の必要性

---

[12]　パルデシ（2007）で有責性のある再帰事象として挙がっている「膝を痛める」のような場合、それを回避できるという点でコントロール下にある。

が意識された文である。(18b) は第三者の容姿に関するからかいの1つとして、髪が抜けている（はげている）と指摘した場面の文であり、やはり、発話の中で何が話題になっているかが、コード化に関わっているといえる。毛を抜くという動作を意図的に行っていることを特に表すためには、(18c) のように意図的動作であることを含意する副詞を共起させるなどの操作が必要になる[13]。

　本節の主張から、ラワン語は日本語とは対照的に動作主の意図性、結果に対する責任、有生無生に関わらず、意図性、責任性について同じ事象を自動詞文でも他動詞文でもコード化できる点が特徴的であるといえる。その理由は、ラワン語はどんな事象であるかということよりも、何が話題として挙がっているかをもとにコード化を行うからである。ラワン語で動作の結果を被る対象を話題に挙げた場合、その事象は自動詞文でコード化され、動作主を話題として挙げたい場合は、その事象を他動詞文でコード化する。動作主が話題に上がって、他動詞文でコード化される場合も、その動作主が意図的に事象に意図的に関与しているのか、あるいは、事象に対して有責性やコントロール性をもつか否かは、本質的に事象のコード化に関わってこない。

5　まとめ

　本稿ではラワン語における自動詞と他動詞の対応、派生の方向及びその手段と自／他動詞文のコード化について記述を行った。その結果、ラワン語は以下の特徴をもつとまとめることができる。

- 有対動詞に対して無対動詞が圧倒的に多い。
- 派生の方向性を見ると、形態的には反使役化受動の手法がなく、専ら使役化が用いられる（補助動詞による「再帰化」はある）。動詞の派生の方向性という点からは「他動詞化」の言語と位置づけることができる。
- 事象のコード化においては動作主の意図性や、結果に対する責任の度合い、動作主の有生性ではなく、文において何が話題に挙がっているのかが決め手になる。

---

[13]　意図性、有責性、コントロール性に関係なく事象のコード化が行われるのならば、意図性を含意する副詞を用いなくても、意図性の解釈ができるはずである。しかし話者によると (18c) の場合は、自発的事象の解釈が自然という。話者にとって、表される事象が通常意図的に行われるものか否かということが、この判断に関わってくるといえる。この点についてはさらなる分析が必要である。

謝辞

本稿は 2013 年に東京外国語大学で行われた、ビルマ研究会年次大会での口頭発表「ラワン語の他動性」の内容に加筆・修正したものである。質疑応答の場で有益なコメントをくださった大塚行誠氏、澤田英夫先生に感謝したい。加えて本稿の査読を担当された査読者からは、重要な指摘を多数いただいた。最後になったが筆者の調査を長時間に渡って手伝ってくださったコンサルタントにもこの場を借りて御礼申し上げたい。

参照文献

Barnard, Joseph T. (1934) *A handbook of the Rawang dialect of the Nung language*. Rangoon: Govt. Print and Stationary.

Haspelmath, Martin (1993) More on the typology of inchoative/causative verb alternations. In: Bernard Comrie and Maria Polinsky (eds.) *Causatives and transitivity*, 87–120. Amsterdam/Philadelphia: John Benjamins.

国広哲弥（1974）「人間中心と状況中心：日英語表現構造の比較」『英語青年』119(11): 48–50.

LaPolla, Randy John (2001) *Rawang texts*. Berlin: Lincom Europa.

LaPolla, Randy John (2011) On transitivity in two Tibeto-Burman languages. *Studies in Language* 35(3): 639–649.

LaPolla, Randy John with Yang Jiangling (2004) Reflexive and middle marking in Dulong-Rawang. *Himalayan Linguistics* 2 (on-line journal), December, 2004, (251kb) http://www.uwm.edu/Dept/CIE/HimalayanLinguistics/Journal_2004/LaPolla_HLJ2.pdf.

Matisoff, James A. (2003) *Handbook of Proto-Tibeto-Burman: System and philosophy of Sino-Tibetan reconstruction*. Berkeley, CA: University of California Press.

Morse, Robert H. (1963) Phonology of Rawang. *Anthropological Linguistics* 5(5): 17–41.

長野泰彦（1989）「トゥルン語系」亀井孝・河野六郎・千野栄一（編著）『言語学大辞典　第 2 巻　世界言語編　下-1』1279–1282. 東京：三省堂.

Nichols, Johanna, David A. Peterson and Jonathan Barnes (2004) Transitivizing and detransitivizing languages. *Linguistic Typology* 8(2): 149–211.

西光義弘（1999）「英語は無生物を本当に好むのか」No.30 October. http://www.chart.co.jp/subject/eigo/cnw/30/cn30_1.PDF.

Nishimitsu, Yoshihiro (2002) Transitivity continuum. In: Yoshihiro Nishimitsu (eds.) *Methods for investigating endangered languages*. Endangered Languages of the Pacific Rim Publications Series B-007, 15–38. Osaka: Osaka Gakuin University.

パルデシ、プラシャント（2007）「「他動性」の解剖：「意図性」と「受影性」を超えて」角田三枝・佐々木冠・塩谷亨（編）『他動性の通言語的研究』179–190. 東京：くろ

しお出版.

パルデシ, プラシャント・堀江薫（2005）「「非意図的な出来事」の認知類型論：言語理論と言語教育の融合を目指して」『言語学と日本語教育　Vol. IV』111–123. 東京：くろしお出版.

Tomlin, Russell S., Linda B. Forrest, Ming Ming Pu and Myung Hee Kim (1997) Discourse semantics. In: Teun A. van Dijk (ed.), *Discourse studies: A multidisciplinary introduction, vol. 1: Discourse as structure and process*, 63–111. London: Sage.

メチェ語の使役動詞の形態的特徴

桐生　和幸

【要旨】メチェ語では、使役・非使役動詞のペアにおいて反使役化は見られず、使役化が圧倒的多数を占め、ついで両用のパターンが多い。使役化のパターンは、生産的な接尾辞付加によるものがほとんどだが、一部、祖語にさかのぼることができるパターンを維持するものがある。また、非使役動詞を軸に使役・状態の両方向への派生を見せる語根も存在する。メチェ語では、非使役動詞に対する使役動詞が意味によって異なるペアが存在することを指摘する。最後に日本語と比較し、メチェ語では他動詞化と使役化を積極的に区別する必要はないことを述べる。

キーワード：メチェ語、チベット＝ビルマ諸語、他動詞化と使役化、対照研究

1　はじめに

　本稿では、メチェ語における使役・非使役という意味対立を持つ動詞の形態的な関係について論じる。メチェ語の使役・非使役事象を表す動詞のペアは、非使役事象を表す動詞の方が形態的に無標である。使役形から非使役形を派生する反使役化は存在しない。本稿では、使役・非使役動詞の形態的対応関係について、Haspelmath（1993）、Nichols, Peterson and Barnes（2004）、Comrie（2006）で論じられている自他ペアがメチェ語でどうなるかを概観し、特に使役化の形態的な派生パターンについて記述的に論ずる。

　1節では、メチェ語の概要と調査方法について述べる。2節では、メチェ語の使役・非使役動詞が形態統語論的にどのような対応パターンとなるか、また、各パターンの頻度について辞書のデータとComrie（2006）の31の動詞リストを比較して違いを述べたのち、それぞれのパターンの詳細を考察する。3節では非使役ペアが多義的であった場合の使役形との対応関係、および、ある接頭辞で使役化される動詞群では、使役・起動・状態の意味的連続性が派

生によって具現化している点を考察する。4 節では、対照的な観点から日本語との類型的違いについて考察する。5 節は全体のまとめとする。

1.1 メチェ語の概要

メチェ語は、シナ＝チベット語族、チベット＝ビルマ（TB）語派のボド・ガロ語支に属し、タライと呼ばれるネパール南東部ジャパ郡から西ベンガル州北部の西ドゥアール地域（Dooars）で話されている言語である。ネパールではメチェ Meche と呼ばれるが、インドではボド語（Bodo または Boro）として知られている[1]。ネパールのメチェは、2011 年の統計によると、人口は 4,867 人で、そのうちメチェ語の話者数が 4,375 人である[2]。メチェ語は主要部後置型言語であり、SV、AOV、GN、AN、RelN を基本語順とするが、形容詞については NA 語順も許容する場合がある。形態的には膠着語的であり、接頭辞や接尾辞による派生の仕組みを持つ。

メチェ語の格体系は、基本的には主格・対格型で、それぞれ固有のマーカー（=a と =kəu）があるが、無標表示も可能である。実際の格表示は、主格名詞と対格名詞の名詞句階層（Silverstein 1976）における上下関係によって決まる。他動性は、格表示においてあまり重要ではない。他動性が関係するのは、動作主性が低い経験者主語の時、経験者が対格になるという場合のみである。

1.2 調査方法

本稿では、Meche and Kiryu (2012) の *The Dictionary of Meche-Nepali-English Dictionary* 中に見出し語として集録されている動詞 834 の動詞を対象とし、分析を行った。調査手順として、まず、1 項動詞を抽出し、その使役化のパターンを意味ごとに調査した。また、2 項動詞を抽出し、受動態以外で形態的に非使役動詞を持つものを抽出した[3]。使役・非使役動詞のペアの認定には、形態的な派生関係があるかどうか、および、意味的に使役・非使役の対応関係

---

[1] 系統関係の詳細は、Kiryu (2012) を参照されたし。
[2] *National Population and Housing Census 2011* (*National Report*), Government of Nepal, National Planning and Commission Secretariat, Central Bureau of Statistics, Kathmandu, Nepal, November 2012.
[3] メチェ語の受動態は、「なる」という意味に由来する -ja という接尾辞を動詞に付加して形成される。降格された主語は、道具・随伴・経路を表す =jəŋ によって表される。本稿では扱わないが、メチェ語の受動態は自動詞からも受動態を作ることができ被害的な意味を表す点で日本語に似ている。

があるかを基準として分類を行った。よって、2項動詞の場合、英語のeatのように目的語を省略し、形の上で自動詞的になるようなものは、使役・非使役の対応とは異なるので除外した。以上の作業の結果、ペアを形成する動詞として344ペアのトークンを認めた。このペア数には、形態的に異なるものだけではなく、1つの非使役動詞に対して、別形態の使役動詞が複数存在する場合には、それぞれ別トークンとして算入したものも含まれる（第3.1節参照）。逆に、1つの非使役動詞に複数の意味があっても、意味ごとに対応する使役動詞が異ならない場合には、全体で1トークンとして扱っている。

2 メチェ語の形態的な使役・非使役対応動詞のパターン

メチェ語の自他対応パターンは、使役化（Causative）、両極（Equipollent）、両用（Labile）、補充（Suppletive）の4種類が認められ、反使役化は存在しない。以下にそれぞれの例と件数および割合を示す。

I. 使役化（293例85.1%）
 su 冷える – pusu 冷やす　geu 開く – keu 開ける
 bar 咲く – bar-hə 咲かす

II. 両極（9例2.6%）
 gidiŋ 回る – pidiŋ 回す　jutum 集まる – butum 集める

III. 両用（26例7.6%）
 ton 閉まる・閉める　bigrai 壊れる・壊す

IV. 補充（14例4.7%）
 təi 死ぬ – sitat 殺す　jəŋ 燃える – sau 燃やす

割合を見ると、メチェ語では圧倒的に使役化が多いことがわかる。また、使役化の中でも、2.1節で見るように、接尾辞-həを付加する使役化が8割強ある。

Comrie（2006）であげられているリスト（付録参照）にあてはめ統計を取ると、使役化の割合が低くなる。使役化15例50%、両極4例13.3%、両用6例20%、補充5例16.7%となり、多さの順番は変わらないが、包括的な調査によって得られた結果とはかなり数値的に乖離することがわかる。

2.1 使役化のパターン

使役・非使役対応のパターンとしては、使役化が最も多い。使役化には以下の下位パターンがあり、(1) 初頭子音交替による使役化、(2) 接頭辞による使役化、(3) 接頭辞と子音交替の両方による使役化、(4) 接尾辞による使役化の4つである。この中で、最も多いのが (4) の接尾辞による使役化である。以下、順にその特徴を見ていく。

2.1.1 初頭子音交替による使役化

初頭子音交替による使役化は、非使役動詞の語幹初頭子音が有声の破裂音であるのに対し、対応する使役動詞の語幹初頭子音が無声の破裂音である場合である。このパターンは、2.1.3 節で見るように、さらに使役接頭辞が付いて派生されるものもある。この場合も含めての子音交替のパターンは、/b/–/p/、/ɟ/–/c/、/g/–/k/ の3通りが認められる。子音交替のみのペアは少なく、以下の3つしか見つからなかった。

(1) baiʔ「折れる」– paiʔ「折る」、gau「ふたつに割れる」– kau「ふたつに割る」、geu「開く・(空気が) 抜ける」– keu「開ける・(空気を) 抜く」

現在の姿だけ見れば、このパターンは、両極化としてみなすことも可能である。しかし、通時的な経緯を踏まえると、使役化のパターンとして現時点では使役化とみなしておく方が妥当である。その根拠を以下に述べる。

非使役形の初頭子音が有声閉鎖音である場合、その使役形が同じ調音点の無声音、あるいは、無声有気音で対応するというこのパターンは、実は、TB 諸語では広く見られる (Matisoff 1975, 2003; Sun 1999)。Matisoff (1975, 2003) では、使役動詞の初頭子音の無声有気という特徴は、TB 祖語の使役接頭辞 *s- に由来するものであるとしている。TB 諸語の中には、チベット語などのように *s- と同源の使役化接辞を保持している言語もある。メチェ語の場合も、このパターンに当てはまり、TB 諸語全体における傾向に合致することになる (本書松瀬論文も参照されたし)。よって、使役・非使役の派生関係を考える場合に、歴史的な経緯も合わせて考える方が類型的にその言語群の特徴を踏まえた分類となり、表面的に両極化ととらえるよりは、言語の実態に即していると考えられる。

2.1.2 接頭辞による使役化

使役化に用いられる接頭辞は、pV-、cV-、si- の 3 種類がある（V は母音）。このうち、pV- による使役が最も多く、接頭辞に表れる母音には、/ə, a, i, u, e/ の母音が可能であり、接続する動詞の語幹母音と一致する場合が多い（残りの母音 /o/ の場合は、2.1.3 節の例を参照）[4]。以下にそれぞれの母音が現れる例を示す。使役接頭辞の右側が非使役形である。

(2) pə-jəb「終える」、pə-lau「伸ばす」、pa-ham「良くする」、pi-ci「濡らす」、pu-su「冷ます」、pe-ceb「狭める」

cV- に表れる母音は、/i/ と /ə/ しか認められず、単純に cV- が接続して使役動詞になる例は、mau「動く」− ci-mau「動かす」のペアしか認められない。また、si- の付く動詞は、2 つしか認められない（si-gi「驚かす」、si-gab「泣かす」）。

2.1.3 接頭辞と子音交替の両方による使役化

非使役動詞の子音交替だけでなく、さらに、使役の接頭辞を付加して派生される使役動詞があり、以下の 6 パターンが認められた。

(3) ga「治る」− cəka「治す」、gau「ひび割れる」− cəkau「ひびを入れる」、gəglai「落ちる」− sikəlai「落とす」、gəmət「消える」− cikəmət「消す」、go「（歯が）抜ける」− poko「（歯を）抜く」、ji「破れる」− pici「破く」

2.1.4 接尾辞による使役化

接尾辞による使役化は、動詞に接尾辞 -hə を付けることで派生される。接尾辞 -hə は、本来は (4) のように「与える」という意味の動詞で、使役化辞として文法化したものである。使役化の接尾辞として動詞の語幹について (5b) のように使役動詞を形成する。

(4) aŋ syam=nə pəisa hə-bai.
  1SG シャム=DAT お金 与える-PRF

  僕はシャムにお金をあげた。

---

[4] Matisoff (2003: 185) は、両唇音の使役接頭辞は、ボド・ガロ語支の言語に多く見られ、元来 TB 祖語における *bəy「与える」が語源であるという立場を取っている。

(5) a. bisa=ya   undu-bai.
       子供=NOM   寝る-PRF
       子供は寝た。

   b. bima=ya bisa=kəu   undu-hə-bai.
      母=NOM 子供=ACC 寝る-CAUS-PRF
      母は、子供を寝かせた。

接尾辞 -həが変化自動詞に付いた場合 (6) のように使役動詞として、また、(7) のように他者に対する一般的な使役文として使うことができる。よって、使役接辞 -hə は、日本語の使役接辞 -(s)aseru と非常によく似ている。

(6) a. bom=a   gau-bai.
       爆弾=NOM 破裂する-PRF
       爆弾が破裂した。

   b. ram=a   bom gau-hə-bai.
      ラム=NOM 爆弾 破裂する-CAUS-PRF
      ラムが爆弾を破裂させた。

(7) ram=a   sita=kəu taŋ-hə-bai.
    ラム=NOM シタ=ACC 行く-CAUS-PRF
    ラムは、シタを／に行かせた。

使役接尾辞 -həは、接頭辞や子音交替によって形成された他動詞に付いて、一般的な使役の意味を付け加えることができる。

(8) ram=a   bisa=kəu   lauti cipəi-hə-bai.
    ラム=NOM 子供=ACC 棒   折る-CAUS-PRF
    ラムは、子供に棒を折らせた。

ただし、-hə によって形成されたものに、さらに、-hə を付け加えて使役を作ることはできない。-hə がすでにあるものは、迂言形を用いて使役文を作る (9b)。

(9) a. ram=a   muli dəi=au   gili-hə-bai.
       ラム=NOM 薬   水=LOC 溶ける-CAUS-PRF
       ラムは薬を水に溶かした。
    b. ram=a   bisa=kəu   muli dəi=au   gili-hə-nə   hə-bai.
       ラム=NOM 子供=ACC   薬   水=LOC   溶ける-CAUS-DAT やる-PRF
       ラムは、子供に薬を水に溶かさせた。

2.2 両極型動詞ペア

単一の語基に異なる接頭辞が付いたものが使役・非使役の対立を表す両極型は、8 ペア認められた。そのうち、いくつかを以下に例示する。

(10) gədəu「沸く」– pədəu「沸かす」、gəjau「流れる」– pəjau「流す」、jikad「起きる、立つ」– dikad「起こす、立てる」、jutum「集まる」– butum「集める」

接尾辞の組み合わせパターンとしては、gV- と pV- の場合が 5 例、ji- と di / de- の場合が 2 例、ju- と tu- が 1 例であった。gV- と pV- のペアの pV- は、使役化辞である。gV- は、いわゆる動詞から形容詞を作る接頭辞と同じであるが、それぞれの非使役形は、この形で形容詞的になることはない。

2.3 両用動詞

両用動詞は、構文的に使役交替現象を示す動詞である。メチェ語において、単一の形で使役・非使役の両方に使える動詞は、26 ペア存在し、使役化を除くと、一番多い。また、両用動詞は、インド＝アーリア系（IA）言語を来現とする語に多く見られる（14 ペア）。IA 言語からの借用語のパターンについては、両用を含め 2.5 節で検討する。ここでは IA 借用語以外のものを以下にあげる。

(11) bən「巻く」、bəngidiŋ「巻き付く・巻き付ける」、beŋte「塞がる・塞ぐ」、he「捻じれる・捻る」、məcib「(目が・を) 閉じる」、pai「曲がる・曲げる」、pehen／peher「広がる、広げる」、səlai「変わる、変える」、ton「丸まる、丸める」、paŋ(te)「閉じる」

これらのうち、bəngidiŋ、beŋte、paŋte は、複合動詞（V1 + V2）である。それぞれ、bən「巻く」+ gidiŋ「回る」、beŋ「妨げる」+ te「堰きとめる」、paŋ「閉じる」+ te「堰きとめる」からなる結果を表す複合動詞である。V1 の動詞については、辞書中では、他動詞の用法しか記載されていない。これらの動詞が、自発的な動作を表す場合にも使えるかをテストした結果、beŋは他動詞としてしか使えない。bən および paŋは、そのまま両用として使えるものの、自動詞的な意味では、複合動詞の形を用いる方がより自然であることがわかった。一見すると、複合動詞化による反使役化のように見えるが、複合動詞自体が他動詞としても使えるので、両用と考える。

2.4　補充動詞ペア

4つ目のパターンとして、使役動詞と非使役動詞が形態的には異なるが、意味的に使役・非使役動詞のペアとなるものを取り上げる。このパターンに当てはまるものとして、15 ペア認定した。以下にそのうちのいくつかを取り上げる[5]。

(12) əŋkat「出る」– bohon「出す」、go「（毛が）抜ける」– pu「（毛を）抜く」、ja「（出来事が）起きる」– dekhaŋ「（出来事を）起こす」、jaʔ「食べる」– dəu「食べさす」、mən「炊ける」– coŋ「炊く」、ja「生まれる」– gopai「生む」、jəŋ「燃える」– sau「燃やす」、sidimən「目覚める」– pəja「目覚めさす」、undu「寝る」– putu「寝かす」

2.5　インド＝アーリア系（IA）言語からの借用動詞

メチェ語は、地域的な事情によりベンガル語、ネパール語、ラズバンシ語などの IA 言語から多く語彙を借用している。メチェ語に動詞として取り入れる場合、元の言語の語幹に -i または -ai という接尾辞を付加して導入する。例えば、ネパール語で「止まる」は rok-nu、「調整する」は milau-nu である

---

[5]　1名の査読者から、undu「寝る」– putu「寝かす」を両極と考える可能性をご指摘いただいた。un-du – pu-tu と形態素境界を付す可能性を考えると、pV-使役接頭辞と語幹の初頭子音 d ～ t の交替を含む使役化の例として諒解する可能性もある。ただ、問題は un- を接頭辞とみなせるかどうかである。辞書中の動詞で un- で始まるものは undu しかない。そのため、偶然、使役交替や両極のように見えるだけかもしれない。そのため、本稿では、補充ペアとして保留しておくことにする。

が、メチェ語に入った場合は、それぞれ rok-i および mil-ai となる。ネパール語の動詞の -nu の部分は不定詞の語尾、-au は使役化辞であり、一応、-au がなければ -i が付き、-au があればその代わりに -ai を付けるという規則性を見出すことができる[6]。

このような規則を設定できるものの、この 2 つの語尾が、使役・非使役のどちらの意味を表すのかは、原語と必ずしも対応しない。辞書中のパターンで見れば、tam-i「止まる」、tam-ai「止める」のように -i が自動詞を、-ai が他動詞を表すように見える。しかし、man-i「信じる、認める」のように -i が付いていても他動詞のものもあり、かつ、-ai が付いているものほとんどは、非使役動詞としても使うことができる。また、中には原語に -au が付いていなくても、メチェ語では -ai が付く動詞（例えば、pər-ai「勉強する、読む」＜ネパール語の pəḍh-nu「勉強する、読む」）も存在する。

本稿の分析に用いた動詞リストからは、IA 言語由来の動詞の使役・非使役のペアは 21 例見つかった。形態的派生関係については、十分な検討ができていないが、パターンは以下のようになる。まず、自動詞が -i で他動詞が -ai となるものは、11 例あった（rok-i／rok-ai「止まる・止める」）。形態的に考えれば、-i の前に -a（IA 言語の使役化辞 -au に相当する）という使役化辞が付加されていると考えられる。11 例のうち 9 例が自動詞として使うことも可能である（bigr-i／bigr-ai「壊れる・壊す」など）。現時点では、-i の自動詞形と -ai を自動詞として用いた場合の意味の違いは不明である。次に、自動詞に -hə を付けて使役形を派生するものは 3 例あった（jəl-i「燃える」、jut-i「集まる」、kul-i「開く」）。次に両用型として -i のものが 1 例（təp-i「加わる・加える」）、-ai のものが 5 例（dub-ai「浸る・浸す」、bədl-ai「変わる・変える」など）、-i／-ai を取らないものが 1 例（ultaŋ「ひっくり返る・ひっくり返す」）。IA 言語からの借用語には、両極型は見られないということになる。

3　使役・非使役動詞ペアと動詞の意味タイプ

以上、辞書に集録されたデータを基に、使役・非使役動詞のペアがどのような形態的関係にあるかを見た。本節では、ペアを形成している動詞から、メ

---

[6] ネパール語では、閉鎖音には無気音・有気音の対立があるが、メチェ語には存在しない。メチェ語では、無声閉鎖音は有気音として発音されるので、ネパール語の roknu ［roknu］ に対応する roki は ［rokʰi］ と発音される。

チェ語における使役・非使役動詞のカテゴリーについて考察を加える。第一に、使役・非使役のペアリングを考える場合、意味を十分に考慮せずに、表面的に形態が対応することにのみ注目しているだけでは不十分である。基本となる動詞が多義的であった場合、その意味すべてに同じ派生形が対応するとは限らない。第二に、典型的な使役・非使役動詞ペアを構成する変化動詞は、多くの場合、使役・起動・状態（casative-inchoative-stative）という連続性の中に位置づけることができ、メチェ語の場合、非生産的な使役・非使役動詞のペアは、この連続性の中に形態的にきれいに位置づけることができることを指摘する。

3.1 多義性と使役・非使役の動詞ペア

本稿では、単に形態的に対応する動詞のペアを抽出するにとどまらず、派生の元となる動詞が多義的であった場合、すべての意味において同じ派生をするのかについても調査を行った。その結果、以下のように7つの非使役動詞が、意味によって異なる使役動詞を持つことがわかった。

(13) ga「剥れる、乗る」> ga-hə「剥がす、乗せる」、ga「治る」> cəka「治す」

(14) ja「発生する」> dikaŋ「起こす」、ja「生まれる」> gopai「生む」、ja「（袋に）収まる」> ja-hə「収める」

(15) jəŋ「輝く」> jəŋ-hə「輝かす」、jəŋ「燃える」> sau「燃やす」、jəŋ「（怒りが）起こる＝怒る」> pəjəŋ「（怒りを）起こさせる＝怒らす」

(16) mən「熟れる」> pəmən「熟れさす」、mən「期日になる」> mən-hə「期日にする」、mən「炊ける」> coŋ「炊く」

(17) gau「割れる」> cəkau「（壺を）割る」、gau「割れる」> kau「（空洞でないのものを）割る」

(18) jam「古くなる」> pəjam「古くする」、jam「すり減る」> jam-hə「すり減らす」

(19) gu「抜ける」> pu「（根のある物を）抜く」、gu「脱げる」> boko「脱ぐ」

(20) su「冷める」> pusu「冷ます」、su「（体温が）下がる」> su-hə「（体温を）下げる」

(13) から (16) は、非使役動詞自体が多義的な場合である。多義的であれば、それぞれの語義に応じて別の使役動詞が対応することがあっても不思議ではない。

　それに対して、(17) から (20) では、非使役動詞の表す意味は同じだが、変化の対象が何なのかによって使役動詞が異なるパターンである。(17) では、壺のように中が空洞なものを割る場合とそうでないものとを割る場合で使役動詞が異なるが、そのような区別は、非使役動詞には見られない。(19) の場合は、gu はどちらも何かから抜ける変化を表すのみだが、使役動詞では、抜く対象によって形式が異なる。つまり、歯や髪の毛のようにもともとそこに生えているものを抜くのか、もともと存在しているとは言えないものを抜くのかで異なっている。(20) も su の意味は温度が下がるという意味だが、使役動詞になった場合、その対象が体温である場合とそれ以外のものである場合とで異なっている。つまり、これらの動詞は、使役動詞になった場合に、対象について細分化がなされていると言える。これは、一つには他動詞は自動詞と比べて、その働きかけの部分が意味を持つ。そのため、働きかけの仕方が異なった場合、違う動詞として表出する。自動詞は、逆に結果状態への到達のみに焦点があり、働きかけの部分は無関係となるため、一つで済むと言えるのではないだろうか。

　さて、逆に、一つの他動詞に対して複数の自動詞が対応する場合はあるであろうか。今回の調査で得られたデータ中には、一例しかそのような例は認められなかった。(15) の「燃やす」という意味の使役動詞 sau である。sau に対しては、jəŋ「燃える」が対応しているが、それ以外に kam「(黒く) 焼ける、焦げる」も存在する。jəŋ は kam と異なり、結果を表すのではなく、火が燃える過程を表す非使役動詞であり、他動詞 sau が動作の部分とその結果の部分とをあわせもっているのに対して、それぞれの部分についての非使役動詞が存在するということになる。

3.2　使役・起動・状態の派生関係

　使役化による使役動詞の派生のうち、接頭辞 pV- を取る動詞は、非使役動詞に gV- を付加することで形容詞に派生することができる。

　このタイプの動詞は、Croft (1990) で論じられている causative/inchoative/stative continuum を形態的な派生で形成する動詞クラスであると言え、Dixon and Aikhenvald（2004: 3–5）で想定されている形容詞が典型的に表す13の意味のうち、5つの意味に対応する。

(21) DIMENSION:
　　　　ge-ded「大きい」< ded「大きくなる」> peded「大きくする」
　　AGE: gə-jam「古い」< jam「古くする」> pa-jam「古くする」
　　VALUE: ga-ham「良い」< ham「良くなる」> pa-ham「良くする」
　　PHYSICAL PROPERTY:
　　　　gə-ra「固い」< ra「固くなる」> pə-ra「固くする」
　　POSITION: gə-jəu「高い」< jəu「高くなる」> pə-jəu「高くする」

　これらの動詞は、対応する形容詞が物理的性質（Physical Property）を表すものが最も多い。また、この種の動詞は、TB祖語で見られる接頭辞による派生の流れをくむ系統であると言える（Matisoff 2003）。

　Dixon and Aikhenvald によれば、色も典型的に形容詞が表す意味内容である。メチェ語では、色もcəm「黒くなる」> gəcəm「黒い」のように変化を表す自動詞から形容詞が派生される。しかし、対応する使役動詞は、-hə を付けて派生される。その他、Human Propensity（jən「喜ぶ」> gəjən「うれしい」）も同様のパターンとなるものがいくつかある。これら動詞の使役形も、-həを付けて形成され、pV- が付加されるタイプと同様、使役・起動・状態の連続性の中に派生関係を持つものとして位置づけることができる。

　その他の形容詞の意味内容は、動詞にあたるものはなく、もともと形容詞しか存在せず、変化動詞的にするには ja「なる」という動詞を用いる必要がある（例えば、məjaŋ「良い」> məjaŋ ja「良くなる」）。

4　日本語との対照

　最後に、日本語についての知見を活用して、対照的な観点から他の言語を分析すると、その言語の特性が明らかになる場合を取り上げてみたい。

　メチェ語と日本語を比較した場合、大きく異なることがある。日本語では、他動詞と使役形とが形態だけでなく意味的にも差異を多く見せ、両者の区別は意味がある。しかし、日本語のようにメチェ語でも他動詞と自動詞の使役をテストしてみると、両者を区別する必要がないことに気付かされる。

日本語では被使役者に意志性があるか、自発的に事態を引き起こすことができる場合は、自動詞＋セルによる使役表現が可能であるが、逆に、主体に意志性が全く認められない場合は、他動詞しか使えないことが多い（青木1977）。
　例えば、主体に意志性が認められる「子供が近所を回る」では、セルによる自動詞使役表現「子供に村を回らせる」が可能である一方、他動詞文「子供に村を回す」は非文である。それに対して、「家がたつ」の時、他動詞文「家をたてる」は良いが、「家をたたせる」は容認不可能である。
　メチェ語では、接頭辞付加や音声交替による使役動詞は、その非使役動詞に生産的な使役接尾辞 -hə を付けた形も可能で、ちょうど日本語の他動詞と自動詞＋使役辞のパターンに類似する。しかし、日本語と異なり、使役文において被役者の意志性の有無による違いは全くないようである。上述の通り、日本語では「子供に村を回わらせる」は良いが、「子供に村を回す」は不自然である。それに対してメチェ語では、「回る」という意味の gidiŋ という自動詞に対して、他動詞的な pidiŋ および自動詞に使役接辞を付けた gidiŋ-hə の両形が可能である。インフォーマントによれば、両者に差はなく、対象が「子供」でも「風車」でもどちらの形も取ることができる。
　日本語では意志が認められない無情物が対象となる場合、他動詞を使って「棒を折った」は問題ないが、使役形を使った「棒に折れさせた」のような文は容認不可能である。メチェ語では自動詞 baiʔ「折れる」に対して使役動詞 cipai と baiʔ-hə の 2 つの形が可能なのだが、どちらを用いても意味的な差は認められない。直接的であるとか間接的であるとか、意図的であるとか非意図的であるとかいう点においても区別がない。どちらも使役者が被使役者に行う直接的な動作で、かつ、意図的動作であるかどうかについては中立である。足をわざと折っても、事故で折ってもどちらの動詞でも問題ない[7]。
　さらに、人により揺れはあるが以下のような表現すら可能である。

(22) lauti=kəu cipaiʔ-nanəi baiʔ-hə-bai.
　　　棒=ACC　折る-CP　　　折れる-CAUS-PRF
　　?棒を折って折った。（直訳：*棒を折って折れさせた。）

　cipaiʔ「折る」は「折っても折れない」式の表現が可能なことから、結果よりは動作事態に焦点があり、結果を含む baiʔ-hə と矛盾しない、という考え

---

[7] 非意図性を明示的に表すには、動詞接尾辞 -pnaŋ や -son を付ける。

方もできるかもしれない。しかし、実は、上の文において、cipaiʔ と baiʔ-hə を入れ替えても問題なく成立する。まるでトートロジーのように聞こえるが、V-nanəi の部分は、どう baiʔ-hə-bai（順番を入れ替えた場合は、cipaiʔ）という動作をしたのか、その手段を述べていると解釈できる。よって、「折ることで折った」というような意味になる。このように言える変化動詞は、相当数存在する。

　日本語でも他動詞と使役化した自動詞とを同一文中に含めることが可能な場合がある。例えば、ある教師は学生が集まった状態にしたいと思っている。学生が自ら集まるように仕向けて目的を達成した場合、「学生を（自主的に）集まらせて集めた」は言えなくもない。しかし、その逆の「学生を集めて（自主的に）集まらせた」はどのような文脈でも不自然である。他動詞の動作は使役動詞の動作を含意できるが、その逆は成立しない。よって、「集める」と「集まらせる」は意味的に等価とは言えない。

　すべての動詞について確認したわけではないので、ここでの主張はさらに検証が必要であるが、現時点では、メチェ語は、日本語のように自他対応のある動詞について、「他動詞」と「使役形」とが日本語のようには体系的に区別される必要はないということが言えるであろう。

5　まとめ

　本稿では、辞書のデータに基づき、メチェ語の使役・非使役動詞の形態的な対応関係について考察した。メチェ語はほとんどが使役化により使役・非使役の動詞ペアが形成される。その他、TB 祖語に由来する使役接頭辞が関係する初頭子音交替による使役化もあるが、数は圧倒的に少ない。ただし、pV- が絡む使役・非使役ペアは、gV- による形容詞派生とも関係し、一つの動詞クラスを成している。また、日本語との対照から、メチェ語においては「他動詞化」と「使役化」というものを区別する必要がないことを示した。

謝辞

　取り上げた動詞の意味的な判断は、辞書中の定義、および、コンサルタントである Santa Lal Meche 氏との聞き取り調査によって行った。同氏および本稿初稿に対して有益なコメントをいただいた査読者 2 名の方に感謝申し上げたい。解釈上の一切の不備は筆者の責に帰するものである。また、本研究は科学研究費補助金基盤研究（C）24520485 の助成を受けて行った調査の成果の一つである。

参照文献

青木伶子 (1977)「使役：自動詞・他動詞とのかかわりにおいて」『成蹊国文』10: 26–39. 成蹊大学日本文学研究室（須賀一好、早津恵美子（編）(1995)『動詞の自他』日本語研究資料第 1 期第 8 巻, 108–121. 東京：ひつじ書房. に再録）.

Comrie, Bernard (2006) Transitivity pairs, makedness, and diachronic stability. *Linguistics* 44(2): 303–318.

Croft, William (1990) Possible verbs and the structure of events. In: Savas Tsohatsidis (ed.) *Meanings and prototypes: Studies in linguistic categorization*, 48–73. New York: Routledge.

Dixon, Robert M. W. and Alexandra Y. Aikhenvald (2004) *Adjective classes*. Oxford: Oxford University Press.

Haspelmath, Martin (1993) More on the typology of inchoative/causative verb alternations. In: Bernard Comrie and Maria Polinsky (eds.) *Causatives and transitivity*, 87–120. Amsterdam/Philadelphia: John Benjamins.

Kiryu, Kazuyuki (2012) Western Boro dialects in Nepal and northern West Bengal. 『美作大学・美作大学短期大学部紀要』57: 9–18.

Matisoff, James A. (1975) A new Lahu simplex/causative pair. *Linguistics of Tibeto-Burman Area* 2(1): 151–154.

Matisoff, James A. (2003) *Handbook of Proto-Tibeto-Burman: System and philosophy of Sino-Tibetan reconstruction*. Berkeley, CA: University of California Press.

Meche, Santa Lal and Kazuyuki Kiryu (2012) *Meche-Nepali-English dictionary*. Jhapa: The Council of the Meche Language and Literature.

Nichols, Johanna, David A. Peterson, and Jonathan Barnes (2004) Transitivizing and detransitivizing languages. *Linguistic Typology* 8(2): 149–211.

Silverstein, Michael (1976) Hierarchies of features and ergativity. In: Robert M. W. Dixon (ed.) *Grammatical categories in Australian languages*, 112–171. Canberra: Australian National University.

Sun, Hongkai (1999) On the category of causative verbs in Tibeto-Burman languages. *Linguistics of the Tibeto-Burman Area* 22(1): 183–199.

附録

表 1 メチェ語における Comrie (2006) の動詞ペア

Comrie (2006) のペア	非使役形	使役形	タイプ
1. boil	gədəu	pudəu	E
2. freeze	daka ka	daka ka-hə	C
3. dry	ran	pəran	C
4. wake up	sidi mən	pəja	S
5. go out/put out	gəmət	cikəmət	C
6. sink	dubəi	dubəi-hə	C
7. learn/teach	pərai/cələŋ	pərəŋ	S
8. melt	gili	gili-hə	C
9. stop	tami	tami-hə	C
10. turn	gidiŋ	pidiŋ	E
11. dissolve	gili	gili-hə	C
12. burn	jən	sau	S
13. destroy	bigrai	bigrai-hə	C
14. fill	buŋ	puŋ	C
15. finish	jəb	pəjəb	C
16. begin	suru ja	suru kəcam	E
17. spread	peher/pehen	peher/pehen	L
18. roll	ton	ton	L
19. develop	jakaŋpu	dekaŋ	S
20. get lost/lose	gəma	gəma-hə	C
21. rise/raise	NIL	NIL	
22. improve	sudrai	sudrai	L

23. rock	mau	cimau	C
24. connect	jorai	jorai	L
25. change	səlai	səlai	L
26. gather	jutum	putum/butum	E
27. open	geu	keu	C
28. break	baiʔ	ci-paiʔ	C
29. close	paŋ(te)	paŋ(te)	L
30. split	gau	kau/cəkau	C
31. die/kill	təi	sitat	S

*21 の rise「あがる」—raise「あげる」ペアについては、メチェ語では上方向への移動を語彙化した表現がない。「旗が（高いところへ）行く」「煙が出る」「（高いところに）置く」「手が立つ」、「手を立てる」など、項の種類によって異なる表現が使われるため、該当する表現がないと判断した。

本表は、国立国語研究所のオンラインリソースである「使役交替言語地図」（http://watp.ninjal.ac.jp/）からダウンロードが可能である。

ネワール語における自他動詞対

民話テキストの動詞分類と考察[1]

松瀬　育子

【要旨】本稿では、ネワール語の民話テキストに表れる動詞を対象に、自他動詞の派生の方向と出現比率を調査し分析する。辞書を元にした自他動詞対の派生タイプの一覧とは異なり、民話テキストに現れる動詞対の派生タイプ毎の出現比率では、「使役化」と並んで「補充交替」が比較的高く出る。補充交替のタイプが比較的高く出る要因としては、移動動詞群、とりわけ、直示動詞が補充交替を示し多用される点が挙げられる。

キーワード：民話テキスト、使役化、補充交替、移動動詞、直示動詞

1　はじめに

　ネワール語は、ネパールのカトマンズ盆地に先住するネワール族の言語であり、現在ではネパール国内外に居住するネワールの人たちによって話されている。言語系統的には、シナ＝チベット語族、チベット＝ビルマ語派に属す。家庭内ではネワール語、社会生活では公用語であるネパール語を話す人たちが多くいる。2011 年の国勢調査では、ネワール語を母語とする話者数は全人口の 3.2 パーセントを占め 84 万 7 千人となっている。

　ネワール語の語順は SOV で後置詞を取り、能格型構文パターンを示す。基本的には、他動詞文の主語（A）が能格で表され、他動詞文の目的語（O）と自動詞文の主語（S）が絶対格で表示されるが、有生の目的語は与格で表されることが多い。名詞句に関する特徴として、名詞化接辞（-mha, -pĩ:, -gu）にも格表示にも有生性が反映され、類別詞も多く用いられる。動詞句に関しては、情報へのアクセスの確実性という点から、話者の意図的行為のみを表示

---

[1] 本稿で使用した略語は以下の通りである。CM 連接形、FC 未来 conjunct 形、FD 未来 disjunct 形、NF 非終止形、NFC 非未来 conjunct 形、NFD 非未来 disjunct 形、ST 状態形、HON 尊敬形。その他の略語は Leipzig Glossing Rules に従っている。

する動詞の活用形がある。また、日本語の「て形」に似た動詞連鎖も頻繁に使用される。

2　ネワール語の自他動詞の派生方向

自動詞と他動詞の形態的派生関係を論じた類型論的研究では、Haspelmath (1993) と Nichols et al. (2004) が代表的研究と言え、大きな影響力をもつ。Haspelmath は、自動詞と他動詞の派生関係を次の五つのタイプに分類している[2]。一つ目は causative alternation「使役化」、二つ目は anticausative alternation「反使役化」、三つ目は equipollent alternation「両極化交替」、四つ目は suppletive alternation「補充交替」、五つ目は labile alternation「自他同形」である。

Haspelmath が対象とした自他の対応は、ナロック (2007a, 2007b) で指摘されているように、使役動詞 (causative) と起動動詞 (inchoative) の交替に限定され、変化の対象主語を取るものを自動詞、動作主を主語に取るものを他動詞とする厳密な区分からなる。一方、Nichols et al. (2004) では、laugh、eat などの意図的な動作動詞や fear、be angry などの心理動詞も考察の対象に加え、Haspelmath よりも自他対応の射程を広く取っている。対象とする動詞対の射程を広く取ることによって、自他動詞対の派生タイプ毎の割合が変わってくることが予想される。事実、ネワール語では、Haspelmath が提示する動詞対の派生タイプ別の出現と Nichols et al. が提示する動詞対の派生タイプ別の出現が異なって現れる。こうした事実によって、実際に使用されている文脈に現れる動詞数（トークン数）を観察した場合、派生タイプ毎の出現がどのようになるのか興味をかき立てられる。そこで、本稿では、Haspelmath や Nichols et al. の自他対応表を作成することに加え、ネワール語の「民話」に現れる自他動詞対の派生タイプ毎の出現数と出現比率を調査する。

実際のテキストに現れる動詞対の派生タイプ毎の比率を調べることは、近年の文法研究において著しい注目を集めている「言語の使用と頻度」を重視する研究手法につながっていく。Langacker (1982, 1987) の「用法基盤モデル (Usage-Based Model)」以降、「経験による文法知識の定着、ある表現にどのくらい頻繁に遭遇したかという頻度によって文法が構築される」という考え

---

[2] Nichols et al. (2004) の自他の派生についての分類は 4 分割 (detransitivization, transitivization, indeterminate, neutral) であり、Haspelmath の suppletive alternation と labile alternation が neutral に組み込まれている。

方が大きな潮流となってきている（Hopper 1987、Bybee and Thompson 1997、Kemmer and Barlow 2000、Bybee 2006 など）。こうした捉え方は、自他動詞対の派生方向の動機付けがどのようなものかについてもあてはまり、ナロック（2007a, 2007b）の議論にあるように、「使用の頻度の高いもの」が「派生の方向の原型」になり、派生方向を決める根拠として妥当なものと位置づけられる。

　本稿もこうした考え方に依拠し、実際の経験としての言語素材である民話テキストに現れる自他動詞の使用頻度を調査することによって、次の二つの問いに答えることを目的とする。

① 使役化がどの程度優勢か。（自動詞原型が証明できるか。）
② 使役化／使役化以外のタイプでは、どのような意味特徴があるか。

　民話テキストに現れる自他動詞の派生タイプの実際を調査するという点から、本稿の構成は以下のようになる。まず、2.1 節では、ネワール語の自他動詞の五つの交替パターン（派生タイプ）の概要を述べる。3 節で、Comrie (2006) が提示した対応表（Haspelmath (1993) の改訂版）のネワール語版と、Nichols et al. (2004) の対応表のネワール語版を作成する。4 節では、民話テキストに表れる自他動詞の出現数と派生タイプ毎の出現比率を調査し、派生タイプ別の意味的特徴を抽出する。5 節で、移動動詞の特徴をまとめ、日本語の自他動詞の対応と対照させる。6 節で、上の二つの問いの答えをまとめる。

2.1　ネワール語における自他交替パターン

　ネワール語における自動詞と他動詞の交替パターンについて、松瀬・桐生 (2010) では 4 種に分けられている。本節では、自他同形を示すパターンを加えた五つのパターンを、Haspelmath の分類に対応させる形で (1) に提示する。

(1) ネワール語の自他交替パターン
　　ネワール語の交替パターン　　　　　Haspelmath (1993) の派生タイプ
　　　1.　使役化（音韻交替）　　　　　1.　「使役化」
　　　　　使役化（接辞 -k の付加）
　　　2.　反使役化はなし　　　　　　　2.　「反使役化」
　　　3.　両極化交替　　　　　　　　　3.　「両極化交替」
　　　4.　補充交替　　　　　　　　　　4.　「補充交替」
　　　5.　自他同形　　　　　　　　　　5.　「自他同形」

　(1) の対応から、ネワール語には「使役化」にふたつの形態的手段があり、「反使役化」を表す手段がないことがわかる。以下の (2) – (6) に、ネワール語の五つの交替パターンの例文と主な動詞対を挙げる。

　(2) は、音韻交替による「使役化」の対応パターンである。自動詞形が有声・無気音を持ち、他動詞形が無声・有気音を持つ。Malla (1985: 98) によれば、この無声有気音はチベット・ビルマ祖語の接頭辞 *s- に由来する。

(2) a. phae wayā:,　mi　**gwā-ta**.
　　　風　来る.NF　火.ABS　燃え上がる-NFD
　　　風が吹いて、火が燃え上がった。
　b. swã: puyā:　rām-ā:　mi　**khwā-ta**.
　　　息　吹く.NF　ラム-ERG　火.ABS　燃え上がらせる-NFD
　　　息を吹きかけて、ラムが火を燃え上がらせた。

　(2) の他に、動詞の対応例として da-ye → tha-ye（折れる・折る）、kwa:ji-ye → kwa:chi-ye（決まる・決める）、ta:jyā-ye → ta:chyā-ye（割れる・割る）等がある。

　「使役化」のもうひとつのパターンは (3) に示され、自動詞に使役接辞 -k を付加して他動詞を派生させるものである。(2) の音韻対応の場合と同じく、Malla (1985: 98) によれば、この使役接辞も、歴史的な使役接尾辞に遡る。

(3) a. la:　dā-la.
　　　水.ABS　沸く-NFD
　　　湯が沸いた。

b. rām-ā:　　la:　　dāe-**k**-ala.
   　　ラム-ERG　水.ABS　沸く-CAUS-NFD
   　　ラムが湯を沸かした。

　(3) の動詞対の他に、jwa-ye → jwa-**k**-e（尖る・研ぐ）、nā-ye → nāe-**k**-e（溶ける・溶かす）、khwa-ye → khwae-**k**-e（固まる・固める）など、多くの動詞対がある。
　(2) と (3) の「使役化」に対して、(4) は軽動詞 ju-ye（なる）と yā-ye（する）が対応するパターンであり、派生の方向がない「両極化交替」に相当する。軽動詞の前に現れる要素の多くがネパール語等からの借用である。

(4)　a.　gitā　　　khusi **ju**-la.
　　　　ギタ.ABS　喜び　なる-NFD
　　　　ギタが喜んだ。
　　b.　rām-ā:　lū:-yā　sikha:　　bi-yā:　gitā-yāta khusi **yā**-ta.
　　　　ラム-ERG　金-GEN　ネックレス　やる-NF　ギタ-DAT　喜び　する-NFD
　　　　ラムが金のネックレスをあげて、ギタを喜ばせた。

　(4) の他に、dube **ju**-ye － dube **yā**-ye（沈む・沈める）、kam **ju**-ye － kam **yā**-ye（減る・減らす）、suru **ju**-ye － suru **yā**-ye（始まる・始める）などの対応例がある。
　派生方向がない二つ目のタイプに「補充交替」がある。このタイプの自動詞と他動詞は、形態的派生に依るのではなく、意味的な対応に依っている (5)。

(5)　a.　khā　**si-ta.**
　　　　鶏.ABS　死ぬ-NFD
　　　　鶏が死んだ。
　　b.　jī:　　wa　　khā-yāta **syā-nā**.
　　　　1sg.ERG　その　鶏-DAT　殺す-NFC
　　　　私がその鶏を殺した。

　(5) の他に、wan-e － chwa-ye（行く・遣る／送る）、wan-e － yā:-k-e（行く・持っていく）、wa-ye － ha-ye（来る・持ってくる）など移動動詞の自他対応が多い。

派生方向のない三つ目のタイプに、(6) の「自他同形」がある。

(6) a. ākājhākā̃: kwathā-yā khāpā **ti-ta**.
   突然　　　部屋-GEN　ドア.ABS　閉まる-NFD
   突然部屋のドアが閉まった。

   b. kyūːse juː-gulī: rām-āː chẽː-yā khāpā **ti-ta**.
   暗く　なる.ST-ので　ラム-ERG　家-GEN　ドア.ABS　閉める.NFD
   暗くなったので、ラムは家の扉を閉めた。

自他同形を示す動詞数は限られている。tiye（閉まる・閉める）の他には mhun-e（消える・消す）、swā-ye（つながる・つなげる）があるが、swā-ye については、他動詞形として、使役化接辞 -k をつけた swā-k-e が多く用いられている。

以上のように、ネワール語の自他交替は五つのパターンに分けられるが、次節の表1、表2に示されるように、「使役化」が顕著に出る。とりわけ、使役接辞 -k を付加するパターンが生産的である。

3　Haspelmath（1993）と Nichols et al.（2004）

ここでは、Haspelmath（1993）の自他動詞 31 対と Nichols et al.（2004）の 18 対が、ネワール語でどのように出現するかを調べ、表1と表2に示す。表1は、Haspelmath が示した表を Comrie（2006）が改訂したものに添っている。

表 1　Comrie（2006）のネワール語動詞対

Comrie(2006)	inchoative verb	causative verb	pairing type
1.boil	dā-ye	dā-e-k-e	C
2.freeze	khwa-ye	khwa-e-k-e	C
3.dry	gan-e	gā:-k-e	C
4.wake up	dan-e	than-e	C
5.go out/ put out	pi-hã: wan-e	pi-chwa-ye/ pi-ta chwa-ye	S

6.sink	dun-e/ dube ju-ye	thun-e/ dube yā-ye	C
7.learn/teach	sa-e-k-e	syen-e	S
8.melt	nā-ye	nā-e-k-e	C
9.stop	di-ye	di-k-e	C
10.turn	pha-hil-e	pha-hi-i-k-e	C
11.dissolve	nā-ye	nā-e-k-e	C
12.burn	gwā-ye	khwā-ye	C
13.destroy	dun-e	thun-e	C
14.fill	jā-ye	jā-e-k-e	C
15.finish	kwa-cā-ye/ sidha-ye	kwa-cā-e-k-e/ sidha-e-k-e	C
16.begin	nyā-ye	nyā-k-e	C
17.spread	cakan-e	cakā:-k-e	C
18.roll	gulla tul-e	gulla tui-k-e	C
19.develop	bwalan-e	bwal ã-k-e	C
20.get lost/ lose	tan-e	tã:-k-e	C
21.rise/raise	thahā̃: wan-e	tha-chwa-ye	S
22.improve	bhin-e	bhĩ:k-e	C
23.rock	san-e	sã:-k-e	C
24.connect	swā-ye	swā-k-e	C
25.change	hil-e	hii-k-e	C
26.gather	mun-e	mũ:-k-e	C
27.open	cā-ye	cā-e-k-e	C
28.break	ta:-jyā-ye	ta:-chyā-ye	C
29.close	ti-ye	ti-ye	L
30.split	bā-ye	phā-ye	C
31.die/kill	si-ye	syā-ye	S

C=causative alternation, S=suppletive alternation, L=labile alternation

表1から、31動詞中、26動詞が「使役化」を示し、「使役化」が顕著に出

現することがわかる。その一方で、「補充交替」を示すものは 4 動詞、「自他同形」は 1 動詞となっている。

次に、Nichols et al.（2004）の自他動詞 18 対に対応するネワール語の動詞対と派生タイプを表 2 に提示する。

表 2　Nichols et al.（2004）のネワール語動詞対

English verbs	intransitive verb	causative verb	pairing type
1.laugh/ make laugh	nhil-e	nhi:-k-e	C
2.die/kill	si-ye	syā-ye	S
3.sit/seat	phetu-ye	phetu-i-k-e	C
4.eat/feed	na-ye	na-k-e	C
5.learn/teach	sa-e-k-e	syen-e	S
6.see/show	khan-e	kyen-e	S
7.be angry/ make angry	tã: pihã̃: way-e	tã: pi-kā-e-ke	S
8.fear/frighten	gyā-ye	khyā-ye	C
9.hide	sul-e	su-cu-k-e	S
10.boil	dā-ye	dā-e-k-e	C
11.burn	cyā-ye	cyā-k-e	C
12.break	ta:-jyā-ye	ta:-chyā-ye	C
	syen-e	syẽ:-k-e	C
	twa:-dhul-e	twa:-thul-e	S
13.open	cā-ye	cā-e-ke	C
14.dry	gan-e	gã:-k-e	C
15.become straight/ straighten	tapyān-e	tapyã̃:-k-e	C

16.hang	yo-gā-ye	yo-khā-ye	C
17.turn over	bhwapu-ye	bhwapu-i-ke	C
18.fall/let fall	kutũ: wan-e	kutu-k-e	S

　表2ではbreakに相当する動詞を三つ挙げ、合計20動詞の構成としている。「使役化」が20動詞中13動詞あり、「補充交替」が7動詞ある。
　表1と比較すると、「使役化」を示す動詞数が減少しているとは言え、依然として、派生タイプ別の出現では第一位を保っている。その一方で、「補充交替」を示す動詞数が増えている。これは、対象とする動詞に、意図的動作動詞や心的状態変化を示す動詞をも含めたためだと考えられる。
　では、辞書から抽出した非重複セットの一覧ではなく、実際の使用では、自他動詞の派生タイプ別の出現がどのような傾向を示すのだろうか。

4　ネワール語の民話テキストに現れる自他動詞対の派生関係

　本節では、ネワール語の民話テキスト3編[3]を取り上げ、派生方向に関わる動詞を対象に、その派生のタイプと比率を調査する。3編の民話に現れる総動詞数は2,050語であるが、(7)に挙げた3区分の動詞を、自他動詞の派生タイプの区分から除外する。その結果、調査対象とする動詞数は1,087語となる。

(7) 自他動詞の派生タイプの区分から除外するもの

    a. 他動詞形のみを示す動詞 654 語
    b. コピュラ動詞 89 語
    c. 両極化交替を示すjuye（なる）とyāye（する）を持つ動詞であっても、khusi juye（喜ぶ）とkhusi yāye（喜ばせる）のような自他交替を示さない動詞 220 語

---

[3]　調査する民話は、「ドンツァレツァ」（11ページ、227行、総動詞数743語）、「人形との結婚」（13ページ、263行、総動詞数712語）、「犬の子供たち」（10ページ、208行、総動詞数595語）の3編である。これらの古民話は、少なくとも50年ほど前には出版されていて、そのはるか以前から、ネワールの人たちによって語り継がれてきたものであると思われる。なお、「ドンツァレツァ」については、福音館書店からあらすじを絵本化したものが「プンク・マインチャ」のタイトルで出版され、『こどものとも傑作集』に収められている。

対象となる動詞 1,087 語の派生タイプ別の数と比率を表 3 に示す[4]。

表 3　3 編の民話に現れる自他動詞の派生タイプと比率

派生タイプ	動詞の数	自他の別	出現比率
使役化	659	自 517 ／他 142	60.7%
両極化	52	自 25 ／他 27	4.7%
補充	373	自 234 ／他 139	34.4%
自他同形	3	—	0.2%
合計	1,087	自 776 ／他 308 自他同形 3	100%

表 3 では、派生タイプ毎の比率が、使役化 60.7 パーセント、両極化 4.7 パーセント、補充 34.4 パーセント、自他同形 0.2 パーセントとなる。また、自動詞と他動詞の出現比率においても、自動詞の割合が多い。表 3 の使役化を示す動詞 659 語では、自動詞が 78.5 パーセント、他動詞が 21.5 パーセントを示し、補充交替においても、自動詞が 62.7 パーセント、他動詞が 37.3 パーセントを示す。表 3 全体では、自動詞 71.3 パーセント、他動詞 28.3 パーセントとなる。従って、自動詞と他動詞の出現数から見ても、ネワール語が「自動詞原型」であることがわかる。

表 3 から、ネワール語の自他動詞の派生関係においては使役化が優位となる言語であり、自動詞原型であると位置づけられる。このことは、ナロック（2007a, 2007b）で提示された仮説「使用の頻度の高いものが派生の方向の原型になり、派生方向を決める根拠となる」を支持するものとなる。

次に、表 3 で最も高い比率を示した「使役化」659 語の意味別特徴を表 4 に示す。紙幅の関係上、表 4 の動詞例は、一時的存在を除いて、頻度の高いもの上位 4 対だけを挙げている。

---

[4]　表 3 に挙げた派生タイプ別の比率は、タイプ・トークン率（TTR）といったコーパス言語学で用いられる精緻な統計処理ではなく、単純に、対象となる動詞数のうち、各派生タイプに当てはまる動詞数の比率を割り出したものである。

表 4 「使役化」動詞 659 語の意味的特徴

	自動詞	他動詞	使用頻度の高い動詞例
状態変化	181	63	daye（ある）81 − daeke（作る）23、bã:lāye（素晴らしくなる）12 − bã:lāke（素晴らしくする）0、jiye（良くなる）11 − ji: ke（良くする）1、jāye（満ちる）6 − jāeke（満たす）0
一時的存在	87	2	cwane（滞在する）74 − cwã:ke（滞在させる）2
自律動作	166	55	naye（食べる）52 − nake（食べさせる）25、khwaye（泣く）26 − khwaeke（泣かせる）0、dyene（寝る）5 − thyene（寝かす）1、dane（起きる）4 − thane（起こす）1
位置変化	6	4	thyene（着く）6 − thyeke（着かせる）4
心的状態（感情・感覚・生理現象、等）	77	18	yeye（好きになる）15 − yeke（好きにならせる）0、laetāye（うれしくなる）8 − laetāeke（うれしくさせる）0、nhya:waye（眠くなる）3 − nhya:waeke（眠くさせる）1、gyāye（怖がる）2 − khyāye（怖がらせる）4
合計	517	142	

表 4 の内訳で最も多いものは、物理的状態変化とその変化を引き起こす実

体との意味関係を表していて、自動詞181、他動詞63である。次に多いのが自律動作で、自動詞166、他動詞55となる。心的状態を表す動詞も、自動詞77語と他動詞18語を示す。位置変化（移動）に関しては、thyene（着く）のみが使役化に該当する。従って、使役化は物理的状態変化を筆頭に、多くの意味範疇を含むことになるが、位置変化では着点を表示するthyeneだけが使役化の派生タイプに属している。では、一定の距離を進むことを典型とする多くの位置変化動詞は、使役化以外のどこに所属するのだろうか。表3では、使役化とともに、補充交替が35パーセントに近い数字を示しているので、表5に、補充交替を示す373語がどのような意味的特徴を示すのかを表示する。表4と同様、表5の各区分に属する動詞は上位4例を表示する。

表 5　補充交替を表す動詞373語の意味的内訳

自他の別	移動・移動以外の別		使われる動詞例
自動詞 234	主体移動動詞（直示）198		wane（行く）99、waye（来る）96、jhāye（行く・来る HON）3
	主体移動動詞以外 36		khane（見える）26、siye（死ぬ）5、libāye（沈む）2、saeke（教わる）1
他動詞 139	客体移動動詞 122	直示 65	chwaye（行かせる）9、yā:ke（持っていく）27、haye（持ってくる）29
		直示以外 57	taye（置く）23、kāye（取る）23、pitine（追い出す）5、kurke（落とす）4
	客体移動動詞以外 17		kyene（見せる）7、syāye（殺す）5、syene（教える）3、sucuke（隠す）2

表5は、補充交替に属する自他動詞対の主なものは移動動詞群であること

を示している。自動詞の場合、234 語のうち、主体移動に義務的につく直示動詞が 198 例を占め、wane（行く）が 99 例、waye（来る）が 96 例使われている。一方、他動詞では、139 語のうち 122 例が客体移動動詞であり、それ以外はわずか 17 例である。客体移動では、3 種類の直示使役動詞（chwaye（送る、行かせる）、yā:ke（持っていく、連れていく）、haye（持ってくる、連れてくる、来させる））が 65 例を占めている。このように、古民話に現れる補充交替では、自他動詞共に移動動詞がその大半を占めることが明らかになった。

5　移動表現における直示の重要性：日本語との対照を含めて

　ネワール語の補充交替では移動動詞がその大半を占めることから、本節では、移動動詞のうち、直示動詞が義務的に使用されることについて 2 点述べる。その後、類型論的観点からの客体移動の下位区分に基づいて、ネワール語の直示動詞が占める下位区分を確認する。最後に、自他動詞の派生方向の明示性と直示動詞の使用に関して、日本語の表現と対照させる。
　なお、直示動詞の定義については、澤田（2011: 165）を参考にする。直示動詞は、発話場面の要素（話し手、発話時、発話場所）を語義の中に取り込んだ表現であり、特に、「話し手の領域からの／への移動」を含むものとする。

5.1　ネワール語の直示動詞の義務性

　ネワール語の直示動詞について注目すべき第一点は、移動様態を表す場合でも、移動経路を表す場合でも、直示動詞がほぼ義務的に表れる点である。ネワール語には「歩く・走る」等の移動様態を表す独立した動詞がなく、「歩く（nyāsi wane/waye）」、「走る（bwã: wane/waye）」のように、様態を表す要素の後ろに直示動詞が義務的に現れる（8）。

(8) nyāsi-wane-gu　　mha-yāta nī:.
　　歩き-行く.INF-NM　体-DAT　健康だ.ST
　　歩くことは健康に良い。

　注目すべき第二点は、主体移動（自動詞表現）だけでなく、客体移動（他動詞表現）にも専用の直示動詞があり、「継続運搬」と「開始時使役」で義務的に使われる点である（「継続運搬」と「開始時使役」については 5.2 節を参

照)。客体移動を表すネワール語の3種の直示動詞（chwaye（送る、行かせる）、yā:ke（持っていく、連れていく）、haye（持ってくる、連れてくる、来させる））が使い分けられ、4節で見た古民話では、chwaye が 9 例、yā:ke が 27 例、haye が 29 例使われている。yā:ke を用いた古民話の例文を (9) に挙げる。

(9) baru chā: nhyātthẽ: yānā-sā̃: ji-gu kwā:
  むしろ 2SG.ERG どうにか する.CM-でも 1SG-AND 骨

 <u>yā:kā:</u> yamalhi-mā-e thunā byu.
 持っていく.NF いちじく-木-LOC 埋める.CM やる.IMP

 むしろお前はどうにかしてでも、私の骨を持っていき、いちじくの木（の下）に埋めてくれ。

(9) では、yā:ke（持っていく）が単独で使われているが、5.3 節でみるように、客体移動を表す直示動詞は動詞連鎖の形式でも多く用いられる。

5.2　類型論的観点から：松本（近刊）の区分

ネワール語では、主体移動事象に直示動詞が義務的に現れる。また、客体移動事象は、継続運搬、開始時使役、手動操作の 3 種に分けられる（松本（近刊））が、継続運搬と開始時使役で直示動詞が義務的に使われる。継続運搬は、使役者が移動物とともに移動することを表し、開始時使役は、使役者が移動物の移動のきっかけとなる動作を行うもので、使役者自身の移動は伴わない。手動操作は、使役者の手の届く範囲内で移動物の移動を行うことを表す。こうした 3 種の客体移動のうち、ネワール語は、継続運搬と開始時使役で直示使役動詞を義務的に使う (10)。

(10) piwāt-ā: bwã̄:e-bwã̄:e wanā: khicā-yāta buyā <u>hala</u>.
  門番-ERG 走って-走って 行く.NF 犬-DAT 抱く.CM 連れてくる.NFD
  門番は走っていって、犬を抱きかかえてきた。

5.3　日本語との対照

ここでは、ネワール語の方が日本語よりも、「使役化」をより明示的に示す点と、動詞連鎖の後項動詞として直示動詞を義務的に使用する点を述べる。

自他動詞の派生方向の明示性については、次のことが言える。日本語では、「あがる－あげる」「とる－とれる」の対応に見られるように、/e/ 音が「使役化」にも「反使役化」にも用いられ、また、/r/ 音が自動詞を表し、/s/ が他動詞を表すという一般化もされていて（Jacobsen 1991）、派生方向が複雑である。ヤコブセン（1989: 220）は「自動詞と他動詞のどちらが有標であるかに関して画一的でない」と述べている。Haspelmath（1993）は日本語を中立パターンに入れ、Nichols et al.（2004）は他動化型に分類し、ナロック（2007a）も他動化型を示すとしていて、研究者によって見解が分かれる。自他動詞の派生関係の明確さという点においては、3 節～4 節で見たように、ネワール語の方が圧倒的に使役化優位であり、古民話の頻度調査では、使役化が 60.7 パーセントを示す。

　直示動詞の義務性に関しても、次のことが言える。日本語でもネワール語でも、直示動詞が動詞連鎖に用いられ、特に、客体移動の継続運搬を表す「持っていく・持ってくる」「連れていく・連れてくる」が多用される。ネワール語でも、動詞連鎖の前項動詞に他動詞（客体移動動詞）を置き、後項動詞に自動詞の wane（行く）と waye（来る）を置く自他混合表現がある。例えば、jwane（つかむ）を前項動詞として用いる jwanā-wane/waye（持っていく・くる）があり、古民話では 13 例現れる。また、bwane（招く）を前項動詞として用いる bwanā-wane/waye（連れていく・くる）もあり、古民話に 5 例現れる。

　動詞連鎖で日本語と異なる点は、上で見た自他混合表現の他に、継続運搬の手段を表す動詞と客体移動を表す直示動詞を用いた動詞連鎖が存在し、他動詞連鎖として用いられる点である。先の例文（10）に加え、（11）を挙げる。

(11) wa　　　　hwat-ā: jhāsā　　　　jhāsā:　　　　　　dhayā:　　juju-yāta
　　 3SG.ABS　穴-ABL　来る.HON.IMP　来る.HON.IMP　言う.NF　王様-DAT
　　 bwanā　　yā:kala.
　　 招く.CM　連れていく.NFD
　　 彼は穴から、いらっしゃい、いらっしゃいと言って、王様を招いて連れていった。

　王様を同伴して移動することを描く（11）では、継続運搬の手段を示す動詞 bwanā（招く）と「連れていく」を表す一語の直示動詞 yā:kala が動詞連鎖

を形成している。ところが、(11) の直後の文脈では、後項動詞が自動詞に変わり、bwanā wana（招く＋行く）が使われている。

　使役者が移動手段としての行為を行った後で移動物とともに移動する場合、動詞連鎖として二つの語彙化方略が考えられる。ひとつは、移動手段を表した後、使役者と移動物の他動的関係を後項動詞で明示したままにするやり方で、(10)(11) の他動詞の直示動詞を使うケースに当たる。もうひとつは、移動手段としての行為を表した後、継続運搬の他動性の関係を「背景化」して、あたかも使役者自身の主体移動とみなして、後項動詞を自動詞の直示動詞で表現するやり方である。一種の擬似的客体移動表現と見られる。ネワール語はこれら二つのやり方を保っていて、自動詞の直示動詞の他に、他動詞の直示動詞を持つ。これに対して、日本語は二つ目の方略のみを採用して、他動詞の直示動詞を創出していない、と考えられる。

6　まとめ

　本稿では、ネワール語の自他動詞の派生関係について、古民話に現れる動詞を対象に、派生タイプ毎の出現数と出現比率を調査した。本稿で試みたデータの規模は非常に小さなものではあるが、自他動詞の派生タイプに関して、一資料としての役目を果していると考える。2 節で挙げた二つの問い（①使役化がどの程度優勢か（自動詞原型が証明できるか）②使役化／使役化以外のタイプでは、どのような意味特徴があるか）の答えとして、古民話調査の結果、ネワール語では、使役化が 60.7 パーセントの優位で表れるが、使役化一辺倒ではなく、補充交替も 34.4 パーセントの比率で表れることが明らかになった。また、実際の動詞数から、自動詞原型であることも示された。さらに、派生タイプ別の意味的特徴としては、使役化が物理的状態変化や自律動作、心的状態変化など、広い意味領域をカバーする一方で、使役化以外では、補充交替が位置変化（移動）を主として表すことが判明した。移動動詞については、古民話調査から、直示動詞がほぼ義務的に使用されることが確認できた。

謝辞

　本稿におけるデータの一部は、プルナ・ラトナ・サキャ氏とカビール・サキャ氏の協力によって得られたものである。コンサルタントの方々に感謝すると共に、

査読の段階で貴重なご意見をいただいた査読者の方々に感謝申し上げる。

参照文献

Bybee, Joan L. (2006) From usage to grammar: The mind's response to repetition. *Language* 82: 711–733.

Bybee, Joan L. and Sandra Thompson (1997) Three frequency effects in syntax. *Berkeley Linguistics Society* 23: 378–388.

Comrie, Bernard (2006) Transitivity pairs, makedness, and diachronic stability. *Linguistics* 44(2): 303–318.

Haspelmath, Martin (1993) More on the typology of inchoative/causative verb alternations. In: Bernard Comrie and Maria Polinsky (eds.) *Causatives and transitivity*, 87–120. Amsterdam/Philadelphia: John Benjamins.

Hopper, Paul (1987) Emergent grammar. *Berkeley Linguistics Society 13: General Session and Parasession on Grammar and Cognition,* 139–157.

ヤコブセン,ウェスリー・M(1989)「他動性とプロトタイプ論」久野暲・柴谷方良(編)『日本語学の新展開』213–248. 東京:くろしお出版.

Jacobsen, Wesley M. (1991) *The transitive structure of events in Japanese.* Tokyo: Kurosio.

Kemmer, Suzanne and Michael Barlow (2000) Introduction: A usage-based conception of language. In: Michael Barlow and Suzanne Kemmer (eds.) *Usage-based models of language,* 1–64. Stanford, CA: CSLI Publications.

Langacker, Ronald W. (1982) Space grammar, analyzability, and the English passive. *Language* 58: 22–80.

Langacker, Ronald W. (1987) *Foundations of cognitive grammar, vol. I: Theoretical prerequisites.* Stanford, CA: CSLI Publications.

Malla, Kamal P. (1985) *The Newari language: A working outline.* Monumenta Serindica 14. Tokyo: Institute for the Study of Languages and Cultures of Asia and Africa.

松本曜(近刊)「移動表現の類型に関する問題点」松本曜(編)『移動表現の類型論』(仮題)東京:くろしお出版.

松瀬育子・桐生和幸(2010)「ネワール語における自動詞と他動詞の対応」西光義弘・プラシャント・パルデシ(編)『自動詞・他動詞の対照』33–68. 東京:くろしお出版.

ナロック,ハイコ(2007a)「日本語自他動詞対における有標性差の動機付け」角田三枝・佐々木冠・塩谷亨(編)『他動性の通言語的研究』295–306. 東京:くろしお出版.

ナロック,ハイコ(2007b)「日本語自他動詞対の類型論的位置づけ」影山太郎(編)『レキシコンフォーラム』3: 161–193. 東京:ひつじ書房.

Nichols, Johanna, David A. Peterson, and Jonathan Barnes (2004) Transitivizing and detransitivizing languages. *Linguistic Typology* 8(2): 149–211.

澤田淳（2011）「日本語のダイクシス表現と視点、主観性」澤田治美（編）『ひつじ意味論講座 5　主観性と主体性』165–192.　東京：ひつじ書房.

日本語を通してみたヒンディー語の語彙的・統語的他動性

複合述語 N/A + kar-naa「する」に焦点をあてて

西岡　美樹

【要旨】本稿は、ヒンディー語に関する Haspelmath (1993) の動詞派生分類の中で両極で扱われている名詞（N）／形容詞（A）＋動詞（V）のうち、名詞（N）／形容詞（A）＋ kar-naa と、同じく日本語の名詞（N）／形容詞（A）＋スル動詞を比較し、それらが織り成す統語的あるいは語彙的な他動性に関する特徴について述べたものである。この構造体は、インド・アーリア諸語研究では複合述語という枠組み内に位置付けられ、特に結合動詞（conjunct verb）と呼ばれる。日本語では広義の意味での複合動詞となる。なお、N/A については、両言語を比較しやすいように、共通で観察される感情表現にあたるものを主にとり上げている。

キーワード：複合述語、結合動詞、統語的他動性、語彙的他動性、スル動詞

1　ヒンディー語と先行研究の概要

　ヒンディー語はインド・ヨーロッパ語族の一支流であるインド・イラン語派の、そのまた下部支流であるインド・アーリア語群に属する言語である。主な使用地域は、インドの首都デリーをはじめ北部を中心とする 9 つの州である。インドの主要公用語の筆頭であることはいうまでもないが、国外でも、インド周辺の国々、また昨今インド系移民が多く移り住んでいるイギリス、オーストラリア、ニュージーランド、アメリカ、カナダ、古くはアフリカ、南米、フィジーなどでも使用されている。インド国内の話者数も 2001 年段階[1]で約 4 億 2,205 万人ほどであり、総人口約 10 億 2,874 万の 40 ％強を占めている。

---
[1] 2011 年に国勢調査が行われたが、執筆時点で言語関係の統計が公開されていないため、2001 年のものを提示する。

このように話者数を多く抱える言語だが、その言語そのものについて簡単に紹介する。まず形態的特徴について述べると、名詞が性（男性／女性）・数（単数／複数）・格（直格／斜格[2]）により変化する。代名詞の変化は、数と格のみの変化である。形容詞は被修飾語となる名詞の性・数・格に応じて変化するものと不変化のものとがある。動詞は人称・性・数および時制（現在／過去／未来）・相（未完了／完了）・法（直説法／命令法／条件・仮定法）に応じて語形変化する。格標示は日本語の格助詞と同じく後置詞に依る。

次に統語的特徴だが、単文レベルは基本的に日本語と同じで、語順はSOVである。名詞修飾句については、修飾部が形容詞の場合は形容詞＋名詞となる。動詞文が節と化して名詞を修飾する場合は、日本語とよく似た、修飾部を名詞の前に置く連体修飾型、そして日本語には馴染みのない関係詞を使用し、節を名詞の後に置く関係節型のどちらかが用いられる。前者については、基本的に主要部を成す名詞と修飾部である動詞との間に主語または目的語関係が成立することが前提とされる構造なので、自ずと使用制限がかかる。したがって、後者の関係節型が多く用いられる[3]。もう一つ、同格節もまた、英語のthatで導かれる同格節のごとく主文の後に置かれる。節内の文は単文と同じ語順であり、英語のような時制の一致のような規則もなく、直接話法、間接話法の区別も厳密なものではなく緩やかである。この点も日本語によく似ている。

音韻的特徴について簡単に述べると、日本語母語話者に馴染みがないのは、有気音・無気音［例：k vs. kh］、歯音とそり舌音［例：t vs. ṭ］、流音［l, r］および弾き音［ṛ］とサンスクリット専用の母音［r̥］の弁別などである。文字表記は音節文字のDevanagari文字だが、これを転写する際には、サンスクリットの特殊翻字を使用するか、アルファベット26文字による大小文字の区別を利用するか[4]、（稀ではあるが）音声記号を転写に使用することもある。

ヒンディー語の自動詞、他動詞の分類や派生については、20世紀から議論

---

[2] 後置詞が後続する際の変化形、つまり後置格のこと。
[3] 筆者の経験から、内容の簡潔性を求められる新聞記事等では、上述の条件下にあれば連体修飾型が好んで使われるようである。
[4] 本稿のヒンディー語の例文はこの方法で表記する。また、例文表記の際に問題になる、接語を分かち書きにするかどうかについては、ヒンディー語の正書法に従い、分けて書かない場合は、＝を付して表記し、分けて書いた場合は、独立した単語のように表記する。ただし、文字資料からの引用の場合は、そちらの表記法を優先する。以上のことを予めお断りしておく。

されてきた。大きく分けて2つの立場があるといってよい。1つは形態重視で自動詞から他動詞が派生するという立場である。一例をあげると、uTh-naa「起きる」という動詞に-aa接辞を付けるとuTh-aa-naa「起こす」になり、さらに使役の-vaa接辞（-waaとも表記する）を付けるとuTh-vaa-naa「起こさせる」となる、といった具合である。-aa接辞を付加したものは通常 *pratham prerNaarthak*（first causative）、-vaaを付加したものは *dvitiiya prerNaarthak*（second causative）と呼ばれる。つまり、ここで他動詞にあたるのは-aa接辞を付加したものになる。この分類を採用しているのは、Kellogg（1938）、Guru（1960）、Kachru（1980）、Dymshits（1985）、S. Singh（1988）などである。もう一つは自動詞 − 他動詞 − 使役動詞という3つの枠組み[5]を立てたもので、派生の方向は必ずしも自動詞→他動詞というわけではなく、しばしば自動詞←他動詞の逆派生も起こるとする立場である。この立場を採っているのは、Pořízka（1963）、Pray（1970）、Masica（1976）、Hook（1979, 1996）[6]、S. B. Singh（1985）と、前者も含め枚挙にいとまがない。

2　ヒンディー語の自他動詞対と動詞派生分類再考

前節で自動詞と他動詞の分類、派生について簡単に触れたが、ここでHaspelmath（1993）のリストにあがっていた31対の動詞の例を観察してみよう。

表1　ヒンディー語の自動詞・他動詞

	Non-causative	Causative
1. wake up	jaag-naa「目覚める」	jag-aa-naa「目覚めさす」[C]
2. break	TuuT-naa「壊れる/破れる」	toR-naa「壊す/破る」[E]
	phuuT-naa★「割れる/破裂する」[7]	phoR-naa「割る/破裂させる」[E]

---

[5] インドの伝統文法的にいえば *akarmak*（intransitive）– *sakarmak*（transitive）– *prerNaarthak*（causative）となる。

[6] Hook（1996）については、本巻に邦訳が掲載されているので、そちらを参照されたい。

[7] 星印およびその派生形は、筆者が追加したもの。これらは、Haspelmath（1993）のリストにはあがっていないが、同じ英単語がそのヒンディー語の訳語として使用されやすいものである。また、派生形［　］内は後述の動詞派生分類の記号。

3. burn	jal-naa「焼ける」	jalaa-naa「焼く」［C］
4. die/kill	mar-naa「死ぬ/やられる」	maar-naa「殺す/やる」［E］
5. open	khul-naa 「開く/開く」	khol-naa 「開ける/開く」［E］
6. close	{band} ho-naa「閉まる」	{band} kar-naa「閉める」［E-P］
7. begin	{shuruu/aarambh} ho-naa 「始まる」	{shuruu/aarambh} kar-naa「始める」［E-P］
8. learn/teach	paRh-naa「読む＝勉強する」	paRh-aa-naa 「読ませる＝教える」［C］
	siikh-naa★「習得する」	sikh-aa-naa 「習得させる＝教える」［C］
9. gather	{ikaTThaa/jamaa} ho-naa 「集まる」	{ikaTThaa/jamaa} kar-naa 「集める」［E-P］
10. spread	phail-naa「広がる」	phail-aa-naa「広げる」［C］
11. sink	Duub-naa「沈む」	Dub-aa-naa/Dub-o-naa 「沈める」［C］
12. change	badal-naa「変わる」	badal-naa「変える」［L］
13. melt	gal-naa★「溶ける」	gal-aa-naa「溶かす」［C］
	pighal-naa「溶ける」	pigh(ə)l-aa-naa「溶かす」［C］
14. destroy	ujaR-naa「荒廃する」	ujaaR-naa「荒廃させる」［E］
	{naash/barbaad} ho-naa★ 「破壊される」	{naash/barbaad kar-naa} 「破壊する」［E-P］
15. get lost/lose	kho-naa[8]「失われる」	kho-naa「失う」［L］
16. develop	baRh-naa「進む」	baRh-aa-naa「進める」［C］
	{vikaas/tarqqii} ho-naa★ 「進歩する」	{vikaas/tarqqii} kar-naa「進歩させる」［E-P］

---

[8] Haspelmath（1993）は自動詞「失われる」に kho-naa 単独ではなく、いわゆる複合動詞 kho jaa-naa（jaa-naa は「イク（行く）」の意）を使用している。

17. connect	juR-naa★「合う」	joR-naa「合わせる」[E]
	mil-naa★「合う」	mil-aa-naa「合わせる」[C]
	bandh-naa「結ばれる」	baandh-naa「結ぶ」[E]
	lag-naa「付く」	lag-aa-naa「付ける」[C]
18. boil	ubal-naa「沸く」	ubaal-naa「沸かす」[E]
		ub(ə)l-aa-naa「沸かせる」[C]
19. rock	jhuul-naa★「揺れる」	jhul-aa-aa「揺らす/揺する」[C]
	hil-naa「揺れる」	hil-aa-naa「揺らす/揺する」[C]
	Dol-naa/Dul-naa★「揺らぐ」	Dul-aa-naa/Dol-aa-naa「揺らす/揺する」[C]
20. go out/ put out	nikal-naa★「出る」	nikaal-naa「出す」[E]
	bujh-naa「消える」	bujh-aa-naa「消す」[C]
	{gul} ho-naa「消える」	{gul} kar-naa「消す」[E-P]
21. rise/raise	uTh-naa「起きる」	uTh-aa-naa「起こす」[C]
22. finish	{xatm/samaapt} ho-naa「終わる」	{xatm/samaapt} kar-naa「終える」[E-P]
23. turn	phir-naa「回る」	pher-naa「回す」[E]
		phir-aa-naa「回す」[C]
24. roll	ghuum-naa★「回転する」	ghum-aa-naa「回転させる」[C]
	luRhak-naa「転がる」	luRh(ə)k-aa-naa「転がす」[C]
25. freeze	jam-naa「凍る」	jam-aa-naa「凍らせる」[C]
26. dissolve	ghul-naa「溶ける」	ghul-aa-naa「溶かす」[C]
27. fill	bhar-naa「埋まる」	bhar-naa「埋める」[L]
28. improve	sudhar-naa★「改まる」	sudhaar-naa「改める」[E]
	{behtar} ho-naa「よくなる」	{behtar} ban-aa-naa「よくする」[E-P]
29. dry	suukh-naa「乾く」	sukh-aa-naa「乾かす」[C]
30. split	phaT-naa「裂ける」	phaaR-naa「裂く」[E]
	cir-naa★「裂かれる」	ciir-naa「裂く」[E]
		cir-aa-naa「裂く」[C]
31. stop	ruk-naa「止まる」	rok-naa「止める」[E]

これら 31 の英語の動詞に対し、Haspelmath（1993）はヒンディー語の動詞対を（20 番を除いて）一例ずつしかあげていないが、ここではこれ以外に意味的に対応しうる動詞や causative の派生形が二通り生じている例も含めたため全部で 49 個あがっている。氏はこれらの動詞を逆使役（Anti-causative）、使役（Causative）、自他同形（Labile）、両極（Equipollent）、補充（Suppletive）の 5 つに分類している。

　ヒンディー語で典型的な派生といえるのは、例えば 3 の jal-naa vs. jal-aa-naa のような非他動・使役[9]（non-causative）の語幹を他動・使役（causative）にする場合に-aa 接辞を付けるものである。この場合、起点となる non-causative が自動詞（ここの場合は「沸く」）であれば causative が他動詞、また、8 の siikh-naa のように起点が他動詞であれば、-aa が付加された形は causative、つまり使役の意味合いをもつことになる[10]。氏はこれらを C として分類している。次に、18 の ubal-naa「沸く」vs. ubaal-naa「沸かす」や 5 の khul-naa「開く」vs. khol-naa「開ける」のように語幹が母音交替（長母音化も含む）するものがある。これらは氏の分類によると A になっている。これは Saksena（1982: 18–19）に依拠した中立化（neutralization）を採用しているためである。これに先立ち、Masica（1976: 52–53）でも、例えば 20 の nikal-naa vs. nikaal-naa について、歴史的には自動詞の nikal-naa が、他動詞の nikaal-naa の逆成語（back-formation）による派生と述べている。一方、Guru（1960）に代表されるように、通常ヒンディー語文法では自動詞から他動詞（ここでは nikal-naa → nikaal-naa）が派生するとされる。これがヒンディー語の自動詞、他動詞の分類をめぐる二つの立場の違いであることは先にも触れたが、これはどちらも音韻派生を根拠にしたものである。では、これによってどれだけ歴史的な意味派生が説明できるのだろうか。同じく形態素の付加や語幹の母音交替によって自他の区別をする日本語の例をみてみると、例えば、氏は 5 の「開く」と「開ける」を音韻変化のパターンから ak-u vs. ak-e-ru で C の扱いをしているが、これがヒンディー語の khul-naa vs. khol-naa になると、先の中立化とい

---

[9] 本稿では以後 causative の訳語に「他動・使役」を充てる。理由は日本語の 使役（web 版大辞泉では『文法で、ある行為を他人に行わせることを表すいい方。』）のイメージとの混乱を避けるためである。

[10] ただし、第 3 者を介して「せしむ」のは、1. でもあげた使役接辞-vaa を付加したものである。ヒンディー語の動詞派生を述べる際にはこの使役形が平行して扱われるが、本稿では割愛する。

う音韻派生法によってＡと扱われる。こうなると、他動詞的概念が先行して、自動詞的概念が後で派生したということになるわけだが、そもそもどちらもヒトのことばという前提で考えると、筆者には大きな疑問が残る。これは本来、通時的にも共時的にも個々の動詞を精査しなければ簡単に判断できないことではないだろうか。さらに共時的にみた場合、母音交替型の動詞（主にサンスクリットのsandhi（連声）によるもので、表の4, 14, 17, 18, 23, 30, 31が該当）を、現代のヒンディー語母語話者がどれだけ「生産的な派生形」と捉えているかについても疑問である。そもそも比較的新しい時代に成立した標準ヒンディー語からみれば、一般的に語彙化したものと位置付けてよいものがほとんどである。日本語に照らすと、例えば「入る」と「入れる」に音韻的に相関関係があることは認められるとしても、音韻派生法を盾に一概に概念的な派生にまで言及できるのか、という議論になりかねないのだが、このような議論に及ぶのは本稿の目的ではないので、ここではどちらの立場にも立たない、共時的な観点から妥当と考えられる両極のＥとして、これらの動詞を分類する。また、氏はN/A＋Vの複合型をこのＥとして分類しているが、本稿では2語から成る複合型ということで、Ｅの中のperiphrastic（Ｐ）として下位分類させた。

　さらに自他同形のもの（表中 12, 15, 27）も観察される。補充に関しては、動詞リストには出ていないが、参考までにaa-naa「来る」vs. bul-aa-naa「呼ぶ＝来させる」、jaa-naa「行く」vs. bhej-naa「送る＝行かせる」をあげておく。

　以上をもとに全体の分布割合を述べると、49個の動詞のうち他動・使役が49％を占める。自他同形については6％、補充はここでは0％と、割合として圧倒的に少ないことが明らかである。残る両極に関しては、Ｅは29％、次節で扱うN/A＋Vの複合型E-Pは16％、二つ合わせて計45％とこちらも約半分近くになる。特に氏がＥとして分類していた複合型E-Pは、この動詞リストだけをみても全体の2割近くの割合を占めており、中には7, 9, 22のように一語の語彙動詞をもたないものまであることは、注目に値するであろう。

3　N/A＋kar-naa「する」にみられる語彙的・統語的他動性

　前節で概観したように、ヒンディー語にはN/A＋ho-naa「なる」／kar-naa「する」の複合型が多数存在し、その自動詞、他動詞を区別している。これは

ヒンディー語学で complex predicate（複合述語）の中の conjunct verb（結合動詞）として扱われるものである[11]。日本語も「勉強する」、「完成する」のような語彙的複合動詞[12]、ナル動詞とスル動詞を複合した統語的な「（世界が）平和になる vs.（世界を）平和にする」（ともに N + V）や「楽しくなる vs. 楽しくする」、「丸くなる vs. 丸くする」（形容詞の連用形変化のため A + V に相当）など、同じ構造の複合述語が多く観察される。中には「丸くなる vs. 丸くする」のような、「丸まる vs. 丸める」の一語彙の動詞まで存在するものもある[13]。

このように例をあげれば枚挙にいとまがなく、また両言語の複合述語全体を網羅的に観察して述べることも紙面上不可能だが、ここで試験的に、このヒンディー語と日本語に平行する N/A と、他動性に直接絡む日本語のスル動詞およびヒンディー語の kar-naa との複合述語に焦点をあて、その共通点および相違点について考察してみたい。

具体例を観察する前に、両言語に共通の語彙的他動性と統語的他動性の構造について簡単に述べておく。以下に示す 2 パターン[14] がそれである。

| <語彙型> | S | ガ/zero | O | ヲ/ko または zero | N/A | スル/kar-naa |

この語彙型は N/A とスル/kar-naa が語彙化しているものである。例えば目的語にヲ格をとる「勉強する」や対格 ko をとる 'pasand kar-naa'「愛好＋スル（好む）」がこれにあたる。

---

[11] ヒンディー語学では V + V の組み合わせのみを compound verb（複合動詞）と呼び、これを結合動詞と呼び分けるのだが、日本語学の用語との混乱を避けるため、本稿では一括して複合述語と呼ぶ。ちなみにこの結合動詞内の V は軽動詞（light verb）と呼ばれ、ナル、スルの他、トル、アタエル、オク、クルなども含まれる。後の（3a）がクルを使用した例である。

[12] 日本語研究ではしばしば V + V に特化して「複合動詞」と呼ぶこともあるが、本稿では「動詞を後部要素として、これに動詞、または他の品詞が複合してできた動詞」、日本国語大辞典、ジャパンナレッジ（オンラインデータベース）、入手先＜ http://www.jkn21.com.remote.library.osaka-u.ac.jp ＞、（参照 2014-01-05）に基づいて用語を使用する。

[13] この 2 種類の意味論的な細かな用法の違いについては、そちらの研究に譲りたい。ここではその事実のみを扱う。

[14] 実際は N についてはもう一つ、統語②とすることができる O + GEN + N　スル／kar-naa がある。日本語でいえば語彙型の「数学を勉強する」と、「数学の勉強をする」の違いがそれにあたるが、本稿ではこれについては触れない。

<統語型> | S | ガ/zero | O | ヲ/ko または zero | N/A | スル/kar-naa |
          | | | S | | | |

                                          ↑
                                    N/A+スル/kar-naa

　統語型については、ヲ格、対格 ko（またはゼロ格）と後続の N や A が主述関係にある、つまり埋め込みになったパターンである。したがって、「S（実際の文の中では O 表示）が N/A の状態」、つまり名詞述語、形容詞述語の状態にあり、「その状態をスル（英語ならば 'make' で状態を「作り出す」)」となる。問題となるのは、この統語型の N/A の枠に別の N/A ＋スル/kar-naa が分詞的に埋め込まれた場合である。これは、例えば「立腹-した／-して」が形容詞的に機能し枠内に入ることを許容するためである。

3.1　名詞（N）＋「する」/kar-naa について
3.1.1　日本語
以下は「完成」＋「する」という複合述語の例である。

(1)　a. 次の文法を使って、文を完成しなさい
　　　　　　　　　　　　　　　　　文法練習シート (Written Exercises) - Routledge
　　　b. 問題1「〜っぱなし」を使って、次の文を完成させなさい。
　　　　　　　　　　　　http://isites.harvard.edu//docs/icb.topic1163224.files/L3HW.pdf

　（1a）と（1b）は、ともに「文」がヲ格で、前者は「完成する」、後者は「完成させる」となっており、同じ文脈で使用されている。この違いは何か。前者は「完成する」を語彙化した他動詞として捉えているのだが、後者は「文が完成する」という自動詞となっており、それが主文のスル動詞の目的語として埋め込まれる。つまり「文ガ完成した（状態）＋スル」という統語的他動性をもたせる構造になっていると考えるとつじつまが合う。また、（1b）の「させなさい」の「さセる」は自動詞「完成する」の「する」と、他動性を付加するための「スル[15]」の複合体と捉えることが可能である。

　次の（2）では、「決定」＋「する」という複合述語が使用されている。

---
[15]　「させる」は元来「サ変動詞「す」の未然形「せ」に使役の助動詞「さす」の付いた「せさす」の音変化から」のように「さす」という使役助動詞となっているが、本稿では統語的な他動性が付加されることを分かりやすくするために、接辞的な助動詞ではなく「スル」

(2) a. 大飯原発の「運転継続」を決定した。

ハザードラボ 2013 年 7 月 3 日

http://www.excite.co.jp/News/society_g/20130703/Hazardlab_1908.html

b. 関西電力大飯原発の運転継続が決定したことを受け、・・・

産経新聞 2013 年 7 月 4 日

http://sankei.jp.msn.com/region/news/130704/shg13070402400001-n1.htm

　（2a）は、（1a）と同様に「決定する」という語彙化した動詞として扱われている。ところが、（2b）では本来ヲ格で表される「運転継続」がガ格で表示されている。先の自動詞、他動詞両用可、つまりLの「完成する」と違い、この「決定する」は本来他動詞である。しかし、実際目的語がヲ格をとったりガ格をとったりしているのは、興味深い言語事実である。これは先の「完成する」のような自他同形の類推で、自動詞化し始めている例と考えられる。さらにいうなら、英語の 'do' に自動詞の用法があるように、日本語のスル動詞自体が一部自動詞の機能をもち、特に複合述語を形成する場合に自動詞化を誘引しやすくなっているとも考えられるのである [16]。

3.1.2　ヒンディー語

　ヒンディー語の N + kar-naa を観察するにあたっては、感情に関わる表現として「怒り」の表現をとり上げてみたい。

(3) a. shiv　ko　　baDaa　kordh　aa-yaa.
　　　シバ　DAT　大きい　怒り　　来る-PST.M.SG
　　　シバ神はとても怒った。

http://www.jkn21.com.remote.library.osaka-u.ac.jp/stdsearch/displaymain

　　b. shiv　ne　　baDaa　kordh　ki-yaa.
　　　シバ　ERG　大きい　怒り　　する-PST.M.SG
　　　シバ神はとても怒った。

で表示する。
"さ・せる［動］"、デジタル大辞泉、ジャパンナレッジ（オンラインデータベース）、入手先 < http://www.jkn21.com.remote.library.osaka-u.ac.jp >、（参照 2013-09-28）

[16]　見方によれば、能格言語のように意味上の目的語が文法上の主語のように振る舞っている、つまり能格言語性を帯びてきているようにも考えられるが、ここで議論することは差し控える。

(3a)はヒンディー語の与格主語構文になっているものである。この「主語(動作主)ニ 怒りガ＋クル（ここは「ナル」ho-naa の変化形 hu-aa も可)」のように、コントロールが効かない感情表現の際に使用される典型的な構造がこれである。(3b)では kar-naa が使用されており、さらに構造も、他動詞の過去または完了時制に出現する能格構造になっている。これも日本語の「怒る」をあてることができる例である。以下の例文（4）もみてみよう。

(4) a. gussaa mat karo!
　　　　怒り　 NEG　する.IMP
　　　　怒るな。
　　b. gussaa mat ho!
　　　　怒り　 NEG　なる.IMP
　　　　怒るな。

　(4a) もまた kar-naa を使用した命令文である。(4b) は ho-naa「なる」が使用されたものであり、(3a) とは違い主格構文をとるものとなっている[17]。どちらにも「怒る」という日本語訳をあてられることからも、krodh / gussaa kar-naa（=「怒り（ヲ)スル」)という複合述語が、日本語の「怒る」という一語彙動詞と同等に機能しているのは疑いがない。では、実際これらは自動詞、他動詞のどちらなのだろうか。この a.、b. いずれも、怒りを向けられる対象をとることが可能である。通常、この対象は後置詞 par「〜に／の上に」で表示する。日本語の「[対象] に（対して）怒る」と同等と考えられるが、これが「対象に怒りを感じる」だけなのか「怒りを対象に向ける」のかによって、使い分けているものと推察される。Hopper and Thompson（1980: 252）の他動性の属性でいえば、行為の能動性あるいは主体性（agency）の度合いが鍵となっているようだが、紙面の都合上、これ以上の議論にはここでは踏み込まないでおく。次の（5）では、(4a) にあげた gussaa kar-naa にヲ格に相当する後置詞 ko で表示した対象「息子」が出現している。

---

[17] ここの gussaa「怒り」は本来名詞であるが、maI gussaa huii.（I-f angry became-f）'I (female) became angry' のように口語では主格構文で表現するようになってきていることから、品詞が名詞から形容詞へと拡張しつつあると考えられる。ちなみに、ヒンディー語では、主格構文をとる場合は、この名詞 gussaa ではなく、(10) の形容詞 naaraaz を使用する方が普通である。Dr. Yogi 私信。

(5) vakiil   saahab   ne   xush   ho-ne   kii   bajaay   beTe   ko
    弁護士   尊称   ERG   嬉しい なる-INF.OBL GEN.F   代わりに 息子   ACC
    gussaa kar-te   hue   kah-aa...
    怒り   する-IPFV.OBL   COP.PFV.OBL   いう-PST.M.SG
    弁護士さんは喜ぶ代わりに息子を怒っていった・・・
                    http://jollyuncle.blogspot.jp/2013/05/pehla-kadam-motivational-story-by-jolly.html

日本語と並行させると「[対象] を怒る」となる。つまり「怒り付ける、叱る」のような能動性つまり他動性を色濃く帯びたものとして振る舞っていることになる。これらを考え合わせると、ho-naa との結合動詞が完全な自動詞とするならば、kar-naa との結合動詞は、対象をとる場合は他動詞と呼んでも問題ないが、(4a) のように対象をとらなくてもよい例も多分に見受けられるので、結合動詞とはいえ、自他同形に準じた働きをしているものと位置付けられる。これに酷似した例が、dard「痛み」に kar-naa を結合したものである。この dard も (3a) のように通常は与格主語構文をとるが、実際この kar-naa との結合も日本語の「痛む」の意で使用される。その場合、日本語と同じく痛みを覚える部位が主語で表され、対象はとらない。つまり自動詞的に働いているのである。このような例はヒンディー語では限られてはいるが、それでも日本語のスル動詞同様に、ヒンディー語の kar-naa も N との結合動詞において自動詞化させる機能を一部もっている（あるいはもちつつある）と考えることに疑問を挟む余地はないであろう。

3.2　形容詞（A）＋「する」/kar-naa

3.2.1　日本語

　今度は形容詞との複合について例を観察する。ここでとり上げる A +「する」の A も、感情形容詞に限ることを断った上で、まずは「寂しい／楽しい」+「する」の例をみてみたい。

(6) 亡くなったお嬢ちゃんが、他の子供たちから離れて一人寂しくしている。
                    ひろさちや著 『老いることをどうして怖がるんですか』, 2003, 367
(7) 流行に合ったスタイルが買い物を楽しくしてくれる。
                    イネス・ド・ラ・フレサンジュ著; 香川由利子訳 『イネス』, 2003, 289

(8) そんな思いが、お墓という死者を祀る場所に立つぼくの心を寂しくさせる。

佐藤藤三郎著 『村に、居る。』, 1996, 611

　(6) の「寂しくする」は「寂しそうにしている」といい換えてもよい複合述語である。再びこれは自動詞か、他動詞かという疑問だが、まずこの場合、対象はとれないので自動詞の可能性が高い。自動詞と考えるもう一つの根拠は、例えばロマンス諸語に広くみられる再帰動詞のように、文中に明示されない「自ら」を想定することで「(自らを) 寂しくする⇒寂しくなる／寂しい状態でいる」になっていると捉えることも可能だからである。対する (7) は、「買い物ガ楽しい (状態) ＋スル」であり、これは通常の統語的な他動性[18]を示す例である。「寂しくする」も本来であればこのパターンと同じはずなのだが、(6) はそうではなく、半ば語彙化しているものと考えらえる。(8) は (6) と同じ「寂しい」の例だが、「寂しくさ̇せ̇る」となっている。これも他動性を発動させるべき文脈であり、(7) と同様「寂しくする」でもよいところである。なぜ余剰ともいえる「させる」になるのだろうか。察するに、(1a) と (1b) と同様、(6) の「寂しくする」が一語彙化した自動詞にみえやすいためではないだろうか。つまり、これが自動詞化した一語彙的な「寂しくする」なのか統語型の「寂しく」＋「する」なのかが曖昧になりやすい。これでは他動性を表現しきれるか疑わしくなってしまうため、さらにスルを付けて「寂しくする」(自動詞) ＋「スル」(他動性付加) とさせていると考えることは十分可能である。実際、余剰にみえるこの「させる」も、「する＋スル」が合わさったものと解釈すれば、余剰ではなく語彙と統語の間を揺れ動く言語変化の中での必然の結果といえるのである。

3.2.2　ヒンディー語

　では、ヒンディー語の方はどうか。前節の日本語と同じ感情形容詞を用いた例をみてみよう。

---

[18] これは causativity とも直結するため、使役性と呼ぶことも可能であろう。

(9) jis=ne   faatimaa   ko   **prasann ki-yaa**   us=ne
    REL=ERG ファーティマー ACC 嬉しい する-PST.M.SG 彼女=ERG
    mujhe   **prasann ki-yaa**   tathaa   jis=ne   faatimaa
    私.ACC 嬉しい する-PST.M.SG そして REL=ERG ファーティマー
    ko   **krodhit   ki-yaa**   us=ne   mujhe   **krodhit**
    ACC 怒った状態の する-PST.M.SG 彼女=ERG 私.ACC 怒った状態の
    ki-yaa
    する-PST.M.SG
    ファーティマーを喜ばせた人が私を喜ばせ、ファーティマーを怒らせた人が私を怒らせた。

    http://al-shia.org/html/hin/hadis/zahra.htm

(10) iirShyaa   puNyO   ko   samaapt   aur   allaah   ko
     嫉妬.F.SG 徳.M.PL.OBL ACC 終わった そして アッラー ACC
     naaraaz   kar   de-tii   hai
     怒った状態の する.STEM[19] 与える-IPFV.F.SG COP.PRS.SG
     嫉妬は美徳を台無しにし、アッラーを怒らせる。

     http://www.hajij.com/in/articles/moral-advices/194-2013-03-7-10-47-53

(11) gandharv   ke   kathan ne   arjun   ko   **kShubdh**
     ガンダルヴァ GEN.M.OBL 話 ERG アルジュナ ACC 憤った
     kar-aa   di-yaa.
     する.STEM-CAUS 与える-PST.M.SG
     ガンダルヴァのいったことがアルジュナを憤らせた。

     Mahaabhaart kii shreshth kahaaniyaan: ,1998, 94

　（9）は「ファーティマーが喜んだ／怒った（状態）」を「スル」の目的語として埋め込んだ、統語的他動性を示す例である。（10）では形容詞が krodhit ではなく同義ではあるが別系統の語彙 naaraaz が使用されている。これも（9）と同じで「怒らせる」の意となっているものである。（11）は前節の日本語の例（8）とよく似た、統語的他動性を示すものの余剰的な例である。形容詞

---

[19] STEM は動詞語幹（-naa のないもの）を指す。

にkShubdh「憤った（状態）」が使用されているが、kar-naaが他動・使役化の-aa接辞が付加されたkar-aa-naaになっているのである。例（8）から推察するに、kShubdh + kar-naaで「憤る、憤怒する」という一語彙化、もっというと自動詞化しているようにみえ[20]、さらに他動性を加えるスル動詞相当の他動・使役化の-aa接辞が付加されていると考えられるのではないだろうか。ヒンディー語の例としては決して多くはないが、これらの例がkar-naaとの結合による語彙化、さらに自動詞化の片鱗といって差し支えないであろう。

4　むすびにかえて

　本稿では、まずHaspelmath (1993) の31の動詞リストをもとに、ヒンディー語に関する動詞派生分類について再考した。他動・使役が全体の約半分を占める一方で、N/A + V（ここのVはナル動詞とスル動詞相当）で構成される両極の複合型E-Pは全体の2割に及ぶ割合を占めている。これはたまたま動詞の数が限られていたため、この割合で収まったものと推察される。実際日本語の名詞とスル動詞の複合は、「愛する」のような和語の名詞との複合よりも漢語の名詞との複合が圧倒的に多いが、昨今では「メールする」のように外来語全般に使え、多分に生産的である。この点はヒンディー語も同じで、例えば「試す」が英語の動詞'try'を名詞化し'try kar-naa'という具合に、一語彙の動詞のように振る舞わせることが多いのは、日本語母語話者でかつヒンディー語に触れたことがある者ならば周知の事実であろう。

　この結合動詞といわれるN/A + kar-naaの複合述語について、本稿では2で主にとり上げ、日本語との構造上の平行性をたどりながら比較し、その特徴について言及した。元々他動詞である日本語の「する」もヒンディー語のkar-naaも、複合述語のうち名詞とともに用いられた場合、「完成する」や「決定する」、片やヒンディー語のkrodh/gussaa kar-naaに観察されるように、他動詞的なものばかりでなく、自動詞的な働きをするものもある。これはそもそも「する」やkar-naaが自動詞化していることに伴うものと考えられる。この特徴を加味すると、これらの複合述語をE-PでなくLとしてもよさそうなものだが、「出発する」（ヒンディー語も日本語同様N+Vのprastaan kar-naa）のような、直観的に自動詞と捉えやすい例もある。結局、名詞の性質に依拠

---

[20]　この複合動詞は通常は語彙化せず、統語的な他動・使役性を表わした「憤らせる」になる。

するところが大きいようなので、これについては綿密な研究をさらに行う必要があるだろう。

　もう一つの形容詞との複合述語の場合、日本語もヒンディー語も、通常、統語的他動性を示すのに使用される。しかしながら、(6)の「寂しくする」や(11)のkShubdh kar-aa-naaのように語彙化しつつあるといえるものもある。つまり統語的な他動性を示す「[対象]がAの状態に＋する/kar-naa」から語彙的な他動性を強める「[対象]をAする」となっているのである。その境目が曖昧なため、ややもすれば自動詞的にみえる「寂しくする」やkShubdh kar-aa-naa、名詞との複合についていえば日本語の「完成する」に、さらに他動性（使役性といってもよさそうだが）を加えることになる。これが余剰にみえる理由と考えられる。つまり、(8)の自動詞的に振る舞っている「寂しくする」にさらに「スル」が付き、「寂しくさせる」（する＋スル＝させる）となるわけである。ヒンディー語の例でも、(11)のkar-naaにさらに他動・使役化接辞-aaが付加されていることを考慮すると、日本語のこれと平行して他動性をもたせているという解釈が成り立つのではないか、ということを最後に強調して筆をおく。

謝辞

　本稿執筆にあたりヒンディー語のインフォーマントになっていただいたDr. Ranjana Narsimhan（University of Delhi 助教：Khari Boli 話者）、Dr. Chaitanya P. Yogi（大阪大学特任准教授：Rajasthani 話者）、Dr. Rajesh Kumar（IIT Madras 助教：Maithili 話者）、さらに貴重なご指摘をいただいた査読者の方々に、この場をお借りし改めてお礼を申し上げる。

参照文献

Dymshits, Z. M. (1985) *Vyaavhaarik hindii vyaakaraN*. Delhi: Rajpal and Sons.

Guru, Kamtaprasad. (1960) *Hindii vyaakaraN* (the 6th edition). Kaashii: NaagariipracaariiNii Sabhaa.

Haspelmath, Martin (1993) More on the typology of inchoative/causative verb alternations. In: Bernard Comrie and Maria Polinsky (eds.) *Causatives and transitivity*, 87–120. Amsterdam/Philadelphia: John Benjamins.

Hook, Peter. E. (1979) *Hindi structures: Intermediate level*. Ann Arbor: Center for South and Southeast Asian Studies, University of Michigan.

Hook, Peter E. (1996) The play of markedness in Hindi-Urdu lexical sets. In: Shivendra K.

Verma and Dilip Singh (eds.) *Perspectives on langauge in society: Papers in memory of Professor Ravindra Nath Srivastava*, 61–71. Delhi: Kalinga.（＝本巻収録. 吉岡乾, プラシャント・パルデシ（共訳）「ヒンディー・ウルドゥー語の語彙的自他対における有標性の役割」.）

Hopper, Paul J. and Sandra A. Thompson (1980) Transitivity in grammar and discourse. *Linguistics* 56(2): 251–299.

Hridaya, Shri Vyathit (1998) *Mahabhaarat kii shreshth kahaaniyaan*. New Delhi: Sunil Sahitya Sadan.

Kachru, Yamuna (1980) *Aspects of Hindi grammar*. New Delhi: Manohar.

Kellogg, Samuel Henry (1938) *A grammar of the Hindi language: In which are treated the High Hindí, Braj, and the Eastern Hindí of the Rámáyan of Tulsí Dás, also the colloquial dialects of Rájputáná, Kumáon, Avadh, Ríwá, Bhojpúr, Magadha, Maithila, etc., with copious philological notes*, the 3rd edition. London: Kegan Paul, Trench, Trubner and Co.

Masica, Colin P. (1976) *Defining a linguistic area: South Asia*. Chicago: University of Chicago Press.

西岡美樹（2003）「日本語、ヒンディー語における他動・使役性」『日本語・日本文化』29: 85–113.

Pořízka, Vincenc (1963) *Hindština : Hindī language course*. Prague: State Pedagogical Publishing House.

Pray, Bruce (1970) *Topics in Hindi-Urdu grammar*. Berkeley: Center for South and Southeast Asia Studies, University of California.

Saksena, Anuradha (1982) *Topics in the analysis of causatives with an account of Hindi paradigms*, University of California Publications in Linguistics 98. Berkeley: University of California Press.

Singh, Suraj Bhan (1985) *Hindii kaa vaakyaatmak vyaakaraN*. Delhi: Sahitya Sahakar.

Singh, Sudhakar (1988) *Samsaamayik hindi meM ruupasvanimikii*. Varanasi: Shiksha Niketan.

ヒンディー・ウルドゥー語の語彙的自他対における有標性の役割

ピーター・エドウィン・フック

（日本語訳：吉岡　乾、パルデシ　プラシャント）

【要旨】他の多くの南アジア諸語と同様、ヒンディー・ウルドゥー語は他動性の度合いを表し、形態的に関係づけられる動詞対を有する。これらの動詞対間の形態的な関係をその意味的な関係に関連付ける試みとして多くの南アジア諸語の研究者が派生の方向の問題に取り組んできた。全ての他動詞がその対応する自動詞から派生されるのか？或いは、少なくとも幾つかの自動詞はその対応する他動詞から派生されているのか？本稿はこの形態・意味論的な課題を取り上げ、統計頻度という切り口から新たな証拠を提示する[1]。

キーワード：ヒンディー・ウルドゥー語、他動詞、自動詞、形態論、意味論

1　はじめに

ヒンディー・ウルドゥー語の形態音韻論における積年の問題の一つに、下記のような語彙的自他動詞対を説明するのに用いられる派生の方向の妥当性の問題がある[2]：

(1) a. bhāg「逃げる」mar「死ぬ」bhar「満ちる」lipaṭ「包まる」lip「覆われる」

　　b. bhagā「逃がす」mār「殺す」bhar「満たす」lapēṭ「包む」līp/lēp「覆う」

---

[1] 本稿は Hook（1996）に加筆・修正を加えたものである。本稿の日本語訳を根気よくしてくれた吉岡乾氏、プラシャント・パルデシ氏に感謝の意を表す。

[2] ヒンディー・ウルドゥー語の転写には、以下の場合を除いて、一般的にインド・アーリア語研究で用いられている転写法を用いた：長母音は長音符号で示す（同一文字の重複やコロンは用いない）；鼻母音はティルダで示す（大文字や後続する N は用いない）；反り舌の舌尖閉鎖音・弾き音・摩擦音は下点で示す（大文字は用いない）。無声口蓋摩擦音は sh の二文字で表す。

（1b）の他動詞は、（1a）の自動詞とどのような派生関係にあるだろうか？この疑問に関して、ヒンディー・ウルドゥー語の文法研究者たちは二つの派に分かれている：

（I）全ての他動詞が自動詞から派生されると考える研究者たち：Guru 1966 (v.s. 2022) §207, Kellogg 1938: §421, van Olphen 1970: 60、Balachandran 1971: 31ff, Zograph 1976: 192ff, Jain 1978: 68, S. Kapoor 1979: 78–9、Sahai 1980: 1–3、Kachru 1980: 52, Dymshits 1985: 195–6, S. Singh 1988: 113–5。

（II）幾つかの対に関しては他動詞が基本となって自動詞が派生され、それ以外の対に関しては自動詞が基本となって他動詞が派生されたのだと主張する研究者たち：Vajpeyi 2023: 459, Pray 1970: 96ff, Narang and Becker 1971: 664–5, Srivastava 1971: 64ff, Sharma 1972: §§ 248–9, Shapiro 1976: 40, Masica 1976: 47–8, B. Kapoor 1978: 227, Hook 1979: 143ff, Saksena 1979: 10ff, Tiwary 1979: 215ff, Ohala 1983: 88–9, Baburam 1985, S.B. Singh 1985: 75ff, Srivastava and D. Singh 1985: 228ff, Mayee 1987: 124ff。

これまでの討論は音韻論と意味論とに範囲が限定されていた。本稿では、有標性理論を援用し、新たな種類の証拠を示した上、この疑問に対して代案を提示する。

2 先行研究の問題点

Balachandran（1971: 93）は自動詞を、他動詞を派生する基礎であるとするのが「好都合である」と考える。彼女の関心は、こういった語彙的自他対の各要員の格枠組みに見られる規則性を捉えることなのだが、このような研究方法は形態音韻論的な観点からその妥当性を立証するのが難しい。例えば、語幹の最後の短母音が-a-である自動詞から他動詞が派生されると考えた場合、どの自動詞が（その形式からは）どの音韻操作を受けるのかが予測できない。以下のような可能性がある。その語幹の最後の母音が長音化される。

(2) a. nikal- ⇔ nikāl- 「出る ⇔ 出す」
  b. kaṭ- ⇔ kāṭ- 「切れる ⇔ 切る」
  c. jāč- ⇔ jāāč[3]- 「調べられる ⇔ 調べる」

---

[3] 鼻母音の長さをマクロン記号で示すことができないため、母音を2回繰り返し長さを示す。

或いは、接尾辞-ā-が付加される。

(3) a. sarak- ⇔ sarakā- 「動く、滑る ⇔ 動かす、滑らす」
    b. čal- ⇔ čalā- 「行く；進む ⇔ 運転する；成功させる」
    c. thak- ⇔ thakā- 「疲れる ⇔ 疲れさせる」

或いは、独特な変化を受ける。

(4) a. phaṭ- ⇔ phāṛ- 「裂ける、破れる ⇔ 裂く、破る」
    b. lipaṭ- ⇔ lapēṭ- 「くっ付く、包まる ⇔ くっ付ける、包む」
    c. ḍhah- ⇔ ḍhā- 「取り壊される ⇔ 取り壊す」

或いは、全く変化しない。

(5) a. bhar- ⇔ bhar- 「満ちる ⇔ 満たす」
    b. badal- ⇔ badal- 「変わる ⇔ 変える」
    c. palaṭ- ⇔ palaṭ- 「ひっくり返る ⇔ ひっくり返す」

もしも語幹の最後の母音が-u-や-i-であっても、可能な派生パタンは同様に幅広く、予測不能なものである。

(6) a. uṭh- ⇔ uṭhā- 「上がる；起きる ⇔ 上げる；起こす」
    b. khul- ⇔ khōl- 「開く ⇔ 開ける」
    c. dhul- ⇔ dhō- 「洗われる、清まる ⇔ 洗う」
    d. luṭ- ⇔ lūṭ- 「奪われる；冒される ⇔ 奪う；冒す」
    e. bun- ⇔ bun- 「編まれる ⇔ 編む」
(7) a. gir- ⇔ girā- 「倒れる ⇔ 倒す」
    b. bhiṛ- ⇔ bhēṛ- 「集まる ⇔ 集める」
    c. sil- ⇔ sī- 「縫われる ⇔ 縫う」
    d. lip- ⇔ līp-/lēp- 「覆われる ⇔ 覆う」
    e. sīč- ⇔ sīīč- 「灌漑される ⇔ 灌漑する」
    f. ghis- ⇔ ghis- 「擦れる；擦り切れる ⇔ 擦る；擦り切らす」

uṭh-ā「持ち上げる」・čal-ā「運転する」・gir-ā「倒す」などのような複数形態素から成っている他動詞が自動詞から派生されているのは明らかである。この事実は、他動詞こそが対応する自動詞を派生する基礎であるという捉え方を妨げてはいるが[4]、それにも関わらず幾らかの文法研究者たちは、幾つかの他動詞は自動詞から派生され、幾つかの自動詞は他動詞から派生されるという主張をしている（Masica 1976: 49ff、Shapiro 1976: 12ff、Saksena 1979: 10ff、Mayee 1987: 120ff を参照）。彼らの議論は次のように、意味論的・音韻論的なものである。

　（I）uṭh-「上がる；起きる」・čal-「歩く；動く」・gir-「倒れる」などが、有生物も無生物も等しく適切に叙述でき、uṭhā-「上げる；起こす」・čalā-「運転する；成功させる」・girā-「倒す」などを用いることのできる状況全体と同じか、それより広い状況に対して適用できる一方で、-ā-による他動詞を持たない自動詞に関しては同じことが言えない。後者の多く（恐らく三分の一ほど）は、例えば、dag-「燃える」・bādh-「結ばれる」・dhul-「洗われる」・lip-「塗り固められる」などのように、単に無生物の叙述をし、その使用はヒト動作主が存在しても、理由は何であれ話し手がその動作主の関与を表現したくない場面に限られている。即ち、これらの動詞の意味範囲は、対応する他動詞であるdāg-「燃やす」・bāādh-「結ぶ」・dhō-「洗う」・līp-「塗り固める」などが使われうる状況の中の、部分的な状況でしかない[5]。一般的な、-ā-を付加して作られる動詞対の中では、bīt-/bitā-「過ぎる／過ごす」・baj-/bajā-「鳴らされる、演奏される／鳴らす、演奏する」のみが並行的な下位語性を示している。

　（II）更に、čhān-「篩う」・khōl-「開ける」・bhēr-「集める」・dhō-「洗う」・sī-「縫う」・lūṭ-「奪う」・līp-「塗り固める」・bhar-「満たす」・ghis-「擦る」・bun-「編む」のような他動詞を基礎形として扱うことで、以下（8）で示す、より一般的な音韻規則から対応する自動詞の形式が予測できる。

（8）a. 長単母音は、短くなる：ā > a、ē > e、ī > i、ō > o、ū > u

---

[4] これは、派生されたものであるかのような、基礎的自動詞の使用を排除するものではない：

(a) sāmān sāt baje *uth* gayā
　　荷物　7　時　起きる　行く.PST
　　その荷物は7時に発送された。　　　　　　　　　　　　　　（Srivastava and Singh 1985: 225）

[5] mār/mar「殺す／死ぬ」や nikāl/nikal「出す／出る」のようなペアを考えた場合には、どちらの要素が意味的に相手方よりも有標であるか、無標であるかといった決定ができない。

b. 存在しない単母音は、最も近い母音に置き換えられる：e > i、o > u
c. 母音終わり語幹は、l を付加して長くされる：dhu > dhul、si > sil
d. 上記三つの規則が当てはまらなければ、語幹は同形のままになる： bhar、badal、bun、ghis

　これらのルールは、よその音韻的に関連した形式の対の説明でも必要となるものである：ghōṛā「馬」> ghuṛ-（ghuṛ-sāl「安定した」）；ḍhō「運ぶ」> ḍhul-（ḍhulāī「輸送；運賃」）；dē「与える」> dil-（dilā-/dilvā-「与えさせる」）、など。

　(8)の規則が接尾辞-ā-の付加で他動詞が派生されるのではない全ての語彙的な対を説明できるわけではないが、（例えば：ḍhā > ḍhah「取り壊す > 取り壊される」、*ḍhal ではない；lapēṭ > lipaṭ「包む > 包まれる」、*lapiṭではない；phōṛ > phūṭ「爆発させる > 爆発する」、*phuṛではない、など）、これらの規則は例外のサブリストに頼ることなくほとんどのデータをカバーしてくれる。（慎重を期して「サブリスト」という語を用いたのは、どちらの派生観の擁護者であっても、今のところは、-ā-で他動詞を作る自動詞をそれ以外の自動詞から区別するために、-ā-で他動詞を作る自動詞の大元のリストに頼らざるを得ないからである。）従って、要するに、我々には、-ā-を含まない他動詞語幹の大半を派生の基礎と考える、音韻論的に率直な証拠と、意味論的に少しばかり説得力の薄い論拠とがあるのである。これを更に改善することは可能だろうか？筆者は可能だと考える。以下の議論で筆者は、ヒトの言語がたびたび見せる非対称性に関しての研究が、ヒンディー・ウルドゥー語の語彙的自他対の最適な扱いかたを模索する上でどれほど必要とされているかを見せることとする。

3　有標性理論の援用による代案

　無標・有標というカテゴリの区別は、元来は20世紀初頭に音韻的中和の現象を説明するために発達したのだが、現代の言語学の中でますます重要な役割を果たすようになってきている。Greenberg (1966) は、音韻論的有標性の概念を形態論・統語論・意味論の領域における通言語的規則性の説明に敷衍したという点において、大きな成功を収めた。この拡張の原則は、数々の非対称性とテキスト内での頻度における不均等さが相関関係にあることである。二つかそれ以上の相互対立したカテゴリの中で、最も多く出現している

ものが「無標」であるとされる特性を示している。無標カテゴリは、当該カテゴリと、その対立カテゴリとの間の区別が中和される文脈で出現し、形式の上で、より不規則的になりやすいもので、(カテゴリ候補のいずれかがゼロで表現されるとしたら) ゼロで表現されるものである。その、より低頻度で出現する「有標」な対立形式は、形の上での不規則性をあまり (或いは全く) 示さない；ゼロで標示されることはない；そのカテゴリセットの外部の形式と合併しやすい；或いは、特定の形式を欠く傾向がある。その結果、他の形式に何かを付加して (或いは、場合によっては、何かを減却して) 派生されて作られる形式というのは、テキスト内での頻度が少なくなり、形態的合併や音韻的中和の傾向を強く示すようになるものである。本稿では、テキスト内での頻度差がヒンディー・ウルドゥー語の自他対の派生の方向性の異なりと相関があるか否かを考察する[6]。

例えば hās/hās-ā「笑う／笑わせる」、bhāg/bhag-ā「逃げる／追いやる」、čal/čal-ā「動く／運転する」のような、他動詞が接尾辞-ā-で標示される対を考えたならば、自動詞のほうが無標の特性を示していると予期するのが妥当である。ではそれらのテキスト内での頻度はどうであろうか。ヒンディー・ウルドゥー語に関しては、三つの頻度データがある：Jagannathan の *hindī kī ādhārabhut shabdāvalī* [Basic vocabulary of Hindi] (ヒンディー語基本語彙)、Ghatge の *Phonemic and Morphemic Frequencies in Hindi* (ヒンディー語の音韻的・形態的な頻度)[7]、及び、Barker et al. の *An Urdu Newspaper Word Count* (ウルドゥー語新聞の語例数)。Jagannathan での語例数を中心にして、-ā-で他動詞を作る最も頻度の高い 25 個の自動詞を調べ、それらがその派生他動詞よりも高頻度であるか否かを見てみる。Jagannathan の出している数字は 10 万語テキス

---

[6] 有標なカテゴリにおいて、より頻度の高い形態的合併や有標なカテゴリでの音韻的中和に関する予測も、ヒンディー・ウルドゥー語の派生の方向性についての問題の核心に関わっているが、それを証明するのにはここでできた議論よりも相当にじっくりと長い論証が必要となる。とりわけ、ヒンディー・ウルドゥー語の音声的分節に関して、その分節が中立的であるか有標であるかといった分類は、音節内でのその分節の位置や、語内でのその音節の位置と関連付けて捉えられなければならない。このことに関しては Pray (1970: 88ff) にある議論を読まれることを勧める。中和と形態論的有標性との関係性を決定付けるのは、有標な形式が音韻的に無標の分節をより含み易いのか、それとも含み難いのかという不確実性があるために、難題である (Croft (1990: 263, fn 7) を参照)。

[7] Ghatge は或る単一の動詞／名詞／形容詞の形態的な形式を、異なった語として扱い、それぞれを別々の項目として立ててしまっているため、その頻度の使用は実用的ではないので取り入れなかった。

ト内での出現語数である；Barker et al. の数値は 13 万 7 千語中の語数である。有標性に基づいた予想とは反対の結果が出ている合計値は、太字で示した：

(9)

	Jagannathan	Barker et al.
a. čal「動く」 > čal-ā「運転する」：	525>35	107>56
b. lag「入る；付ける；始める」 > lag-ā「入れる」：	230>68	**74<84**
c. baiṭh「座る」 > biṭh-ā「座らせる；据える」：	145>14	28>4
d. ban「できあがる」 > ban-ā「作る」：	79>70	**123<172**
e. uṭh「起きる；上げる」 > uṭh-ā「上げる；起こす」：	76>58	**13<64**
f. dauṛ「走る」 > dauṛ-ā「走らせる」：	75>4	8>0
g. hās「笑う」 > hās-ā「笑わせる」：	71>2	9>1
h. bhāg「逃げる」 > bhag-ā「追い払う、追いやる」：	65>2	17>1
i. pahũč「届く」 > pahũč-ā「届ける」：	61>37	124>42
j. rō「泣く、すすり泣く」 > rul-ā「泣かせる」：	56>2	7>0
k. sō「眠る」 > sul-ā「寝かす」：	51>2	15>0
l. gir「倒れる」 > gir-ā「倒す」：	50>2	28>8
m. čaṛh「登る」 > čaṛh-ā「掲げる；捧げる」：	49>6	11>6
n. baṛh「進む」 > baṛh-ā「進める」：	46>33	90>48
o. ḍar「恐れる」 > ḍar-ā「恐がらせる」：	43>5	3>0
p. bač「生き残る」 > bač-ā「救う」：	42>28	**21<35**
q. dab「凹む」 > dab-ā「押す」：	**22<42**	6>3
r. baj「鳴る」 > baj-ā「鳴らす」：	40>20	10>4
s. lauṭ「戻る」 > lauṭ-ā「戻す」：	40>6	6>0
t. ghūm「回る」 > ghum-ā「回す」：	39>16	4>1
u. uṛ「飛ぶ」 > uṛ-ā「飛ばす；費やす」：	37>0	**1<3**
v. čhip「隠れる」 > čhip-ā「隠す」：	34>28	6>3
w. jhuk「曲がる」 > jhuk-ā「曲げる」：	33>24	4 = 4
x. čamak「輝く」 > čamak-ā「磨く」：	32>1	1>0
y. bīt「過ぎる」 > bit-ā「過ごす」：	31>17	1>0
合計：	1972>530	717>539

対応する（派生された）他動詞と比較して、ほとんどの自動詞の頻度が高いことは、Barker et al. よりも Jagannathan の語例数のほうで、より印象的である。このことは、Jagannathan が語例数を出した資料は純文学が大半を占めているものであり、一方で Barker et al. の資料は、自動詞で示される動作より

も他動詞で示される動作のほうが一般的に書き留める価値があると見做されているような、新聞記事に依拠しているという事実を反映しているのだろう。いずれにしても、非対称性の方向は Jagannathan と Barker et al.、どちらの語例数でも同様である。

(9) を、我々が（音韻的に考えて）他動詞を基本形と捉えている、最も頻度の高い 25 個の動詞ペアの対応する数字と比較されたい。

(10)

	Jagannathan	Barker et al.
a. nikāl「出す」 > nikal「出て行く、出る」:	**67<120**	36<48
b. mār「打つ；殺す」 > mar「死ぬ」:	111>51	53>8
c. rōk「止める」 > ruk「止まる」:	**41<71**	34>9
d. kāṭ「切る」 > kaṭ「切れ（てい）る」:	51>27	10>4
e. utār「降ろす」 > utar「降りる」:	**33<49**	14>12
f. khōl「開ける」 > khul「開く」:	45>37	20>12
g. bāãdh「結ぶ」 > bādh「結ばる」:	44>31	6>1
h. sambhāl「対処する」 > sambhal「持ち直す」:	44>9	8>0
i. khīĩc「引く」 > khĩc「引かれる」:	37>5	3>0
j. ubhār「高める」 > ubhar「高まる」:	33>11	**2<4**
k. mōṛ「向ける；曲げる」 > muṛ「向く；曲がる」:	**6<33**	6>0
l. jōṛ「繋ぐ」 > juṛ「繋がれる」:	31>9	4>0
m. dhō「洗う」 > dhul「洗われる」:	26>4	6>0
n. guzār「過ごす」 > guzar「過ぎる」:	**5<24**	**17<31**
o. pīṭ「叩く」 > piṭ「叩かれる」:	22>0	6>0
p. čhēr「悩ませる；起こす」 > čhir「起こる」:	18>4?	5>2
q. phēr「追い返す」 > phir「引き返す」:	**8<12**	**2<10**
r. pāl「養う；育てる」 > pal「育つ」:	12>5	5>1
s. ghēr「囲む」 > ghir「囲まれる」:	11>9	3>1
t. bigāṛ「損なう」 > bigaṛ「損なわれる」:	6<11	3>2
u. čhīn「掠め取る」 > čhin「掠め取られる」:	10>0	10>0
v. čhāp「刷る」 > čhap「刷られる」:	8>7	6>2
w. lād「積む」 > lad「積まれる」:	**7<8**	**0<2**
x. khōd「掘る」 > khud「掘られる」:	8>0	0 = 0
y. gāṛ「埋める」 > gaṛ「埋まる」:	7>5	0 = 0
合計:	691>554	259>149

これらの 25 ペアでは、テキスト頻度の非対称性はそんなには際立っていないが[8]、幾つかの重要な例外（nikāl/nikal、rōk/ruk、utār/utar）がありつつも、全体的な方向性はその音韻的な派生の方向と一致している[9]。(9) で見た、報道記事特有の他動詞表現を好む一般的傾向が、ここでも、Barker et al. の数値で特異例の数が少ないといった点で、証明されている。もう一つの特筆すべき点は、ヒンディー・ウルドゥー語でのこの派生の方向性の全般的重要性の低さである：僅かな語幹しかこの派生を示さず、それらは-ā-付加による派生をする語幹と比較して、低頻度で出現するのである。

　これらのデータを考察するもう一つの方法は、50 対の述語の全てのトークンに関するテキスト頻度を一括して見るのではなく、(11) に示したように（左右同値の対は除外した）、50 対の語彙的対それぞれで有標性パタンの遵守度を見ることである。

---

[8]　(10) の非対称性は、下記の (a) を含めたとしたら、(9) の非対称性とほとんど同じくらい鮮明になったであろう。

   (a)　　　　　　　　　　　　　　　　　　　Jagannathan　　Barker et al.
       dēkh「見る」 > di(i)kh「見える」：　　560>48　　　　171>0

しかし、見る人を表す名詞句はしばしば koo 句形式で di(i)kh と共起する：

   (b)　āp-kō　　　iskrīn　　　yahāā-sē　　dīkh.tā　　hai?
      　あなた-DAT　スクリーン　ここ-ABL　　見える　　　である
      　ここからあなたはスクリーンが見えますか。

それゆえ、di(i)kh を (10) に列挙した nikal、mar、ruk などの語幹と同様の一項述語として分類するのは不可能であった。同じ考察は、mil「会う；混ざる」> mil-ā「会わせる；混ぜる」のペアを (9) に入れることも阻んだ。

[9]　僅かだが (9) にも (10) にも適合しない自他対が存在する。それらの対は自動詞に-ā-を付加することもしなければ、(8) に示した規則を適用して他動詞から自動詞を派生することもできない。これらに関しては、全体的なテキスト頻度における非対称性の方向はとても明白であるけれど、個々の対ごとのテキスト頻度における非対称性の方向はそれとは逆行する。更に、最適な音韻的・意味的にみた派生の方向が簡単には決められないものである：

                                          Jagannathan　　Barker et al.
   a. čhōṛ「残す」 > čhūṭ「取り残される」：　　71>31　　　　37>1
   b. tōṛ「壊す」 > ṭūṭ「壊れる」：　　　　　　31<41　　　　17>7
   c. bēč「売る」 > bik「売られる」：　　　　　24>5　　　　　3<5
   d. phāṛ「裂く」 > phaṭ「裂ける」：　　　　10<21　　　　2<4
   e. bakhēr「撒く」 > bikhar「撒かれる」：　4<14　　　　　1>1
   f. lapēṭ「包む」 > lipaṭ「包まる」：　　　4<8　　　　　　0<2
   g. phōṛ「破裂させる」 > phūṭ「破裂する」：**0<8**　　　　**0<1**
                                        合計：144>128　　　60>21

(11)　　　　　　　　Jagannathan　　　　　　　　　　Barker et al.
　　　　　　　　+trans freq　-trans freq　　　　+trans freq　-trans freq
　　+ā pairs　　　　1　　　　24　　　+ā pairs　　　5　　　　19
　　-ā pairs　　　　17　　　　8　　　-ā pairs　　　18　　　　5

（11）をカイ二乗検定にかけた結果が（12）である。

(12)　χ^2　=　$(ad - bc)(ad - bc)(a + b + c + d)/(a + b)(c + b)(b + d)(a + c)$
　　　　　=　22.2 (Jagannathan)
　　　　　=　15.5 (Barker et al.)

これによって、これら 50 対の語彙的自他対に関しての派生の方向性とテキスト頻度の不均等さの方向性との相関関係は、有意水準 0.1%（$p \leq 0.001$）で、確かにあると結論付けられる。

これらの形態論的対をなしている動詞は、意味特性でも差を示しうるものである。より有標な語は、意味的にも無標の語より更に特化された意味を持ち、従って、（多くとも）同等か、（一般的には）より少ない数の意味を持つこととなる。或る語の持つ意味の数は、大まかに、辞書での各項目の行数でもって数えることで把握できる。ここでは、そのために二つの辞書を用いた。Bahri の *shikṣhārthi shabdakosh* [Learner's Hindi-English Dictionary]（学習者用ヒンディー語・英語辞典）と、Prasad, Sahay, and Srivastava の *brihat hindi kosh* [Comprehensive Hindi Dictionary]（ヒンディー語大辞典）。これらから出した数値は、頻度の数値から得られた結果と、（同一ではないが）非常に高い相関関係を示した。

(13) 頻度の最も高い 25 対の [-ā] ペアの項目の行数
　　　　　　shikṣhārthi shabdakosh　　*brihat hindi kosh*
　　　　　　自 > 他　　　　　　　　　　自 > 他
　　合計：　518 > 378　　　　　　　　207 > 116

(14) 頻度の最も高い 25 対の [-ā] ペアの項目の行数
　　　　　　shikṣhārthi shabdakosh　　*brihat hindi kosh*
　　　　　　他 > 自　　　　　　　　　　他 > 自
　　合計：　384 > 335　　　　　　　　151 > 147

但し、brihat hindi kosh の [-ā] ペアの合計行数の差異が非常に小さいことには留意されたい。とはいえ、(13) の [+ā] ペアの対応する差異は非常に大きなものであり、全体的な相関関係は強い。

(13) と (14) とに見られる相関関係を測る第二の方法は、予測通りの非対称性を見せている対の合計数を出し、予測に反している対の数と比較するというものである（行数が同じ対は除外した）。(15) に示してある通り、その結果は、(9) から (12) で提示した派生方向とテキスト頻度のものと並行的な、強い相関関係を見せた。

(15)

	shikṣhārthi shabdakosh			brihat hindi kosh	
	他動詞の項目の行数が			他動詞の項目の行数が	
	より多い	より少ない		より多い	より少ない
+ā pairs	6	18	+ā pairs	2	17
-ā pairs	16	9	-ā pairs	13	9

(16) に (15) をカイ二乗検定にかけた結果を示す：

(16) χ^2 = 7.53 (shikṣhārthi shabdakosh);
     χ^2 = 10.36 (brihat hindi kosh)

これらの χ^2 値は (15) に示した相関関係が統計的に有意であることを示している（$\chi^2 \geq 6.67$ で $p < .01$）。このように、意味的な側面からの非対称性が、音韻論とテキスト頻度とから見出された並行的な非対称性への更なる裏付けを与え、全体的な有標性分析の主張を強固にしている[10]。

統計的に言って、これらの相関関係は揺るぎないものであるが、重要な例外も一部にはある：nikāl/nikal、rōk/ruk、utār/utar、guzār/guzar など[11]。

---

[10] 本稿での議論と多少異なるが、日本語の自他動詞対に関して、Jacobsen (1985) は同様な結論に至っている。
[11] 同起源言語での派生の方向に関して、Masica (1991: 319–20) の見解を参照：「… （第一）使役動詞（派生他動詞）は、幾つかの言語では『古い』（長母音化の）手段で、そして他の言語では『新しい』（接尾辞による）手段で（、時には一つの言語内で両方の手段でもって）同一語根から形成されているのが見られる：マラーティー語 tsar-/tsār-『餌を食べる／餌を与える』、ヒンディー・ウルドゥー語čar-/čarā-；スィンディー語čaṛh-/čāṛh-『登る／上がらせる、捧げる』、ヒンディー・ウルドゥー語čaṛh-/čaṛhā-；ネパール語 khul-/khōl-『開く／開ける』、同じくネパール語 khul-/khulā-。」

4　おわりに

強固な相関関係の傍らにあるこれらの例外の存在は、ヒトの言語というものが、多くの言語学者が信じたがっているような、均整の取れて微細に至るまで調和した構造というものではなく、或るひとときに幾つもの形式と機能の創発的相関関係が互いに競合できるような、極めて扱いに困る、歴史的にまとわり付いた様々なものに依存したものであるのだということを、思い出させる契機の一つである。絶え間なく進化している状況を考えると、統語論的構文や形態論的操作は、意味や機能と一対一の対応をするような、完璧な姿を示す段階に至るのは極めて稀である。こういった点では、ヒトの言語は数学や物理学、或いは形而上学などよりも、生物学の体系と多くの類似点を示している。

謝辞

本稿の 1996 出版バージョンを執筆するにあたって、草稿の段階で John Myhill 氏、Pramod Pandey 氏、Chaturbhuj Sahai 氏より多くのコメントと示唆を頂いた。

参照文献

Baburam (1985) *hindī kī vyutpann akarmak kriyāē* [The derived intransitive verbs of Hindi]. In: Tiwary and Bala (eds.), 232–7.

Bahri, Hardev (1989) *shikṣhārthi hindī-angrezī shabdakosh.* [Learner's Hindi-English Dictionary]. Delhi: Rājpāl.

Balachandran, L.B (1971) A case grammar of Hindi with special reference to causative sentences. Cornell University PhD dissertation. Ann Arbor: University Microfilms.

Barker, M.A.R., H.J. Hamdani, and K.M.S. Dihlavi (1969) *An Urdu newspaper word count.* Montréal: McGill University, Institute of Islamic Studies.

Croft, William (1990) *Typology and universals.* Cambridge University Press.

Dymshits, Z.M. (1985) *vyāvahārik hindī vyākaran* [Practical Hindi grammar]. Delhi: Rajpal.

Ghatge, A.M. (1964) *Phonemic and morphemic frequencies in Hindi.* Pune: Deccan College.

Greenberg, J.H. (1966) *Language universals, with special reference to feature hierarchies.* (Janua Linguarum. Series Minor, 59) The Hague: Mouton de Gruyter.

Guru, Kamtaprasad (1966 (v.s. 2022)). *hindī vyākaran* [Hindi grammar]. Kashi: Nāgari Prachārini Sabhā.

Hook, Peter E. (1979) *Hindi structures: Intermediate level.* Ann Arbor: Center for South and Southeast Asian Studies, University of Michigan.

Hook, Peter E. (1996) The Play of markedness in Hindi-Urdu lexical sets. In: Shivendra K. Verma and Dilip Singh (eds.), *Perspectives on language in society: Papers in memory of Professor Ravindra Nath Srivastava*, 61–71. Delhi: Kalinga.

Jacobsen, Wesley M. (1985) *Morphosyntactic transitivity and semantic markedness*. Chicago Linguistic Society 21(2): 89–104.

Jagannathan, V.R. (1981) *hindī kī ādhārabhut shabdāvalī* [Basic vocabulary of Hindi]. Agra: Central Hindi Institute.

Jain, M.S. (1978) *pariniṣhṭhit hindī kā rūpgrāmik adhyayan* [A morphemic study of standard Hindi]. Allahabad: Lokbhārati.

Kachru, Yamuna. (1980) *Aspects of Hindi grammar*. New Delhi: Manohar.

Kapoor, S.C. (1979) *vyāvahārik hindī vyākaraṇ* [Practical Hindi grammar]. Delhi: Prabhāt Prakāshan.

Kapoor, B.N. (1978) *pariṣhkrit hindī-vyākaraṇ* [Standard Hindi grammar]. Meerut: Meenākshi Prakāshan.

Kellogg, S.H (1938) *A Grammar of the Hindi language*. London: Routledge.

Masica, Colin P. (1976) *Defining a linguistic area: South Asia*. University of Chicago Press.

Masica, Colin P. (1991) *The Indo-Aryan languages*. Cambridge University Press.

Mayee, Jyotsna (1987) Phonology of Hindi causatives. *Gaveṣhaṇā* 49–50: 119–131.

Narang, G.C., and D.A. Becker (1971) Aspiration and nasalization in the generative phonology of Hindi-Urdu. *Language* 47: 646–667.

Ohala, M. (1983) *Aspects of Hindi phonology*. Delhi: Motilal Banarsidass.

Prasad, Kalika; Rajvallabh Sahay, and Mukundilal Srivastava (eds.) (1981) *brihat hindī kosh* [Comprehensive Hindi dictionary]. Vārānasi: India Gyānmandal Ltd.

Pray, B. (1970) *Topics in Hindi-Urdu grammar*. Berkeley: Center for South and Southeast Asia Studies, University of California.

Sahai, Chaturbhuj (1980) *Hindī kī tathākathit pratham preraṇārthik kriyāē* [The so-called primary causatives of Hindi]. *Gaveṣhaṇā* 36: 1–10.

Saksena, Anuradha (1979) The Grammar of Hindi causatives. University of California at Los Angeles PhD dissertation. Ann Arbor: University Microfilms.

Shapiro, Michael C (1976) The analysis of Hindi morphologically related verb sets. *Indian Linguistics* 37: 1–44.

Sharma, Aryendra (1958) *Basic grammar of modern Hindi*. (2nd edition). New Delhi: Central Hindi Directorate.

Singh, Sudhakar (1988) *samasāmayik hindī mẽ rūpasvanimikī* [Morphemics of contemporary Hindi]. Varānasi: Shikshā Niketan

Singh, Suraj Bhan (1985) *hindī kā vākyātmak vyākaraṇ* [A syntactic grammar of Hindi]. Delhi: Sāhitya Sahakār.

Srivastava, R.N. (1971) How empty is the abstract verb [+CAUSE]? In: Ghatge et al. (eds.) *Proceedings of the All-India Conference of Linguists*, 61–76. Poona: Deccan College.

Srivastava, R.N. and Dilip Singh (1985) *kriyāvyutpann prātipadik: kuch rūpavaijñānik prashn.* [Deverbal nominalization: some morphological issues] In: Bholanath Tiwary and Kiran Bala (eds.) 221–31.

Tiwary, Bholanath (1979) *hindī bhāshā kī sanrachanā* [The structure of the Hindi language]. Delhi: Vāni Prakāshan.

Tiwary, Bholanath and Kiran Bala, (eds.) (1985) *hindī bhāshā kī shabd sanrachanā* [The lexical structure of the Hindi language]. Delhi: Sahitya Sahakar.

Vajpeyi, K.D. (1967 (v.s 2023)) *hindī shabdānushāsan.* [Hindi linguistics]. Kashi: Nāgarī Prachārinī Sabhā.

van Olphen, H.H. (1970) The Structure of the Hindi verb phrase. University of Texas PhD dissertation. Ann Arbor: University Microfilms.

Zograph, G.A. (1976) *Morfologicheskij stroj novykh indoarijskikh jazykov* [The morphological structure of Indo-Aryan languages]. Moscow: Nauka.

スィンディー語の動詞派生

受動動詞が表すもの

萬宮　健策

【要旨】スィンディー語の他動詞は、自動詞からの派生規則に基づき形成されるものが多い。その他動詞からさらに派生するさまざまな動詞の形、なかでも受動動詞に焦点を当て、その用法を明確にする。受動動詞は、自動詞から派生されるものもあり、受動態以外の意味を表す場合もあることがわかる。

キーワード：受動動詞、スィンディー語、動詞派生

1　スィンディー語の概略

　スィンディー語は、現代インド・アーリヤ諸語の1つに数えられる。パキスタンおよびインドで話されている屈折語である。表記には52文字のアラビア文字が用いられ、インドではデーヴァナーガリー文字も併用されている。近隣の同系言語であるパンジャービー語やウルドゥー語、ヒンディー語と比較して子音音素が豊富であり、なかでも4種の入破音は、現代インド・アーリヤ諸語では、サラーエキー語とスィンディー語のみに確認できる子音音素である。

　母語話者はインド、パキスタン両国に約2750万人程度を数える。約90％がパキスタンに、残りがインドに居住している。パキスタンのスィンド州では、州公用語の1つであり、インドでは憲法第8附則に含まれている言語である。

　本稿では、スィンディー語動詞のうち受動動詞の構造とその用法に着目し、その意味をあらためて考える。本稿で受動動詞という場合、動詞語幹に接辞-ij=が付加された形を指し、その変化形である動詞語幹に -ib= が付加された形も含むものとする[1]。

---

[1] '-' は、形態素間の切れ目、'=' は、語幹と語尾の要素の切れ目を示す。

2　先行研究と本稿での問題点

　言語学的な観点からスィンディー語文法を扱った文献には、Khubchandani（1969）や Alānā（1984）が挙げられるが、受動動詞という概念を取り上げることはなかった。また、これまでの文法書や学習書でも、スィンディー語の受動動詞は、受動態に用いられ、未来命令形に代表されるほかの用法は別個に扱われてきた。従来の説明では、接辞-ij=が受動態のみに用いられ、命令形の-ij=は同形の接辞であって、受動動詞の変化形ではない、と読める。
　動詞に焦点を当てたこれまでの研究では、動詞の変化が主語の人称、性、数により変化し、また他動詞完了分詞を用いる文が、能格構文となる、という点はしばしば指摘されている（Baig 1992）。また、人称接尾辞（pronominal suffixes）が、動詞にも用いられるという点も、しばしば紹介されている。その一方で、受動動詞については、これまでに言語学的な観点からの分析がなされていない。その主たる理由として、スィンディー語では、受動文が用いられる環境が限られており、能動文による表現が可能な場合、受動文による表現をあえて用いないため、注目されにくかったという点も挙げられよう。
　以上のような状況を踏まえ、本稿では「動詞語幹-ij=語尾」の形式を受動動詞と呼ぶことにし、その変化形と用法に焦点を当て、具体的な事例を元に、受動動詞が表現する意味内容をあらためて明確にすることを試みる。

3　スィンディー語の動詞

　スィンディー語動詞は、例外なくその不定詞語尾が=aṇu、もしくは=iṇu で終わる。自動詞の多くが=aṇu、他動詞の多くと使役動詞のすべてが=iṇu という語尾を持つ。屈折語であり、文の主語の人称や性、数にしたがって、この語尾の部分が変化する。この構造は、ほかの現代インド・アーリヤ諸語と同じである。人称は1、2、3人称、数は単数と複数、文法性は男性と女性、格は主格、後置格、呼格により語尾変化をする。なお、単純過去や完了形に用いられる完了分詞には、不定詞から規則的に導き出すことができない、不規則変化をする動詞が相当数ある[2]。

---

[2]　Grierson, G.A. (1904–28: 50–51) によると、その数は 128 である。

3.1 動詞の特徴

スィンディー語動詞が有する統語的特徴として、まず能格構文が挙げられる。スィンディー語では、他動詞の完了分詞を用いる単純過去および、完了文のみが能格構文となる。なお、ほかの現代インド・アーリヤ諸語に見られる、文法上の主語に付加される能格を示すマーカーは消失しているが、文法上の主語が主格から後置格に変化し、直接目的語が文法上の主語として機能する、という点で能格性が保持されている。ただし、補助動詞が自動詞の場合、意味上は他動詞文であっても、能格構文にならない。

また、使役動詞の発達も特徴であろう。スィンディー語には、多重使役[3]と呼ぶべき動詞群がある。語幹と語尾の間に-rā-という接辞を複数回繰り返して加えることにより、理論上は、無制限に仲介者（もしくはモノ）を加えることができる。

次に、本稿で扱う受動動詞に目を向ける。受動動詞は、語幹-ij=語尾という形で形成される。注目すべきは、自動詞にも適用できる場合がある、という点である[4]。なお、スィンディー語では、受動態の文を作る場合、動詞語幹に接尾辞-ij=の追加による派生される受動動詞（suffixal passive）を用いる構文と、「動詞完了分詞＋補助動詞 waň=aṇu（行く）」（peripharastic passive）という構文とが併用されており、どちらの表現を用いても意味に差はない。補助動詞を用いる表現は、周辺の同系統言語にも多く見られる特徴であり、受動動詞を用いる形がスィンディー語の特徴である。

3.2 動詞から派生するさまざまな分詞、派生動詞

他動詞 likh=aṇu（書く）を例とした、スィンディー語動詞の非定形動詞は以下のとおりである。

1) 不定詞　　　　　　　　　likh=aṇu, likh=aṇo,[5]
   動名詞としての機能も有する。

---

[3] ヒンディー語など周辺の現代インド・アーリヤ諸語にも、二重使役動詞と呼ばれる動詞群がある。これらの動詞は、仲介者（もしくはモノ）を介する使役動詞である。たとえば、「豊臣秀吉が大坂城を建てた」という場合の「建てる」は、二重使役動詞を用いる。ただし、母語話者によれば、実際に二重使役以上の複雑な動詞が用いられることはまれである。

[4] 自動詞の受動態が用いられるわけではなく、後述するとおり、命令形で用いられる。

[5] 語尾がoで終わる形は、義務、強制を表す与格構文で用いられる形。

2）未完了分詞　　　　　　　likh=ando, likh=andaṛu[6]
単独で単純未来、コピュラ動詞をともない動作の反復を表す。
3）完了分詞　　　　　　　　likh=iyo, likh=iyalu[7]
単独で単純過去、コピュラ動詞をともない完了を表す。また補助動詞 waṅ=aṇu をともない、受動態を表す。
4）接続分詞　　　　　　　　likh=ī[8]
補助動詞 rah=aṇu（住む）の完了形をともない進行を表すほか、別の動詞を補助動詞として用いる場合に現れる。また、1 つの動作が完了して、次の動作へ移る節連結機能も有する。
5）仮定分詞　　　　　　　　likh=e
コピュラ動詞をともない現在形、単独で不確定未来形を形成する。
また、likh=aṇu から派生する動詞の一例を挙げておく。

　　　使役動詞　　　　　　　likh-ā=iṇu
　　　二重使役動詞　　　　　likh-rā=iṇu
　　　三重使役動詞　　　　　likh-rā-rā=iṇu
　　　受動動詞　　　　　　　likh-ij=aṇu

なお、使役の受動動詞 likh-ā-ij=aṇu（書かせられる）や、二重使役の受動動詞 likh-rā-ij=aṇu（書かさせられる）も、接辞の組み合わせにより形成される。この点は、3.7 使役動詞の受動態の項で触れる。

3.3　自動詞と他動詞

　日本語と同様に、スィンディー語にも、名詞や形容詞 + kar=aṇu（する）という動詞が多い。その場合、kar=aṇu を thiy=aṇu（なる）で置き換えると、他動詞が自動詞に変わる。以下、例を示す。

---

[6] likh=andaṛu は、形容詞的用法にのみ用いる形。
[7] likh=iyalu は、形容詞的用法にのみ用いる形。
[8] 接続分詞は、不変化。不定詞の語尾が=aṇu の場合、ī、=iṇu の場合、e で終わるものが多い。

表 1　他動詞と自動詞の対応例

他動詞	意味	自動詞	意味
ṭhīku kar=aṇu	直す、よくする	ṭhīku thiy=aṇu	直る、よくなる
xushu kar=aṇu	喜ばせる	xushu thiy=aṇu	喜ぶ
paidā kar=aṇu	生む、生産する	paidā thiy=aṇu	生まれる
bandu kar=aṇu	閉める	bandu thiy=aṇu	閉まる
marammata kar=aṇu	修理する	marammata thiy=aṇu	直る
bahisa kar=aṇu	議論する	bahisa thiy=aṇu	議論がある、なされる

　スィンディー語では、自動詞や他動詞から使役動詞、二重使役動詞が派生することが多いが、表2でその例を示す。なお、他動詞から自動詞が派生する場合、自動詞から他動詞が派生する場合があるが、ここではその点には触れないこととする。

表 2　動詞派生の例

自動詞（受動動詞）	他動詞	使役動詞	二重使役動詞
uṭh=aṇu（起きる）	uṭh-ā=iṇu（起こす）	uṭh-rā=iṇu（起こさせる）	uṭh-rā-rā=iṇu（起こさせしめる）
baṇ-ij=aṇu, baṇ=aṇu（なる、できる）	baṇ-ā=iṇu（作る）	baṇ-rā=iṇu（作らせる）	baṇ-rā-rā=iṇu（作らせしめる）
ruk=aṇu（止まる）	rok=iṇu（止める）	rok-rā=iṇu（止めさせる）	rok-rā-rā=iṇu（止めさせしめる）

3.4 受動動詞

受動動詞は、動詞語幹-ij=語尾で作られる。特徴として指摘できるのは、自動詞の場合も、受動動詞を作る-ij=を動詞語幹に加えられるという点である。まず、一般的な受動表現を、補助動詞 waň=aṇu（行く）を用いる例とともに示す。

また、受動動詞は、完了分詞の形を持たない[9]ので、単純過去や現在完了など、完了分詞を用いる相は、補助動詞 waň=aṇu を用いる表現のみとなる。

3.4.1 受動態現在形

(1) a. darxvāsta   mokil-ij=e   thī.
       申請書.NOM.F.SG   送る-PASS=IPFV   COP.PRS.F.SG

   b. darxvāsta   mokil=ī   waňe thī.
       申請書.NOM.F.SG   送る-CONJ[10] AUX COP.PRS.F.SG
       申請書が送られる。

(2) a. hīa   mašīna   hinani   purzani
       これ.NOM.F.SG 機械.NOM.F.SG   これら.OBL.PL   部品.OBL.M.PL
       khã ṭhāh-ij=e   thī.
       INS 作る-PASS=IPFV   COP.PRS.F.SG

   b. hīa   mašīna   hinani   purzani
       これ.NOM.F.SG 機械.NOM.F.SG   これら.OBL.PL   部品.OBL.M.PL
       khã ṭhāh=ī   waňe thī.
       INS 作る=CONJ AUX COP.PRS.F.SG
       この機械は、これらの部品から作られている。

(3) a. hite wāḍo   mujassamo   baṇ-ij=e   tho.
       ここ 大きい.ADJ.M   像.NOM.M.SG   できる-PASS=IPFV COP.PRS.M.SG
       ここに大きな像ができる（作られる）。

上記の例3つのうち、(1) と (2) については、a. が受動動詞を用いた文、b. が補助動詞 waň=aṇu（行く）を用いた文である。上記 a、b の文が表す意味に差はないが、a が、より口語的な表現である。

---

[9] 理由については、今後の課題としたい。
[10] CONJ：接続分詞 (conjunctive)。

また、(3) は、形式上は自動詞の受動動詞形が用いられているが、自動詞と対応する受動動詞の意味が同一となっている例である。自動詞が受動動詞となって受動態を形成できるのは、(3) のように自動詞と受動動詞の意味に差がない場合に限られる。この文については、補助動詞 waṅ=aṇu(行く)を用いて書き換えられる場合、他動詞 baṇā=iṇu(作る)の完了分詞が用いられる。以下に (3b) として示す。

(3) b. hite　　　wāḍo　　　　　mujassamo　　　baṇā=yo
　　　 ここ　　 大きい.ADJ.M　像.NOM.M.SG　　造る=PFV.M.SG
　　　 waṅ=e　　　　tho.
　　　 AUX=IPFV.SG　COP.PRS.M.SG

3.4.2 受動態未来形

次に、受動態未来形を見てみたい。受動態未来形には、現在形と同様、補助動詞 waṅ=aṇu を用いる形以外に、接辞-ib= を用いる形がある。接辞-ib= は、-ij= の変化形と考えられ、*likh-ib=aṇu(書かれる)や *khol-ib=aṇu(開けられる)などの不定詞は存在しない。下記 (4)、(5) についても、補助動詞 waṅ=aṇu を用いた文に書き換えが可能である。

(4) maqālo　　　　hina　　　khã　　likh-ib=o.
　　 論文.NOM.M.SG　彼.OBL.SG　INS　書く-PASS.FUT=M.SG
　　 論文は彼により、書かれるだろう。

(5) biyani　　　 aqaliyatani　　　 je　　　 andāza　　　 khe
　　 ほか.OBL.F　少数派.OBL.F.PL　GEN.OBL　影響.OBL.M.SG　DAT
　　 gāḍikar=e　　　hisābu　　　k-ab=o.
　　 あわせる=CONJ　計算.M.SG　する-PASS.FUT=M.SG
　　 ほかの少数派の影響を考慮して計算されるだろう。

(6) sindhīa　　　　　　　mẽ　　hina　　　　khe　　chā
　　 スィンディー語.OBL.F　LOC　これ.OBL.SG　DAT　何
　　 ca-ib=o　　　　　　 āhe?
　　 言う-PASS.FUT=M.SG　COP.PRS.SG
　　 スィンディー語で、これを何と言いますか？

(6) は、他動詞 caw=aṇu（言う）の未来受動態を用いた文である。未来受動態＋コピュラ動詞の組み合わせにより、習慣的な行為を表す例である。(6) は、一種の非人称構文であり、動詞部分は男性単数形となる。下記、(7)、(8) と比較してみよう。

(7) caw=e　　　　　tho　　　　ta　　hite　wāḍo
　　言う=PRS.M.SG　COP.M.SG　接続詞　ここ　大きい.NOM.M.SG
　　gharu　　　　ho.
　　家.NOM.M.SG　ある.PST.M.SG
　　ここには大きい家があったと言う。

(8) ca-ij=e　　　　　　　tho　　　　ta　　hite　wāḍo
　　言う-PASS=PRS.M.SG　COP.M.SG　接続詞　ここ　大きい.NOM.M.SG
　　gharu　　　　ho.
　　家.NOM.M.SG　ある.PST.M.SG
　　ここには大きい家があったと言われている。

　(7) が caw=aṇu の能動態で表されているのに対し、(8) は caw=aṇu の受動動詞を用いて表されている。受動動詞を用いる文は、伝聞など、「言っている」行為者が特定できない場合に用いられる。
　スィンディー語の受動動詞は、以下 (9) のとおり、補助動詞でも形成される。

(9) etiriyū̃　　　　　ghaṇiyū̃　　māniyū̃　　　mū̃　　khā　na
　　このような.F.PL　多い.F.PL　パン.NOM.F.PL　私.OBL　INS　否定
　　khā=e　　　　　sagh-ij=iyū̃.
　　食べる=CONJ　可能.AUX-PASS=IPFV.F.PL
　　私には、こんなにたくさんのパンはとても食べられない。

　上記 (9) は、能力的な不可能を表す場合に否定受動文を用いるという、スィンディー語受動文の用法の１つである。近隣の同系言語との比較では、補助動詞が受動動詞となっている点が、特徴と言えよう。たとえば、ウルドゥー語では、「食べる」が受動態となる。ウルドゥー語でも、能力的な不可能が否定受動文で表される点は同じだが、補助動詞が受動態となることはない。

3.5 スィンディー語における受動態

スィンディー語では、受動態は用いられる環境が制限される。たとえば日本語では、「私は、彼に殴られた」と表現するが、スィンディー語では「彼が私を殴った」と能動態を用いる。たとえば「スィンディー語の起源は、インダス文明の時代までさかのぼれると言われている」に見られるとおり、受動態が現れるのは、動作主が明確でない場合に限られる。他方、「いきなり誰かに殴られた」場合でもスィンディー語では、「いきなり誰かが殴った」という表現になる。ただし、新聞や報道などのメディアでは「政府から、次年度予算が発表された」や、「裁判所の命により、扉が開けられた」という文に見られるとおり、受動態も用いられる。どちらも、実際に政府が作成した予算を誰が発表したり（たとえば、財相や官房長官など）、裁判所の命を受け、扉を開いたのが具体的に誰なのかが明確でないと考えるからである。

3.6 スィンディー語における受動命令形

スィンディー語には、受動動詞の命令形と考えるべき形式がある。「明日」、「数時間後」など、任意の一定期間をおいたあとに行為を行うよう命令するための表現である。従来の文法説明では、その意味から「未来命令形（future imperative）」という説明がなされてきた。「任意の一定期間をおいたあと」がどのくらいなのか、という点は話者に委ねられていると言う。

この受動命令形は、形態的には、受動動詞の活用で表される。通常の命令形は、動詞語幹+u、動詞語幹+o となる[11]が、受動命令形も、受動動詞語幹+u、および o という形式で表される。以下、具体例を示す。(10)、(11) が一般動詞の命令形であるのに対し、(12a)、(13) がそれぞれの受動命令形となる。(12b) は、依頼形である。この形式では、自動詞にも受動態を示す接辞-ij=が付加される。

(10) huna   sã   mil=u.
     彼.OBL.SG ABL   会う=IMP.SG
     彼に会いなさい。

---

[11] 語尾が=o となる命令形は、二人称複数に対する命令である。なお、スィンディー語では、単数の相手に対し、複数形を用いることで尊敬表現となる。例文 (11)、(13) の和訳文は、尊敬表現である。

(11) huna   sã   mil=o.
    彼.OBL.SG ABL   会う=IMP.PL
    彼に会ってください。

(12) a. subhāne huna   sã   mil-ij=u.
       明日   彼.OBL.SG ABL   会う-PASS.FUT=IMP.SG
       明日、彼に会いなさい。

    b. subhāne huna   sã   mil-ij=ãi.
       明日   彼.OBL.SG ABL   会う-PASS.FUT=IMP.SG
       明日、彼に会ってくれませんか。

(13) subhāne huna   sã   mil-ij=o.
     明日   彼.OBL.SG ABL   会う-PASS.FUT=IMP.PL
     明日、彼に会ってください。

3.7 使役動詞の受動態

　使役受動動詞や二重使役受動動詞からも、受動態は形成される。下記の例を参照されたい。ただし、以下の例文（14a）、（15a）については、文法的には誤りではないが、実際に用いられることはまずない。どちらの文も、能動態による表現（それぞれ b. の文が該当）を用いるからである。

(14) a. haru mahīne paisā   jamā
       毎月   お金.NOM.M.PL 集めること.NOM.M.SG
       kar-ā-ij=ani   thā.
       する-CAUS-PASS=PRS.M.PL COP.M.PL
       毎月、預金させられる。

    b. haru mahīne paisā   jamā
       毎月   お金.NOM.M.PL 集めること.NOM.M.SG
       kar-ā=yã   tho.
       させる-CAUS=1.SG   COP.M.SG

(15) a. hite   hika   imārata   una   māṇhūa
     ここ 1.NOM.F 建物.NOM.F.SG   それ.OBL.M   人物.OBL.M.SG
     khã̄   thah-rā-rā-ij=e   thī.
     INS   建つ-CAUS-CAUS-PASS=F.SG   COP.F.SG
     ここに、その人物により1軒の建物が建てさせられる[12]。

   b. hū   māṇhū   hite   hika   imārata
      それ.NOM.M   人物.NOM.M.SG   ここ 1.NOM.F 建物.NOM.F.SG
      thah-rā-rā=e   tho.
      建つ-CAUS-CAUS=F.SG   COP.M.SG

4 日本語母語話者にとって、スィンディー語は難解か

　ここでは、日本語母語話者が、外国語としてスィンディー語を学ぶ際にどのような点が難しいかを、動詞の構造に着目して考えてみたい。

　周辺の同系言語学習の際にも当てはまるが、日本語母語話者が習得に時間がかかる項目として、能格構文の存在が挙げられる。他動詞完了分詞を用いる場合に限り、意味上の主語ではなく、直接目的語の性・数に応じて、動詞の語尾の形が決定されるという考えである。喜怒哀楽や義務強制を表す与格構文[13]とともに、スィンディー語の特徴である。

　次に、人称接尾辞の存在が挙げられよう。スィンディー語では、口語表現に限定されるが、文の主語と間接目的語が動詞語尾に付加され、見かけ上は「私は彼にあげた」や「彼女が私に言った」という文が1語で表現できる。また、文の主語のみ、あるいは間接目的語のみを人称接尾辞で表すことも可能である。インフォーマントによれば、どの文でも表す意味に差異はない。以下に例を示す。

(16) a. cay=o-mã̄-si.
     言う.PST=M.SG-PS.[14]1SG.NOM-PS.3SG.OBL
     私は、彼に言った。

---

[12] 「その人物」が、誰かほかの人物（人物B）等に対し建物を建てさせるようにする、人物Bは、たとえば大工を使って建物を建てさせる、ということを示す文。
[13] 意味上の主語が、与格後置詞kheをともなって現れる文。
[14] PS: Pronominal Suffix（人称接尾辞）

b. mũ　　　　cay=o-si.
　 私.1SG.ERG　言う.PST=M.SG-PS.3SG.OBL

c. mũ　　　　huna　　　khe　　cay=o.
　 私.1SG.ERG　彼.3SG.OBL　DAT　言う.PST=M.SG

　（16a）や（16b）の文は、通常（16c）のように表現されるが、話者、受け手ともに事実誤認を起こさない場合に限り、口語表現で現れる[15]。どちらの表現を用いても、表す意味に差異はないと言う。

　多重使役動詞も、日本語母語話者には追加説明が必要である。日本語にも使役動詞はあるが、スィンディー語では、仲介者（あるいはモノ）を介する、いわゆる多重使役動詞が他動詞から派生される。仲介者1人を介する二重使役動詞は、周辺の同系言語にもあるが、仲介者2人以上を介する場合も、スィンディー語では動詞1語で表現される。具体例を挙げれば、「私は、庭師をとおして、料理人に対して、使用人が買い物をするように仕向けた」という文は、「買い物をさせしめる」という三重使役動詞で表現できる。実際には「私」は庭師に対し、使用人が買い物をするようにと、料理人に言っておくように、命令している。この場合、「庭師」は与格後置詞、「料理人」は奪格後置詞をともない、「庭師」は「～をとおして」という後置詞句をともなって現れる。ただし、注3で説明したとおり、実際に用いられるのは二重使役までで、それ以上の複雑な文は、理論上作ることができるが、用いられることはまれである。上記の三重使役文は次のとおりである。

(17) mũ　　mālīa　　wāste　　xānsāmāna sã　naukara
　　 私.OBL　庭師.OBL　通して.ADV　コック.OBL　ABL　使用人.OBL
　　 khe　　xarīdārī　　　ka-rā-rā-rā=ī
　　 DAT　買い物.GEN.F.SG　する.PST-CAUS-CAUS-CAUS=F.SG
　　 私は、庭師を通じ、コックをして、使用人に買い物をさせた。

---

[15]　筆者がインフォーマント（現パキスタン、ラールカーナ出身でムンバイー在住の60代男性）に確認したところ、このような回答を得た。

5 受動動詞が表すもの

　本稿では、スィンディー語受動動詞の用法を例文とともに考えてみた。従来は別々に説明されてきた、いわゆる未来命令形およびそれを用いる習慣表現を、接辞-ij=を持つ受動動詞の変化形ととらえなおすことを試みた。

　従来、未来命令形と説明されてきた文型が表す意味は、文法書により異なっている。スィンディー語を母語とする研究者による説明でも差異が認められる（Alānā (1984: 70–71)、Šaix (1986: 343–344)）。「一定期間ののちに行為をするように命令する」という説明のほか、「してもらえないか」という依頼を表すという説明も見られる。受動動詞が表す意味内容については、その語形変化がアパブランシャ以降、どのように生まれたのかという点を考慮に入れながら、今後も継続して分析することが必要である。

　形態面からは、受動動詞の語尾変化は、対応する能動動詞の語尾変化に準じており、本稿で受動命令形に分類した形（従来の文法で未来命令形と説明された形式）のみを別に説明する必要はないと考える。したがって受動動詞という枠組が規定できるのではないだろうか。

　受動動詞に見られる接辞-ij=およびその未来形-ib=の形態素としての由来については、サラーエキー語を初めとする同系言語との比較も必要であり、また、ウルドゥー語の以下の文に代表される表現との関連も含め、その点は今後の課題としたい。

(18) kyā　kiyā　　　　　jā=e
　　 何　する.PRF.M.SG　行く=SBJV.SG
　　（この先）どうしたらいいのか [16]。

---

[16] いわゆる不確定未来形受動態を用いる文で、解決策等に見当がつかない場合、途方に暮れてしまった場合に用いられる。直訳では「何がなされようか」という意味であり、能動文で表現するよりも、困窮度が高い表現となる。ウルドゥー語の受動態は、動詞完了分詞＋補助動詞 jā=nā（行く）で表現する。

参照文献

Alānā, Ghulām Alī (1984) *Sindhī muallim* [*Sindhi teacher*]. Jāmšoro: Sindhī Adabī Borḍ.

Baig, Mirzā Qalīc (1992/1961) *Sindhī viyā karaṇa (4 bhāġā)* [*Sindhi grammar* (4 vols)]. First/Second edition J̄āmšoro: Sindhī Adabī Borḍu.

Grierson, G.A.. (comp.) (1904–28) *Linguistic survey of India, vol.VIII Part I: Indo-Aryan family North-Western group specimens of Sindhi and Lahnda*. Calcutta: Superintendent Government Printing.

Khubchandani, Lachman Mulchand (1981) *Current trends in Sindhi*. Pune: Centre for Communication Studies.

Masica, Colin P. (1991) *Indo-Aryan languages*. Cambridge: Cambridge University Press.

Šaix, Wāhid Baxš (1986) *Sindhī bolīa jo sarf ain nahav* [*Morphology and syntax in Sindhi language*]. J̄āmšoro: Sindhī Adabī Borḍu.

ブルシャスキー語の動詞語幹と他動性

吉岡 乾

【要旨】ブルシャスキー語は接辞を用いた動詞派生だけで結合価操作を行っている。本稿では、その形態論を、他動性と絡めて簡潔に記述する。結合価を増やす派生を人称接頭辞が、減らす派生を完結接頭辞が担い、さらに、3人称複数一致要素による中動派生もある。最後に、同じ他動化型言語としての日本語との異同を提示する。

キーワード：ブルシャスキー語、他動性、結合価操作、中動態

1 はじめに[*]

ブルシャスキー語では、動詞の結合価は専ら接辞による派生によって操作される。本稿は、ブルシャスキー語における動詞の語根から語幹を派生するシステムを概観することと、先行研究で特筆されていない派生の記述をすることとを目的としている。さらに、以上を概観した上で、主流な派生の方向性が同じく他動化型である日本語と対照し、異同を提示する。

ブルシャスキー語とは、パキスタン・イスラーム共和国ギルギット・バルティスタン自治州のフンザ谷、ナゲル谷、ヤスィン谷を中心として、10万人程度の人々によって話されている系統不明の言語である。類型的には膠着的性質が強く、接頭辞よりは接尾辞のほうが多く用いられる。基本的な語順がSV／AOV[1]の主要部後続型であり、分裂能格言語ではあるものの、動詞は常に主語（S／A）と一致を果たす。ブルシャスキー語には指示物の特性に概

---

[*] この論文を書くにあたって、大変有益なご指摘とコメントを下さったプラシャント・パルデシ教授（国立国語研究所）、ならびに2名の匿名の査読者の方に厚くお礼申し上げる。また、ブルシャスキー語フンザ方言のインフォーマントとして協力してくれ、貴重な情報を提供してくれた Essa Karim 氏に深謝する。

[1] 文法関係を述べる場合、S[ubject] は自動詞節の主語、A[gent]（動作主）は他動詞節や複他動詞節の主語、O[bject] は他動詞節の目的語を指す。複他動詞節の目的語項に関しては 2.2 節で後述する。

ね対応する、文法的な名詞クラスが4つある：HM 類（ヒト男性）・HF 類（ヒト女性）・X 類（具象物）・Y 類（抽象物）。

本稿で扱うのは、フンザ谷で話されているブルシャスキー語である。

2　動詞形態論と動詞の自他

本節ではブルシャスキー語動詞の形態論を概観し、次いで、自他で分類した各動詞の形態・統語的特徴を述べる。

2.1　動詞語幹の派生および屈折

以下に、動詞語幹を形成する派生と定動詞を形成する屈折とを扱うテンプレート[2]を示す。図1が本動詞のテンプレートで、その［+4］スロットに入る助動詞コピュラのテンプレートが図2である。スロット番号の括弧は、そのスロットに入る要素が選択的であることを表しており、各テンプレートの実線枠は語幹[3]の範囲を意味している[4]。

(−4)	(−3)	(−2)	(−1)	0	(+1)	(+2)	(+3)	+4	(+5)
NEG	TEL	PERS	CAUS	ROOT	PL	ASP	PERS	MOD/COP	PERS/COND

−4： a- 否定　　　　　　　　0：語根　　　　　　+4：-Ø 現在、-m 非現在、
−3： d- 完結　　　　　　　+1：-ja 複数　　　　　　 -i/-in 命令 (SG/PL)、-ṣ 希求、
−2： @-/@ː/@ː̈ 人称　　　+2：-tɕ 未完了　　　　 -um 接続、助動詞コピュラ (図2)
−1： s- 使役　　　　　　　+3：一人称[5]　　　　+5：人称[5]、-tse 反実、-á 念押し

図 1　動詞のテンプレート

---

[2] テンプレートというのは、語を形成する各形態素の付加される位置が予め定まっていると見做して立てられる動詞語幹の構成の雛型である。スロットとはその、形態素の入る位置を指す。
[3] 語幹は、形態面では外的派生の語基となり、音韻面ではアクセントを持ち得る範囲と一致する。
[4] 本研究独自の略号は以下の通り：H/HM/HF/X/Y：各名詞クラス、I/II/III：各人称接頭辞タイプ、@：人称接頭辞要素；ASP：aspect（アスペクト）、DITR：ditransitive（複他動詞）、ESS：essive（位格）、INE：inessive（内格）、MOD：mood（法）、NPRS：non-present（非現在）、PERS：personal（人称）、TEL：telic（完結）
[5] 動詞上で主語と一致をする人称接尾辞は［+3］か［+5］のスロットに実現する。どちらに入るかは、アスペクト、ムード、人称・数によって決まる。

```
    0      +1    (+2)    +3
   ROOT   PERS   PERS   MOD
```

0：語根　　　　　+2：一人称単数[6]
+1：人称[6]　　　+3：-Ø 現在、-m 非現在

図 2　助動詞コピュラのテンプレート

2.2　自動詞、他動詞、複他動詞、半他動詞

本節ではブルシャスキー語における自動詞、他動詞、複他動詞、ならびに半他動詞の形態的、統語的特徴を述べる。

動詞の区別は表 1 の通りである。これは、ブルシャスキー語の動詞の人称接尾辞（［+3／+5］スロット）が文法関係的な主語（S／A）と一致し、人称接頭辞（［−2］スロット）が意味役割的な受動者（undergoer：S／O／R）と一致するという非対称性に基づいている分類である。表 1 の下では、自動詞、他動詞、複他動詞、半他動詞の順に例文[7]を示し、それぞれの特徴を述べる。

表 1　動詞の自他の区別と特徴

	自動詞	半他動詞	他動詞	複他動詞
人称接頭辞の有無	有／無	有	有／無	有
人称接頭辞が一致する項	絶対格	絶対格	絶対格	与格
人称接尾辞が一致する項	絶対格	絶対格〜能格	能格	能格

(1)　a.　hír　　　gáarʈsimi.
　　　　 hir-Ø　 gáarʈs-m-i
　　　　 男-ABS　走る-NPRS-**3SG.HM**
　　　　 男が走った。

---

[6]　助動詞コピュラ上で主語と一致をする人称接尾辞は基本的に［+1］スロットに現れるが、一人称単数で［+3］スロットに非現在の-m がある場合には、［+2］スロットに（［+1］と同一の）一人称単数接尾辞-a が付加される。なお、単独のコピュラでは同様の（一人称接尾辞の多重付加）現象がさらに幾つかの場面で確認される。

[7]　例文の 1 行目は表層の音形、2 行目は基底の形を示している。2 行目は、例えば、音縮約などで語を構成している形態素の境界が明示できなくなるのを避ける、一部同形で出現する人称接頭辞のタイプ差を明示する、或いは、特に動詞の語根の原形を見易くするための慣例である。

b. híɾ   iíɾimi.
   hiɾ́-Ø **i**-iɾ-́m-**i**
   男-ABS **3SG.HM:I**-死ぬ-NPRS-**3SG.HM**
   男が死んだ。

c. híɾ   maními.
   hiɾ́-Ø man-́m-**i**
   男-ABS なる-NPRS-**3SG.HM**
   男が（意図して）なった。

d. híɾ   imánimi.
   hiɾ́-Ø **i**-man-́m-**i**
   男-ABS **3SG.HM:I**-なる-NPRS-**3SG.HM**
   男が（意図せずに）なった。

自動詞は、唯一項（S）を絶対格で取る動詞である。人称接尾辞はS項に一致する。（1b, d）のように、制御不能事象を表す自動詞は人称接尾辞に加えて人称接頭辞も取るが、その一致もS項とである。（1c, d）は同じ語根から派生された、人称接頭辞を取らない語幹（1c）と人称接頭辞を伴う語幹（1d）とのペアである。

(2) a. híɾe   tsʰil   miními.
       hiɾ́-e   tsʰil-Ø   min-́m-**i**
       男-ERG   水-ABS   飲む-NPRS-**3SG.HM**
       男が水を飲んだ。

    b. híɾe   gús   dumólimi.
       hiɾ́-e   gus-́Ø   d-**mu**-́l-m-**i**
       男-ERG   女-ABS   TEL-**3SG.HF:II**-打つ-NPRS-**3SG.HM**
       男が女を殴った。

    c. híɾe   guté   gánimi.
       hiɾ́-e   guté-Ø   gán-m-**i**
       男-ERG   その:Y-ABS 取る-NPRS-**3SG.HM**
       男がそれを取った。

    d. híɾe   gusé   jánimi.
       hiɾ́-e   gusé-Ø   **i**-gán-m-**i**
       男-ERG   その:X-ABS **3SG.X:I**-取る-NPRS-**3SG.HM**
       男がそれを取った。

他動詞は、主語の A 項が能格を取る。人称接尾辞はその A 項に一致する。(2b, d) のように人称接頭辞を取る場合、その接頭辞は絶対格目的語である O 項と一致する。(2c, d) は同根の、人称接頭辞を取らない語幹 (2c) と人称接頭辞を伴う語幹 (2d) とのペアであり、目的語の特性（特定性・有生性など）によって使い分けられる傾向が窺える。

(3) híɾe　　　gúsmuɾ　　　húk　　　móoltiɾimi.
　　hiɾ-́e　　gus-́mu-aɾ　　huk-́Ø　　**mu**-̈ltiɾ-m-**i**
　　男-ERG　女-OBL-DAT　犬-ABS　**3SG.HF:III**-示す-NPRS-**3SG.HM**
　　男が女に犬を見せた。

複他動詞節 (3) では、主語の A 項が能格を取る。人称接尾辞はその A 項に一致する。人称接頭辞も必ず取り、一致する対象は絶対格対象項（T[heme]）ではなく、与格の受け手項（R[ecipient]）である。

(4) ín/íne　　　　guté　　　itᶜháɾ
　　ín-Ø/-e　　　guté　　　i-tᶜhaɾ-́Ø
　　その:H-ABS/-ERG　この:Y　3SG.Y:I-音-ABS
　　dumójalumo.
　　d-**mu**-̈jal-m-**o**
　　TEL-**3SG.HF:II**-聞く-NPRS-**3SG.HF**
　　彼女はこの音を聞いた。

(5) ín/íne　　　　guté　　　gón　　　dumóimo.
　　ín-Ø/-e　　　guté　　　gon-́Ø　　d-**mu**-̈i-m-**o**
　　その:H-ABS/-ERG　この:Y　匂い-ABS　TEL-**3SG.HF:II**-嗅ぐ-NPRS-**3SG.HF**
　　彼女はこの匂いを嗅いだ。

ブルシャスキー語の半他動詞は (4)・(5) に示した 2 つの動詞のみである。この 2 つの動詞は d-@-̈jal-「音を感じる」、d-@-̈i-「匂いを感じる」という知覚動詞であり、項数は 2 つで、人称接尾辞が一致を示す主語項が、絶対格でも能格でも構わない（自由交替する）という特徴を持っている。動詞単独の形は、人称接頭辞が制御不能主語に一致しているので典型的な自動詞的特徴を持つが、統語まで視野に入れると、目的語を取れるし主語が能格も取りうるといった他動詞的な側面も見せている。

3 動詞語幹派生

2.1 節の図 1 で示した通り、各動詞語幹は、[–3] ～ [–1] スロットの接頭辞、[0] スロットの語根、[+1] ～ [+2] スロットの接尾辞によって形成されている。但し、[+1] スロットの複数派生接尾辞 -ja（適用例 21 語幹のみ）と、[+2] スロットの未完了接尾辞 -tɕ（適用制限なし）も語幹派生の要素ではあるが、動詞の項の増減を左右するものではないので、本稿では割愛する。

3.1 増項派生

ブルシャスキー語で結合価を増やす派生に関連するのは、動詞の [–2]・[–1] スロットである。

3.1.1 [–2] スロット：人称接頭辞

[–2] スロットは必須スロットではない。可能性としては、①人称接頭辞が具現化する、或いは②具現化しない、の 2 通りがある。人称接頭辞が具現化する場合には、「人称接頭辞タイプ I」・「II」・「III」の 3 種類のいずれかが現れる。どのタイプの人称接頭辞を取るか、或いは取らないかというのは派生で決定し、どの人称・クラス・数と一致するかというのは屈折の問題となる。人称接頭辞のタイプの異なりは、表 2 で示すように、音声的には母音の高さと長さとの異なりである。一致機能はタイプ間で異ならない。

表 2 人称接頭辞

人称		タイプ I(@-)		タイプ II(@́-)		タイプ III(@́ː-)	
		SG	PL	SG	PL	SG	PL
1		a-/dʑe-/dʑa-	mi-	á-	mé-	áa-	mée-
2		gu-	ma-	gó-	má-	góo-	máa-
3	HM	i-		é-	ó-	ée-	óo-
	HF	mu-	u-	mó-		móo-	
X		i-	u-	é-	ó-	ée-	óo-
Y		i-	i-	é-	é-	ée-	ée-

語幹ごとに取る人称接頭辞のタイプは決まっており、1 つの語根が異なる

タイプの人称接頭辞で複数個の動詞語幹を派生する場合も多々ある。以下、タイプ I、II、III と同列で扱うため、人称接頭辞がない場合を便宜的にタイプ Ø と呼ぶ。

表 3 人称接頭辞による様々な語幹派生パターン

	語根	語幹 A	語幹 B	語幹 C
a.	dzú	Ø：dzú- INTR「行く」	——	——
b.	man	Ø：man- INTR「なる」	I：@-mán- INTR「なる」	——
c.	gíɥ	Ø：gíɥ- INTR「入る」	III：@-ːgiɥ- TR「入れる」	——
d.	tsʰigín	Ø：di-tsʰígin- INTR「垂れてくる」	I：d-@-ːtsikin- TR「吊るす」	III：d-@-ːtsikin- DITR「吊るさせる」
e.	gán	Ø：gán- TR「取る」	I：@-ján- TR「取る」	——
f.	t	II：@-t- TR「する」	III：@-ːt- DITR「させる」	——
g.	u	I：@-ú- DITR「与える:HX.OBJ」	——	——

表 3 で示しているのは、語幹派生と人称接頭辞との関連性を示すための動詞の代表例である。語幹 A～C の並びは、人称接頭辞のタイプの順（Ø＜I＜II＜III）になっている。a., b., e., g. は項の増減がなく、一方 c., d., f. には項の増減が見られる。

この表から分かるのは、人称接頭辞と結合価数とが、関連性はありつつも、決して鏡像関係にはなっていないということである。最も無標の形式である、人称接頭辞を伴っていない（タイプØ）語幹にも自動詞と他動詞とがある点（a.～d. は自動詞、e. は他動詞）や、タイプØ自動詞が他動詞を形成する時にどのタイプの人称接頭辞を要するかも一意ではない点（c. は III、d. は I）などを見られたい。タイプØとタイプIで結合価の変わらない語幹対というのも、自他に拘わらず存在する（b., e.）：これらの対に関しては 2.2 節の例文

(1c, d) と、(2c, d) を参照。ここで大切な点は、人称接頭辞のタイプの数字が大きくなればなるほど（Ø＜I＜II＜III：表3では語幹が右寄りであるほど）、結合価数が増えていくという傾向である。

3.1.2 ［−1］スロット：「使役」接頭辞

どの先行研究でも使役接頭辞として扱われている、［−1］スロットの s- は、現れる場合、必ず人称接頭辞タイプIIかIIIと共起する。次の表4では、使役接頭辞を含んだそれらの語幹の記号を **sII**・**sIII** として示した。

表 4　使役接頭辞を含んだ様々な語幹派生パターン

	語根	語幹 A	語幹 B	語幹 C
h.	kʰaran	Ø：kʰarán- INTR「遅れる」	I：@-kʰáran- INTR「遅れる」	**sII**：@-ːs-karan- TR「遅らせる」
i.	gáarts	Ø：di-áarts- INTR「雨が降る」	**sIII**：d-@-ːs-karts- TR「降らせる」	――
j.	qʰar	Ø：du-qʰár- INTR「(木が)割れる、(花が)咲く」	I：d-@-ːqar- TR「割る」	III：d-@-ːqar- DITR「割らせる」
			II：d-@-ːqar- TR「咲かす」	**sIII**：d-@-ːs-qar- DITR「咲かさせる」
k.	karan	II：d-@-karan- TR「囲む」	**sII**：d-@-ːs-karan- TR「囲む」	――
l.	kʰukín	Ø：di-kʰíkin- INTR「火が点く」	III：d-@-ːkukin- TR「点火する」	**sIII**：d-@-ːs-kukin- TR「点火する」

表4から読み取られたいのは、i) s- が付いた語幹が必ず他動詞か複他動詞であるという点と、ii) s- 自体が他動性を上昇させてはいないという点との二点である。i) は、d-@-ːtarkin-「眩暈がする、震える」のような、s- なしのタイプII・III自動詞がある一方で、s- が付加したタイプII・III自動詞がないということから、重要である。その点だけを考慮すると、この使役接頭辞が結合価を増やしているとも思えるが、表4の k., l. を見ると、ii) のポイントに気付くことができる。2.2節で見た人称接頭辞の有無による自動詞対や他動詞対とは異なり、s- があってもなくても意味が全く変わらない、k., l. のような

パターンの語幹対は決して少なくなく、そのような接頭辞が、使役化の機能を積極的に担っているとは考え難い。

使役接頭辞の有無だけで異なった形式の語幹が存在するケースには、k., l.のようにs-が無意味な対もあれば、j.のように、結合価数は同じでも意味的に異なっているという対も、数は少ないが存在している。表4で明確に示した通り、そういった事例では多義語の持つ意味（延いてはその他動性）によって派生パターンが異なり、s-の使用不使用が分かれてs-の有無で対立した別の語幹になっていると考えられる。しかし本節で重要なのは、その場合でも使役接頭辞が結合価を違えてはいないという点である。

以上から、使役接頭辞s-は項の増減に直接影響を及ぼしていないと言える。

3.2 減項派生：完結化接頭辞

項を減らしていると見做せる派生は、[-3] スロットの接頭辞d-によるものがある。この接頭辞は実質的に幾つもの機能を持っており、先行研究でもいまだ統一見解のない要素の1つであるが、少なくとも「受動化」の働きがあるとしている研究は少なくない（Morin and Tiffou 1988、Grune 1998、Bashir 2004）[8]。

筆者はd-に5つの機能（結果化、求心化、状態変化化、結果状態化、逆使役化）を認め、その中には項数を減らす機能もあると考えている。以下では、明白に項数を減らす派生機能である「結果化」と、理論的に結論付けられないが項数を減らしている可能性のある「逆使役化」とを解説して、減項派生の概要とする[9]。なお、d-の持つ各機能の共通特徴から、筆者はこの接辞を暫定的に「完結（telic）接頭辞」と呼んでいる。

結果化機能は、[-3] スロットに関して無標である他動詞語幹との対比で、d-が付いた語幹が自動詞になる派生を見せるものであり、この場合に[-2] スロットの人称接頭辞タイプは変わらない（但し、表5のn.のように、タイ

---

[8] Anderson (2007) もd-に (de-)transitivizing 機能があると、具体的な例での解説はせずに一言だけで述べているが、これはこれ自体が随分と矛盾した表現ではないだろうか。他動化と脱他動化とが単一の機能であるとはどういうことか。

[9] d-の残りの3つの機能：求心化機能は、@ːr-「連れていく」− d-@ːr-「連れてくる」のように、「こちらへ」というニュアンスを加える；状態変化化機能は、tcʰayúr-um「寒い」− du-tcʰáyur-「寒くなる」のように、主に形容詞から状態変化動詞を派生する；結果状態化機能は、hulʑá-「満ちる」− d-úlʑa-「満ちている」のように、変化動詞から状態動詞を派生する（cf. Yoshioka 2012）。

プØ／I 他動詞に対応する d- 付き自動詞はタイプØのみになる)。

表 5　結果化派生

	語根	非 d-語幹	d-語幹
m.	qʰulán	qʰulán-「捏ねる」	du-qʰúlan-「捏ねられている」
n.	báalt	báalt-/@-jáalt-「洗う」	du-wáalt-「洗われている」
o.	hurúṭ	@-ṳruṭ-「据える」	d-@-ṳruṭ-「定住する、決められる」

表 5 では人称接頭辞のタイプが左右で変わっていないので、表 3 で見たような項の増減は関わっていないと考えられる。それでも表 5 のサンプルを見ると、d- が付加することによって他動詞から自動詞へと項数が減っている。これは、非 d-他動詞で表現される動作によって、O 項が、d-自動詞で表現される結果をこうむるのである。

一方で逆使役化機能は、対応する自他動詞の間で人称接頭辞タイプにも差のある派生をするものである。先に表 6 の例を見られたい。

表 6　逆使役化派生

	語根	非 d-語幹	d-語幹
p.	ltaɣaṳ	@-ltáɣaṳ-「泥で塗り固める」	du-ltáɣaṳ-「泥で塗り固められる」
q.	jar	@-jár-「放牧する」	du-jár-「牧草を食む」
r.	tsʰil	@-íl-「濡らす」	di-íl- / di-tsʰíl- / di-síl-「濡れる」

表 5 の結果化派生とは異なり、表 6 では非 d-語幹がタイプ I の人称接頭辞を持っているのに対し、対応する d-語幹は人称接頭辞を伴わない。意味的な対応は、結果化派生と同様に、前者が他動詞で後者が自動詞であり、A 項が削除されて O 項が S 項となっている[10]。上に挙げたような先行研究では上記の結果化派生とこの逆使役化派生とを一緒に扱って「受動的」としているようであるが、前節で見た通り、人称接頭辞タイプ I があるかないかで項数 1 つの差は生じうる。従って、逆使役化派生に関しては、現状、結果化派生の

---

[10] 逆使役化派生よりも結果化派生のほうが、「動作に付随している道具」の不透明化を含んでいる可能性がある。しかし、元よりブルシャスキー語動詞形態論が既に生産性を失っていて、サンプルとなる動詞対の数にも限りがあるため、断定的に述べることはできない。

ように d- が項数を減らしている可能性も、人称接頭辞の有無で項数が減ったように見えているだけである可能性もあるとしか言えない。

いずれにしても、d- 接頭辞に項数を減らす派生をする機能があることは確かである。語幹派生接辞で一次的に項数を減らす要素は他にはない。

3.3　もう1つの減項派生：中動化

2.2 節で示した各動詞の形態的・統語的特徴と照らし合わせて考えると、見た目上、非典型的な他動詞に見える幾つかの語幹が見受けられる。表7にそのうちの例を幾つか示す。これらの非典型的語幹は、対応する典型的語幹の [−2] スロットに一定の3人称複数接頭辞が既に埋まった形をしている；右列 (@) にその要素を明記した。人称・クラス・数で具体的な一致の要素を用いているのであたかも屈折であるように見えるが、この操作が適用されるのが一部の動詞のみに限られており、さらには節内の項の数をも変化させるため、ここではこの人称接頭辞が派生をしていると捉えるべきだろう。意味的に見てこの派生は、中動化であると考えられる。表7の下で例文を見て検討する。

表 7　典型的−非典型的語幹のペア

語根	典型的語幹	非典型的語幹	@
mar	TR：d-@-́mar-「奪い取る」	INTR：d-ú-mar-「訊き出す」	3PL.H/X
yuṭin	TR：d-@-́yuṭin-「空にする」	INTR：d-óo-yuṭin-「尽きる」	3PL.H/X
mi	TR：d-@-́mi-「集める」	INTR：d-ée-mi-「集まる」	3PL.Y
tsʰú	DITR：@-́tsu-「持って行かせる」	TR：óo-tsu-「送り届ける」	3PL.H/X
sú	DITR：d-@-́ts-「運ばせる」	TR：d-óo-ts-「送る」	3PL.H/X

(6) a. (dzáa)　má　　　　dzáa　ápaṭci

　　　dzáa　má-Ø　　　dzáa　a-́pa-ṭci-e

　　　私:ERG　あなた方-ABS　私:GEN　1SG:II-側-INE-ESS

　　　damáamiabáa.

　　　d-ma-́mi-a+bá-a-Ø

　　　TEL-2PL:III-集める-1SG+COP-1SG-PRS

　　　私はあなた方を私のところに集めた。

b. (*dzáa)   má   dzáa   ápatɕi
   dzáa   má-Ø   dzáa   a-̇pa-tɕi-e
   私:ERG   あなた方-ABS   私:GEN   1SG:II-側-INE-ESS
   déemibáan.
   d-i̇-mi+bá-an-Ø
   TEL-3PL.Y:III-集める+COP-2PL-PRS
   あなた方は私のところに集まっている。

(7) a. (íne)   ɾupijáa   dóomitɕubóm.
       ín-e   ɾupijáa-Ø   d-u-̇mi-tɕ+bá-o-m
       その:H-ERG   お金-ABS   TEL-3PL.X:III-集める-IPFV+COP-3SG.HF-NPRS
       彼女はお金を集めていた。

   b. (*íne)   ɾupijáa   déemitɕibím.
       ín-e   ɾupijáa-Ø   d-i̇-mi-tɕ+b-ién-m
       その:H-ERG   お金-ABS   TEL-3PL.Y:III-集める-IPFV+COP-3PL.X-NPRS
       お金が集まって来ていた。

典型的他動詞文 (6a)、(7a) では目的語に一致して述語動詞の人称接頭辞が入れ替わるが、非典型的自動詞文 (6b)、(7b) では、前節で述べた定義とは異なり、人称接頭辞が唯一項である主語には一致せず、一定の一致要素 ((6b)、(7b) では3人称複数Yクラス；例文中枠線部) を常に見せる。

表7の非典型的動詞は形態統語的に見て、対応する他動詞／複他動詞から結合価が1つ減っている。対応するのが他動詞であった場合、派生される中間動詞は主語が能格も取らなくなる。その場合、中動派生を果たしている人称接頭辞部分を屈折要素であると見做すと、先述の通り、典型的自動詞と異なって見える。一方でその要素を派生要素であると捉え、語幹の一部として固定されていると考えれば、その動詞語幹は人称接尾辞でしか一致を果たさない、典型的な自動詞と同じ振る舞いに収まる。複他動詞から派生された中動的他動詞の場合にも、同じように人称接頭辞スロットを欠いた典型的他動詞と等しく扱える。

4　おわりに——日本語と対照して

ブルシャスキー語の結合価を操作する派生には、(8) に示す3種類がある。この3種類の派生の組み合わせで、一項から三項までの動詞語幹が形成され

る。項を減らす操作として受動らしい受動はないが、語幹派生の中に結果化、逆使役化、中動化といった、異なる機能の減項操作がある。

(8) 結合価操作派生（要素：項数）
  i. ［−2］人称接頭辞タイプ   ：∅ ≤ I ≤ II ≤ III
  ii. ［−2］3人称複数人称接頭辞 u-/i- ：基本動詞 ＞ u-/i-中間動詞
  iii. ［−3］完結接頭辞 d-   ：非 d- ≥ d-

なお、(8) の i. 人称接頭辞タイプと、iii. 完結接頭辞による派生に関しては、主要先行研究（Berger 1998 など）でも説明の仕方、用語などは違えど、或る程度は述べられている派生である。一方で、ii. 3人称複数人称接頭辞による中動化に関しては、これまでに言及がない。

ブルシャスキー語は、派生パターンの中で用いられている割合を見る限り、項数を増やす派生（(8) の i.）が主流の、Nichols et al. (2004) でいうところの他動化型言語であると考えられる。日本語も他動化型であるとされているが、派生のシステム自体は、語彙ごとに決まった語幹形成接辞で自他交替し、さらに形態統語的な使役や受動が規則的に生産できる日本語と、比較的規則的な内部派生で語幹を形成しつつも、形態統語的な使役や受動の生産的操作が存在しないブルシャスキー語とは、随分と異なっている。

表 8 二項述語階層

類	1	2	3	4	5	6	7
意味	直接影響	知覚	追求	知識	感情	関係	能力

Tsunoda (1981) に始まる二項述語階層（表8）を日本語とブルシャスキー語とで考えてみると、日本語では二重主格構文が出て来るのが 4 類の「分かる」や 5 類の「好き」「嫌い」などである一方で、ブルシャスキー語で二重絶対格が現れる動詞は、2.2 節で半他動詞として示した通り、2 類の知覚動詞のみであり、随分と左側に位置している。

ブルシャスキー語の単純動詞で典型的他動詞は 4 類までしかなく（@-jeén-「知っている」など）、一方、2 類から自動詞（ɣan-「見える」など）が出始める。

表8の並びが、右に行けば行くほど他動詞らしさが出難いということと、ブルシャスキー語の動詞が閉じたクラスであり、単純動詞の語幹数が800余りしかないこととを考えると、二項述語階層における他動詞の占める幅の狭さが動詞数と比例する可能性が考えられる。(名詞類＋軽動詞で構成される複合的な動詞（非単純動詞）は翻訳借用などが多いため、含めるのを控えたい。)

動詞数の少ない他の言語ではどうなっているか、今後検討の余地があるのではないか。

参照文献

Anderson, Gregory D.S. (2007) Burushaski Morphology. In: Alan S. Kaye (ed.) *Morphologies of Asia and Africa*, 1233–75. Winona Lake, Indiana: Eisenbrauns.

Bashir, Elena (2004) Le Préfixe d- en Bourouchaski: Deixis et point de référence. In: Étienne Tiffou (ed.) *Bourouchaskiana*, 17–62. Leuven: Peeters.

Berger, Hermann (1998) *Die Burushaski-Sprache von Hunza und Nager. Teil I: Grammatik; Teil II: Texte mit Übersetzungen; Teil III: Wörterbuch*. Wiesbaden: Harrassowitz Verlag.

Grune, Dick (1998) *Burushaski: An extraordinary language in the Karakoram Mountains*. Pontypridd, Wales: Joseph Biddulph Publisher.

Morin, Yves-Charles and Étienne Tiffou (1988) Passive in Burushaski. In: Masayoshi Shibatani (ed.) *Passive and voice*, 493–524. Amsterdam/Philadelphia: John Benjamins.

Nichols, Johanna, David A. Peterson, and Jonathan Barnes (2004) Transitivizing and detransitivizing languages. *Linguistic Typology* 8: 149–211.

Tsunoda, Tasaku (1981) Split case-marking patterns in verb-types and tense/aspect/mood. *Linguistics* 19: 389–438.

Yoshioka, Noboru (2012) A reference grammar of Eastern Burushaski. Unpublished doctoral dissertation, Tokyo University of Foreign Studies.

第3部

アフリカ・ヨーロッパ

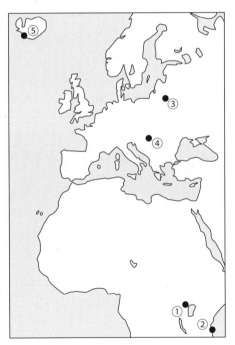

①トーロ語 ②スワヒリ語
③リトアニア語 ④ハンガリー語
⑤アイスランド語

トーロ語における自他動詞の交替

梶　茂樹

【要旨】ウガンダ西部に話されるバンツー系のトーロ語について、自動詞と他動詞の関係、とりわけ自動詞から他動詞への変換、また逆に他動詞から自動詞への変換を形態論的および統語論的観点から論じる。トーロ語は膠着語的タイプで、動詞の活用形は様々な要素から構成されるため10音節以上にも及ぶことがあるが、形態論的区切りははっきりとしている。また一般に、自動詞と他動詞の形態論的区別も明確である。自他動詞の交替は、主として形態論的に派生接尾辞によって生じる。トーロ語ではそれに加えて、典型的状態変化他動詞が、そのままの形で目的語を主語にして自動詞的に用いられる構文がある。この他動詞の自動詞的表現（他動詞の疑似自動詞構文）はトーロ語の大きな特徴である。

キーワード：バンツー系、ウガンダ、トーロ語、派生接尾辞、他動詞の自動詞的表現

1　はじめに―トーロ語の全体的特徴

トーロ語はアフリカ、ウガンダ西部に話されるバンツー系の一言語である。バンツー系というのは、アフリカに4つある語族の1つニジェール・コンゴ語族に属する1語派で、概略、大陸の赤道以南に、南アフリカに至るまで連綿と分布している。細かく見れば500〜600の言語があると言われている。ケニア・タンザニアなどで話されるスワヒリ語や南アフリカのズールー語のように、数百万人あるいはそれ以上の話し手を持つ言語がある一方、多くは話者数が数万の小さな言語の集まりである。本稿で対象とするトーロ語は約66万7000人の話し手を持ち（Lewis (ed.) 2009）、ウガンダにおいてはもちろんのこと、バンツー系全体においても比較的大きな言語である。なおウガンダはイギリスの植民地であったため、英語が現在も公用語となっており、学校教育でも小学校の1年から教育用言語として用いられている。ケニア・タン

ザニア・コンゴ東部などの東アフリカ一帯で共通語として用いられているスワヒリ語は、トーロ人はほとんど話さないが、こちらが話せば理解する人は多い。

　トーロ語をはじめバンツー系諸語の言語構造上の大きな特徴は、名詞が約20のクラスに分かれており、これが形容詞の名詞修飾、名詞の主語化による動詞接頭辞との文法的一致など、構文上大きな役割を果たすことである。この名詞のクラスというのは、印欧語などにある名詞の性に一脈通じるところがあるが、20もあるので分類がずっと細かい。人間部類クラス、動物クラス、抽象名詞クラス、動名詞（＝動詞の不定詞）クラス、場所クラスなど、かなりのところは意味的にまとめることは出来るが、印欧語の名詞の性同様、完全に意味的基準で分類することは出来ない。

　トーロ語をはじめバンツー系諸語の形態論上の特徴は、単語が一般に長く膠着語的であることである。名詞は語幹が2音節、3音節語のものが多いが、動詞の変化形は、後で見るように音節が10近く続くことも稀ではない。しかし1つ1つの形態素の意味と形態ははっきりしており、形態素分析は難しくない。音節構造上の特徴として、音節がCV構造を基本とし単語が母音で終わるということがある。またバンツー系諸語では一般に声調・アクセントの働きも大きいが、東アジアの声調言語とは異なって、単語を区別する語彙的機能は低く、時制・アスペクトなどを区別する文法的機能が高いという特徴がある。ただトーロ語は声調の語彙的機能を失い、単語あるいはフレーズの終わりから2音節目を高く発音する。しかし、いくつかの文法的機能は保持している。

　トーロ語をはじめ多くのバンツー系諸語の基本語順はSVO、そして修飾語は被修飾語の後に来る。また動詞の目的語名詞が代名詞化されるとその位置が動詞の後から動詞語根の前に移動することなど、語順は全体としてフランス語に似ている。

2　動詞構造

　トーロ語の派生接尾辞を3節で示す前に、本節でまず動詞構造を簡単に説明しておく。動詞構造の中で派生接尾辞がどのような位置を占めるかが分からなければ理解が難しいと思うからである。不定形（1a）と活用形（1b）に

分けて示す。

(1) a. o-ku-(OPR)-RAD-(EXT)-SUF-a
    b. (CLIT=)SPR-(NEG)-TAM-(OPR)-RAD-(EXT)-SUF-PREFIN-FIN
       (=CLIT)

(1a) の不定形では、-ku-が不定形のマーカー (INF)[1] である。その前の o- は一種の冠詞 (AUG)[2] である。そして不定形では語尾 (FIN)[3] は必ず母音-a となる。この3つは文法的要素である。意味の基本的な部分は語根 (RAD)[4] で表され、それに受身、使役などの様々な接尾辞 (SUF)[5] がつくのであるが、接尾辞の位置は語根の後である。接尾辞の前に形式的拡大辞 (EXT)[6] が来ることがある。形式的拡大辞というのは、形式上接尾辞と同じかよく似ているのであるが、付与される意味が明瞭ではなく、語根と一体化しているものである（これがついている語根は、これなしには用いられないので、以下の表記では語根と形式的拡大辞の間にはハイフンを入れない）。(1b) の活用形に出てくる主語接頭辞 (SPR)[7]、目的接頭辞 (OPR)[8] は一致の要素、そして、時制・アスペクト・叙法標識 (TAM)[9]、前語尾 (PREFIN)[10]、語尾は活用の要素である。時制・アスペクト・叙法標識には、近未来を示す-ra:-、遠未来の-li-など様々なものがある。接語 (CLIT)[11] には、動詞構造の前につくものと後につくものの2種類がある。前につく後接語には、進行相 (PROG)[12] および繋辞 (COP) を示す ni とその否定形 (NEG) の ti とがある。なお否定は、活用によっては動詞構造の内部で-ta-により表す場合もある（位置は、主語接頭辞の後）。また活用形によっては動詞構造の後について、場所や代名詞的機能を持つ前接語を取るものがある。さらに活用によっては (1b) の形が2つ組み合わさって複合的に表されるものもある。

[1] これは名詞のクラス接頭辞の一種であり、クラス15の接頭辞である。
[2] AUG: augment（前母音）
[3] FIN: final（語尾）
[4] RAD: radical（語根）
[5] SUF: suffix（接尾辞）
[6] EXT: formal extension（形式的拡大辞）
[7] SPR: subject prefix（主語接頭辞）
[8] OPR: object prefix（目的接頭辞）
[9] TAM: tense aspect mood marker（時制・アスペクト・叙法標識）
[10] PREFIN: prefinal（前語尾）
[11] CLIT: clitic（接語）
[12] PROG: progressive（進行相）

3　派生接尾辞

　トーロ語をはじめとするバンツー系諸語では動詞の派生形態論は、接尾辞が多いぶん複雑である。ただ先にも述べたように膠着語的であり、形態論的分析は難しくない。本節では、トーロ語の派生接尾辞をまとめて示す。(2) はトーロ語の派生接尾辞の全体である。列挙すると数は多いが真に生産的なのは、a.「適用」、b.「使役、道具」、c.「受身、可能」、j.「相互、随伴」、o.「再帰」、p. 語幹重複のみで、後は程度の差こそあれ、用い方が制限されている。

(2) 　a. -ir-/-er-「適用」[13]（恩恵、場所、方向など）
　　　b. -i- ; -is-/-es-「使役、道具」
　　　c. -u- ; -ibu-「受身、可能」
　　　d. -uk-/-ok-, -u:k-/-o:k-「自動」; -ur-/-or-, -u:r-/-o:r-「他動」
　　　e. -uk-/-ok-「反意自動」; -ur-/-or-「反意他動」
　　　f. -uruk-/-orok-「反意自動」; -urr- (<-urur-)/ -orr- (<-oror-)「反意他動」
　　　g. -ik-/-ek-「自動」、「位置的他動」
　　　h. -am-「位置的自動」
　　　i. -ar-「自動」
　　　j. -angan-, -an-「相互、随伴」
　　　k. -iriz-/-erez-「しつこさ」
　　　l. -i:riz-/-e:rez-「反復」
　　　m. -aniz-「反復」
　　　n. -irr- (<-irir-)/-err- (<-erer-)「強意」
　　　o. -e-「再帰」
　　　p. 語幹重複

　これらのうち自動詞と他動詞の関係で言えば、自動詞を他動詞へ変える性質があるのは、a.「適用」、b.「使役、道具」、d.「他動」、e.「反意他動」、f.「反意他動」、g.「位置的他動」、そして他動詞を自動詞に変える性質のものは、c.「受身、可能」、d.「自動」、e.「反意自動」、f.「反意自動」、g.「自動」、h.「位置的自動」、i.「自動」、j.「相互」、o.「再帰」である。ここでは自動詞とは主語のみを取る1項動詞、そして他動詞とは主語と目的語を取る2項動詞としておく。以下、関係する接尾辞について見ていく[14]。

---

[13]　英語の applicative はバンツー語研究では「適用」と言われることが多いが、他では「充当」という用語も用いられている。
[14]　接尾辞のつかない基本形が用いられないものは、変化の方向性が不明なので、他の関連する派生と関係するもの以外触れないことにする。例えば (2h) の「位置的自動」-am- では、結果として出来た動詞が自動詞であることははっきりとしているが、それが他動詞から変わったのか、あるいはたんに自動詞に -am- がついたのか、基本形がないため判定出来ない。

まず（2a）の「適用」であるが、この接尾辞は母音調和を起す。すなわち、その前の要素の母音が/i, a, u/なら-ir-、そして/e, o/なら-er-である。この接尾辞の意味的適用範囲は広く用法は多岐にわたるが、その基本は「恩恵」と「場所、方向」である。（3a）の動詞語根は-fu-「死ぬ」であるが、(3b)のように、これに適用の-irがつくと、動詞は「〜に対して」という意味を持ち、間接目的語が必要となる。そして形式的には2項動詞の他動詞となる。(3b)の間接目的語はKasuká:liであり、動詞のすぐ後ろに来る。ついでながら(3b)を受身形にすると（3c）となり、日本語の被害の受身形と同様の文が生じる。

(3) a. Kasuká:li   a-fu-íre (>afwí:re).
 カスカーリ(1)¹⁵   SPR(1)-死ぬ-PRF
 カスカーリが死んだ。

b. Omwá:na a-fu-ir-íre (>afwí:re)¹⁶   Kasuká:li.
 子供(1)   SPR(1)-死ぬ-APPL-FIN   カスカーリ
 子供がカスカーリに死んだ。→カスカーリの子供が死んだ。

c. Kasuká:li   a-fu-ir-u-íre (>afwirírwe)¹⁷   omwá:na.
 カスカーリ(1)   SPR(1)-死ぬ-APPL-PASS-PRF   子供
 カスカーリは子供に死なれた。

(2b)の「使役、道具」の接尾辞には短形-i-と長形-is-/-es-とがある。どちらを取るかは語根ごとに決まっている。(4a)の例では語根-hik-「着く」には短形の-i-が、そして(4b)の語根 -tʃumb-「料理する」には長形の-is-がついている。数は少ないが、どちらも取るというものもある。なお、長形-is-/-es-は適用の接尾辞と同様の母音調和を起す。すなわち、その前の要素の母音が/i, a, u/なら-is-、/e, o/なら-es-である。ここでも適用の接尾辞同様、自動詞にこの接尾辞がつくと形式上、目的語が必要となり他動詞となる。なお、この使役の接尾辞は「道具」も表すが(5b)、これは「使役」の延長と考えられる（物

---

¹⁵ 名詞の後の括弧の中の数字は名詞のクラス番号を示す。主語接頭辞は動詞構造において（命令形以外）必須の要素であり、主語接頭辞と主語名詞とが同じクラス番号であれば、主語名詞と主語接頭辞とが文法的一致を起こしていることがわかり、何が動詞の主語かがはっきりとする。

¹⁶ a-fu-ir-íre > a-fu-iø-íre > afuiire > afwí:re の変化を起こす。

¹⁷ a-fu-ir-u-íre > a-fu-ir-ø-írue > afwirírwe の変化を起こす。

に〜させる→物で〜する）。使役の対象は動詞のすぐ後に来る。なお「道具」は（5c）のように前置詞 na「によって」によっても表現可能である。

(4) a. o-ku-hík-a　　　　　　→　o-ku-hik-í-a (>okuhíkya)
　　　　AUG-INF-着く-FIN　　　　　AUG-INF-着く-CAUS-FIN
　　　　着く　　　　　　　　　　　届ける

　　b. o-ku-tʃúmb-a　　　　　→　o-ku-tʃumb-ís-a (>okutʃumbísa)
　　　　AUG-INF-料理する-FIN　　　AUG-INF-料理する-CAUS-FIN
　　　　料理する　　　　　　　　　料理させる、料理してもらう、
　　　　　　　　　　　　　　　　　（道具で）料理する

(5) a. o-ku-lí-a (>okúlya)　　ebyokúlya
　　　 AUG-INF-食べる-FIN　　ご飯
　　　 ご飯を食べる

　　b. o-ku-li-ís-a (>okulí:sa)　　ekigí:ko　　ebyokúlya
　　　 AUG-INF-食べる-CAUS-FIN　　スプーン　　ご飯
　　　 スプーンでご飯を食べる

　　c. o-ku-lí-a (>okúlya)　　ebyokúlya　na　　ekigí:ko
　　　 AUG-INF-食べる-FIN　　ご飯　　　　INS　　スプーン
　　　 スプーンでご飯を食べる

　　（2c）の「受身」の接尾辞にも短形-u-と長形-ibu-とがある。長形は1音節語根-CV-に（6a）、そして短形はそれ以外（6b）につく。なおトーロ語の受身文では、他の多くのバンツー語とは異なり、行為者を示す前置詞（英語における by）は必要ではない（6c）。これは適用の接尾辞が英語で言えば、for「のために」や to「に対して」に当たるものを動詞構造内に取り込んで表現しているのと同様、受身形においても接尾辞-u-自体が英語の by「によって」に当たるものを表現しているのである。なおトーロ語では、受身形は通常、行使を表すものであるから行使者を示さなければならない。また受身の接尾辞は「可能」の意味を規則的に表す。

(6) a. o-ku-li-ibú-a (>okulí:bwa)
　　　 AUG-INF-食べる-PASS-FIN
　　　 食べられる、食べることが可能である

b. o-ku-tʃumb-ú-a (>okutʃúːmbwa)
      AUG-料理する-PASS-FIN
      料理される、料理することが出来る
   c. Ebyokúlya bi-li-ibu-íre (>biríːbwe)   Kasukáːli
      ご飯(7)   SPR(7)-食べる-PASS-PRF   カスカーリ
      ご飯はカスカーリに食べられた。

　(2e) の「反意自動」(-uk-/-ok-) と「反意他動」(-ur-/-or-)、ならびに (3f) の「反意自動」(-uruk-/-orok-) と「反意他動」(-urr- (<-urur-)/-orr- (<-oror-)) は、「適用」「使役」「受身」ほど生産的ではないが、規則的接尾辞である。なお、これらの接尾辞にも母音調和が働くが、「適用」「使役」とは少し異なる。すなわち、前に来る要素の母音が/i, e, a, u/ならば/u/を含む形が、そして/o/ならば/o/を含む形が用いられるのである。

   (7)   o-ku-háb-a「迷う」 →   o-ku-hab-úk-a「迷いから戻る」（反意自動）
                                 o-ku-hab-úr-a「正しい道を行かせる」
                                 （反意他動）
   (8)   o-ku-zíng-a「巻く」 →   o-ku-zing-urúk-a「ほどける」（反意自動）
                                 o-ku-zing-úrr-a「ほどく」（反意他動）

　(2g) の「自動」-ik-/-ek-も「適用」「使役」と同様の母音調和に従う。ここで「自動」というのは、他の多くのバンツー系諸語において「可能」とか「状態」と呼ばれているものである[18]。トーロ語でそう呼ばず、たんに「自動」と呼ぶのは、この接尾辞がほとんど用いられず化石化しているからである。例も3例しか見当らない。他の多くのバンツー系言語で表現される「食べる」→「食べられる、食べることが出来る」などの「可能」の意味はトーロ語では受身形で表す。また、「状態」は5節で述べるように他動詞の自動詞的用法で表現される。なお、この「自動」の接尾辞は他動詞につけば動詞の取る項を1つ減少させる。

---

[18] 例えば、スワヒリ語では次のような例がある。
   a. ku-som-a「読む」
   b. ku-som-ek-a「読める」

(9) o-ku-hénd-a「折る」→ o-ku-hend-ék-a「骨折する」

　(2i)の「自動」-ar-はほとんど生産的でない。しかし基本形があるので派生は明確である。

(10) o-ku-síg-a「残す」→ o-ku-sig-ár-a「残る」

　(2j)の「相互」-angan-, -an-は、他動詞について「お互い〜する」の意味を表す。-angan-と-an-のどちらがつくかは、語根ごとに決まっている。またどちらも用いられる語根もある。この接尾辞がつけば動詞の取る項が1つ減る。

(11) a. o-ku-gónz-a「好く」→ o-ku-gonz-angán-a「お互い好きである」
　　 b. o-ku-tomér-a「ぶつかる」→ o-ku-tomer-án-a〜o-ku-tomer-angán-a「お互いぶつかる」

　(2o)の「再帰」-e-は通常の接尾辞と異なり、目的代名詞同様、動詞語根の前に来る(12a)。なお、これと「適用」とが組み合わさると「自らに〜する」という意味になる(12b)。

(12) a. o-ku-serék-a　　　→ o-ku-e-serék-a (>okweseréka)
　　　 AUG-INF-隠す-FIN 　AUG-INF-REFL-隠す-FIN
　　　 隠す　　　　　　　 隠れる
　　 b. o-ku-e-tʃumb-ír-a (>okwetʃumbíra) ebyokúlya
　　　 AUG-INF-REFL-料理する-APPL-FIN　食事
　　　 食事を自炊する

　以上、本節ではトーロ語動詞の自他交替に関係する派生接尾辞を見てきた。最後に(13)で、-king-「閉める」を基本(13a)に、「再帰」(13b)と「反意自動」(13c)と「反意他動」(13d)がついて、自動と他動、そして反意が組み合わさった派生例を示す。

(13)　a.　o-ku-kíng-a　　　　　　　　　「閉める」(基本)
　　　 b.　o-ku-e-kíng-a (>okwekí:nga)　「閉まる」(再帰)
　　　 c.　o-ku-king-úk-a　　　　　　　 「開く」(反意自動)
　　　 d.　o-ku-king-úr-a　　　　　　　 「開ける」(反意他動)

4　自動詞文と他動詞文

　本節では、トーロ語の自動詞文と他動詞文について述べる。トーロ語をはじめ一般にバンツー系諸語の語順はSVOで、英語やフランス語のそれに似ている。(14a) がトーロ語の典型的な自動詞文、そして (14b) が典型的な他動詞文である。時制はいずれも進行現在である。接語 (小辞) niが進行相を示している。

(14)　a.　Kasuká:li　　ni　　a-byám-a.
　　　　　カスカーリ(1)　PROG　SPR(1)-眠る-FIN
　　　　　カスカーリは眠っている。

　　　b.　Kasuká:li　　ni　　a-tém-a　　　omúti.
　　　　　カスカーリ(1)　PROG　PR(1)-切る-FIN　木
　　　　　カスカーリは木を切っている。

バンツー諸語には自動詞を他動詞にする方法、逆に他動詞を自動詞にする方法がいくつか存在する。トーロ語では、他動詞を自動詞にする方法は、(15) の3つである。

(15)　a.　他動詞に自動を表す派生接尾辞をつける
　　　　　例：o-ku-hénd-a「折る」→ o-ku-hend-ék-a「折れる、骨折する」
　　　b.　自動詞・他動詞共用動詞を用いる（中間構文）
　　　　　例：o-ku-tandík-a「始まる、始める」
　　　c.　他動詞をそのまま自動詞のように用いる（他動詞の疑似自動詞構文）

　(15a) の派生接尾辞については、すでに前節で述べた。(15b) のいわゆる中間構文 (labile construction) は、トーロ語では数は少ないが存在する。例えば、動詞 o-ku-tandík-a は、あらゆる時制・アスペクト・叙法において、自動詞として「始まる」とも、あるいは他動詞として「始める」とも用いられる。英語の to begin「始まる、始める」、スワヒリ語の kuanza「始まる、始める」と同じである[19]。

---

[19] 一般にバンツー系諸語では中間動詞 (labile verb) が極めて少ないのが特徴である。トーロ語では o-ku-tandík-a「始める、始まる」以外には、o-ku-már-a「終える、十分である」があるのみである。

(16) a. Kasuká:li　　a-tandik-íre　　　　omulímo.
　　　カスカーリ(1)　SPR(1)-始める-PRF　仕事
　　　カスカーリは仕事を始めた。

　　b. Omulímo gu-tandik-íre.
　　　仕事(3)　SPR(3)-始まる-PRF
　　　仕事は始まった。

　(15c) の他動詞をそのまま自動詞のように用いる用法（他動詞の疑似自動詞構文）は、トーロ語に特徴的なものであるので、次節以下で述べる。詳しくは梶（2009）およびその改訂版である Kaji (manuscript) を参照されたい。

5　他動詞の自動詞的表現（他動詞の疑似自動詞構文）

　トーロ語をはじめバンツー系諸語では一般に、自動詞と他動詞は、形態あるいは統語上の区別により明確に示される。しかし、トーロ語では（17d）の文のように、本来明らかに他動詞であるものが、統語上、自動詞として用いられる例がある。

(17) a. Kasuká:li　　akingwí:re　　　　　　orwí:gi.
　　　Kasuká:li　　a-king-ur-íre　　　　　　orwí:gi
　　　カスカーリ(1)　SPR(1)-閉める-REV[20].TR-PRF　戸
　　　カスカーリは戸を開けた。

　　b. Orwí:gi rukingwí:rwe　　　　　　Kasuká:li.
　　　orwígi　ru-king-ur-u-íre　　　　　　Kasuká:li
　　　戸(11)　SPR(11)-閉める-REV.TR-PASS-PRF　カスカーリ
　　　戸はカスカーリに開けられた。

　　c. *Orwí:gi rukingwí:rwe.
　　　orwígi　ru-king-ur-u-íre
　　　戸(11)　SPR(11)-閉める-REV.TR-PASS-PRF
　　　戸は開けられた。

---

[20]　REV: reverse（逆の、反意）

d. Orwí:gi rukingwí:re.

　　orwígi　　ru-king-ur-íre

　　戸(11)　　SPR(11)-閉める-REV.TR-PRF
　　戸は開けられ、その結果開いている。

e. *Orwí:gi rukingwí:re　　　　　　　Kasuká:li.

　　orwígi　　ru-king-ur-íre　　　　　　Kasuká:li

　　戸(11)　　SPR(11)-閉める-REV.TR-PRF　カスカーリ
　　戸はカスカーリに開けられ、その結果開いている。

f. Orwí:gi rukingukíre.

　　orwígi　　ru-king-ur-íre

　　戸(11)　　SPR(11)-閉める-REV.INTR-PRF
　　戸は開き、その結果開いている。

　(17)で用いられている動詞はo-ku-king-úr-a「開ける」である。これは「反意他動」の接尾辞-ur-が示すように形態論的に他動詞であり[21]、そして不定形を含む多くの時制・アスペクト・叙法で直接目的語を取り実際、他動詞として用いられる（17a-b）。しかし一定の時制・アスペクト・叙法（正確には完了語尾 -ire/-ere[22] を用いるもの）において、開ける対象を文の主語とした場合でも用いられる（17d）。もちろん、o-ku-king-úr-a「開ける」に受身の接尾辞-u-をつけて受身形 o-ku-king-ur-ú-a（>okukingúrwa）「開けられる」にすることによっても、開ける対象を文の主語とすることは出来る（17b）。しかし(17d)においては、動詞は、受身などの派生過程を経ず基本他動詞形であるにも拘わらず、開ける対象が文の主語となっているのである。開ける対象である「戸」が文の主語であることは、動詞の主語接頭辞が主語名詞「戸」と同じクラス11のものになっていることによって示されている。これが本節でいう、他動詞の自動詞的表現、すなわち他動詞の疑似自動詞構文である。

　他動詞の自動詞的表現が行われるのは、(18)に見られるような典型的な状態変化他動詞で、人（動作主）を文の主語とし、物を目的語として取るものである。その理由は、例えば他動詞でも「殴る」や「殺す」のように目的語に人を取るようなものは目的語を主語の位置に置き動詞を他動詞のままにした場合、主語の位置にある人が動作主と理解されてしまうからである。それ

---

[21]　-ur-のつかない基本形 o-ku-kíng-a は（13a）で示したように「閉める」を意味する。

[22]　完了語尾 -ire/-ere も「適用」「使役の長形」と同様の母音調和に従う。

に対して「開ける」や「閉める」のような動詞は、たとえ目的語を主語に置き動詞を他動詞のまま置いた場合でも、動作主と行為の対象物との関係は間違うことはない。実際、(17d) は直訳的には「戸が開けた」と言っているのであるが、実際は、戸は人に開けられたのである。また完了語尾を用いるのは、その行為がたとえ想像上のものであれ、行為が完了しているものについては誰が何をしたかがはっきりとしているからである。

　ここで問題となるのは、この他動詞の自動詞表現と受身構文との関係である。受身構文も、例えば (17b) に見られるように行為の対象物が主語の位置に来る。ただし、受身構文は他動詞の自動詞的表現とは異なって、動作主を示さなければならない。なぜなら受身は行為に伴うものであり、行為には動作主が必要であるからである。(17c) のように、動作主を示さないものはトーロ語では通常、非文となる[23]。それに対して、他動詞の自動詞的表現では、逆に (17e) のように動作主を示すと非文となる。つまり、他動詞の自動詞的表現と受身構文は相補分布の関係にあり、動詞を他動詞、そして行為の対象物を主語とし、もし動作主を示すなら受身構文となるし、動作主を示さないなら他動詞の自動詞的表現となるのである。なお、受身構文では動作主を示すわけであるから、当然、行為を示す「動的読み」(dynamic reading) となるし、他方、他動詞の自動詞的表現は動作主を示さないわけであるから、それは行為の結果の状態を示す「静的読み」(stative reading)[24] となる。これが、他動詞の自動詞的表現において動詞が形容詞的用法となる理由である。トーロ語では形容詞の数は少なく、多くの形容詞の意味はこの他動詞の自動詞的表現で表される[25]。

　最後に、この他動詞の自動詞的表現と本来の自動詞表現はどう違うのかについて述べる。本来の自動詞表現とは、例えば (17f) である。(17d) も (17f) も「戸は開いている」と言っているのであるが、(17d) の他動詞の自動詞的表現では、戸は誰かによって開けられ、その結果開いているのに対して、(17f) の本来の自動詞表現では戸が開いたことに関する人為性は感じられない。自然に、あるいは風で開いたということになる。従って、人が家に帰ってきて、

---

[23] ここで「通常」というのは、しいて状態のみを示す場合は、例えば Ewáya egemérwe.「針金は曲げられている。」のように、受身形で行為者を示さないこともありうるからである。
[24] 「動的読み」(dynamic reading)、「静的読み」(stative reading) の用語は Botne (2009) による。
[25] (17d) は、英語で言うと The door is open. となる。

戸が開いているのを見た場合、もし (17d) のように他動詞の自動詞的表現を用いると、中に泥棒がいるかもしれない、ということになる。

以下 (18) において、他動詞の自動詞用法が可能となる動詞の例を掲げておく。

(18)　a.　o-ku-át-a (>okwá:ta)　　「壊す」
　　　b.　o-ku-tʃó-a (>okútʃwa)　　「壊す、折る」
　　　c.　o-ku-hénd-a　　　　　　　「(骨を) 折る」
　　　d.　o-ku-sé:s-a　　　　　　　「こぼす」
　　　e.　o-ku-sé:s-a　　　　　　　「解体する」
　　　f.　o-ku-ta:g-úr-a　　　　　　「破る、引き裂く」
　　　g.　o-ku-king-úr-a　　　　　　「開ける」
　　　h.　o-ku-ko:n-ór-a　　　　　　「引きちぎる」
　　　i.　o-ku-talík-a　　　　　　　「薫製にする」
　　　j.　o-ku-gém-a　　　　　　　　「曲げる」
　　　k.　o-ku-tém-a　　　　　　　　「(鉈・斧などで) 切る」

他動詞の自動詞的用法が行われるのは、全ての時制・アスペクト・叙法においてではない。それは、すでに述べたように、完了語尾-ire/-ere が用いられる活用形のみである。この表現は肯定文のみでなく否定文、yes-no 疑問文、および関係節においても可能である。

6　終わりに―日本語との対比

本稿はトーロ語の自動詞と他動詞の関係を主として形態論派生関係を通して見てきた。また本来の他動詞が自動詞として用いられる他動詞の疑似自動詞構文も見てきた。この後者はトーロ語の特徴的構文であるが、日本語にもこれと似た構文がある。

(19)　a. 太郎が戸を開けた。
　　　b. 戸が開いた。
　　　c. *戸が開けた。
　　　d. 戸が開けてある。
　　　e. 戸を開けてある。

「開ける」は日本語でも他動詞であり、これを (19c) のようにそのまま「戸」を主語に自動詞的に用いれば非文であるが、(19d) のようにテアル形にすれば非文ではなくなる。ただ (19d) はトーロ語の他動詞の自動詞的表現とは異なり、何らかの目的性 (「風通しをよくするように」「ペットが出入りできるように」など) が感じられるのに対して、トーロ語では目的性はない。また日本語では方言によって (19e) のように「戸」をヲ格で表現することも可能である。しかしトーロ語ではこれは出来ない。この 2 点がトーロ語と日本語で異なる点である [26]。

参照文献

Botne, Robert (2009) Perfectives and perfects and pasts, oh my!: On the semantics of -ile, paper presented at the 3rd International Conference on Bantu Languages, Tervuren.

梶 茂樹 (2009)「トーロ語における他動詞の自動詞的用法」『スワヒリ&アフリカ研究』20: 165–179, 大阪外国語大学地域文化学科スワヒリ語・アフリカ地域文化研究室.

Kaji, Shigeki (manuscript) On the intransitive usage of transitive verbs in Tooro, a Bantu language of western Uganda.

Lewis, M. Paul (ed.) (2009) *Ethnologue: Languages of the world, Sixteenth edition*. Dallas: SIL International.

---

[26] ガ格表現とヲ格表現とはまったく同じではない。ただこれは日本語の問題なのでここでは触れない。

スワヒリ語における有対動詞
派生の形式と動詞の意味を中心に

米田　信子

【要旨】スワヒリ語における「割る」と「割れる」のような対をなす他動詞と自動詞の派生関係には、基本となる他動詞から自動詞が派生するもの、基本となる自動詞から他動詞が派生するもの、同じ語根から他動詞と自動詞の両方が派生しているもの、という3つのタイプがある。これら派生関係のタイプによって、用いられる派生接辞の形式、基本となる動詞および派生した動詞の意味的傾向、対となる自動詞と他動詞との意味関係などには違いが見られる。

キーワード：スワヒリ語、有対動詞、派生接辞、派生関係

1　はじめに

スワヒリ語の動詞語幹は「動詞語根（−派生接辞）−末尾辞」で構成され、派生接辞を加えたり入れ替えたりすることで語根を共有する自動詞と他動詞の対ができる。

		動詞語根	（−派生接辞）	−末尾辞	
(1)	a.	vunj		-a	「割る・折る」
	b.	vunj	-ik	-a	「割れる・折れる」
(2)	a.	simam	-ish	-a	「立てる」
	b.	simam		-a	「立つ」
(3)	a.	fum	-u	-a	「ほどく」
	b.	fum	-uk	-a	「ほどける」

Haspelmath（1993）やComrie（2006）は、対をなす自動詞と他動詞の派生の関係を類型論的に、①自動詞が無標で、そこから他動詞が派生する使役化

型（causative）、②他動詞が無標で、そこから自動詞が派生する脱使役化型（anticausative）、③同じ語根から自動詞と他動詞の両方が派生している両極系派生型（equipollent）、④自動詞と他動詞が同形の自他同形型（labile）、⑤自動詞と他動詞の語根が異なる自他異形型（suppletion）、の 5 つに分類している。この分類に沿って上記のスワヒリ語の派生関係を見てみると、(1) は他動詞から自動詞が派生している脱使役化型、(2) は自動詞から他動詞が派生している使役化型、(3) は同じ語根から他動詞と自動詞の両方が派生している両極系派生型、ということになる。自他同形型と自他異形型はごくわずかであり[1]、スワヒリ語における自動詞と他動詞の対の主な派生関係は、(1) 〜 (3) で示した使役化型、脱使役化型、両極系派生型の 3 タイプである。

　(1) 〜 (3) の対は、語根を共有しているだけでなく、他動詞の目的語となる動作の対象が自動詞では主語になるという関係がある。このような対を持つ他動詞を早津（1995）は有対他動詞と呼んでいるが、それに倣い、ここではこのような対をなす自動詞と他動詞を有対動詞と呼ぶことにする[2]。

　スワヒリ語の動詞派生接辞については、これまでにも多くの文法書で説明されてきた（Ashton 1947、Polomé 1967、Schadeberg 1992、中島 2000、Mohammed 2001 他）。(1) 〜 (3) に用いられている派生関係や派生接辞についても文法書やテキストで紹介されている。しかしながら、それらの説明は派生接辞の主な機能や形態が中心であり、派生関係による派生接辞の違いや対の自動詞と他動詞の意味関係については、ほとんど触れられていない。そこで本稿では、スワヒリ語の有対動詞に見られる派生関係と接辞の形式および動詞の意味との関係について考察する。また、スワヒリ語の自他の派生関係に関する Haspelmath（1993）や Comrie（2006）の言及についての修正も試みる。

　スワヒリ語は、アフリカ大陸赤道以南に広く分布するバントゥ諸語（ニジェール・コンゴ語族）の 1 つで、東アフリカで広く共通語として話されて

---

[1] 自他同形型の動詞の例としては maliza「終える・終わる」、anza「始める・始まる」など、自他異形型の例としては ua「殺す」・fa「死ぬ」がある（論文末付録を参照のこと）。

[2] スワヒリ語には適用形と呼ばれる派生接辞がある。この派生接辞が付くことで「目的語」と認められる項が 1 つ増えるため、適用形派生接辞をつけることは一種の他動詞化であるとされる（Peterson 2007: 3, Mkude 2005: 19, Komori 2008: 113 他）。確かに自動詞に適用形派生接辞を付けると語根を共有する自動詞と他動詞（適用形動詞）ということになる。しかしながらここには「他動詞の目的語（対象）が、対になる自動詞では主語になる」という関係はない。これは自動詞化の一種と言われる相互形派生接辞についても同様である。したがって、このような関係は本稿でいう有対動詞にはあてはまらない。

いる。タンザニアとケニアでは公用語と国語に、ウガンダでは第二公用語に定められている。バントゥ諸語には、名詞クラスおよびそれを基盤とする文法呼応システム、膠着性が高い動詞構造、という共通の特徴があり、スワヒリ語もその特徴を持つ。

2 派生の方向と派生接辞の形

2.1 他動詞からの派生（脱使役化型）

　派生接辞が付く前の基本となる動詞（以下、基本形）が他動詞で、そこから対の自動詞が派生している場合は、自動詞に状態形（stative）と呼ばれる派生接辞 -ik-（Ashton 1947: 226、Polomé 1967: 88、Mohammed 2001: 212 他[3]）が付くのが一般的である。この派生接辞は「自発形」（中島 2000: 54）あるいは「中立受身形（neutro-passive）」（Schadeberg 1992: 9）の名前で呼ばれることもある。派生接辞は舌の高さによる母音調和が起きるため、動詞語根の母音が e もしくは o の場合は -ek- で現れる。また語根末が母音の場合には派生接辞の前に l が挿入されて -lik- で現れる。

(4) a. vunj-a 「割る・折る」（(1) の再掲）
　　b. vunj-ik-a 「割れる・折れる」
(5) a. fung-a 「閉める」
　　b. fung-ik-a 「閉まる」
(6) a. zim-a 「消す」
　　b. zim-ik-a 「消える」
(7) a. kat-a 「切る」
　　b. kat-ik-a 「切れる」
(8) a. chan-a 「裂く」
　　b. chan-ik-a 「裂ける」
(9) a. chom-a 「焼く」
　　b. chom-ek-a 「焼ける」

---

[3] Ashton (1947)、Polomé (1967)、Mohammed (2001) では、派生接辞の後ろに末尾辞 -a を付けた形 -ika が挙げられている。これらの文献はどの動詞派生接辞についても同じ挙げ方をしている。

上記の対を見ると、いずれも他動詞は対象の状態を変化させる動作を表し、自動詞はその動作によって引き起こされる状態を表している。早津（1995: 179）は日本語の有対他動詞について「働きかけの結果の状態に注目する動詞が多い」と述べている。つまり日本語における有対他動詞が表しているのは、多くの場合、状態の変化が期待される動作であるということになるが、(4)〜(9)に挙げた他動詞の例からはスワヒリ語にも同様の傾向が見られる。ただし状態形派生接辞の付いた動詞（以下、状態形動詞）が表している状態は、「自発形」や「中立受身形」といった派生接辞の呼び方にも示されているように、必ずしも他動詞が表す働きかけの結果である必要はなく、また働きかけがあったかどうかも問題にはならない。働きかけがあったことを含意する場合は、状態形動詞ではなく受動形動詞が用いられる。

(10)　a.　Kitambaa　hiki　　ki-me-chan-ik-a.　　　（状態形）
　　　　　布 7　　　この 7　SM7-PRF-裂く-STT-F[4]
　　　　　この布は裂けている。
　　b.　Kitambaa　hiki　　ki-me-chan-w-a.　　　（受動形）
　　　　　布 7　　　この 7　SM7-PRF-裂く-PASS-F
　　　　　この布は裂かれている。

　(10a)と(10b)では表している布の状態は同じであるが、状態形動詞を用いた(10a)のほうで問題になっているのは布が裂けているという状態だけであって、それを引き起こす働きかけがあったかどうかは問題にはなっていない。またその状態を引き起こした（つまり布を裂いた）動作者がいることも含意されてはいない。それに対して受動形動詞を用いた(10b)のほうは、動作者は明示されていないが、布を裂いた動作者がいることが含意されている。
　さて、状態形動詞は状態だけでなく可能性を表す場合にも用いられる。たとえば以下のような例である。

(11)　a.　som-a　　　　　「読む」
　　　b.　som-ek-a　　　　「読める」

[4]　本稿で用いる略語は次のとおりである（ただし Leipzig Glossing Rules にあるものは除く）。F：末尾辞、SM：主語接辞、OM：目的語接辞、STT：状態形。名詞の後ろの数字は名詞が属するクラス、SM、OM、名詞修飾語の後ろに記した数字は呼応している名詞クラスの番号を表す。

(12) a. nunu-a 「買う」
    b. nunu-lik-a 「買える」
(13) a. ruhusu 「許可する」
    b. ruhus-ika[5] 「許可できる」

　（11a）〜（13a）の他動詞は、対象の状態変化を引き起こす働きかけではないが、このような他動詞にも対になる状態形動詞が存在する。この場合に状態形動詞が表しているのは、変化した状態ではなく、状態形動詞の主語には他動詞が示す動作の対象になり得る性質や可能性が備わっている、すなわちポテンシャルがある、ということである（これは動作者の能力とは区別される）。これを「性質・可能性の解釈」と呼ぶことにする。（11）〜（13）に挙げた他動詞は日本語では無対他動詞であるとされているが（早津 1995: 182、186）、スワヒリ語では、このような関係の場合でも、働きかけの結果としての状態を表す場合と同じ派生形式の自動詞と対をなすことができる。

　性質・可能性の解釈は（4）〜（9）に挙げた自動詞でもできる。（4b）の vunjika 「割れる」であれば、割れた状態だけでなく、割れる可能性がある（割れ物である）という意味でも用いられる。日本語にも、たとえば「割れる」のように、「この板は割れている」といった状態の解釈と「この板は手でも簡単に割れる」といった性質・可能性の解釈の両方ができるものもあるが、スワヒリ語の場合は、（4）〜（9）のような状態の解釈ができるものも、（11）〜（13）のように状態の解釈ができないものも、状態形動詞は基本的にすべて性質・可能性の解釈ができる[6]。状態形派生接辞は生産的であると言われているが（Schadeberg 1992: 9）、その生産性の高さは性質・可能性の解釈においてより顕著である。

---

[5] アラビア語語源の動詞は末尾辞の -a が付かない。末尾辞が付かない動詞の場合には語幹の後ろに -ika が付く。(13) では ruhusu の末尾母音が脱落したところに -ika が付いている。他の派生接辞も同様に、アラビア語語源の動詞の場合は語幹の後ろに付く。
[6] 性質・可能性の解釈のみの自動詞で -ik- の代わりに -ikan- が付くものがある。-ik- と同様の母音調和を起こす。これは限られたわずかな動詞にしか付かない非生産的な派生接辞である。この派生接辞は被動形（中島 2000: 154）や可能形（小森 2009: 157）といった名前で呼ばれているが、Ashton (1947)、Polomé (1967)、Schadeberg (1992)、Mohammed (2001) はこれを独立した派生接辞としては扱っていない。

 i) a. pat-a 「手に入れる」　　ii) a. on-a 「見る」
    b. pat-ikan-a 「手に入れることができる」　　b. on-ekan-a 「見える」

状態の解釈と性質・可能性の解釈の両方ができる場合は、完了を表すテンス・アスペクト・マーカー -me- が用いられていれば状態の解釈、現在を表す -na- が用いられていれば性質・可能性の解釈となる。

(14) a. Sahani hii   i-me-vunj-ik-a.
　　　 皿9　これ9　SM9-PRF-壊す-STT-F
　　　 この皿は割れている。

　　 b. Sahani hii   i-na-vunj-ik-a.
　　　 皿9　これ9　SM9-PRS-壊す-STT-F
　　　 この皿は割れる（割れ物である）。

2.2　自動詞からの派生（使役化型）

　基本形が自動詞の場合は、対になる他動詞には使役形と呼ばれる派生接辞が付く。スワヒリ語の使役形派生接辞には、バントゥ祖語で再構されている -ici- と -i-（Schadeberg 2003: 72）に由来すると見られる -ish- と -y- がある。どちらの派生接辞が付くのかは、動詞によって決まっている。どちらの派生接辞を付けることもできる動詞もあるが、その場合には付く派生接辞によって意味が異なる。

2.2.1　-ish- / -esh-

　生産性の高い使役形派生接辞は -ish-[7] である。この派生接辞も舌の高さによる母音調和が起きるため、動詞語根の母音が e, o の場合には -esh- で現れる。また語根が母音で終わっている場合には派生接辞の子音のみが付く。末尾辞が付かないアラビア語語源の動詞の場合は語幹の後ろに -sha を付ける。

(15) a.　simam-ish-a　　「立てる・立たせる」（(2) の再掲）
　　 b.　simam-a　　　「立つ」
(16) a.　pand-ish-a　　「乗せる・登らせる」
　　 b.　pand-a　　　「乗る・登る」

---

[7] 数は少ないが -ish- が -iz- で現れることもある。
　　 iii)　a. um-iz-a　「傷つける」
　　　　 b. um-a　　「傷つく・痛む」

(17) a. chek-esh-a 「笑わせる」
    b. chek-a 「笑う」
(18) a. end-esh-a 「運転する（＜行かせる）」
    b. end-a 「行く」
(19) a. zoe-sh-a 「慣らす・慣れさせる」
    b. zoe-a 「慣れる」
(20) a. furahi-sha 「喜ばせる」
    b. furahi 「喜ぶ」

使役形派生接辞という接辞の名前が示しているとおり、この派生接辞によって他動詞化された他動詞（以下、使役形動詞）は「誰かに～（さ）せる」という使役構文で用いられる動詞でもある。

(21) Juma a-li-ni-andik-ish-a jina
    ジュマ SM3SG-PST-OM1SG-書く-CAUS-F 名前5
    ジュマは私に名前を書かせた。

-ish- による他動詞化は極めて生産的で、自動詞からだけでなく形容詞や名詞からも他動詞を派生させることができる。

(22) hakik-isha 「確認する」 ＜ hakika 「確実」
(23) safi-sha 「きれいにする」 ＜ safi 「清潔な」
(24) lazimi-sha 「強制する」 ＜ lazima （義務を表す助動詞）

2.2.2 -y-

もう 1 つの使役形派生接辞 -y- は、このままの形で現れることはなく、語根末の音と結合して現れる。そのため以下に示すように語根末の音によって異なる現れ方をする（Ashton 1947: 231, Polomé 1967: 89, Schadeberg 1992: 10, Mohammed 2001）。

k + y → sh[8]

(25) a. wash-a   < wak-y-a   「燃やす」
     b. wak-a   「燃える」

(26) a. shush-a   < shuk-y-a   「降ろす」
     b. shuk-a   「降りる」

(27) a. kaush-a   < kauk-y-a   「乾かす」
     b. kauk-a   「乾く」

(28) a. angush-a   < anguk-y-a   「落とす・倒す」
     b. anguk-a   「落ちる・倒れる」

(29) a. chemsh-a   < chemk-y-a   「沸かす」
     b. chemk-a   「沸く」

(30) a. amsh-a   < amk-y-a   「起こす」
     b. amk-a   「起きる」

　これらの例は、一見すると、他動詞には-sh-、自動詞には-k-という派生接辞が付いているか、あるいは自動詞と他動詞で語根末の子音shとkが交替しているようにも考えられる。つまり一方からもう一方が派生しているわけでなく、同じ語根から自動詞と他動詞の両方が派生する両極系派生型のように見える。実際にHaspelmath（1993: 118–119）では、これらの対は両極系派生型として扱われている（論文末の付録参照）。しかしながら、k+y→shという通時的な音韻変化は動詞に限らず名詞の派生などにも見られ（Polomé 1967: 70、Schadeberg 1992: 11 他参照）、スワヒリ語においては極めて規則的な音韻交替である。また次に示すように語根末がk以外の場合にも規則的な音韻交替が見られることから考えても、これらは両極系派生ではなく自動詞に使役形派生接辞 -y- が付いた形、すなわち自動詞からの派生として扱うのが妥当であろう。

t + y → sh

(31) a. pish-a   < pit-y-a   「通す」

---

[8] わずかではあるが、k+yがshではなくzで現れるものもある（Ashton 1947）。

  iv) a. geuz-a   < geuk-y-a   「裏返す」
        b. geuk-a   「裏返る」

b. pit-a 「通る」

n + y → ny
(32) a. pony-a　　　< pon-y-a　　「治す」
　　 b. pon-a　　　　　　　　　　「治る」

p + y → fy
(33) a. ogofy-a　　　< ogop-y-a　「恐がらせる」
　　 b. ogop-a　　　　　　　　　　「恐がる」

l + y → z
(34) a. laz-a　　　　< lal-y-a　　「寝かせる・横向きにする」
　　 b. lal-a　　　　　　　　　　「寝る・横向きになる」

母音 + y → 母音 + z
(35) a. jaz-a　　　　< ja-y-a　　「満たす」
　　 b. ja-a　　　　　　　　　　「満ちる」
(36) a. ingiz-a　　　< ingi-y-a　「入れる」
　　 b. ingi-a　　　　　　　　　「入る」
(37) a. liz-a　　　　< li-y-a　　「泣かす」
　　 b. li-a　　　　　　　　　　「泣く」
(38) a. poz-a　　　　< po-y-a　　「冷ます」
　　 b. po-a　　　　　　　　　　「冷める」

　-ish- とは対照的に -y- は非生産的である。自動詞と -y- が付く他動詞との対を見ると、そのほとんどの対において、他動詞が表しているのは対象の状態の変化を引き起こす動作であり、自動詞が表しているのは他動詞の動作によって引き起こされる状態である。

2.3 両極系派生

次に挙げるのは、一方からもう一方が派生しているのではなく、同じ語根から他動詞と自動詞の両方が派生している対である。この場合、他動詞には派生接辞 -u-、自動詞には派生接辞 -uk- が付く。ここでも母音調和が起きるため、語根の母音が o の場合にはそれぞれ -o-、-ok- で現れる。他動詞に付けられている派生接辞 -u- は、反転形 (小森 2009: 138)、倒意形 (中島 2000: 156)、conversive (Ashton 1947: 238, Polomé 1967: 90, Mohammad 2001: 219)、separative transitive (Schadeberg 1992: 9) といった名前で呼ばれている。この派生接辞は、作り上げられたりまとめられたりしている状態を解除して分離させる動作を表す。したがって対になる -uk- が付いた自動詞は、解除・分離された状態を表す自動詞ということになる。本稿では Schadeberg (1992: 9) を参考に、-u- を分離他動詞形、-uk- を分離自動詞形と呼ぶことにする。

(39) a. fum-u-a 「ほどく」 cf. fum-a 「編む」
 b. fum-uk-a 「ほどける」
(40) a. kunj-u-a 「(畳んだものを) ひろげる」 cf. kunj-a 「畳む」
 b. kunj-uk-a 「(畳んだものが) ひろがる」
(41) a. fung-u-a 「開ける」 cf. fung-a 「閉める」 ((5a) の再掲)
 b. fung-uk-a 「開く」
(42) a. chom-o-a 「抜く」 cf. chom-a 「刺す」 ((9) の「焼く」
 b. chom-ok-a 「抜ける」 と同音異義)

上記の例のように、-u- と -uk- による両極系派生は、典型的には解除前の状態を作り出す動作を表す他動詞が基本形で、そこから自動詞と他動詞が派生しているということになるが、実際にはそのような基本形の他動詞が存在する例はそれほど多くない。むしろ基本形が存在しなかったり、あるいは少なくとも現在では使われていないという場合のほうが多い。(*を付けて表す。)

(43) a. pas-u-a 「裂く」 (pas-a 「強いる」)
 b. pas-uk-a 「裂ける」
(44) a. rar-u-a 「引き裂く」 *rar-a
 b. rar-uk-a 「引き裂ける」

(45) a. in-u-a 「持ち上げる」 *in-a
    b. in-uk-a 「立ち上がる」

　また、解除前の状態を作り出す動作を表す他動詞に派生接辞 -ik-[9] が付く例もある。この場合も、派生接辞が付かない基本形は存在しないか、あるいは少なくとも現在では使われていない。

(46) a. band-u-a 「はがす」 cf. band-ik-a「貼る」 *band-a
    b. band-uk-a 「はがれる」
(47) a. fun-u-a 「ふたを外す」 cf. fun-ik-a「ふたをする」 *fun-a
    b. fun-uk-a 「ふたが外れる」

　両極に派生している対も、自動詞と -y- が付く他動詞との対と同様に、他動詞が表しているのは対象の状態の変化を引き起こす動作であり、自動詞が表しているのは他動詞の動作によって引き起こされる状態である。

3　それぞれの派生接辞の機能

　この節では、それぞれの派生接辞がどのような動詞に付けられているのか、またどのような意味を持つ動詞が派生しているのかを見ていくことにする。

3.1　他動詞を派生させる接辞

　使役形と呼ばれる2つの派生接辞 -ish- と -y- は他動詞を派生させる代表的な派生接辞であるが、-ish- と -y- とでは生産性が大きく異なる。またそれぞれの接辞によって派生した他動詞の意味にも違いが見られる。生産性が高い -ish- を加えることによって作られる他動詞の多くは、対象物の変化を引き起こす動作というよりもむしろ、自動詞が表す行為を他者にさせたり、他者をその状況に置くことを表している。つまり、モノの状態の変化を引き起こす行為よりも、ヒトに対する働きかけを表す他動詞が多い。対になる自動詞も、状態動詞だけでなく動作動詞も含まれる。-ish- を用いる他動詞化は、形だけ

---

[9] これは Schadeberg（1992: 9）が Active Positional と呼んでいるきわめて生産性の低い派生接辞で、状態形派生接辞とは別のものである。

でなく意味的にも最も使役構文に近く、日本語の「～(さ)せる」のような、いわゆる使役化にあたると言える。一方、非生産的な -y- が加えられることによって派生した他動詞は、直接的に対象に働きかけて状態変化を引き起こす動作である。つまりこちらのほうは、他者に働きかける使役ではなく、対象の変化を引き起こす他動詞化であり、使役形というよりも「他動詞形」とでも呼ぶべき派生接辞である。このことは、以下のように -ish- と -y- の両方の派生接辞を付けることができる例にも明確に表れている。

(48) a. ka-lish-a 　　　　　　　「(誰かを)座らせる」
　　 b. kaz-a 　　< ka-y-a 　　 「固定する」
　　 c. ka-a 　　　　　　　　　「座る・とどまる」

　使役形派生接辞については、通時的視点から音韻交替などの詳細がこれまでにも論じられてきたが (Ashton 1947: 231, Schadeberg 1992: 10)、これらの派生接辞の機能的な違いについてはほとんど触れられていなかった。しかし、これらの派生接辞を有対動詞の派生関係のなかで見ていくと、-ish- と -y- の機能には、上で示したようなかなり明確な違いがあることがわかる。

　他動詞を派生させるもう1つの派生接辞が分離他動詞形派生接辞 -u- である。分離他動詞形動詞が表すのは、収斂された状態を解除・分離する動作であるから「状態の変化を促す行為」を表す動詞である。したがって分離他動詞形派生接辞 -u- が付く他動詞は、意味的には -y- が付く他動詞に近いか、あるいは -y- が付く動詞以上に状態変化を促す動作を表す動詞に限られている。また分離他動詞形派生接辞が非生産的であることも -y- との共通点である。つまり他動詞を派生させる派生接辞のうち、生産的な派生接辞 -ish- のほうは「他者に対して、他者自らの意志において或いは主体性を持ってその動作を行うようにしむける」(青木 1995: 114) ような間接作用的な使役の意味が強い動詞を作ることが多く、非生産的な派生接辞である -y- や -u- は「対象におよび、かつ、対象の状態に変化を起こす動作を表す動詞」という Tsunoda (1999: 5) や角田 (2009: 77) が提案する「他動詞の原型」に近い他動詞を作ることが多いと言えそうである。

3.2 自動詞を派生させる接辞

自動詞を派生させる接辞には、状態形 -ik- と分離自動詞形 -uk- がある。Schadeberg（1992: 9）は、本稿で分離自動詞形派生接辞と呼んでいる -uk- を separative intransitive という独立した派生接辞として扱っているが、それ以外の文法書[10]や教科書では -uk- は状態形派生接辞 -ik- の異形態として扱われている。しかしながら、2節で見てきたように、これらは派生の仕方が異なっている。

いずれも自動詞を派生させる接辞ではあるが、-ik- が他動詞を自動詞化する脱使役化に用いられているのに対し、-uk- は対になる他動詞から自動詞を派生させるのではなく、両極系派生の場合にしか用いられていない。両極系派生の場合、-uk- が付く前の基本形が「解除させる前の状態を作り出す動作」を表す他動詞である場合もあるが、その場合でも -uk- が付く自動詞と対になるのは分離他動詞派生接辞 -u- が付いた他動詞であって、基本形の他動詞と -uk- が付いた自動詞が対になっているわけではない。

また派生接辞が付与する意味の点でも -ik- と -uk- には違いがある。-ik- は状態と性質・可能性の解釈ができるのに対し、-uk- は性質・可能性の解釈が不自然である。2.3. で挙げた（39）〜（47）の自動詞が表しているのは基本的に状態だけである。（49）のように、状態を表す場合と性質・可能性を表す場合で -ik- と -uk- が使い分けられている例もある。

(49)　a.　pas-u-a　　　　「裂く」（(43) の再掲）
　　　b.　pas-uk-a　　　　「裂ける（状態）」
cf. c.　pas-u-lik-a　　　「裂くことができる」

3.3　Haspelmath（1993）／Comrie（2006）との比較

Haspelmath（1993）は、起動動詞（inchoative verb）と使役動詞（causative verb）の 31 対の例をスワヒリ語を含む 21 言語から集め、対をなす自動詞と他動詞の派生関係の類型化を行っている。これら 31 対を本稿の分析に沿って派生のタイプ別に数えてみると、それぞれの対の数は表1のようになる。

---

[10] Ashton（1947: 227–228）と Polomé（1967: 88）は、-ik- の異形として扱いつつ、これらが機能を異にする別々の接辞である可能性もあると述べている。

表 1　スワヒリ語の 31 対の派生関係の分布

	C:使役	A:脱使役	E:両極系	S:異形	L:同形
本稿の分析	18	7	3	1	2
Haspelmath (1993)	11	11	8	1	0

　Haspelmath（1993: 101）では、スワヒリ語の有対動詞の派生は、使役化と脱使役化が同等の割合で起きていることになっている。しかしながら、既述のとおりこれは派生動詞の共時的な表層形からの判断である。派生に伴う通時的な音韻交替を考慮しつつ派生関係を検討した本稿の分析結果を見ると、スワヒリ語の派生関係には明確な使役化の傾向があることがわかる。スワヒリ語に見られるこの傾向は、他のバントゥ諸語と比べても際立っている（米田 2014 参照）。

　また Haspelmath は、自動詞の自発性と自他動詞の有標性の相関性を調べるために、これら 31 対を自発性の高いものから順に並べている（Haspelmath 1993: 104）。論文末につけた付録の表はこの並べ方に沿ったものである。Comrie（2006）は Hathpelmath（1993）のデータをもとに、自動詞の自発性が高いものほど無標となる動詞が自動詞であり、自発性が低くなれば他動詞のほうが無標になるという仮説を立てた。つまり自発性が高い順に並べられている表（付録参照）の上のほうに使役化が多く、下に行くほど脱使役化が多くなるという仮説である。Haspelmath（1993）のデータではスワヒリ語は使役化の対の数が前半よりも後半のほうにわずかに多いことから、Comrie（2006: 308）はスワヒリ語を上記の仮説の「例外」として扱っている。しかしながら本稿の分析では、表 2 が示すとおり、使役化は前半が 11 対であるのに対し、後半は 7 対であり、スワヒリ語も例外ではなく Comrie（2006）の仮説を裏付ける結果となる。

表 2　スワヒリ語における脱使役化と使役化の分布

	本稿の分析		Comrie(2006)	
	1〜15	16〜31	1〜15	16〜31
A：脱使役化	2	5	4	7
C：使役化	11	7	5.5	6

4 おわりに

　本稿では、スワヒリ語における有対動詞の派生の形式と意味について概観し、有対動詞の派生関係とそれぞれの派生関係が作る対の意味的特徴、またそれらの派生関係に用いられる派生接辞とそれぞれの派生接辞が付与する意味や機能を検討してきた。2 種類の使役形派生接辞 -ish- と -y- や、自動詞化に関わる派生接辞 -ik- と -uk- は、派生の仕方や機能の違いについて先行研究では十分に説明されておらず曖昧であったが、これらが有対動詞の派生関係のなかでどのように用いられているのかを見ることで、その違いが明らかになってきた。

　日本語の有対動詞と比較をしてみると、スワヒリ語では、対象の状態変化を引き起こす他動詞でなくても、すなわち日本語では有対他動詞になりにくい他動詞であっても、自動詞と対をなすことができる。また日本語の有対動詞の派生の形態が多様であるのに対し（Jacobsen 1991: 56–61、須賀 2000: 111 他参照）、スワヒリ語では派生の形態が規則的であり、それぞれの派生の形態と意味機能も、若干の例外はあるものの、相関性が比較的はっきりしているように思われる。

　本稿ではスワヒリ語の有対動詞を構文から切り離して見てきたが、今後は構文のなかでの振る舞いについても合わせて検討していきたいと考えている。

参照文献

青木伶子（1995）「使役：自動詞・他動詞との関わりにおいて」須賀・早津（編）108–121.
Ashton, E. O. (1947) *Swahili grammar*. (2nd edition), Essex: Longman.
Comrie, Bernard. (2006) Transitivity pairs, markedness, and diachronic stability. *Linguistics* 44(2): 303–318.
Haspelmath, Martin (1993) More on the typology of inchoative/causative verb alternations. In: Bernard Comrie and Maria Polinsky (eds.) *Causatives and transitivity*, 87–120. Amsterdam/Philadelphia: John Benjamins.
早津 恵美子（1995）「有対他動詞と無対他動詞の違いについて」須賀・早津（編）179–197.
Jacobsen, Wesley M. (1991) *The transitive structure of events in Japanese*. Tokyo: Kurosio.
Komori, Junko (2008) An outline of Bantu applicative constructions: A range of semantic roles of applied objects and their properties. In: Tokusu Kurebito (ed.) *Ambiguity of morphological and syntactic analyses*, 113–135. Tokyo: Research Institute for Languages and Cultures of Asia and Africa.

小森淳子（2009）『スワヒリ語』, 世界の言語シリーズ 1. 大阪：大阪大学出版.

Mkude, Daniel J. (2005) *The passive construction in Swahili*. Tokyo: Research Institute for Languages and Cultures of Asia and Africa.

Mohammed, M. A. (2001) *Modern Swahili grammar*. Nairobi: East African Educational Publishers.

中島　久（2000）『スワヒリ語文法』東京：大学書林.

Peterson, D. (2007) *Applicative constructions*. New York: Oxford Press.

Polomé, Edgar C. (1967) *Swahili language handbook*. Washington: The Center for Applied Linguistics.

Schadeberg, Thilo C. (1992) *A sketch of Swahili morphology*. Köln: Rüdiger Köppe Verlag.

Schadeberg, Thilo C. (2003) Derivation. In: Derek Nurse and Gérard Philippson (eds.) *The Bantu languages*, 71–89. London: Routledge.

須賀一好（2000）「日本語動詞の自他対応における意味と形態の相関」丸田忠雄・須賀一好（編）『日英語の自他の交替』111–131. 東京：ひつじ書房.

須賀一好・早津恵美子（編）(1995)『動詞の自他』東京：ひつじ書房.

Tsunoda, Tasaku (1999)Transitivity and intransitivity. *Journal of Asian and African Studies* 57: 1–9.

角田太作（2009）『世界の言語と日本語（改訂版）』東京：くろしお出版.

米田信子（2014）「バントゥ諸語における自他動詞の派生関係：スワヒリ語・ヘレロ語・マテンゴ語の場合」『スワヒリ＆アフリカ研究』25: 55–66.

付録

スワヒリ語の自動詞と他動詞の対の派生関係

自動詞と他動詞の対	本稿の分析			Haspelmath (1993)		
	自動詞	他動詞	type	自動詞	他動詞	type
1. boil	chemk-a	chemsh-a (chemk-y-a)	C	chem-k-a	chem-sh-a	E
2. freeze	gand-a	gand-ish-a	C	gand-a	gand-ish-a	C
3. dry	kauk-a	kaush-a (kauk-y-a)	C	kau-k-a	kau-sh-a	E
4. wake up	amk-a	amsh-a (amk-y-a)	C	am-k-a	am-sh-a	E
5. put out	zim-ik-a	zim-a	A	zim-ik-a	zim-a	A
6. sink	zam-a	zam-ish-a	C	zam-a	zam-ish-a	C
7. learn/teach	ji-funz-a	funz-a fund-ish-a	A	fund-a	fund-ish-a	C
8. melt	yeyuk-a	yeyush-a (yeyuk-y-a)	C	yeyu-k-a	yeyu-sh-a	E
9. stop	simam-a	simam-ish-a	C	simam-a	simam-ish-a	C
10. turn	zunguk-a	zungush-a (zunguk-y-a)	C	zungu-a zungu-k-a	zungu-sh-a	C E
11. dissolve	yeyuk-a	yeyush-a (yeyuk-y-a)	C	yeyu-k-a	yeyu-sh-a	E
12. burn	ungu-a	ungush-a (ungu-ish-a)	C C	ungu-k-a	ungu-a	A
13. destroy	harib-ik-a bom-ok-a	haribu bom-o-a	A E	hari-ik-a	haribu	A
14. fill	ja-a	jaz-a (ja-y-a)	C	ja-a	ja-z-a	C
15. finish	maliz-a	maliz-a	L	maliz-ik-a	maliz-a	A
16. begin	anz-a	anz-a	L	anz-a	anz-ish-a	C
17. spread	ene-a	enez-a (ene-y-a)	C	ene-a	ene-z-a	C
18. roll	bingir-ik-a	bingir-ish-a	E	fingir-ik-a	fingir-ish-a	E
19. develop	endele-a	endelez-a (endele-y-a)	C	sitawi	sitawi-sh-a	C

20. get lost/ lose	pote-a	potez-a (pote-y-a)	C	pote-a	pote-z-a	C
21. rise/raise	in-uk-a	in-u-a	E	inu-k-a	inu-a	A
	pand-a	pand-ish-a	C	pand-a	pand-ish-a	C
22. improve	pon-a	pon-y-a	C	fanya ujambo	pata ujambo	E
23. rock	yong-a	yong-esh-a	C	yong-a	yong-esh-a	C
24. connect	ung-ik-a	ung-a	A	ung-w-a	ung-a	A
25. change	geuk-a	geuz-a (geuk-y-a)	C	geu-k-a	geu-a	A
					geu-z-a	E
26. gather	kusany-ik-a	kusany-a	A	kusany-ik-a	kusany-a	A
27. open	fung-uk-a	fung-u-a	E	fungu-k-a	fungu-a	A
28. break	vunj-ik-a	vunj-a	A	vunj-ik-a	vunj-a	A
29. close	fung-ik-a	fung-a	A	fung-w-a	fung-a	A
30. split	pas-uk-a	pas-u-a	E	pasu-k-a	pasu-a	A
	chan-ik-a	chan-a	A			
31. die/kill	f-a	u-a	S	fa	ua	S

＊網掛けは本稿の分析と異なるところ

リトアニア語の自他交替

反使役を中心に

櫻井　映子

【要旨】リトアニア語を含むバルト諸語においては、生産的な形態法による自動詞化および他動詞化が観察される。本稿では、リトアニア語の動詞の再帰接辞を用いた反使役（逆使役 anticausative）派生を取り上げ、ロシア語との類似と差異に着目しつつ、リトアニア語の他動性交替の地域言語学的および類型論的特徴づけをおこなう。

キーワード：他動性、反使役、通言語的研究、対照研究、リトアニア語

1　はじめに[1]

　リトアニア語は、インド・ヨーロッパ語族バルト語派に属する。バルト海東岸に位置するリトアニア共和国の公用語で、話者数は約 330 万人である。屈折型、主格対格型で、名詞類は、性（男性と女性）、数（単数と複数）、および、格（主格、属格、与格、対格、具格、位格、呼格）を区別し、動詞は、人称（1・2・3 人称）および数（単数と複数）を区別する。動詞の基本的な時制は、現在、過去、未来であるが、過去時制には一般的な過去形と接尾辞-dav-をともなう習慣過去形の 2 タイプがある。また、存在・連辞動詞 būti と能動／受動の形容詞的分詞を組み合わせた分析的な時制形がある。語形変化が豊富であるため語順は比較的自由だが、SVO が優勢である。また、使役接辞 -(d)in-/-(d)y- や再帰接辞 -si-/-s をもつ派生動詞が非常に生産的であることを特徴とする[2]。

---

[1] 本稿の内容は、「日本言語学会第 145 回大会」(2012 年 11 月九州大学) のワークショップ「北ヨーロッパおよびバルト海周辺地域の諸言語における逆使役について」における口頭発表「リトアニア語における逆使役」(櫻井 2012b) に基づいている。なお、本稿のデータは基本的に筆者とネイティヴ・スピーカーのインフォーマントが作成したものである。例文で用いた Leipzig Glossing Rules 以外のグロスは、PREF = prefix (接頭辞) である。

[2] リトアニア語の使役接辞 -(d)in-/-(d)y-および再帰接辞 -si-/-s は、いずれも、自動詞にも他動詞にも付加される。使役接辞 -(d)in-/-(d)y- は、基本的に、augti「育つ」 → aug-in-ti「育

本稿では、リトアニア語の再帰動詞を用いた反使役文を主な考察の対象とする。従来の研究においては、使役や再帰などを含む広い意味でのヴォイスに関する体系的な記述はなく、反使役分析も一般的ではない。リトアニア語を含むヨーロッパの諸言語の再帰動詞に関する網羅的な類型論的研究としては、Geniušienė（1987）が重要である。

　本稿での使役と反使役の定義は、Nedjalkov and Sil'nickij（1969）に基づき、形態的に関連付けられる2つの述語が、意味的に、因果関係を表す抽象動詞 CAUSE の有無によって以下のように対立する場合：

述語 A：［出来事2］

述語 B：［出来事1］CAUSE［出来事2］

　述語 B の方が述語 A より形態的に複雑であれば、述語 B は述語 A に対する使役形であり、述語 A の方が述語 B より形態的に複雑であれば、述語 A は述語 B に対する反使役形であるとする。

　また、ここでは、リトアニア語の自動詞と他動詞を明確に区別するため、慣例に従って、他動詞は直接格要素を2つ（主語と目的語）取る動詞、自動詞は直接格要素を一つ（主語のみ）取る動詞と定義する。再帰動詞という用語についても、リトアニア語学の伝統的な定義に基づいて、再帰接辞 -si-/-s をもつ動詞を再帰動詞、それに対して、接辞 -si-/-s をもたない動詞を非再帰動詞と呼ぶことにする。なお、リトアニア語には、再帰接辞とは形態的に異なる、動詞と結合しない独立の再帰代名詞もある（性と数は区別せず、主格を除く5つの格、すなわち、属格 savęs、与格 sau、対格 save、具格 savimi、位格 savyje の形式をもつ）。よく知られるように、フランス語やドイツ語に関しては慣習的に独立の再帰代名詞をともなう動詞を再帰動詞と呼ぶが、本稿ではこれを「非再帰動詞＋独立の再帰代名詞」と表記し、再帰接辞をともな

てる」のように動詞の語幹に付加される（ときに rimti「静まる」－ ram-in-ti「静める」のように母音交替をともなう）。接尾辞 -ė- をともなう自動詞の場合は、did-ė-ti「増える」－ did-in-ti「増やす」のように接尾辞 -ė- と交替する。一方、再帰接辞 -si-/-s は、単純動詞から再帰動詞を形成する場合、prausti「体を洗う」－ prausti-s「自分の体を洗う」のように語末に付加する。それに対して、単純動詞に接頭辞を付けて形成された派生動詞の場合は、接頭辞の直後に再帰接辞 -si- を挿入する。たとえば、prausti「体を洗う」に接頭辞 nu- を付けて作られた、完了的な意味をもつ複合動詞 nu-prausti「体を洗う・洗い終える」から再帰動詞をつくる場合、nu-si-prausti「自分の体を洗う・洗い終える」のようにする。なお、リトアニア語では、否定辞も、ne-prausti「体を洗わない」のように、動詞の前に付加されるが、再帰動詞の場合は、やはり否定辞の直後に再帰接辞 -si- を挿入し、ne-si-prausti「自分の体を洗わない」のようになる。

う再帰動詞とは区別する。

なお、本稿で示すデータは、筆者とPolonskaitė（Vilnius大学）による、リトアニア語の自動詞と他動詞の対のリスト（2012年完成版）[3]に基づくものである。このリストは、リトアニア語の基本語彙の動詞をリトアニア語-ロシア語辞典（Lyberis 2005）から抽出して自他の区別を付したリストをまず作成し、さらに、自動詞と他動詞の対の形態論的・派生的関係を明示したリストを作り直すという手順で作成した（櫻井2012a）。本稿で表1から表3に示したリトアニア語の動詞の量的データは、これに修正を加えた改訂版（以下「筆者とPolonskaitėのリスト」と呼ぶ）を集計したものである。

2 リトアニア語の自他交替現象の概略

リトアニア語の自動詞と他動詞は、形の上で区別されることが多い。使役接辞 -(d)in-/-(d)y- の付加は自動詞から他動詞を派生する最も生産的な方法であり、再帰接辞 -si-/-s の付加は他動詞から自動詞を派生する最も生産的な方法である。北ヨーロッパおよびバルト海周辺地域では、一般的に、アイスランド語、スウェーデン語、ロシア語のような自動詞化（脱他動詞化）型の諸言語が優勢であると考えられる（Nichols et al 2004）。だが、リトアニア語は、このような地域にありながら、使役接辞の付加による他動詞化が一定の生産性をもつ、中立型あるいは双方向型の言語である、と筆者は考える。このことを裏付ける根拠として、表1の量的データ[4]を参照されたい。筆者とPolonskaitėのリストでは、[2] 使役化型と [4] 再帰化型の数に大きな違いはみられない（cf. Haspelmath 1993）[5]。

---

[3] このリストは、平成22～25年度国立国語研究所共同研究プロジェクト「述語構造の意味範疇の普遍性と多様性」（研究代表者：プラシャント・パルデシ）の補助を得て作成したものである。

[4] ここでの自動詞と他動詞の対の分類法は、基本的に、国立リトアニア語研究所において編纂されたいわゆるアカデミー文法（Ambrazas (ed.) 1997）に従っている。

[5] Haspelmath (1993) が作成したリトアニア語の31対の自他動詞のリストでは、使役化型 6.5 対に対して、反使役化型は 18.5 対と明らかに優勢である。だが、筆者とPolonskaitėがあらたに作成したリトアニア語の同じ31対の自他動詞のリストでは、使役化型9対、反使役化型 8.5 対でほぼ同数となった（http://verbpairmap.ninjal.ac.jp/）。これは表1に示したものと同様の結果である。

表 1 リトアニア語の自動詞と他動詞の対の形態論的・派生的関係と量的特徴

調査サンプルの動詞 750 個	
有対動詞	356 対・712 個
[1] 動詞語幹内の母音（および子音）交替 　　（kilti「起きる、起こる」－ kelti「起こす」）	34 対・68 個
[2] 自動詞から他動詞を派生：使役接辞 -(d)in-/-(d)y- の付加 　　（pykti「怒る」－ pyk-dy-ti「怒らせる」）	150 対・300 個
[3] 自動詞から他動詞を派生：接頭辞の付加 　　（verkti「泣く」－ pra-verkti（akis)「(目を) 泣きはらす」）	4 対・8 個
[4] 他動詞から自動詞を派生：再帰接辞 -si-/-s の付加 　　（keisti「変える」－ keisti-s「変わる」）	144 対・288 個
[5] 双方向派生 　　（juokti-s「笑う」－ juok-in-ti「笑わせる」）	4 対・8 個
[6] 補充形 　　（mirti「死ぬ」－ žudyti「殺す」）	9 対・18 個
[7] 自他同形 　　（virti「煮える、煮る」）	11 対・22 個
無対動詞	38 個
[8] 自動詞 　　（čiaudėti「くしゃみする」）	10 個
[9] 他動詞 　　（pirkti「買う」）	6 個
[10] 中間的（半他動的）動詞 　　（groti「演奏する」）	22 個

3　リトアニア語の再帰動詞の概要

　さて、本節では、リトアニア語の再帰動詞の概要を示し、その中での反使役用法の位置づけを明確にしておきたい。リトアニア語の再帰接辞 -si-/-s は、再帰代名詞（与格および対格）に由来するもので、人称変化しない点でフランス語などと比較してより文法化している。接辞 -si-/-s をもつ再帰動詞は、再帰、身体動作、相互、自己利益、反使役、可能受動といった連続的で多岐に

わたる意味領域をもち、いわゆる中動のカテゴリーを形成している。筆者の調査では、リトアニア語では、これらの意味は、基本的に、「非再帰動詞＋独立の再帰代名詞あるいは副詞等」の組み合わせによっては表されない[6]。

ここでは、再帰動詞を主体的（動作主的）再帰動詞（例文 (1)）と客体的（対象的）再帰動詞（例文 (2)）という 2 つのタイプに分類し、再帰動詞の意味と用法の概略を示す[7]。

(a) 主体的再帰動詞：元の非再帰動詞の主格主語が再帰動詞の主語になる。目的語は必ずしも削除されない。対格目的語が斜格に降格することもある。

(b) 客体的再帰動詞：元の非再帰動詞の主語が削除される。斜格に降格することもある（原因等を表す）。元の非再帰動詞の対格目的語は再帰動詞の主格主語になる。

(a) 主体的再帰動詞

(1) a. Jis　　　nu-**si**-žudė　　　　(*nu-žudė　　　**save**).
　　　彼.NOM　PREF-REFL-殺す.PST.3　PREF-殺す.PST.3　自分.ACC
　　　彼は自殺した。（完全な再帰 full reflexive）

　　b. Jis　　　nu-**si**-prausė　　　(*nu-prausė　　**save**).
　　　彼.NOM　PREF-REFL-洗う.PST.3　PREF-洗う.PST.3　自分.ACC
　　　彼は（自分の）体（全身）を洗った。（身繕い grooming）

---

[6] ただし、以下の例のように、主語自身に対する動作あるいは主語の利益のための動作であることを補足・強調する場合 (a) や、無人称動詞の場合 (b) などは、「非再帰動詞＋独立の再帰代名詞」の組み合わせが用いられる。

　　a. Retkarčiais aš　　ir　　**sau**　　kai ką　　perku.
　　　たまには　私.NOM　～も　自分.DAT　何か.ACC　買う.PRS.1SG
　　　時には、私は自分にも何か買うことがある。　　　（Ambrazas (ed.) 1997: 192）
　　b. Jis　　nori　　**sau**　　patikti.
　　　彼.NOM　欲する.PRS.3　自分.DAT　気に入る
　　　彼は自分が好きになりたい（自分に気に入りたい）。

[7] 本稿で用いる用語「主体的再帰動詞」は Geniušienė (1987) の「主語的 Subjective 再帰動詞」と「他動的 Transitive 再帰動詞」を包括したものに相当し、「客体的再帰動詞」は Geniušienė の「目的語的 Objective 再帰動詞」に相当する。なお、リトアニア語の例文 (1) と (2) は、Haspelmath (2003) で挙げられている他言語の用例をもとに、筆者とインフォーマントが作成したものである。

c. Jis　　　at-**si**-klaupė　　　　　　(*at-klaupė
彼.NOM　PREF-REFL-ひざまずく.PST.3　　PREF-ひざまずかせる.PST.3
save).
自分.ACC
彼はひざまずいた。(身体動作 body motion)

d. Jie　　　su-**si**-mušė　　　　　　(*su-mušė
彼ら.NOM　PREF-REFL-殴る.PST.3　　PREF-殴る.PST.3
tarpusavyje).
互いに
彼らは殴り合っていた(けんかをしていた)。(相互 reciprocal)

e. Jis　　　nu-**si**-pirko　　　　　(*nu-pirko　　**sau**)　　tą
彼.NOM　PREF-REFL-買う.PST.3　　PREF-買う.PST.3　自分.DAT　その
knygą.
本.F.SG.ACC
彼は自分のためにその本を買った。(自己利益 benefactive)

f. Šuo　　　　kandžioja-**si**　　　(*kandžioja　**save**).
犬.M.SG.NOM　咬む.PRS.3-REFL　　咬む.PRS.3　自分.ACC
犬は咬む(癖がある)。(目的語省略 deobjective (絶対用法))

(b) 客体的再帰動詞

(2) a. Durys　　　　　　at-**si**-darė　　　　　(*atidarė　　　**save**).
ドア.F.PL.NOM　PREF-REFL-開ける.PST.3　　開ける.PST.3　自分.ACC
ドアが開いた。(反使役 anticausative)

b. Ta　knyga　　　　　lengvai　ir　　greitai　skaito-**si**
その　本.F.SG.NOM　簡単に　そして　早く　　読む.PRS.3-REFL
(*skaito　　**save**).
　読む.PRS.3　自分.ACC
その本は簡単に早く読める(読まれる)。(可能受動 potential passive)

リトアニア語では、接辞-si-/-s の付加が必ずしも統語的な自動詞化や受動

化に結びつくわけではない[8]。まず、他動詞に付加された場合、しばしば対格目的語を取る（例文（1e）、（3））。

(3) Jis　　　　nu-**si**-plovė　　　　(*nu-plovė　　　**sau**)
　　彼.NOM　PREF-REFL-洗う.PST.3　PREF-洗う.PST.3　自分.DAT
　　rankas.
　　手.F.PL.ACC
　　彼は（自分の）手を洗った。

　また、リトアニア語の客体的再帰動詞には、動作主を明示した受動文としての機能はない。反使役文では、原因等を意味する無生の動作主を斜格や前置詞句によって表示可能であるが、人間の動作主は含意しない（例文（2a））。一方、可能受動を表す文（準受動文）では、不特定多数の人間の動作主が含意される（例文（2b））。動作主を明示する受動文は、「動詞 būti「ある、いる、～である」の活用形＋現在／過去受動分詞主格形」という分析的形式によって形成される[9]。この受動文では動作主を表示することが可能であるが、動作主は属格に降格する（例文（4）、（5））。

(4) Durys　　　　**buvo**　　　　**atidary-tos**
　　ドア.F.PL.NOM　ある.PST.3　開ける-PASS.PST.PTCP.F.PL.NOM
　　Jono.
　　ヨーナス.GEN
　　ヨーナスによってドアが開けられた。

---

[8] この接辞は、たとえば、eiti-s「（物事が）進む、うまくいく」（<eiti「（歩いて）行く」）、miegoti-s「眠れる」（<miegoti「眠る」）のように、自動詞にも付加される。
[9] 他動詞から作られる基本的な受動文においては、動作の対象が文の主語（主格）となり、動詞 būti が主語の人称と数に一致し時制を表す一方、受動分詞（主格）は主語の性と数に一致する。現在／過去受動分詞はアスペクト的意味の違いによって使い分けられる。受動文は自動詞・他動詞の別に関わらずすべての動詞から作られるが、自動詞から形成された場合は、受動分詞は中性形（不変化）となる。これは、意味的には受動ではなくある種のモダリティ表現であり、間接的に得られる情報を表す。同様に、リトアニア語には他動詞から作られた受動分詞の中性形をともなう受動文もあり、やはり間接法的に用いられるが、この場合は動作の対象が主格以外の格（対格や主格）を取ることもある。

(5) Ta   knyga   visų   lengvai ir   greitai
    その   本.F.SG.NOM   すべて.PL.GEN 簡単に   そして 早く
    skaito-ma.
    読む-PASS.PRS.PTCP.F.SG.NOM
    その本はみんなに（誰にでも）簡単に早く読まれる。

表2に、自動詞と認定される（対格目的語を取らない）主体的・客体的再帰動詞の格表示および量的特徴をまとめる。筆者とPolonskaitėのリストによれば、主体的再帰動詞よりも客体的再帰動詞の方が多い。なお、自動詞的な客体的再帰動詞の大多数は、反使役的用法をもつ。

表 2 　自動詞と認定される再帰動詞の格表示および量的特徴

他動詞から再帰接辞 -si-/-s の付加により派生された自動詞 144 個			
	元の他動詞文の主語（動作主）	目的語（対象）	動詞の個数
主体的再帰動詞	主格	非表示／降格	53 個（37 %）
客体的再帰動詞	非表示／降格	主格	91 個（63 %）

4　リトアニア語の反使役の意味的特徴

　リトアニア語の反使役の基本的な意味特徴としては、以下に挙げられている（a）のタイプの動詞にみられるように、①起動 inchoative・達成 achievementおよび状態変化という語彙的なアスペクト的意味をもつこと、②動作主による動作のあり方が特定化されていない（動作様態の指定がない）こと、すなわち、動作様態の透明性、③非意図性等が挙げられる（佐々木 2007: 266–269）。筆者とPolonskaitėのリストには、そのような典型的な意味をもつ動詞の他に、意味論的には反使役とは認め難い、以下に挙げられている（b）から（d）のような非典型的で語彙的な制約の多いタイプが若干数含まれる。

　（a）起動・達成動詞：事物の創造、破壊、性質・位置等における状態変化を表す。基本的に主題（theme）を意味する無生主語をともなうが、有生主語も

可能である。plėsti-s「広がる」(plėsti「広げる」)、lenkti-s「曲がる」(lenkti「曲げる」)、sukti-s「回る、回転する」(sukti「回す」)、lieti-s「流れる」(lieti「流す」)、kaupti-s「たまる」(kaupti「ためる」)、daryti-s「なる」(daryti「する」) など。

(6) a. Miestas　　　keičia-**si**.
　　　街.M.SG.NOM　変える.PRS.3-REFL
　　　街は変わりつつある。
　 b. Karas　　　baigė-**si**.
　　　戦争.M.SG.NOM　終える.PST.3-REFL
　　　戦争は終わった。

(b) 状態・存在動詞：事物の状態、存在、位置や属性を表す。基本的に無生主語をともなうが、有生主語も可能である。rasti-s「ある、現れている」(rasti「みつける」)、laikyti-s「保っている、持続している」(laikyti「もつ、保持する」)、sieti-s「つながっている」(sieti「つなげる」) など。

(7) a. Miške　　　kelias　　　skyrė-**si**.
　　　森.M.SG.LOC　道.M.SG.NOM　分ける.PST.3-REFL
　　　森の中で道が分かれていた。
　 b. Po lietaus miške　　　daug　　　grybų
　　　雨の後に　森.M.SG.LOC　たくさん　きのこ.M.PL.GEN
　　　randa-**si**.
　　　みつける.PRS.3-REFL
　　　雨が降った後は、森の中にきのこがたくさんある。

(c) 心理・情態動詞：心理や情態を表し、有生（典型的には人間）の経験者主語をともなう。erzinti-s「いらいらする」(erzinti「いら立たせる」)、nervinti-s「神経質になる」(nervinti「神経質にさせる」)、jaudinti-s「心配・興奮する」(jaudinti「心配させる」)、kamuoti-s「悩む」(kamuoti「悩ませる」) など。

(8) a. Jis   žavi-**si**   meno
       彼.NOM 魅了する.PRS.3-REFL 美術.M.SG.GEN
       kūriniais.
       作品.M.PL.INS
       彼は美術作品に魅了されている。
    b. Jis   rūpina-**si**   savo   sveikata.
       彼.NOM 気遣わせる.PRS.3-REFL 自分の 健康.F.SG.INS
       彼は健康に気遣っている。

(d) 集合・衆動動詞：集合や衆動といった複数でおこなう動作を表す。有生（典型的には人間）の動作主が主語である。意図的動作を表現できる点が特徴的だが、語彙的制約が大きい。rikiuoti-s「並ぶ」（rikiuoti「並べる」）、telkti-s「結集する」（telkti「集める」）、rinkti-s「集まる」（rinkti「集める」）など。

(9) a. Aikštėje   rikiuoja-**si**   žmonės.
       広場.F.SG.LOC 並べる.PRS.3-REFL 人々.F.PL.NOM
       広場に人々が並んでいる。
    b. Gimtadienį su-**si**-renka   visi   draugai.
       誕生日に PREF-REFL-集める.PRS.3 すべての 友人.M.PL.NOM
       誕生日に友人たちがみんな集まる。

表3に、リトアニア語の反使役的再帰動詞の意味および量的特徴をまとめる。上に分類した意味のタイプによって主語の有生性制限が異なることが分かる。だが、反使役的再帰動詞の大半が（a）起動・達成動詞であるため、全体としては無生主語の方が優勢である。

5　ロシア語および日本語との共通点と相違点

まず、ロシア語との対照分析は、リトアニア語の自他交替現象を特徴づけるために有効である。先に触れた通り、ロシア語はリトアニア語と比較して、より自動詞化型の言語である。だが、再帰動詞の意味領域を比較すると、2つの言語は多くの共通性をもっている。リトアニア語とは異なるロシア語の再帰動詞の特徴としては、主に以下の（i）および（ii）の2点が指摘されている（Musteikis 1972, Geniušienė 1987）。

表 3　反使役的再帰動詞の意味的および量的特徴

反使役的再帰動詞 **84** 個			
	（元の他動詞文目的語→） 反使役文主語の意味役割	主語の有生性制限	動詞の個数
(a) 起動・達成動詞	（被動作者→）主題	無生主語のみ 有生主語も可	55 個（65 %） 9 個（11 %）
(b) 状態・存在動詞	（被動作者→）主題	無生・有生主語 いずれも可	4 個（5 %）
(c) 心理・情態動詞	（被動作者→）経験者	有生（特に人間） 主語	11 個（13 %）
(d) 集合・衆動動詞	（被使役者→）動作主	有生（特に人間） 主語	5 個（6 %）

（i）ロシア語では、主体的再帰動詞が、完全な再帰および自己利益の意味を表さない。

（ii）ロシア語では、客体的再帰動詞が、動作主を明示した受動を表す。

だが、上の点を指摘するだけでは、2 つの言語の他動性交替における差異を明確にすることはできない。意味的・統語的両側面からみて、さらに、以下のロシア語の特徴に着目する必要がある。

（iii）ロシア語では、主体的再帰動詞の代わりに、しばしば「非再帰動詞＋独立の再帰代名詞」の組み合わせを用いる（例文（10））。

（iv）ロシア語では、再帰動詞は対格目的語を取ることができない（例文（11））。

リトアニア語の例文（1a）と次のロシア語の例文（10）を対照されたい。同様に、先に挙げた（1e）と（11a）、（3）と（11b）も対照のこと。

(10)　On　　　ubil　　　　　　**sebja**　　　（*ubil-sja）.
　　　 彼.NOM　殺す.PST.M.SG　自分.ACC　　殺す.PST.M.SG-REFL
　　　 彼は自殺した。

(11) a. On   kupil   dlja   **sebja**   (*kupil-**sja**)   tu
　　　彼.NOM 買う.PST.M.SG 〜のために 自分.GEN 買う.PST.3-REFL その
　　　knigu.
　　　本.F.SG.ACC
　　　彼は自分のためにその本を買った。
　　b. On   pomyl   (*pomyl-**sja**)   ruki.
　　　彼.NOM 洗う.PST.M.SG 洗う.PST.M.SG-REFL 手.F.PL.ACC
　　　彼は（自分の）手を洗った。

　以上のことから、2つの言語の再帰動詞の本質的な相違は次のような点にあると結論できる。

（v）ロシア語の接辞 -sja/-s' をもついわゆる再帰動詞は、実際には再帰用法が退化すると同時に、受動を表す点でリトアニア語よりも発達した段階にある。
（vi）リトアニア語では、接辞 -si-/-s の付加による派生的な再帰化が必ずしも統語的な自動詞化に結びつくわけではないのに対し、ロシア語の接辞 -sja/-s' は概して動詞を統語的にも自動詞化する。

　以上に考察したリトアニア語とロシア語、2つの言語の再帰動詞の意味領域と結合価の関係は、以下の図1のように図示することができる[10]。全体としてみると、再帰動詞の中心的意味は、リトアニア語の場合はこの図の反使役から左に分布し、ロシア語の場合は反使役から右に分布していると考えられる。
　次に、以上に述べたようなリトアニア語の再帰動詞の意味領域における反使役の位置づけを、系統的にも類型的にもまったく異なる日本語の他動性交替と照らし合わせてみると、どのようなことがみえてくるであろうか。まず、本質的な相違点としては、以下の3点が挙げられよう。

---

[10] これは、ロシア語の再帰動詞を例に、再帰から受動にいたる意味の広がりを示した Haspelmath（2003: 225）の意味地図を改変し、リトアニア語の再帰動詞の意味分布を加えたものである。Haspelmath はこれを通言語的な共時的分布であると同時に通時的変遷を表すものと想定している。

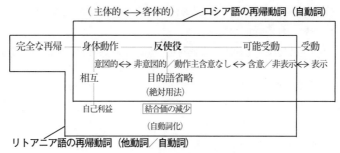

図 1 リトアニア語とロシア語の再帰動詞の意味領域と結合価

(i) 日本語の標準語には、再帰型・反使役型の自動詞化形態法は存在しない[11]。
(ii) 日本語の動詞の再帰表現は、主に、語彙的な再帰動詞と構文レベルの他動詞の再帰用法による。
(iii) 日本語の動詞の再帰表現と受動表現の間には形式的な関連性がない。

日本語における再帰動詞の規定は様々であるが、概して、「自殺する」のような自動詞、および、「着る、脱ぐ、履く」のような他動詞は、ともに語彙的な再帰動詞とみなされる。また、「手を洗う、身を縮める」のように、身体部分など主語に付属するものを意味する対格目的語をともなった場合に限って再帰的意味を表す他動詞の用法は、再帰用法（再帰構文）と呼ばれる。さらに、リトアニア語の再帰代名詞に当たる「自分、自ら」や、「殴り合う」のように補助動詞「合う」をともなう場合も、再帰表現として扱われることがある。一方、受動表現に関しては、可能受動の意味は、「読める」のように可能のみを表すいわゆる可能動詞、あるいは、可能の他に自発・受動・尊敬も表す「読まれる」タイプの形式によっても表される。後者は、動作主を明示した受動文を構成する。3節で挙げた例文の日本語訳を参照されたい（例文 (1) から (5)）。

このように、再帰表現と受動表現の間に形式的関連性がない点で、日本語はリトアニア語とは本質的に異なっているものの、意味と機能の側面からみれば、以下のような、重要な共通点もみとめられる。

---

[11] ただし、佐々木 (2007) によれば、北海道方言に自発形態素を用いた「逆使役型［反使役型］の自動詞化」がみられるように、方言によっては生産的な形態法による逆使役派生が存在するということである。

(v) 完全な再帰のように、意味的に再帰性の程度が高い場合ほど、自動詞が用いられる傾向がある。
(vi) 自他交替現象（語彙的な自他対応）が起こる意味的条件に共通性がある。

リトアニア語の主体的再帰動詞の意味は、日本語では自動詞で表されることも他動詞で表されることもあるが、おそらく、大まかに言って、語彙的に再帰的な自動詞による表現の可能性は、階層的に、「完全な再帰＞身繕い・身体動作＞その他の意味」の順に低くなると考えられる。一方、リトアニア語の客体的再帰動詞が表す意味のうち、反使役に相当する意味は、日本語でも語彙的に対応する他動詞をもつ有対自動詞によって表現される。同時に、4節にまとめたリトアニア語の反使役的動詞の意味特徴は、早津（1989）らによって指摘されている、日本語の語彙的自他対応が成立するための意味的条件と共通している。このように、形式的な相違ではなく、意味・機能に着目して比較対照することによって、それぞれの言語の特徴をより適切に理解することができよう。

6 まとめ

以上、本稿では、筆者と Polonskaitė が作成したリトアニア語の自動詞・他動詞のリストを資料として、リトアニア語における自他交替現象の概要を示し、反使役の統語的・意味的特徴を概観した。また、ロシア語との対照論的観点も導入し、リトアニア語の自他交替現象を適切に解釈するためには、反使役分析が有効であるという主張の展開を試みた。さらに、系統的・類型的にもまったく異なる日本語とも、意味・機能面からみれば共通点があることに触れ、発展的な対照研究の可能性も示唆した。考察全体を通じて、リトアニア語では、再帰動詞は再帰の意味に基づいた中動のカテゴリーを形成しており、意味的・統語的両面での完全な自動詞化は反使役によってこそ実現することを明らかにした。

謝辞

　本稿に収録したリトアニア語の自他動詞の対のリスト作成に協力して下さった Jurgita Polonskaitė 氏、Ramutė Bingelienė 氏（Vilnius 大学）を始めリトアニア人インフォーマントの方々、並びに、ロシア人インフォーマントの Ganna Šatoxina（東ガンナ）氏に感謝の意を表したい。また、筆者の口頭発表の折に、ロシア語の例文についてご教示下さった Anna Bugaeva 氏（国立国語研究所）を始め、貴重なアドヴァイスをいただいた他動性プロジェクトのメンバーの方々、とりわけ、多くの有益なご指摘をいただいた査読者のお二人に、この場をお借りして、心よりお礼申し上げる。

参照文献

Geniušienė, Emma (1987) *The typology of reflexives*. Berlin: Mouton de Gruyter.

Haspelmath, Martin (1993) More on the typology of inchoative/causative verb alternations. In: Bernard Comrie and Maria Polinsky (eds.) *Causatives and transitivity*, 87–120. Amsterdam/Philadelphia: John Benjamins.

Haspelmath, Martin (2003) The geometry of grammatical meaning: Semantic maps and cross-linguistic comparison. In: Michael Tomasello (ed.) *The new psychology of language*, vol. 2: 211–242. Mahwah, NJ: Lawrence Erlbaum.

早津恵美子（1989）「有対他動詞と無対他動詞のちがいについて」『言語研究』95: 231–256.

Ambrazas, Vytautas (ed.) (1997) *Lithuanian grammar*. Vilnius: Baltos lankos.

Lyberis, Antanas (2005[4]) *Lietuvių-rusų kalbų žodynas*. Vilnius: Mokslo ir enciklopedijų leidybos institutas.

Musteikis, Kazimieras (1972) *Sopostavitel'naja morfologija russkogo i litovskogo jazykov*. Vilnius: Mintis.

Nedjalkov, Vladimir P. and Georgij G. Sil'nickij (1969) Tipologija kauzativnyx konstrukcij. In: Aleksandr Xolodovič (ed.) *Tipologija kauzativnyx konstrukcij: Morfologičeskij kauzativ*, 20–50. Leningrad: Nauka.

Nichols, Johanna, David A. Peterson and Jonathan Barnes (2004) Transitivizing and detransitivizing languages. *Linguistic Typology* 8(2): 149–211.

櫻井映子（2012a）「リトアニア語のヴォイス表現」『語学研究所論集』17: 97–116. 東京外国語大学語学研究所.

櫻井映子（2012b）「リトアニア語における逆使役」『日本言語学会第 145 回大会予稿集』432–437. 日本言語学会.

佐々木冠（2007）「北海道方言における形態的逆使役の成立条件」角田三枝・佐々木冠・塩谷亨（編）『他動性の通言語的研究』259–270. 東京：くろしお出版.

ハンガリー語の自他動詞と項構造

江口　清子

【要旨】本稿は、現代ハンガリー語における自動詞、他動詞の形態的派生関係について概説し、先行研究でまとめられてきた他動性の連続体に基づき、包括的な記述を行うものである。さらに、「意味的抱合」と呼ばれる統語と意味のギャップのある構造や、動詞の項構造に変更を加える動詞接頭辞付加の操作に関し、「動作限界」というキーワードを軸に考察し、他動性について再考する。

キーワード：自他対応、他動性、受動構文の欠如、意味的抱合、動作限界

1 はじめに

　ハンガリー語の自他動詞については、ハンガリー語の伝統文法に則った研究は散見されるものの（Abaffy 1978、1980、Benkő 1984など）、従来、他言語との対照といった、類型論的な枠組みでの研究はなされてこなかった。ハンガリー語は自動詞と他動詞の形態的な派生関係がはっきりと保たれた、語彙的なヴォイスを豊富に持つ言語である。統語的には受動構文が欠如しているため、統語的なヴォイスを論じる場合はもっぱら使役構文が取り上げられる。
　一方、「他動性」という観点からハンガリー語のさまざまな構文を観察してみると、一つは「有責性」というパラメータで浮き彫りになる事実がある。また、冠詞や動詞の活用といったシステムが発達しているハンガリー語では、他動性を考える上で「動作限界」というパラメータが重要な役割を担っていることも見えてくる。本稿では、これらの考察を通して、他動性と自他動詞文との関わりについて再検討する。
　本稿の構成は以下の通りである。まず2節で、本稿の議論に関わるハンガリー語の文法的特徴を概説する。3節ではハンガリー語における自他動詞の形態的特徴をまとめ、自他動詞文の選択と他動性との関わりについて考察する。さらに4節で「意味的抱合」と呼ばれる統語と意味のギャップのある構造や、項構造に変更を加える動詞接頭辞付加の操作について論じる。

2　ハンガリー語とは [1]

ハンガリー語はウラル語族、フィン・ウゴル語派に属する言語で、同じ系統には、フィンランド語、エストニア語、サーミ語（ラップ語）などがある。ハンガリー語話者は全世界に約 1500 万人いると言われており、うち 1000 万人はハンガリー共和国内に、残り約 500 万人は周辺諸国や新大陸に暮らしている。地域的変異は小さい。

本論に入る前に、ここでは、ハンガリー語の形態、統語論の特徴のうち、本稿の議論に関連する事項を概説する。

2.1　母音調和

ハンガリー語には母音調和の現象が見られる。母音は、前舌母音グループ（ö[ø]/ő[ø:], ü[y]/ű[y:], i[i]/í[i:], e[ɛ]/é[e:]）と後舌母音グループ（a[ɒ]/á[a:], o[o]/ó[o:], u[u]/ú[u:]）とに分けられ、前舌母音グループはさらに、円唇母音グループ（ö, ő, ü, ű）と非円唇母音グループ（i, í, e, é）とに分けられる。例えば再帰動詞を派生する接尾辞には '-kodik/-ködik/-kedik' の三つの異形態 [2] があり、'mos-a-kodik'[3]「身体を洗う」、'fésül-ködik'「髪を梳かす」、'emel-kedik'「そびえる」のように、どれが接続するかは語幹のタイプによって決まる。

2.2　格表示と語順

典型的な膠着言語であるハンガリー語では、文法関係は語順ではなく、格接辞によって表示される。主格はゼロ表示であり、（1a）では文頭の要素、（1b）では 2 番目の要素が主語を表す。目的語は名詞に対格接辞 '-t' が付加された形で表されるが、（1a）では 2 番目の要素、（1b）では文頭の要素がそれに相当する。

---

[1] 本節は江口（近刊）の内容と重なるものである。
[2] このような母音の交替がある場合、本稿では便宜上、以下のように記す。1) a/e が交替する場合：A、2) u/ü が交替する場合：U、3) ó/ő が交替する場合：Ó、4) o/ö/e が交替する場合：V。
[3] 正書法上は 'mosakodik' と一綴りで書かれるが、ここでは議論の都合上、形態素境界をハイフン「-」で示す。以下同様。

(1) a. Erika   Mari-t   vár-ja[4].
       エリカ.NOM マリ-ACC   待つ-DEF.3SG
       エリカはマリを待っている。
    b. Eriká-t   Mari   vár-ja.
       エリカ-ACC マリ.NOM   待つ-DEF.3SG
       エリカ（のこと）はマリが待っている。

　一方で、語順にはトピックやフォーカスといった情報構造が大きく関与する。文のトピック[5] としての機能を担う要素は文頭に置かれ、その直後にはイントネーションの区切れ目が存在する。動詞の直前に置かれるものはフォーカス要素[6] として解釈され、その他の要素は動詞に後置される。

2.3　定活用と不定活用

　ハンガリー語の動詞は主語の人称と数に呼応するため、6通りの形態が存在する。他動詞の場合、さらに目的語の定性にも呼応するため、計12通りの形態を有する[7] ことになる。名詞句の定性は、冠詞の種類および有無により、1）定冠詞（定かつ特定）、2）不定冠詞あるいは無冠詞の複数形（不定かつ特定）、3）無冠詞の単数形（不特定）の3通りに分けられる。

(2) a. Erika   olvas-sa   a   könyv-et.
       エリカ.NOM 読む-DEF.3SG ART.DEF   本-ACC
       エリカは（その）本を読んでいる。
    b. Erika   olvas   egy   könyv-et.
       エリカ.NOM 読む.3SG   ART.INDEF 本-ACC
       エリカは（ある）本を読んでいる。

---

[4]　本稿の例文中のグロスにおいて使用する略号のうち、Leipzig Glossing Rules にないものは以下の通り。ILL: illative、INE: inessive、SUP: superessive
[5]　その文で述べたい内容の範囲を定めるもの。
[6]　Vallduví(1992) などのいう「聞き手が要求する新情報」で、かつ Szabolcsi(1981) などで定義されたように、総記性を見せる演算子を指す。つまり、疑問詞疑問文の答えとなる要素であるということができ、疑問詞疑問文における疑問詞ないし疑問詞句もまた、フォーカス要素に相当する。
[7]　この他、主語が1人称単数で、目的語が2人称（単・複）の場合に用いられる接尾辞 '-lak/-lek' も存在する。

目的語が定である (2a) では動詞が定活用であるのに対し、目的語が不定である (2b) では不定活用である。(3) は目的語名詞句が冠詞を伴わないもの[8]で、(2b) と同様に動詞は不定活用である。

(3) Erika　　　　könyv-et olvas.
　　エリカ.NOM　本-ACC　読む.3SG
　　エリカは読書している。

2.4 受動構文の欠如

現代ハンガリー語の自他動詞を考える上で大きな特徴となる事項として、受動構文が欠如しているという事実が挙げられる。かつては使役派生接辞'-(t)At' に自動詞派生接辞 '-ik' を組み合わせた '-(t)Atik' が受動派生接辞として存在し、生産的に動詞の受身形を作り出していた（Alberti 1996、Benkő 1984 他）。しかし、現在では 'szül-etik'「生まれる」（> 'szül'「産む」）などごく一部の動詞に語彙化した形でその形態が見られるに留まる。

このため、日本語に見られるような間接受身文はもちろん、さまざまな言語で見られる直接受身文も存在しない。

(4) a. A　　　　tettes　　　el-gázol-ta　　　　　　　　Eriká-t.
　　ART.DEF　犯人.NOM　離れて-轢く-PST.3SG.DEF　エリカ-ACC
　　犯人がエリカを轢いた。
　　b. *Erika　　　 el-gázol-tat-ott　　　　　　　　 a　　　　 tettes által.
　　エリカ.NOM　離れて-轢く-CAUS-PST.3SG　ART.DEF　犯人　によって
　　lit. エリカは犯人によって轢かれた。

動作主を非焦点化する場合、すなわち事象を行為の対象からの視点で表現したい場合、(5) で示すように、通常、主語は具現化されずに、動詞は複数人称主語の活用で用いられる。

(5) a. El-gázol-ták　　　　　　　 Eriká-t.
　　離れて-轢く-PST.3PL.DEF　エリカ-ACC

---

[8] 無冠詞名詞句は形態、統語的には他動詞の項としてのふるまいを見せるが、意味的にはいかなる個体も指示せず、動詞と結びつき、一個の概念を表すものである。詳細は 4.1 節での議論を参照されたい。

(彼らが)エリカを轢いた。(=エリカが轢かれた。)

 b. A   dzsúdó-t az   egész világ-on
   ART.DEF 柔道-ACC ART.DEF すべての 世界-SUP
   ismer-ik.
   知っている-3PL.DEF
   世界中で(彼らは)柔道を知っている。(=柔道は世界中で知られている。)

3 ハンガリー語における自他動詞
3.1 自動詞と他動詞

 さまざまな個別言語を観察するに当たって、何を自動詞と呼び、何を他動詞と呼ぶかにはいくつかの分類法が考えられるが、本稿では、ハンガリー語の自他動詞をそれぞれ以下のように定義する。

(6) a. 自動詞:主格で表示される項を一つとる動詞。
  b. 他動詞:主格で表示される動作主と、対格で表示される対象を項としてとる動詞。

 例えば、(7a) の 'meg-hal'「死ぬ」は自動詞、(7b) の 'meg-öl'「殺す」は他動詞である。

(7) a. Erika   meg-hal-t.
   エリカ.NOM PFV-死ぬ-PST.3SG
   エリカは死んだ。
  b. A   Halál meg-öl-te   Eriká-t.
   ART.DEF 死神.NOM PFV-殺す-PST.3SG.DEF エリカ-ACC
   死神はエリカを殺した。

 また、(8) のように、自動詞文の主格名詞句と、他動詞文の対格名詞句が同一で、その自動詞と他動詞が形態的に関係している場合、「自他対応がある」と言う。

(8) a. El-tör-t a pohár.
    離れて-割れる-PST.3SG　ART.DEF　コップ.NOM
    コップが割れた。

   b. Erika el-tör-te a pohar-at.
    エリカ.NOM　離れて-割-PST.3SG.DEF　ART.DEF　コップ-ACC
    エリカがコップを割った。

　Haspelmath（1993）、Comrie（2006）をもとに作成された国立国語研究所の動詞リスト[9]では、31対の動詞の自動詞と他動詞の形態的な派生関係が類型的な観点から 1）使役化（Causative）型、2）反使役化（Anticausative）型、3）両極（Equipollent）型、4）補充（Suppletive）型、5）自他同形（Labile）に分けられる。これをハンガリー語に当てはめてタイプ別に分類すると、同一語根からの派生である両極型が圧倒的に優勢であり、次いで反使役化による派生、使役化による派生が続き、補充形は 'meg-hal'「死ぬ」– 'meg-öl'「殺す」の1例に留まる[10]。自他同形のペアは存在しない。つまり、ハンガリー語は語彙的なヴォイスを豊富に持つ言語だと言える。

3.2　他動性の連続体と自他動詞の選択

　前節では動詞の形態的特徴により、自動詞、他動詞を分類したが、一方で、自他動詞は「他動性」の度合いによって連続体をなすものだという見方がある（Lakoff 1977、Hopper and Thompson 1980、Jacobsen 1991 など）。本節ではこの他動性の連続体に基づき、ハンガリー語における自動詞文と他動詞文のプロトタイプを探る。

3.2.1　典型的な他動詞事象と典型的な自動詞事象

　3節で述べたように、他動詞は主格（ゼロ表示）で表される名詞句を主語としてとり、対格 '-t' で表される名詞句を目的語としてとるものである。他動性のプロトタイプの観点から考えると、Hopper and Thompson（1980）で提案される 10 のパラメータすべてを満たす、他動性の高い事象の表現には他

---

[9]　「有対自他動詞の地理類型的なデータベース」< http://verbpairmap.ninjal.ac.jp/ >
[10]　本節の詳細については、本論文集に収められている大島論文を参照されたい。

動詞が用いられる。(7b) の 'meg-öl'「殺す」、(8b) の 'el-tör'「割る」などがその例である。

　一方、自動詞は主格（ゼロ表示）で表される名詞句を主語とするもので、非能格自動詞と非対格自動詞とに分けることができる。後者は状態変化に言及するもの[11]であり、対応する他動詞があるが、前者はそうではない。

(9) a. Erika　　　játsz-ik　　a　　　　kert-ben.
　　　エリカ.NOM　遊ぶ-3SG　ART.DEF　庭-INE
　　　エリカは庭で遊んでいる。

　 b. Ki-hűl-t　　　　　a　　　　leves.
　　　外へ-冷める-PST.3SG　ART.DEF　スープ.NOM
　　　スープが冷めてしまった。

3.2.2 非典型的な他動詞事象

　他動詞で表現される事象がすべて他動性のプロトタイプとしての要件を満たすわけではない。本節では、プロトタイプから逸脱するものの、ハンガリー語において他動詞でコード化される事例をタイプ別に紹介する。

3.2.3 非意図的な人間主語による他動詞事象

　Dowty (1991) は動作主のプロトタイプに関して、意図性を挙げているが、ハンガリー語の他動詞文で、意図性を持たないものを動作主として主語にとる場合がある。(10a) は非再帰的事象、(10b) は再帰的事象であるが、いずれも (11) のように、平行する自動詞文を持つ。

(10) a. Le-ejt-ett-em　　　　az　　　　iPhone-om-at.
　　　 下へ-落とす-PST-1SG　ART.DEF　iPhone-POSS.1SG-ACC
　　　（私は）（私の）iPhone を落とした。

　　 b. El-tör-tem　　　　a　　　　láb-am-at.
　　　 離れて-折る-PST.1SG　ART.DEF　足-POSS.1SG-ACC
　　　（私は）（私の）足を折った。

---

[11] É.Kiss (2002) では、過去分詞形による名詞修飾の構造を許容するか否かを非対格性のテストとして用いている。詳しくは江口 (2008) を参照されたい。

(11) a. Le-es-ett az iPhone-om.
下へ-落ちる-PST.3SG ART.DEF iPhone-POSS.1SG.NOM
（私の）iPhone が落ちた。

b. El-tör-t a láb-am.
離れて-折る-PST.3SG ART.DEF 足-POSS.1SG.NOM
（私の）足が折れた。

これは Nishimitsu（2002）、パルデシ＆堀江（2005）、パルデシ（2007）などで提唱される「他動性の連続体」（意図的事象から自発的事象へのスペクトラム）という考え方で説明される事実であり、ハンガリー語に特異な現象ではない（寺村 1982、Ikegami 1982 他）。両者の違いは、非意図的な動作主を主語とする（10）の各文の方が、対象を主語とする（11）に比べて、事象の結果に対し責任があると解釈される。また、「有責任事象」の表現として（12）のような例もある。

(12) a. El-veszt-ett-em a fia-m-at
離れて-なくす-PST-1SG.DEF ART.DEF 息子-POSS.1SG-ACC
egy autóbaleset-ben.
ART.INDEF 自動車事故-INE
（私は）自動車事故で息子を亡くした。

b. A csapat el-veszt-ett-e a
ART.DEF チーム.NOM 離れて-なくす-PST-3SG.DEF ART.DEF
bajnokság-ot.
選手権-ACC
チームは優勝を逃した。

これらに対応する自動詞文は存在しないことから、ハンガリー語においても有責任性の高い事象は他動詞文でのみコード化されることがわかる。

3.2.4 非人間主語を含む他動詞事象

同じく意図性という観点から見ると、人間以外の主語はその典型から外れることになるが、(13)で示すように、無生物主語の他動詞文も存在する。

(13) a. A   szél   ki-nyit-ott-a   az   ajtó-t.
    ART.DEF 風.NOM 外へ-開ける-PST-3SG.DEF ART.DEF ドア-ACC
    風がドアを開けた。

   b. Fúj-t   a   szél,   és   ki-nyíl-t   az
     吹く-PST.3SG ART.DEF 風.NOM and 外へ-開く-PST.3SG ART.DEF
     ajtó.
     ドア.NOM
     風が吹いて、ドアが開いた。

3.2.5 行為者でない人間主語を含む他動詞事象

　また、「豊臣秀吉が大阪城を建てた」のように、主語で表される人称が、動詞によって表される行為を計画するに留まり、実際には行わない場合にもしばしば他動詞で表現される。

(14) Tojotomi Hidejosi épít-ett-e   az   oszakai várkastély-t.
    豊臣秀吉.NOM   建てる-PST-3SG.DEF ART.DEF 大阪城-ACC
    豊臣秀吉が大阪城を建てた。

　「城を建てる」という行為に実際に携わったのは主語で表される秀吉ではない。秀吉が人々を雇い、城を建てさせた、という間接使役の事象であるが、被使役者はコード化されない。

　日本語では「髪を切る」「歯を抜く」「眼鏡を直す」のような表現も同様に他動詞文としてコード化され、典型的には間接使役としての解釈がなされるが、ハンガリー語ではこれらは直接使役としての解釈しか許さず（15a）、間接使役の表現には使役構文が用いられる（15b）。

(15) a. Erika   le-vág-t-a   a   haj-á-t.
      エリカ.NOM 下へ-切る-PST-3SG.DEF ART.DEF 髪-POSS.3SG-ACC
      エリカは（彼女の）髪を切った。

    b. Erika   le-vág-at-t-a   a
      エリカ.NOM 下へ-切る-CAUS-PST-3SG.DEF ART.DEF

haj-á-t (a fodrász-szal).
髪-POSS.3SG-ACC　ART.DEF　美容師-INS
エリカは（美容師に）髪を切らせた。

4　動詞補充要素と動詞接頭辞

　前節では、自動詞文、他動詞文がどのような事象の表現形式として選択されるのかについてまとめた。本節では、カテゴリーとしての動詞が文中の他の要素と結びつき、基体動詞が本来持つ性質を変化させる例として、意味的抱合における形態と意味のギャップ、および動詞接頭辞付加の操作について論じる。

4.1　動詞補充要素による意味的包合

　2.3節の注8で概説したように、ハンガリー語において、無冠詞の名詞句は、いかなる個体も指示せず、意味的に動詞と結びつき、一個の概念を表す。

(16)　a.　Erika　　　　iskolá-ba ment.
　　　　　エリカ.NOM　学校-ILL　行く.PST.3SG
　　　　　エリカは学校へ行った（＝登校した／通学した）。
　　　b.　Erika　　　　ceruzá-val ír-ta　　　　　　a　　　　level-et.
　　　　　エリカ.NOM　鉛筆-INS　書く-PST.3SG.DEF　ART.DEF　手紙-ACC
　　　　　エリカは手紙を鉛筆で書いた（＝鉛筆書きした）。

　この要素は先行研究（Ackerman 1987、Farkas & Sadock1989、É.Kiss 1998、1999、2002、Kiefer 2000、Koopman & Szabolcsi 2000 など）において 'verb(al) modifier'（以下「動詞補充要素」と訳出）と呼ばれ、意味的にだけでなく、形式的にも動詞と結びつくことが指摘されている[12]。

---

[12] 語に固有のアクセントを失うほか、1) 中立文では動詞に前置される、2) 文中の他の要素がフォーカス位置に置かれる場合は動詞に後置される、3) 動詞をともなわず単独で諾否疑問文の答えになりうる、4) 助動詞と共起する場合、助動詞に前置される、のような統語的特徴をもつ。ただし、名詞句は格接辞をともなうため、形態統語論的統合ではない。Farkas & de Swart（2003, 2004）は、Dayal（1999）のヒンディー語の観察に基づき、動詞への意味的抱合（semantic incorporation）を受けた要素であるとしている。なお、Dayal（2003a, 2003b）では擬似的抱合（pseudo incorporation）と呼ばれる。統語的ふるまいの詳細については江口（2007）を参照されたい。

この動詞補充要素が対格接尾辞をともなう形である場合、統語的には他動詞の目的語としてのふるまいを見せるが、個別化された行為の対象としての意味は担っておらず、したがって動作が対象に及ぶ影響（被動作性）も考慮に値しない。つまり、統語上は他動詞の構造であるが、意味的には限りなく自動詞に近い、他動性の低いものであると言える。

(17) a. Erika　　　olvas-sa　　　　a　　　　könyv-et.
　　　エリカ.NOM　読む-DEF.3SG　ART.DEF　本-ACC
　　　エリカは（その）本を読んでいる。

　　b. Erika　　　könyv-et olvas.
　　　エリカ.NOM　本-ACC　読む.3SG
　　　エリカは読書している。

　(17a) では、エリカが読んでいる本は特定、既知のものであるのに対し、(17b) では「読書」という行為をしていることが述べられているだけで、本についての叙述はなく、極端に言えば、複数の本を読んでいる状況であってもかまわない。このような構造を許すものには、'tévé-t néz'「テレビを見る」、'újság-ot olvas'「新聞を読む」、'labdá-t rúg'「ボールを蹴る」、'kávé-t iszik'「コーヒーを飲む」のような状態変化を含意しないものだけでなく、'fal-at fest'「壁を塗る」、'kez-et mos'「手を洗う」、'tortá-t süt'「ケーキを焼く」、'vers-et ír'「詩を書く」のような状態変化を含意するものもある。ただし、このような場合も、目的語名詞が特定の個体を指さないことから、あくまでも「壁塗り」「手洗い」といった行為を行ったことへの言及であり、その行為の結果、壁が塗られた状態になったかどうか、手がきれいになったかどうかは不明である。

4.2　動詞接頭辞付加と項構造

　動詞接頭辞は、基体動詞と結びつき、複雑述語を形成する。前節で見た動詞補充要素と統語的に同一のふるまいを見せるため、ハンガリー語の伝統文法では、その下位に分類される。動詞接頭辞をともなう動詞は通常、終結的（telic）と解釈され、他動詞の場合、その内項は無冠詞であってはならない。

(18) a. *Erika　　　könyv-et el-olvas-ott.
　　　エリカ.NOM　本-ACC　離れて-読む-PST.3SG
　　　lit. エリカは読書し終えた。

b. Erika　　　el-olvas-ta　　　　　　a　　　könyv-et.
エリカ.NOM　離れて-読む.PST.3SG.DEF　ART.DEF　本-ACC
エリカは（その）本を読み終えた。

（18a）では、「読み終える」という動作の対象である「本」が無冠詞名詞句であるため、具体的な個体としては描写されずに非文となる。

これに関連する事実として、動詞によって下位範疇化されない項が、動詞接頭辞の付加により生起する例を以下に紹介する。

(19) a. Erika　　　beszélget-ett　　　　　Mari-val.
エリカ.NOM　おしゃべりする-PST.3SG　マリ-INS
エリカはマリとおしゃべりした。

b. Erika　　　el-beszélget-te　　　　　　az
エリカ.NOM　離れて-おしゃべりする-PST.3SG.DEF　ART.DEF
idő-t　　(Mari-val).
時間-ACC　マリ-INS
エリカは（マリと）しゃべり倒した。

(20) a. Erika　　　pihen-t.
エリカ.NOM　休む-PST.3SG
エリカは休んだ。

b. Erika　　　ki-pihen-te　　　　　magá-t.
エリカ.NOM　外へ-休む-PST.3SG.DEF　自分自身.POSS.3SG-ACC
エリカは（元気を回復するまで）休んだ。

（19a）、（20a）はいずれも非能格の自動詞文で、動作主が主語として現れている。状態変化などの動作限界は表されていない。一方、（19b）、（20b）では動詞に動詞接頭辞が付加され、対格で表される目的語をとる他動詞文である。（19b）の目的語は、Tenny（1994）の言う、事象に対し境界設定するものとして役割を果たし、（20b）の目的語は、英語の結果構文におけるそれと同様に、行為の結果の状態を叙述するものとして具現化される（cf. Levin and Rappaport Hovav 1995）と考えられる。

5 まとめ

　以上、ハンガリー語の自他動詞をめぐる形態、統語、意味の観点から考察を行った。まず、形態的対応関係は、同一語根に他動詞化接辞と自動詞化接辞を付加することにより他動詞と自動詞の両方を派生する両極型が基本であることを概説した。

　次に、他動性のプロトタイプとしての要件をすべて満たしているわけではないが、他動詞としてコード化される例を考察し、他動性の連続体の観点から、先行研究でまとめられている「有責性」というパラメータでの説明がハンガリー語のデータにも有効であることを確認した。さらに、無冠詞名詞句を目的語にとる、いわゆる「意味的抱合」の構造と、動詞接頭辞付加という二つの構文を検討した。前者においては、対象の個体性が失われ、被動作性への言及も低くなり、統語的には他動詞文であっても、意味的には限りなく自動詞に近づいていることがわかる。後者では、これと対照的に、個体化された対象が新たな項として導入される事例も見られた。この二つの構文タイプの考察から、「動作限界」というパラメータが他動性に深く関与している点も示した。

謝辞

　各例文の文法性については友人である複数のハンガリー人母語話者に判断してもらった。ここに謝意を表する。なお、本稿に残された誤りはすべて筆者の責に帰するものである。

参照文献

Ackerman, Farrell (1987) Miscreant morphemes: Phrasal predicates in Ugric. Ph.D. thesis, University of California.

Abaffy Erzsébet (1978) A mediális igékről. *Magyar Nyelv* 74: 280–293.

Abaffy Erzsébet (1980) A mediális és az akiv bennható igék szerkezete a XVI. században. *Magyar Nyelv* 76: 165–175.

Alberti Gábor (1996) Passzivizálási művelet a magyarban. In: Maleczki Márta és Büky László (eds.) *A mai magyar nyelv leírásának újabb módszerei 2. Néprajz és Nyelvtudomány* 37, 7–46. Szeged: JATE.

Benkő Loránd (1984) *A magyar fiktív (passzív) tövű igék*. Budapest: Akadémiai Kiadó.

Comrie, Bernard (2006) Transitivity pairs, markedness, and diachronic stability. *Linguistic* 44(2): 303–318.

Dayal, Veneeta (1999) Bare NP's, reference to kinds, and incorporation. Proceedings of SALT, Vol. IX, 34–51.
Dayal, Veneeta (2003a) Bare nominals: Non-specific and contrastive readings under scrambling. In: Simin Karimi (ed.) *Word order and scrambling.* Oxford: Blackwell.
Dayal, Veneeta (2003b) *A semantics for pseudo-incorporation.* Rutgers University.
Dowty, David (1991) Thematic proto-roles and argument selection. *Language* 8(2) : 181–213.
江口清子（2007）「ハンガリー語動詞接頭辞と語形成」博士論文, 神戸大学.
江口清子（2008）「事象叙述述語による属性叙述：ハンガリー語動詞過去分詞形による名詞修飾を通して」益岡隆志（編）『叙述類型論』93–114. 東京：くろしお出版.
江口清子（近刊）「ハンガリー語の移動表現」松本曜（編）『移動表現の類型論』東京：くろしお出版.
Farkas, Donka F. and Jerrold M. Sadock (1989) Preverb climbing in Hun-garian. *Language* 65(2): 318–338.
Farkas, Donka F. and Henriette de Swart (2003) *The semantics of incorporation : From argument structure to discourse transparency.* CSLI Publications.
Farkas, Donka F. and Henriette de Swart (2004) Incorporation, plurality, and the incorporation of plurals: A dynamic approach. *Catalan Journal of Linguistics* 3: 4–73.
Haspelmath, Martin (1993) More on the typology of inchoative/causative verb alternations. In: Bernard Comrie and Maria Polinsky (eds.) *Causatives and transitivity*, 87–120. Amsterdam/Philadelphia: John Benjamins.
Hopper, Paul and Sandra Thompson (1980) Transitivity in grammar and discourse. *Language* 56: 251–299.
Ikegami, Yoshihiko (1982) Indirect causation and 'deagentivization': The semantics of involvement in English and Japanese. *Proceedings of the Department of Foreign Languages and Literature, College of Arts and Science* 29(3): 95–112. Tokyo: The University of Tokyo.
Jacobsen, Wesley M. (1991) *The transitive structure of events in Japanese.* Tokyo: Kurosio.
Kiefer, Ferenc (2000) *Jelentéselmélet.* Budapest: Corvina.
É. Kiss, Katalin (1998) Verbal prefixor postpositions? Postpositional aspectualizers in Hungarian. In: István Kenesei (ed.) *Approaches to Hungarian*, Vol. 6, 125–148. Szeged: JATE.
É. Kiss, Katalin (1999) Strategies of complex predicate formation and the Hungarian verbal complex. In: István Kenesei (ed.), *Crossing boundaries: Advances in the theory of*

Central and Eastern European languages, 91–114. Amsterdam: John Benjamins.

É. Kiss, Katalin (2002) *The syntax of Hungarian*. Cambridge: Cambridge University Press.

Koopman, Hilda and Anna Szabolcsi (2000) *Verbal complexes*. Cambridge, MA: MIT Press.

Lakoff, Geroge (1977) Linguistic gestalts. In: Woodford A. Beach, Sammuel E. Fox and Shulamith Philosoph (eds.) *Papers from the Thirteenth Regional Meeting Chicago Linguistic Society,* 236–286.

Levin, Beth and Malka Rappaport Hovav (1995) *Unaccusativity: At the syntax-lexical semantics interface*. Cambridge, MA: MIT Press.

Nishimitsu, Yoshihiro (2002) Transitivity continuum. In: Yoshihiro Nishimitsu (ed.) *Methods for investigating endangered languages* (Endangered languages of the Pacific Rim project report), 15–38. Kobe: Kobe University.

パルデシ, プラシャント（2007）「「他動性」の解剖：「意図性」と「受影性」を超えて」角田三枝・佐々木冠・塩谷亨（編）『他動性の通言語的研究』179–190. 東京：くろしお出版.

パルデシ, プラシャント・堀江薫（2005）「非意図的な出来事の認知類型：言語理論と言語教育の融合を目指して」南雅彦（編）『言語学と日本語教育 IV』111–123. 東京：くろしお出版.

Szabolcsi, Anna (1981) Compositionality in focus. *Folia Linguistica* 15: 141–162.

Tenny, Carol L. (1994) *Aspectual roles and the syntax-semantics interface*. Dordrecht: Kluwer Academic Publishers.

寺村秀夫（1982）『日本語のシンタクスと意味 I』東京：くろしお出版.

Vallduví, Enric (1992) *The informational component*. New York/London: Garland Publishers.

コーパスから見た
ハンガリー語の自他動詞

大島　一

【要旨】ハンガリー語の自他動詞について、辞書から採集・作成した自他動詞ペアのリストの結果から分析を行う。また、Haspelmath（1993）が挙げた動詞対をハンガリー語ナショナルコーパス（Magyar Nemzeti Szövegtár/Hungarian National Corpus）を用いることで自他動詞それぞれの実際の使用頻度を明らかにする。

キーワード：ハンガリー語、両極化、コーパス、使用頻度

1　はじめに

　本稿ではハンガリー語の自動詞と他動詞の形態的特徴について、また通言語的な比較にも耐えられるような自動詞・他動詞リストの作成に関して説明・分析を与える。そして、類型論的観点から Haspelmath（1993）に基づき、ハンガリー語の自他動詞ペアのカテゴリー化を再検討する。また、実際の使用頻度を調査するため、ハンガリー語ナショナルコーパスを利用した分析を行う。
　なお、ハンガリー語（Hungarian）は中央ヨーロッパのハンガリーおよび周辺国で話されている言語であり、話者数は約 1,500 万人である。その言語的特徴は膠着語、後置詞言語であり、豊富な動詞活用を持つ。特に、目的語が定まったものかそうでないかにより活用が変わる不定・定活用はハンガリー語の大きな特徴の一つである。

2　理論的前提と先行研究

　まず、ハンガリー語の自動詞、他動詞について基礎的な説明を与える。ハンガリー語の動詞は対格目的語を必須としないか、必須とするかにより、自動詞・他動詞に分類できる。

(1) 自動詞の例： Péter   meg-hal-t.
                ペーテル VPF(PRF)-死ぬ-PST.3SG[1]
                ペーテルは死んだ。

(2) 他動詞の例： Éva   meg-öl-te   Péter-t.
                エーヴァ VPF(PRF)-殺す-PST.3SG.DC ペーテル-ACC
                エーヴァはペーテルを殺した。

自動詞 meghal「死ぬ」は対格目的語を必要とせず、逆に他動詞 megöl「殺す」には行為の対象となる対格目的語が必要である（対格は-t で示される）。

2.1 動詞派生辞

従来のハンガリー語の文法では、上記のような自動詞・他動詞という区別から動詞を観察するものは少ない。例えば、ハンガリー語における"アカデミック文法"的な存在である Magyar Grammatika において Keszler（2000）が動詞派生辞（igeképző）について若干の説明を与えているが、それは派生辞付加の結果の動詞の意味派生についてのみであり、自動詞・他動詞という観点からではない。

こうした、ハンガリー語の文法において自動詞・他動詞という区別についての研究が少ない理由として、他動詞の「目的語を持つ」ということが、ハンガリー語では tárgyas（そして「目的語を持たない」が tárgyatlan）と言うことから、それはハンガリー語動詞の定活用（tárgyas ragozás）／不定活用（tárgyatlan/alanyi ragozás）を想起させてしまうことが原因かもしれない。

いずれにせよ、ハンガリー語では自他の区別よりも、目的語の素性が定か不定か、それによる定活用／不定活用のほうが重要であると考えられる。

2.2 連続体としての自他動詞

また、目的語を取らない／取るという一般的な自動詞・他動詞の区別により、すべての動詞事象を明確に区切ることができるはずもなく、本稿では、こ

---

[1] Leipzig Glossing Rules に無い略号：
DC (Definite Conjugation)=定活用；DEL (Delative)=離格；IC (Indefinite Conjugation)=不定活用；INE (Inessive)=内格；MM (Middle Marker)=中動態派生辞；SUB (Sublative)=着格；TRM (Terminative)=迄格；VPF (Verbal Prefix)=動詞接頭辞

うした「自動詞」「他動詞」という特徴が確固たるものであるとは考えない。Hopper and Thompson（1980）による「他動性のプロトタイプ」理論に基づき、すなわち、自動詞および他動詞で記述される事象は、すべての動詞事象の連続体であると考える。この主張を裏付けるものとして、野瀬（2003）も、ハンガリー語の動詞に関して、「再帰文等の自動詞文と他動詞文の区別が難しい例がハンガリー語に存在し、そのような例を分析する際、自動詞と他動詞を二分する方策はふさわしくない」と部分的に言及している[2]。

3 ハンガリー語の自動詞・他動詞リスト

以上、従来のハンガリー語の文法研究においては、その動詞を自動詞・他動詞という観点から分析することに欠けていることを指摘した。よって、本稿では、実際にハンガリー語の辞書にあたり自動詞・他動詞リストを作成した。

3.1 作成方法とその結果

具体的な作業は、『ハンガリー語・英語辞書』（Magay and Országh 2001）から、自動詞・他動詞ペアとなりうるハンガリー語動詞を採集した[3]。

その作業方法であるが、当該辞書を最初から最後まで、記載されてある動詞見出しに対して、それに対応する自動詞もしくは他動詞ペアが無いかを判断するというものである。

この作業の結果、辞書から自動詞・他動詞ペアとして採取できたものは492例であった。表1がその集計結果である。Haspelmath（1993）で示された派生タイプに基づきハンガリー語における自他動詞ペアをタイプ分けしてある。

数で言えば、タイプ［3］Equipollet「両極」型が237ペアと全体の半数近くを占め、その中でも「自動詞化-ul/-ül vs. 他動詞化-ít」という形式が最多であった。「両極」型はハンガリー語の自他動詞対応形成において典型的な手

---

[2] 例えば、野瀬（2003: 96）にある例、Tamás bezárja az ajtót és az ajtó bezáródik.「タマーシュがそのドアを閉めて、そのドアが閉まる」では、前半部分が他動詞、後半が再帰／中間動詞を使った例であるが、それらは「他動性」の低下に寄与する中動接辞 -ódik により、bezár「閉める」＞ bezáródik「閉まる」といった連続体として見ることができる。
[3] なお、使用した『ハンガリー語・英語辞書』（いわゆる "中辞典" サイズ）は総805ページ。作業はハンガリーに長期留学経験のある岡本佳子氏（東京大学大学院博士課程（当時））に委託した。リストの作成にあたっては、パップ・イシュトヴァーン（PAPP István）氏作成の『ハンガリー語・日本語＝日本語・ハンガリー語経済用語辞典』の付録「自動詞・他動詞対応表」（http://www.geocities.ws/ggem464/jidoshi.pdf）も参考にした。

法であると言えよう (Comrie 2006: 317 も参照)。

表 1　ハンガリー語の自他動詞派生リストの集計結果

		計 492 ペア
[1]Causative	使役化（自動詞から他動詞を派生） változik「変わる」→változtat「変える」	100 ペア
[2]Anticausative	反使役化（他動詞から自動詞を派生） bemutat「紹介する」 →bemutatkozik「自己紹介する」	118 ペア
[3]Equipollent	両極 épül「建つ」― épít「建てる」	237 ペア
[4]Suppletion	補充 meghal「死ぬ」― megöl「殺す」	29 ペア
[5]Labile	自他同形 szúr「刺さる、刺す」	8 ペア

3.2　タイプ別の具体例

それぞれのタイプ別に検出されたペア数と、多数回出現する主な表現例[4]を以下に示す。

3.2.1　Causative「使役化」

自動詞から他動詞を派生するものは 100 ペア検出された。手段として最も有力なものは、使役接辞 -(t)at/-(t)et を使う方法である[5]。

---

[4]　例文で断りのないものは辞書『ハンガリー語・英語辞書』から適宜採集・作例した。"HNC"とあるものは 4 節で述べる「ハンガリー語ナショナルコーパス」からのものであり、地域名（"Hungary「ハンガリー（本国）」"など）、サブコーパス名（"Literature「文学」"など）と記載年を明記した（地域およびサブコーパスについては 4.2 節「HNC の内容」の表 4 を参照）。

[5]　ここでは「使役化」に関与する形態素（-(t)at/-(t)et, -ít, -aszt/-eszt, -t, -al/-el）のグロスは便宜上すべて "CAUS" とした。なお、ハンガリー語は母音調和という現象のため、それぞれの母音のグループ（後舌母音／前舌母音／円唇母音）に応じた異形態を持つ。例えば、ここで挙げられている使役動詞化の接辞-(t)at/-(t)et であれば、-(t)at が後舌母音グループ用、-(t)et が前舌母音および円唇母音グループ用の接辞となる。

【使役動詞-(t)at/-(t)et】（66 ペア）：változik「変わる」→ változ-tat「変える」

(3) a. Az álláspont-om változ-ott.
     DEF 考え-POSS.1SG 変わる-PST.3SG
     私の考えが変わった。

   b. Változ-tat-t-am   az   álláspont-ot
     変わる-CAUS-PST-3SG.DC DEF 考え-ACC
     私は考えを変えた。

・V–ít（13 ペア）：megáll「止まる」→ megáll-ít「止める」

(4) A   járda mellett áll-ít-ott-a   meg   az
    DEF 歩道 となりに 止まる-CAUS-PST-3SG.DC VPF（PRF） DEF
    autó-já-t.
    車-POSS.3SG-ACC
    （歩道の）縁石に車を止めた。

・V-aszt/-eszt（8 ペア）：fogy「減る」→ fogy-aszt「減らす」

(5) Bor, sör,   pálinka nincsen, a   család nem fogy-aszt
    ワイン ビール パーリンカ 無い   DEF 家族   NEG 減る-CAUS.3SG.IC
    alkohol-t.
    アルコール-ACC
    ワイン、ビール、パーリンカは無し、その家族はアルコールを消費しない。   （HNC：Subcarpathia, Science, 1998）

・V-al/-el（5 ペア）：forr「沸く」→ forr-al「沸かす」

(6) Lassan forr-al-juk   10 perc-ig   az   ecet-et.
    ゆっくり 沸く-CAUS-IMP.1PL.DC 10 分-TRM DEF 酢-ACC
    10分間ゆっくりとお酢を沸騰させましょう。（料理本から）

・V-t（6 ペア）：megdöbben「驚く」→ megdöbben-t「驚かす」

(7) A   hír   meg-döbben-t   (engem).
    DEF 知らせ VPF（PRF）-驚く-CAUS.3SG.IC （私を）
    私はその知らせに驚いた（← その知らせは私を驚かせた）。

3.2.2 Anticausative「反使役化」

反使役化とも言われるこのタイプに属するものは 118 ペアであり、その具体的な手段は中間・再帰接辞 -ódik/-ődik, -kodik/-kedik/-ködik, -kozik/-kezik/-közik である。

・V-ódik/-ődik（65 ペア）：aszal「乾燥させる」→ aszal-ódik「乾燥する」

(8) Csöndben aszal-ód-ott a csapolt sör hab-ja.
 静かに 乾燥させる-MM-PST.3SG DEF 樽抜きの ビール 泡-POSS.3SG
 静かにドラフトビールの泡が乾いた。

(HNC：Hungary, Literature, 1985)

・V-kodik/-kedik/-ködik（10 ペア）：gondol「思う」→ gondol-kodik「思いを巡らす」

(9) Hogy gondol-kodik er-ről?
 どのように 思う-REFL.3SG これ-DEL
 あなたはこれについてどうお考えでしょうか？

・V-kozik/-kezik/-közik（16 ペア）：bemutat「紹介する」→ bemutat-kozik「自己紹介する」

(10) Be-mutat-koz-t-am egy hölgy-nek.
 VPF(中へ)-見せる-REFL-PST-1SG INDF 女性-DAT
 とある女性に私は自己紹介した。

3.2.3 Equipollent「両極」

自他動詞ペアのリスト中、最多の 237 ペアを占める「両極」型において、その中でも以下に見る「自動詞化-ul/-ül vs. 他動詞化-ít」という形式が最も多く検出された。

・V-ul/-ül／V-ít（97 ペア）：ép-ül「建つ」／ép-ít「建てる」

(11) a. 2016-ra új stadion ép-ül.
 2016-SUB 新しい スタジアム 建つ-REF
 2016 年には新しい競技場が建つ。

b. Kordon-t   ép-ít   a   rendőrség a   Parlament körül.
非常線-ACC 立つ-CAUS DEF 警察   DEF 国会   周囲に
警察は国会の周囲に非常線を張る。

・V-ad/-ed／V-aszt/-eszt（22ペア）：fár-ad「疲れる」／fár-aszt「疲れさせる」

(12) a. Hamar fár-ad.
     すぐに 疲れる-REF
     すぐ疲れる。
  b. Fár-aszt   ez   a   gyerek.
     疲れる-CAUS この DEF 子ども
     この子どもは手がかかる。

3.2.4 Suppletion「補充」

29ペア検出。語幹を共有しないペアが補充形として分類されるものだが（meghal「死ぬ」vs. megöl「殺す」など）、当リストにおいては、動詞接頭辞の有無により自他ペアを作るものもこれに含めた。以下は接頭辞をつけることで他動詞化する例である。

(13) a. A   macska szem-e   világít a   sötét-ben.
     DEF 猫   目-POSS.3SG   光る   DEF 暗闇-INE
     猫の目は暗闇で光る。
  b. Meg-világít-ja   az ügy-et
     VPF(PRF)-光をあてる-3SG.DC DEF 事件-ACC
     その事件に光をあてる。

3.2.5 Labile「自他同形」

8ペア検出。ad「与える」が文脈次第では「贈り物をする」のようにも使えるといった、限定的な使用例が目立つ。以下も意味拡張による非典型的な使用例と言える。

(14) a. Minden szava   szúr.
       すべて 言葉.POSS.3SG 刺さる
       すべての言葉が（心に）刺さる。
    b. Nyárs-ra szúr-t-a   a   szalonná-t
       串-SUB 刺す-PST-3SG.DC DEF ベーコン-ACC
       ベーコンを串に刺した。

3.3 自他動詞リスト作成の問題点

自他動詞リストを作成するにあたり、何が自動詞で何が他動詞かを決める判断基準は意外に難しい問題である。例えば、tanul「勉強する」と tanít「教える」は、形式の上からは自動詞化接尾辞の-ul と他動詞化接尾辞の-ít を持つことにより、自動詞 tanul vs. 他動詞 tanít という自他ペアを作ると見られる。しかし、実際には自動詞 tanul も目的語を取ることが可能である（Fiziká-t tanul.「物理を勉強する」など）。結果として、ハンガリー語における自他ペアの最も生産的な手段である自動詞化接尾辞-ul/-ül と他動詞化接尾辞-ít があっても、この tanul と tanít は自他ペアとして認めるわけにはいかないことになる。

3.4 Haspelmath（1993）の自他動詞ペアとの整合性

Haspelmath（1993）では他言語とともに、ハンガリー語でも 31 ペアの自他動詞リストが紹介されているが、ハンガリー語の形態論に即せば、動詞派生辞においていくつかの問題が見られる[6]。このような問題を解決した上で、ハンガリー語における自他動詞 31 ペアをタイプ分けしたものを以下に示す。なお、%non-dir は非方向的なペア、すなわち、Equipollent, Labile, Suppletion の全体に占める割合である。

表 2 Haspelmath（1993: 101）より派生辞タイプ変更後の再集計

total	Anticausative	Causative	Equipollent	Labile	Suppletion	A/C	%non-dir
31	6.5	6	15.5	0	3	1.08	59

---

[6] 例えば、自動詞化語尾-ad/-ed や他動詞化語尾-aszt/-eszt、また、-at といった使役接辞が認められていない。これらを認めると、それまでタイプが「使役化」だったものが「両極」に変えられるものがいくつかある。

タイプ修正後の再集計でも「両極」型の割合が多いことは変わらない。そして、全体的なタイプ比率を見てみると、表1で解説した自他動詞ペアのリストの割合と比較的近いものとなり、互いの調査結果の信用度が増したと言える。以下に両者のタイプ比率表を示す。

表 3　Haspelmath（1993）と辞書リストとのタイプ比率

	Anticausative	Causative	Equipollent	Labile	Suppletion	total
Haspelmath (1993)	6.5 21	6 19	15.5 50	0 0	3 10	31 ペア 100%
辞書リスト	118 24	100 20	237 48	8 2	29 6	492 ペア 100%

4　ハンガリー語ナショナルコーパスを使った自他動詞調査

4.1　ハンガリー語ナショナルコーパス（HNC）について

ハンガリー語ナショナルコーパス（Magyar Nemzeti Szövegtár/Hungarian National Corpus 以下、HNC）[7] はハンガリー科学アカデミー言語学研究所コーパス言語学部門により 2005 年 11 月に公開されたコーパスで、1 億 8 千 7 百万語のハンガリー語を格納する大規模コーパスである[8]。

4.2　HNC の内容

HNC は以下の表に見るように、ハンガリーの各地域および各メディアからのデータにより構成されている。

各メディアの具体的なソースであるが、「マスコミ（press）」は新聞などのマスメディアから、「文学（literature）」はデジタル文学アカデミー（Digitális

---

[7]　http://corpus.nytud.hu/mnsz/index_eng.html
[8]　利用には登録（無料）が必要である（http://corpus.nytud.hu/mnsz/regisztracio_eng.html）。なお、ハンガリー国内のみならず、国境外に居住するハンガリー人マイノリティのハンガリー語も含まれる。第一次大戦においてオーストリア二重君主国の敗北により、ハンガリーは周辺諸国に領土を割譲することとなった。その結果、現在も国境外であるトランシルヴァニア（ルーマニア）、スロヴァキア（のドナウ川沿い）、ヴォイヴォディナ（セルビア）、ザカルパチア（ウクライナ）などにもハンガリー語話者が居住しているからである。

Irodalmi Akadémia)[9]のデータを利用、「学術（science）」はハンガリー電子図書館（Magyar Elektronikus Könyvtár（MEK））[10]における学術データから、「公的文書（official）」は法令、国会議事録など、「個人（personal）」はインターネット上のフォーラム（ハンガリー最大手の index.hu から）[11]における書き込みなどを利用している[12]。

表 4　HNC の地域と各メディア（単位：100 万語）

	マスコミ	文学	学術	公的	個人	合計
ハンガリー Hungary	71.0	35.5	20.5	19.9	17.8	164.7
スロヴァキア Slovakia	5.7	1.4	2.3	0.2	–	9.5
ザカルパチア Subcarpathia	0.7	0.4	0.7	0.3	0.4	2.5
トランシルヴァニア Transylvania	5.5	0.8	1.6	0.6	0.4	8.9
ヴォイヴォディナ Vojvodina	1.5	0.2	0.3	0.1	0.1	2.0
合計	84.5	38.2	25.5	20.9	18.6	187.6

4.3　HNC を使った自他動詞調査

実際の運用における自他動詞の使用状況がどのようなものであるかを検証するため、国語研によるハンガリー語の動詞 31 ペア[13]を HNC で調べた。なお、表 5 では検出された粗頻度を 100 万語あたりの調整頻度で示してある。

表 5　HNC におけるハンガリー語自他動詞の使用頻度（100 万語中）

Comrie (2006)	Haspelmath (1993)	自動詞		他動詞		タイプ
1	18. boil	forr	5.7	forr-al	3.1	C
2	25. freeze	fagy	6.3	fagy-aszt	1.7	C
3	29. dry	szár-ad	6.4	szár-ít	1.9	E

---

[9]　http://pim.hu/
[10]　http://mek.oszk.hu/
[11]　http://forum.index.hu/
[12]　以上、HNC のホームページサイト（http://corpus.nytud.hu/mnsz/index_eng.html）より引用。
[13]　「使役交替言語地図」（http://watp.ninjal.ac.jp）

4	1. wake up	ébr-ed	22.3	ébr-eszt	10.2	E
5	20. go out/put out	ki-megy	47.0	ki-tesz	49.9	S
6	11. sink	sülly-ed	14.3	sülly-eszt	2.2	E
7	8. learn/teach	tan-ul	97.5	tan-ít	55.7	E
8	13. melt	olv-ad	7.9	olv-aszt	3.6	E
9	31. stop	meg-áll	80.3	meg-áll-ít	14.6	C
10	23. turn	ford-ul	186.7	ford-ít	94.6	E
11	26. dissolve	old-ódik	7.0	old	54.7	A
12	3. burn	ég	33.6	ég-et	12.3	C
13	14. destroy	puszt-ul	13.7	puszt-ít	12.4	E
14	27. fill	tel-ik	61.9	töl-t	138.5	E
15	22. finish	be-fejez-ődik	0.0	be-fejez	56.5	A
16	7. begin	kezd-ődik	150.7	kezd	441.7	A
17	10. spread	terj-ed	46.5	terj-eszt	56.5	E
18	24. roll	gur-ul	6.9	gur-ít	1.6	E
19	16. develop	fejl-ődik	25.8	fejl-eszt	19.8	E
20	15. get lost/lose	el-vesz	7.7	el-vesz-t	35.6	C
21	21. rise/raise	emel-kedik	104.7	emel	125.9	A
22	28. improve	jav-ul	30.2	jav-ít	29.1	E
23	19. rock	ring	3.3	ring-at	5.3	C
24	17. connect	kapcsol-ódik	38.5	kapcsol	20.2	A
25	12. change	változ-ik	105.5	változ-tat	48.7	E
26	9. gather	gyű-lik	21.9	gyű-jt	45.0	E
27	5. open	nyíl-ik	64.6	nyi-t	96.1	E
28	2. break	tör-ik	75.7	tör	85.0	A
29	6. close	zár-ódik	1.3	zár	99.8	A
30	30. split	has-ad	2.8	has-ít	4.8	E
31	4. die/ kill	meg-hal	123.1	meg-öl	43.3	S

C=causative, A=anticausative, L=labile, S=suppletion, E=equipollent

4.4 分析および日本語自他動詞との比較・対照例

「使役化」（自動詞 → 他動詞）の 6 ペア中、自動詞の頻度が他動詞より高いのは 4 ペア見られた。「反使役化」（他動詞 → 自動詞）では 7 ペア中、自動詞より他動詞のほうが頻度が高いのは 6 ペアであった。このことから、派生元の形態（「使役化」では自動詞、「反使役化」では他動詞）のほうが、その頻度が高い傾向にあると言えるかもしれない。なお、「両極」型では 16 ペア中、自動詞の使用頻度が高いのが 11 ペアであった。

日本語との比較・対照について、ここでは záródik「閉まる（29/6.close）」、befejeződik「終わる（15/22.finish）」が HNC ではその使用数が極めて少ないか検出なしという目立った結果であることから、例を挙げて考えてみたい。

(15) Az   ajtó-k   zár-ód-nak.
　　 DEF　ドア-PL　閉める-MM-3PL
　　 ドアが閉まります。（電車内のアナウンスから）

(16) A   munkálat-ok   rövidesen befejez-őd-nek.
　　 DEF　仕事-PL　　　すぐに　　終える-MM-3PL
　　 仕事はすぐに終わる。

これらの使用頻度が少ない理由として、まず、záródik「閉まる」は電車内のアナウンスに代表されるように、複数の自動ドアが一斉に閉まるような場面での使用であるということ、また、物である「ドア」が主語として現れる自動詞「閉まる」がハンガリー語では多用されないということが考えられよう（それに対して、他動詞 zár「閉める」は汎用的に使われる）。

befejeződik「終わる」が HNC では検出されなかった理由として（例文 (16) は辞書からのものである）、対応する他動詞 befejez「終える」の HNC における高い頻度数を見れば実際の運用では自動詞の例（16）よりも他動詞 befejez「終える」を使う傾向にあること（befejezi a munká-t「仕事を終える」）がうかがえる。こちらも物である「仕事」が主語に立つような自動詞表現がハンガリー語では好まれないと言える。

このように、ハンガリー語の自他動詞ペアが（少なくとも HNC という書き言葉のコーパスの上では）いつも対称的な使用状況にあるのではないことが明らかになった。日本語では「閉まる/閉める」、「終わる/終える」と対称的

に使用できることを考えると、自他動詞の捉え方が当該言語同士では異なると言えよう。

5 まとめ

本稿ではハンガリー語の自他動詞の調査について、実際に辞書から作成した自他動詞リストについて、具体例とともに分析を行った。ハンガリー語は自他動詞のそれぞれに何らかの接辞を付加することにより自他ペアを作るという「両極」型が最も多く見られる言語であることが再確認された。

最後にハンガリー語ナショナルコーパス（HNC）を利用したハンガリー語自他動詞 31 対の頻度数調査を行った。辞書やネイティブの直観といった方法論に加えて、それらを検証する存在として、また日本語との対照においても、コーパスの利用可能性を示すことができたと思われる。

謝辞

自他動詞リストの作成にあたっては岡本佳子氏およびパップ・イシュトヴァーン氏の協力でもって完遂することができた。また、ハンガリー語ナショナルコーパス（HNC）について、2012 年の現地ハンガリー科学アカデミー言語学研究所での調査滞在では、東京外国語大学アジア・アフリカ言語文化研究所の言語ダイナミクス科学研究（LingDy）プロジェクトから助成を受けた。あわせてここに感謝いたします。

参照文献

Comrie, Bernard (2006) Transitivity pairs, markedness and diachronic stability. *Linguistics* 44(2): 303–318.

Haspelmath, Martin (1993) More on the typology of inchoative/causative verb alternations. In: Bernard Comrie and Maria Polinsky (eds.) *Causatives and transitivity*, 87–120. Amsterdam: John Benjamins.

Hopper, Paul and Sandra Thompson (1980) Transivity in grammar and discourse. *Language* 56: 251–299.

Keszler, Borbála (2000) A Szóképzés. In: Balogh, Haader, Keszler and Kugler (eds.) *Magyar Grammatika*, 307–320. Budapest: Nemzeti Tankönyvkiadó.

Magay, Tamás and László Országh (2001) *Magyar-angol kéziszótár második kiadás [Hungarian–English concise dictionary 2nd edition]*. Budapest: Akadémiai Kiadó.

野瀬昌彦（2003）「ハンガリー語の受動構文に関する研究：受動の意味解釈と動詞の他動性に関連して」未公刊博士論文、東北大学大学院文学研究科.

パップ・イシュトヴァーン(編)(2000)『Magyar-japán, japán-magyar gazdasági szótár ハンガリー語・日本語, 日本語・ハンガリー語経済用語辞典』、聖イシュトヴァーン大学.

アイスランド語の衣類の着脱表現

入江　浩司

【要旨】アイスランド語の衣類の着脱動作の表現では、衣類を身につける主体が衣類に向かって（あるいは衣類を身につけた主体が衣類から離れて）移動するという捉え方に基づくものが多く、同じ着脱の動作を表すのにも、自動詞による表現もあれば、他動詞をベースにした再帰表現もある。本稿では、アイスランド語における衣類の着脱動作の表現と、それに対応する結果の状態の表現を概観し、最後に表現類型の観点から日本語との対照を行なう。

キーワード：自動詞、他動詞、再帰、移動、衣類、着脱、動作、状態

1　はじめに

アイスランド語はゲルマン系の言語の一つで、北大西洋の島国であるアイスランド共和国で話されており、母語話者数は 30 万人程度である。ゲルマン語の古風な形態的特徴をよく残しており、語形変化が豊富である。名詞類は性（男性・女性・中性）、数（単数・複数）、格（主格・対格・与格・属格）によって語形変化する。動詞単独の形態で区別される時制は現在と過去で、動詞は主語の人称と数によって活用し、直説法・接続法（および命令法）の区別がある。複合時制も豊富である。基本語順は SVO である。名詞には接尾辞定冠詞のついた形[1]と、そうでない形がある。不定冠詞はない。

衣類の着脱表現では、動作主体の身体が関わるため、他動詞による表現であっても典型的な他動詞の用法から外れる現象が多くの言語で観察される。アイスランド語では、セーターやズボンといった主要な衣類についての着脱表現にもっとも普通に使われるのが自動詞であることに特徴があると考えられ、また、他動詞による表現も並行して存在している。本稿は表現の類型という観点からアイスランド語の衣類の着脱表現を整理して示すことを主要な

---

[1] 本稿では便宜的に接尾辞定冠詞の直前にハイフンを入れて表示する（正書法にはない）。

目的とする[2]。

　ここで本稿の以下の構成を述べておく。第2節でアイスランド語の着衣の動作の表現を、第3節で脱衣の動作の表現を概観する。次いで第4節で着衣の状態の表現、第5節で脱衣の状態の表現を概観する。第6節でアイスランド語の表現についてのまとめを行ない、第7節で日本語との対照を行なう。

2　着衣の動作

　まずは着衣の動作の表現として、自動詞 fara「行く」による表現 (2.1)、他動詞 setja「置く」による表現 (2.2)、他動詞 klæða「着せる」による表現 (2.4)、再帰接辞を持つ自動詞 klæða-st「着る」による表現 (2.5)、の4つを検討する[3]。

2.1　自動詞 fara「行く」による表現

　身体の比較的広い部分を覆う衣服を身につけることを表現する場合、アイスランド語でもっとも頻繁に使われるのは、fara「行く」という自動詞と前置詞句 "í + 対格"「〜の中へ向かって」を使った表現である[4]。

(1) Hörður　　　　fór　　　　　í　　　föt.
　　ホルズル.NOM　行く.PST.3SG　中へ　衣服.PL.ACC
　　ホルズル（男性名）は服を着た。

　この例文を文字通りに解釈するなら、「ホルズルは服の中へ行った」ということになる。現実世界で移動するのは衣類の方であるが、この表現では主語が表す動作主体が衣類の中へ向かって移動するという捉え方になっている。ズボンや靴など、下半身に身につけるものについても同じ表現をとる。

---

[2]　衣類の着脱表現はアイスランド語の学習書の多くで取り上げられているが（例えば Neijmann 2001: 87–90）、この種の表現を網羅的かつ類型的に整理した形で提示している先行研究はないと思われる。
[3]　たとえばマフラーを身につける場合、ここで言及する表現以外にも veifa「巻く」という動詞が使えるなど、個別の衣類によっては別の表現をとる可能性もあるが、本稿では汎用性の高い表現のみを取り上げる。
[4]　前置詞 í は与格名詞句と結びつくこともあり、その場合は静止した場所「〜の中で」を表す。例文 (2) で現れる前置詞 á「〜の上へ／〜の上で」も同様に、対格と結びつく場合は向かう方向、与格と結びつく場合は静止した場所を表す。

2.2　他動詞 setja「置く」による表現

小物の衣類やアクセサリーを身につけることを表現する場合にもっとも頻繁に使われるのは、setja「置く」という他動詞と前置詞句 "á sig"「自身の上へ」(sig は再帰代名詞の対格) を使った表現である。

(2)　Hörður　　　setti　　　á　　　sig　　　húfu.[5]
　　 ホルズル.NOM　置く.PST.3SG　上へ　自分.ACC　帽子.SG.ACC
　　 ホルズルは帽子をかぶった。

この例文を文字通りに解釈するなら「ホルズルは自身の上に帽子を置いた」ということになる。再帰代名詞の代りに主語とは別の人物を指す名詞句を置けば、他の人 (の頭) に帽子をかぶせるという表現になる。

2.3　表現手段による衣類の分類

自動詞 fara「行く」と、他動詞 setja「置く」のどちらの表現で用いられるかによって、衣類・アクセサリー類は次のように分類できる。

(3)　"fara í + 対格" で表現されるもの
　　 blússa「ブラウス」、bolur「Tシャツ」、buxur「ズボン」、dragt「スーツ (女性用、ジャケットとスカートの組合せ)」、föt「衣服 (一般)」、jakkaföt「スーツ (男性用)」、jakki「ジャケット」、kápa「コート」、kjóll「ドレス」、nærbuxur「(下着の) パンツ」、peysa「セーター」、pils「スカート」、skór「靴」、skyrta「ワイシャツ」、sokkur「ソックス」、stígvél「ブーツ」、など

(4)　"setja á sig + 対格" で表現されるもの
　　 armband「腕輪」、belti「ベルト」、bindi「ネクタイ」、eyrnalokkar「イヤリング」、gleraugu「眼鏡」、hanskar「手袋」、hattur「(縁のある) 帽子」、hálsfesti「ネックレス」、hringur「指輪」、húfa「(縁のない) 帽子、毛糸の帽子」、trefill「マフラー」、úr「腕時計」、vettlingar「ミトン」、など[6]

---

[5]　この例文では、前置詞句と目的語の位置を入れ替えた語順 (húfu á sig) でも文は成立するが、前置詞句が先に置かれることの方が多い。ただし、目的語が代名詞の場合には、必ず「目的語＋前置詞句」の語順になる。

[6]　hanskar「手袋」、trefill「マフラー」、vettlingar「ミトン」は、"fara í + 対格" による表現も可能。ただし "setja á sig + 対格" で表現されることの方が多い。

2.4　他動詞 klæða「着せる」による表現

着衣の動作には、他動詞 klæða「着せる」による表現もある。

(5) Hörður　　　klæddi　　　sig　　　í　　föt.
　　ホルズル.NOM　着せる.PST.3SG　自分.ACC　中へ　衣服.PL.ACC
　　ホルズルは服を着た。

　この動詞は klæði「衣服」という名詞と語源的な関連があり、例文 (5) では前置詞句 í föt を省略でき、それだけで衣類を身につけるという意味になる[7]。再帰代名詞の位置に主語とは別の人物を表す名詞句を置けば、他人に服を着せることを表せるが、本稿では動作主が自身で着る場合の表現のみを例示する。
　前置詞句 "í + 対格"「〜の中へ」は 2.1 で見た自動詞 fara「行く」による表現と同じく、向かう方向を表す。したがって、例文 (5) も移動の概念を含み、やや無理をして文字通りに訳すなら「自身を服の中へ着せ込んだ」ということである。この表現の前置詞句 "í + 対格" で使える衣類は、(3) に挙げた "fara í + 対格" の場合と同様である。

2.5　再帰接辞を持つ自動詞 klæða-st「着る」による表現

　上に挙げた他動詞 klæða「着せる」に再帰代名詞起源の接尾辞 -st がついた動詞 klæða-st（自動詞）が存在し[8]、これも衣類一般について広く使われる表現である。この動詞では、前置詞なしの与格名詞句で衣類が表される。

(6) Hörður　　　klæddi-st　　　　fötum.
　　ホルズル.NOM　着る.PST.3SG-REFL　衣服.PL.DAT
　　ホルズルは服を着た（動作）／着ていた（状態）。

　この動詞は服を着る動作を表すこともできるが、むしろ服を着た状態を表すことの方が多い。習慣としていつも特定の衣服を着用しているというよう

---

[7]　上述の "fara í + 対格" で前置詞句を省略すると、単に「行く、去る」という意味になり、衣類を身につけるということにはならない。
[8]　接尾辞-st は動詞の活用語尾の後につき、本稿では便宜上、-st の前にハイフンを入れて記す（正書法にはない）。この接尾辞に生産性はほとんどないが、これを持つ動詞の数は多く、間接再帰、相互、身繕い、状態変化、感情など、Kemmer (1993) のいう中動相の意味領域に広く分布している。派生元となる動詞から意味を予測することが難しいことも多く、この接辞がついた形でしか存在しない動詞もかなりある。この接辞を持つ動詞の概要については Anderson (1990) を参照されたい。

な文脈ではこの動詞がよく使われる。衣類を表す与格名詞句は、道具や手段を表す与格と解釈され、例文 (6) の文字通りの意味は「服で身を装った／装っていた」ということである。与格名詞句の位置で使える衣類は、(3) に挙げた "fara í + 対格" のものと同類である。

2.6 着衣の動作の表現のまとめ

この節で挙げた 4 つの動詞表現について、事態の捉え方の違いをまとめておく。まず、「移動」の概念を含むかどうかで二分し、「移動」の概念を含むものについては、何が移動物として捉えられるかという点に注目する。移動物の向かう方向（着点）は前置詞句で表現される。再帰表現については、同一指示の名詞句を下付きの $_i$ で表示しておく。

(7) 着衣の動作の捉え方
   i.「移動」の概念を含む表現[9]
     a. 主語 + fara「行く INTR」+ 前置詞句（衣類）
     b. 主語$_i$ + setja「置く TR」+ 前置詞句（再帰代$_i$）+ 目的語（衣類）
     c. 主語$_i$ + klæða「着せる TR」+ 目的語（再帰代$_i$）+ 前置詞句（衣類）
   ii.「移動」の概念を含まない表現
     主語 + klæða-st「着る INTR」+ 与格（衣類）

3 脱衣の動作

次に、脱衣の動作の表現を、前節の着衣の表現に対応する順序で挙げる。取り上げるのは自動詞 fara「行く」による表現 (3.1)、他動詞 taka「取る」による表現 (3.2)、他動詞 klæða「着せる」による表現 (3.3)、再帰接辞を持つ自動詞 af-klæða-st「脱ぐ」(3.4) の 4 つである。

3.1 自動詞 fara「行く」による表現

着衣の場合の "fara í + 対格"（～の中に入る）に対応した脱衣の表現は、前置詞句を取り換えた "fara úr + 与格"（文字通りには「～の中から出ていく」

---

[9] 移動物を四角の線で囲み、方向（着点）を表す前置詞句に下線を施して示す。

という表現である[10]。前置詞句で表現される衣類の種類も (3) に挙げた "fara í + 対格" の場合と変わらず、ズボンや靴を脱ぐ場合にも使える。

(8) Hörður fór úr fötu-num.
　　ホルズル.NOM　行く.PST.3SG　中から　衣服.PL.DAT-DEF
　　ホルズルは服を脱いだ（文字通りの解釈は「服の中から出た」）。

3.2　他動詞 taka「取る」による表現

小物の衣類やアクセサリーを身につける場合の "setja á + 再帰代名詞（対格）+ 対格"（自身の表面に～を置く）に対応した脱衣の表現は、taka「取る」という他動詞を用いた "taka af + 再帰代名詞（与格）+ 対格"（文字通りには「自身（の表面）から～を取り去る」）である[11]。

前置詞句で表現される衣類は (4) で挙げた "setja á sig + 対格" のものと同類である。再帰代名詞の代りに別の人物を表す名詞句を置いて「(他人の～を) 脱がせる／取る」ことを表すこともできるが、ここでは再帰表現のみを挙げる。

(9) Hörður tók af sér hú-funa.
　　ホルズル.NOM　取る.PST.3SG　から　自分.DAT　帽子.SG.ACC-DEF
　　ホルズルは帽子を脱いだ（取った）。

3.3　他動詞 klæða「着せる」による表現

着衣の場合の "klæða sig í + 対格"（自身を～の中に着せ込む）に対応した脱衣の表現は、前置詞句を取り換えた "klæða sig úr + 与格" である。

(10) Hörður klæddi sig úr buxu-num.
　　ホルズル.NOM　着せる.PST.3SG　自分.ACC　中から　ズボン.PL.DAT-DEF
　　ホルズルはズボンを脱いだ。

---

[10]　前置詞 úr「～から」は与格名詞句とのみ結びつく。脱衣の表現では、衣類の名詞は定の形をとることが多い（着衣の表現には文脈によって定・不定が決まる）。
[11]　前置詞 af「～（の表面から）離して、はずして」は与格名詞句とのみ結びつく。英語の "off, of" と語源的関連のある前置詞である。3.3, 3.4 で言及する動詞の接頭辞ともなる。

少々無理をして文字通りに訳すなら「ズボンの中から自身を着せ出した」ということである。前置詞句 "úr + 与格" で表現できる衣類は (3) に挙げたものと同類である。また、同じ動詞に接頭辞 af-「離して」のついた af-klæða「脱がせる」で表現することも可能である[12]。なお、af-klæða は衣類を表す前置詞句なしで、服を脱いで裸になることを表すのに使われることが多い。

3.4 再帰接辞を持つ自動詞 af-klæða-st「脱ぐ」による表現

脱衣の表現に再帰接辞を持つ自動詞 klæða-st を使うこと (klæða-st úr + 与格) も不可能ではないが、同じ動詞に接頭辞 af- がついた af-klæða-st「脱ぐ」という動詞の方が一般的である。衣類は前置詞なしの与格で現れることが多い。

(11) Hörður   af-klæddi-st   buxu-num.
　　 ホルズル.NOM   離して-脱ぐ.PST.3SG-REFL   ズボン.PL.DAT-DEF
　　 ホルズルはズボンを脱いだ（動作）／脱いでいた（状態）。

klæða-st と同様に、af-klæða-st も服を脱ぐ動作と、服を脱いだ状態の両方を表すことができる。例文 (11) で「ズボン」を省略すると、服を脱いで裸になったことを表す。

3.5 脱衣の動作の表現のまとめ

この節で挙げた脱衣動作の表現について、事態の捉え方をまとめておく。2.6 と同様に、「移動」の概念を含むものと含まないものに分け、「移動」の概念を含むものについては、何が移動物として捉えられるかという点に注目する。移動物の起点は前置詞句で表現される。

(12) 脱衣の動作の捉え方
　　 i.「移動」の概念を含む表現[13]
　　　　a. 主語 + fara「行く INTR」+ 前置詞句（衣類）
　　　　b. 主語$_i$ + taka「取る TR」+ 前置詞句（再帰代$_i$）+ 目的語（衣類）
　　　　c. 主語$_i$ + (af-)klæða「着せる（脱がせる）TR」+ 目的語（再帰代$_i$）
　　　　　 + 前置詞句（衣類）

---

[12] 例文 (10) の動詞のみ af-klæddi で置き換えれば、そのまま同じ意味で成立する。
[13] 移動物を四角の線で囲み、起点を表す前置詞句に下線を施して示す。

ii.「移動」の概念を含まない表現
主語 + af-klæða-st「脱ぐ INTR」+ 与格（衣類）

　(7) i と (12) i を比べてわかるように、「移動」の概念を含む着衣の動作と脱衣の動作で、前置詞句が着点を表すか起点を表すかという違いがあるだけで、パターンは並行的になっている。a と c では、動詞も同一のものが使用される。

4　着衣の状態

　衣類を身につけた状態の表現にも複数のものがあり、対応する着衣動作の表現とは別の表現を用いる場合がある。前節までの順序に沿って、自動詞による表現 (4.1)、vera með "be with" による表現 (4.2)、他動詞 klæða「着せる」による表現 (4.3)、を取り上げる。再帰接辞を持つ klæða-st「着る」が着衣の状態を表すことが多いことについては 2.5 で触れており、ここでは改めて議論しない。

4.1　自動詞による表現

　着衣動作の表現 "fara í + 対格"（13a）に対応し、その結果の状態を表すのは "vera kominn í + 対格"（〜の中に入っている）(13b)[14]、または "vera í + 与格"（〜の中にいる）という表現である（13c）。

(13) a. Hörður　　　fór　　　í　　buxur.
　　　 ホルズル.NOM　行く.PST.3SG　中へ　ズボン.PL.ACC
　　　 ホルズルはズボンを履いた。（動作）

　　 b. Hörður　　　var　　　kominn　í　　buxur.
　　　 ホルズル.NOM　いる.PST.3SG　来る.PTCP　中へ　ズボン.PL.ACC
　　　 ホルズルはズボンを履いていた。（状態）

　　 c. Hörður　　　var　　　í　　buxum.
　　　 ホルズル.NOM　いる.PST.3SG　中に　ズボン.PL.DAT

---

[14] kominn は自動詞 koma「来る」の過去分詞で、vera（be 動詞に相当）との組み合わせで移動を表す自動詞の完了形として使用される。着衣動作の表現の fara「行く」の過去分詞 farinn は使われない。動作主体の移動の結果に視点があるためであろう。なお、移動を表す自動詞以外の動詞の完了形の助動詞には hafa（have 動詞に相当）が使用される。

ホルズルはズボンを履いていた。(状態)

なお (13c) では、ホルズルがズボンを自分で履いたのか、他人に履かされた結果なのかは不明である。

4.2 vera með "be with" による表現

小物の衣類やアクセサリーを身につけるのに使用される "setja á sig + 対格" に対して (14a)、そうしたものを身につけている状態を表すのには "vera með + 対格"（〜と共にある）という表現を用いる (14b)。

(14) a. Hörður   setti   á   sig   húfu.   [=(2)]
        ホルズル.NOM 置く.PST.3SG 上に 自分.ACC 帽子.SG.ACC
        ホルズルは帽子をかぶった。(動作)
    b. Hörður   var   með   húfu.
        ホルズル.NOM いる.PST.3SG 共に 帽子.SG.ACC
        ホルズルは帽子をかぶっていた。(状態)

(14b) では帽子は頭にかぶっていても、手に持つなど身近な場所にあってもよいが、かぶっていることを明示するためには á höfðinu「頭の上に」のような成分を補う。この文ではホルズルが自分で帽子をかぶったのか、他人がかぶせた結果なのかは不明である。

なお、"vera með + 対格" は衣類・アクセサリー類だけでなく、その他の持ち物や身体部分についても表現することができ、この点で "setja á sig + 対格" よりも使用範囲が広い。たとえば、(14b) の対格名詞を bók "本.SG.ACC" にすれば「本を持っていた」ということであり、svart hár「黒い 髪.SG.ACC」にすれば「黒い髪をしていた」という表現になる[15]。

4.3 他動詞 klæða「着せる」による表現

他動詞 klæða「着せる」を用いて着衣の状態を表すには、(15c) のような "vera (be 動詞) + 他動詞の過去分詞" による受動・結果構文を用いる。ドイ

---

[15] 前置詞 með は対格名詞句と結びつく場合と与格名詞句と結びつく場合がある。所有者の所有物に対するコントロールの度合いが高いとみなされる場合は対格で、低いと見なされる場合は与格で現れる。詳細は Irie (1997) を参照されたい。

ツ語の受動文における助動詞 werden を用いるいわゆる「動作受動」と、助動詞 sein を用いる「状態受動」の区別はアイスランド語にはなく（つまり、「動作受動」専用の形式がない。cf. Kress 1982: 151)、そのため（15c）は、能動文（15a）に対応する動作受動としての解釈も可能であるし、能動文（15a）または再帰文（15b）の表す動作の結果としての状態の解釈も可能である。

(15) a. Jón klæddi Hörð í buxur.
   ヨウン.NOM 着せる.PST.3SG ホルズル.ACC 中へ ズボン.PL.ACC
   ヨウンはホルズルにズボンを履かせた。（能動）

  b. Hörður klæddi sig í buxur.
   ホルズル.NOM 着せる.PST.3SG 自分.ACC 中へ ズボン.PL.ACC
   ホルズルはズボンを履いた。（再帰）

  c. Hörður var klæddur í buxur.
   ホルズル.NOM いる.PST.3SG 着せる.PTCP 中へ ズボン.PL.ACC
   ホルズルはズボンを履かされた（受動）／履いていた（状態）。

なお、同じ動詞の過去分詞に接頭辞 í-「中へ」のついた í-klæddur を使って着衣の状態を表すこともある。この場合、衣類は前置詞なしの与格で表現される。

(16) Hörður var í-klæddur buxum.
  ホルズル.NOM いる.PST.3SG 中へ-着せる.PTCP ズボン.PL.DAT
  ホルズルはズボンを履いていた。（状態）

ただし、í-klæddur はあまり頻繁に使われる表現ではないため、本稿の以下の議論では省略する[16]。

5 脱衣の状態

衣類を脱いだ状態の表現は、着衣の状態の表現に比べ出現頻度が低く、これは衣類を着用した状態は見た目にも明らかで、しばらく継続するのが普通

---

[16] 対応する能動形 í-klæða「着せる」と、これに再帰接辞 -st がついた í-klæða-st「着る」も存在するが、聖書などに現れるような形であり、過去分詞よりもさらに稀にしか用いられない。

であるのに対し、脱衣の結果の状態はそれほど明白でないことが多いためであろう。以下、vera farinn úr「～から出た」による表現（5.1）、小物衣類やアクセサリー類についての表現（5.2）、他動詞 klæða「着せる」による表現（5.3）、を取り上げる。

5.1　vera farinn úr「～から出た」による表現

　自動詞 fara「行く」によって着衣の動作を表す衣類（cf. (3)）については、"vera farinn úr +与格"（fara の完了形）で脱衣の状態を表現することができる。

(17)　Hörður　　　var　　　farinn　　úr　　　buxu-num.
　　　ホルズル.NOM　いる.PST.3SG　行く.PTCP　中から　ズボン.PL.DAT-DEF
　　　ホルズルは服を脱いでいた。（状態）

5.2　小物衣類やアクセサリー類

　他動詞 setja「置く」によって身につけることを表す小物の衣類やアクセサリー類については、はずした状態を表すのに特別な表現はなく、必要があれば一般的な完了形を使って表現する。

(18)　a.　Hörður　　　hafði　　　tekið　　　af　　sér
　　　　　ホルズル.NOM　持つ.PST.3SG　取る.PTCP　から　自分.DAT
　　　　　húfu-na.
　　　　　帽子.SG.ACC-DEF
　　　　　ホルズルは帽子を脱いでいた／取っていた。（状態）
　　　b.　Hörður　　　var　　　búinn　　　að　　taka　　af
　　　　　ホルズル.NOM　いる.PST.3SG　終える.PTCP　こと　取る.INF　から
　　　　　sér　　　húfu-na.
　　　　　自分.DAT　帽子.SG.ACC-DEF
　　　　　ホルズルは帽子を脱いでいた／取っていた。（状態）

　(18a) は "hafa（have 動詞）＋過去分詞" による伝統的な完了形で、(18b) は口語表現でよく使われる完了表現である。なお、本稿で取り上げている他の着脱動作の表現でもこうした完了形をとることが可能であるが、これ以上のことには触れない。

5.3 他動詞 klæða「着せる」による表現

　他動詞 klæða「着せる」を用いて脱衣の状態を表すには、4.3 で触れた "vera ＋過去分詞" による受動・結果構文の前置詞句を "úr＋与格名詞" に換えて表現する。ここでもやはり、他の動作主による動作（受動）と、自身の動作による結果状態という、両方の読みが可能である。

(19) Hörður　　　var　　　klæddur　　úr　　buxu-num.
　　 ホルズル.NOM　いる.PST.3SG　着せる.PTCP　中から　ズボン.PL.DAT-DEF
　　 ホルズルはズボンを脱がされた（受動）／脱いでいた（状態）。

　また、同じ動詞に接頭辞 af-「離して」のついた af-klæða「脱がせる」(cf. 3.3) の受動・結果構文による表現も可能である。この場合、衣類は前置詞なしの与格で表現されることが一般的であり、この点で、能動文との関係では再帰接辞-st のついた af-klæða-st「脱ぐ」の方に対応する（cf. 3.4）。

(20) Hörður　　　var　　　af-klæddur　　　buxu-num.
　　 ホルズル.NOM　いる.PST.3SG　離して-着せる.PTCP　ズボン.PL.DAT-DEF
　　 ホルズルはズボンを脱がされた（受動）／脱いでいた（状態）。

6　アイスランド語の衣類の着脱表現のまとめ

　以上、アイスランド語における衣類の着脱表現の主要なものを概観した。衣類の種類と、動作を表すか状態を表すかによって整理したものが表1である。対応関係にある表現を同一の行に並べ、取り上げた節の番号を括弧内に示す。

7　日本語との対照

　日本語における衣類の着脱表現にも複数のものがあるが、まずはアイスランド語の表現をまとめた表1にならって日本語の主要な着脱表現を整理すると、表2のようになろう。

　ここで、着脱動詞の類型に関する先行研究である當野・呂（2003）を参考にして、両言語（特にアイスランド語）の類型論的な特徴を検討してみたい。

　當野・呂 (ibid.) は、一次的衣類（本稿の「比較的大きい衣類」にほぼ相当）と二次的衣類（本稿の「小物・アクセサリー類」にほぼ相当）によって使

表 1　アイスランド語の衣類の着脱表現

	着衣の動作	着衣の状態	脱衣の動作	脱衣の状態
比較的大きい衣類、履物	fara í 対格 (2.1)	vera í 与格 (4.1)	fara úr 与格 (3.1)	vera farinn úr 与格 (5.1)
	klæða sig í 対格 (2.4)	vera klæddur í 対格 (4.3)	(af-)klæða sig úr 与格 (3.3)	vera klæddur úr 与格 (5.3)
	klæða-st 与格 (2.5)	klæða-st 与格 (2.5)	af-klæða-st 与格 (3.4)	af-klæða-st 与格 (3.4) vera af-klæddur 与格 (5.3)
小物・アクセサリー類	setja á sig 対格 (2.2)	vera með 対格 (4.2)	taka af sér 対格 (3.2)	（左の完了形） (5.2)

表 2　日本語の衣類の着脱表現

	着衣の動作	着衣の状態	脱衣の動作	脱衣の状態
上半身	〜を着る	〜を着ている	〜を脱ぐ	〜を脱いでいる
下半身	〜を履く	〜を履いている	〜を脱ぐ	〜を脱いでいる
頭	〜をかぶる	〜をかぶっている	〜を脱ぐ 〜を取る	〜を脱いでいる 〜を取っている
小物・アクセサリー類	〜をつける 〜をする	〜をつけている 〜をしている	〜を取る 〜をはずす	〜を取っている 〜をはずしている

用される動詞が異なるかどうか、また、動詞枠付け言語（動詞によって衣服の移動の「経路」が具現化される）か衛星枠付け言語（動詞以外の要素[17]によって「経路」が具現化される）かという観点を組み合わせて、日本語・中国語・英語・スウェーデン語・マラーティー語の5言語の比較を行なっている。

一次的・二次的衣類の区別の有無では、日本語・中国語はこの区別のある言語で、マラーティー語・英語・スウェーデン語はこの区別のない言語とされ、日本語の着衣の表現については、さらに着点としての身体部位の指定によって動詞が異なる（着る・履く・かぶる）という指摘がなされている（當野・呂 ibid.）[18]。これに従えば、アイスランド語は一次的・二次的衣類の区別のある言語ということになる（ただし一次的衣類の内部は日本語ほど細分化されていない）。

一次的・二次的衣類の区分に関連して當野・呂（ibid.）では、それぞれの区分で着脱専用の表現があるかどうかということも考察している。たとえば日本語では一次的衣類については専用の動詞（着る・履く・かぶる・脱ぐ）があるのに対し、二次的衣類については転用（する・つける・はずす・取る）であるとされる。この点ではアイスランド語は一次的衣類については転用の表現（fara「行く」による）もあれば専用の表現（klæða「着せる」による）もあり、二次的衣類については転用表現のみ、ということになろう。二次的衣類に使われる転用表現について言えば、アイスランド語の "vera með + 対格" は、身体部位を含めた所有表現として広く使われるものであるが（cf. 4.2）、日本語の「〜をしている」も身体名称をヲ格名詞として、主体の本来的な状態の描写としても使用される[19]。

動詞枠付け・衛星枠付けという点では、日本語・マラーティー語は動詞枠付け言語、中国語・英語・スウェーデン語は衛星枠付け言語とされている（當野・呂 ibid.）。この観点からは、アイスランド語は基本的に衛星枠付け言語であるが、たとえば af-klæða-st「脱ぐ」では接頭辞の形で動詞に衛星的要素が取り込まれており、動詞枠付け的な要素を若干示していると言うことができ

---

[17] 小辞あるいはそれに相当するもの。たとえば英語 put on の "on"、中国語「穿上」の "上"（當野・呂 2003）。日本語ではこうした要素は現れず、動詞そのもので表されていると考える。
[18] ただし脱衣表現ではこの区分が消え、「脱ぐ」だけになっている。
[19] 「きれいな目をしている」という状態の表現はあるが、これに対応する「*きれいな目をする」という動作の表現は存在しない。アイスランド語でも同様に、着衣動作の表現（二次的衣類）に身体名称を組み合わせることはできない。

よう。これと関連して、アイスランド語では、着衣の動作と脱衣の動作で基本となる動詞が共通している部分が多く、前置詞の種類を換えることによって着衣・脱衣の主体の移動の方向を特定し、両者が区別される。

　着衣動詞の意味構造について、當野・呂（ibid.: 130）では概略のところ「動作主が衣服を体（あるいは体の一部）に移動させる」と仮定している。これにアイスランド語の着衣表現のデータを加えると、「動作主が衣服（の中）に移動する」という意味構造をとる言語（ないし表現）も、一つの類型として立てることが可能と思われる（アイスランド語では一次的衣類については後者、二次的衣類については前者の意味構造をとる）。脱衣表現についても同様の類型的区分を考えることができよう。

8　おわりに

　以上、アイスランド語における衣類の着脱表現を概観した上で、着脱動詞の類型を扱った先行研究を参考に、日本語との対照を行なった。アイスランド語と日本語の共通点は、両言語とも一次的・二次的衣類による区別があるということである。相違点としては、日本語が動詞枠付け言語であるのに対し、アイスランド語は衛星枠付け言語の性格が強いということであり、このことが両言語の平行的な表現の一覧における分布の違いにもっとも明瞭に反映されていると考えられる。類型的に重要な違いは、アイスランド語の主要な着脱表現において「動作主が衣類の中に（外に）移動する」という意味構造をとることで、日本語以外の言語と比べてもこの点はアイスランド語の特異な点であると思われ、これを一つの類型として立てることで諸言語の衣類の着脱表現に関する類型論的観点を拡張することができることを指摘した。

謝辞

　本稿の執筆にあたり、アイスランド大学人文学部の学生オッドニー・シグムンスドフティル（Oddný Sigmundsdóttir）さんに母語話者として調査に協力していただいた。本稿で使用した例文はその調査で得られたものである（筆者の責任で改変したものを含む）。また、二名の査読者からのコメントにより、内容の改善を図ることができた。ここに記して感謝の意を表したい。

参照文献

Anderson, Stephen R. (1990) The grammar of Icelandic verbs in -*st*. In: Joan Maling and

Annie Zaenen (eds.) *Syntax and semantics, vol. 24: Modern Icelandic syntax*, 235–273. San Diego: Academic Press.

Irie, Koji (1997) Possessive verbs in Modern Icelandic.『東京大学言語学論集』16: 307–329.

Kemmer, Suzanne (1993) *The middle voice*. Amsterdam/Philadelphia: John Benjamins.

Kress, Bruno (1982) *Isländische Grammatik*. München: Max Hueber Verlag.

Neijmann, Daisy L. (2001) *Colloquial Icelandic: The complete course for beginners*. London/New York: Routledge.

當野能之・呂仁梅 (2003) 「着脱動詞の対照研究：日本語・中国語・英語・スウェーデン語・マラーティー語の比較」国際交流基金日本語国際センター（編）『世界の日本語教育：日本語教育論集』13: 127–141.

付録　現代語自他対一覧表

ナロック　ハイコ、パルデシ　プラシャント、
影山　太郎、赤瀬川　史朗

■ 解説

詳細については、本書の第1章を参照されたい。この一覧表に収録した動詞対は、(1) 形式的な関係があり、(2) 概ね同じ出来事を表しており、(3)「1. 自他対」に関しては、片方の動詞に動作主・使役者に当たる項の付加または削除があることを認定したものであり、それ以上特定の意味関係に限定されたものではない。また、個人の内省・語感などではなく、辞書記述とコーパス出現に基づいたものである。意味的関係が希薄化していると思われる場合、「#」等の注を付けた（凡例を参照）。

■ 凡例

- 「1. 自他対」では、左側に自動詞、右側に他動詞を記す

- 動詞の活用形に関する記号：V=動詞；Vc=子音語幹動詞（五段動詞）；Vv=母音語幹動詞（一段動詞）；a = a, o, u のいずれかの母音、ε= e, i のいずれかの母音

- 頻度：『現代日本語書き言葉均衡コーパス DVD 版（2011）』の文字ベース XML（約1億短単位）を MeCab + IPA 辞書で形態素解析し、その結果を表記ごとにレマ化した頻度。N/A とあるのは、複数の読みがあるため、頻度の確定ができないもの。

- 型：自他の別に直接かかわる各動詞の語根に付加されている音韻列を示す（本書第1章を参照）

- 動詞対リストの省略記号：M=形態素解析システム JUMAN Ver.6.0 の辞書；I=計算機用日本語基本辞書 IPAL の動詞データ；J=Jacobsen（1991）；言=ことばの畑；N=ナロック（2007）

- 「注」の記号：#=意味的対応が希薄；△=意味的対応が部分的；古=文語または方言的；%=片方の動詞が不安定動詞（自他両用動詞）；&=他動詞〜複他動詞の対

■ **Excel 版の現代自他対頻度表**

　書籍版では収録できなかったローマ字表記、英訳、活用など、すべての情報を含んだ Excel 版の自他対応表を以下の国立国語研究所のサイトからダウンロード可能。http://watp.ninjal.ac.jp/resources

■ **参考文献**

『日本語形態素解析システム JUMAN version 6.0』（2009）黒橋・河原研究室 IPAL：『計算機用日本語基本動詞辞書 IPAL（basic verbs）.：辞書編』（1987）情報処理振興事業協会 技術センター（416 ページ）[GSK2007-D GSK 配布版「計算機用日本語基本辞書 IPAL −動詞・形容詞・名詞−」情報処理振興事業協会（IPA）(http://www.gsk.or.jp/catalog/gsk2007-d/)］

ことばの畑：自動詞・他動詞の練習（自他対のリスト）

　http://www.geocities.jp/kotobano_hatake/vi_vt/vivt_note.html

Jacobsen, Wesley (1991) *The transitive structure of events in Japanese*. Tokyo: Kurosio.

ナロック, ハイコ（2007）「日本語自他動詞対における有標性差の動機付け」角田三枝・佐々木冠・塩谷亨（編）『他動性の通言語的研究』295–306. 東京：くろしお出版.

現代語自他対一覧表の目次

1. 自他対 434
   1.1 他動化対（自→他、他→複他）.. 434
      1.1.1a（自→他）.. 434
         1a. Vc > V+αs 434
         1b. Vc > V+αkas- 438
         2a. Vv > V+αs 438
         2b. Vv > V+αkas- 442
         3. Vc > Vv 442
         4. その他 446
      1.1.1b（他 → 複他）.. 447
         1a. Vc > V+αs 447
         2a. Vv > V+αs 447
   1.2 非他動化対（自 ← 他）.. 448
      1. Vc > V+αr 448
      2. Vv > V+αr 449
      3. Vc > Vv 455
      4a. Vv > V+（y）e 457
      5. その他 458
   1.3 両極対 458
      1. V+αr（Vc）<> V+αs（Vc）.. 458
      2. V+αr（Vv）<> V+αs（Vc）.. 460
      3. V+αr（Vc）<> V+αs（Vv）.. 461
      4. その他 461
   1.4 補充対 462
2. 自動詞同士対 462
3.1 他動詞同士対 463
3.2 他動詞同士　逆関係 464

1. 自他対
1.1 他動化対（自→他、他→複他）
1.1.1a（自→他）
1a. Vc > V+αs

	動詞（頻度）	型	動詞（頻度）	型	M	I	J	言	N	注
1	会う (12,589)	∅	会わす (18)	-αs-	○	○	○	○	○	
2	遭う (1,277)	∅	遭わす (41)	-αs-	○	○	○	○	○	
3	逢う (883)	∅	逢わす (5)	-αs-	○	○	○	○	○	
4	遇う (96)	∅	遇わす (0)	-αs-	○	○	○		○	
5	合う (2,456)	∅	合わす (254)	-αs-	○				○	
6	急ぐ (3,502)	∅	急がす (7)	-αs-		○			○	
7	浮く (1,511)	∅	浮かす (176)	-αs-	○	○	○	○	○	
8	動く (9,676)	∅	動かす (4,880)	-αs-		○	○	○	○	
9	潤う (174)	∅	潤す (149)	-αs-		○	○	○	○	
10	踊る (2,188)	∅	踊らす (73)	-αs-	○				○	
11	驚く (8,020)	∅	驚かす (530)	-αs-		○	○	○	○	
12	反ぶ (4,246)	∅	反ばす (2,406)	-αs-		○	○	○	○	
13	交わる (46)	∅	交わす (1,509)	-αs-			○		○	#
14	輝く (3,186)	∅	輝かす (62)	-αs-		○	○		○	
15	通う (4,102)	∅	通わす (19)	-αs-	○	○		○	○	
16	乾く (1,477)	∅	乾かす (374)	-αs-	○	○		○	○	
17	渇く (268)	∅	渇かす (1)	-αs-	○	○		○	○	

	動詞 (頻度)	型	動詞 (頻度)	型	M	I	J	言	N	注
14	効く (2,612)	Ø	効かす (19)	-αs-			○		○	
15	利く (1,183)	Ø	利かす (106)	-αs-			○	○	○	
16	腐る (1,043)	Ø	腐らす (2)	-αs-		○	○			
17	曇る (564)	Ø	曇らす (17)	-αs-		○				
18	くらむ (239)	Ø	くらます (156)	-αs-					○	
19	狂う (1,346)	Ø	狂わす (30)	-αs-			○			
20	凍る (759)	Ø	凍らす (14)	-αs-		○				
21	困る (8,746)	Ø	困らす (12)	-αs-	○	○	○		○	△
22	凝る (644)	Ø	凝らす (544)	-αs-					○	
23	転ぶ (696)	Ø	転ばす (10)	-αs-		○				
24	騒ぐ (1,257)	Ø	騒がす (29)	-αs-		○	○	○		
25	湿る (721)	Ø	湿らす (7)	-αs-						
26	透く (53)	Ø	透かす (91)	-αs-	○	○	○		○	
27	空く (N/A)	Ø	空かす (20)	-αs-	○	○			○	
28	滑る (1,100)	Ø	滑らす (33)	-αs-					○	
29	住む (10,606)	Ø	住ます (1) (古)	-αs-		○				古
30	済む (2,507)	Ø	済ます (358)	-αs-		○	○		○	
31	澄む (775)	Ø	澄ます (207)	-αs-			○		○	
32	せく (362)	Ø	せかす (105)	-αs-					○	
33	添う (258)	Ø	添わす (2)	-αs-					○	
33	反る (123)	Ø	反らす (96)	-αs-	○	○	○	○	○	

	動詞 (頻度)	型	動詞 (頻度)	型	M	I	J	言	N	注
34	漂う (1,967)	∅	漂わす (20)	-as-	○			○	○	
35	散る (1,341)	∅	散らす (550)	-as-	○			○	○	
36	潰く (4) (古)	∅	潰かす (0) (古)	-as-		○			○	古
37	照る (170)	∅	照らす (1,675)	-as-	○	○	○	○	○	△
38	失る (615)	∅	失らす (11)	-as-		○	○	○	○	
39	どく (524)	∅	どかす (51)	-as-	○		○	○	○	
40	轟く (180)	∅	轟かす (5)	-as-	○	○			○	
41	飛ぶ (5,360)	∅	飛ばす (1,476)	-as-	○	○	○	○	○	
	吹き飛ぶ (195)	∅	吹き飛ばす (348)	-as-	○	○	○	○		
42	富む (1,023)	∅	富ます (9)	-as-		○			○	古
43	どよむ (5) (古)	∅	どよもす (5) (古)	-as-			○			
44	泣く (6,061)	∅	泣かす (127)	-as-	○		○		○	
45	なびく (281)	∅	なびかす (7)	-as-				○		
46	悩む (4,449)	∅	悩ます (695)	-as-	○	○	○	○	○	
47	鳴る (2,623)	∅	鳴らす (1,530)	-as-	○	○	○	○	○	
48	生る (109)	∅	生らす (8)	-as-	○	○			○	古
49	匂う (246)	∅	匂わす (20)	-as-		○	○		○	
50	賑わう (323)	∅	賑わす (51)	-as-			○	○	○	
51	鈍る (232)	∅	鈍らす (4)	-as-	○				○	古
52	励む (743)	∅	励ます (1,173)	-as-		○	○	○	○	△
53	弾む (491)	∅	弾ます (0)	-as-					○	

付録　現代語自他対一覧表 | 437

	動詞（頻度）	型	動詞（頻度）	型	M	I	J	言	N	注
54	光る (2,687)	∅	光らす (23)	-as-			○	○		
55	引っ込む (227)	∅	引っ込ます (1)	-as-			○			古
56	響く (2,305)	∅	響かす (8)	-as-					○	古
57	ひらめく (339)	∅	ひらめかす (5)	-as-		○				
58	吹く (2,648)	∅	吹かす (108)	-as-					○	
59	ふくらむ (1,030)	∅	ふくらます (45)	-as-			○	○		
60	降る (3,485)	∅	降らす (27)	-as-		○	○		○	
61	へこむ (245)	∅	へこます (18)	-as-						
62	減る (4,722)	∅	減らす (2,308)	-as-	○	○		○	○	
	すり減る (65)	∅	すり減らす (38)	-as-	○	○			○	
63	ほのめく (8)	∅	ほのめかす (183)	-as-					○	
64	まとう (679)	∅	まとわす (0)	-as-					○	
65	惑う (62)	∅	惑わす (264)	-as-		○		○	○	
66	迷う (3,292)	∅	迷わす (24)	-as-					○	
67	巡る (859)	∅	巡らす (108)	-as-	○		○	○	○	◁
68	漏る (136)	∅	漏らす (638)	-as-			○	○		#
69	揺る (91)	∅	揺るがす (174)	-as-				○	○	
70	喜ぶ (5,343)	∅	喜ばす (49)	-as-	○	○	○	○	○	
71	湧く (1,077)	∅	湧かす (7)	-as-				○	○	
	沸く (304)	∅	沸かす (340)	-as-	○	○	○	○	○	

	動詞（頻度）	型	動詞（頻度）	型	M	I	J	N	注
72	煩う (14)	Ø	煩わす (63)	-αs-		○			#
73	笑う (10,527)	Ø	笑わす (31)	-αs-					

1b. Vc > V+αkas-

	動詞（頻度）	型	動詞（頻度）	型	M	I	J	N	注
74	腐る (1,043)	Ø	腐らかす (0) (古)	-αkas-					古
75	散る (1,341)	Ø	散らかす (126)	-αkas-					
76	光る (2,687)	Ø	光らかす (0) (古)	-αkas-					古
77	笑う (10,527)	Ø	笑かす (5) (古)	-αkas-					古

2a. Vv > V+αs

	動詞（頻度）	型	動詞（頻度）	型	M	I	J	N	注
78	飽きる (1,082)	-ε-	飽かす (3) (古)	-αs-					古
79	明ける (1,067)	-ε-	明かす (663)	-αs-	○	○	○	○	△
80	荒れる (934)	-ε-	荒らす (475)	-αs-	○	○	○	○	
81	癒える (125)	-ε-	癒す (1,485)	-αs-	○	○	○	○	
82	生きる (16,844)	-ε-	生かす (3,396)	-αs-	○	○	○	○	
83	起きる (9,757)	-ε-	起こす (7,253)	-αs-	○	○	○	○	
84	遅れる (3,342)	-ε-	遅らす (14)	-αs-					古
85	落ちる (8,374)	-ε-	落とす (4,871)	-αs-	○	○	○	○	
86	降りる (5,212)	-ε-	降ろす (623)	-αs-	○	○	○	○	
	下りる (1,498)	-ε-	下ろす (1,768)	-αs-	○	○	○	○	
87	欠ける (1,870)	-ε-	欠かす (430)	-αs-	○	○	○	○	△

付録　現代語自他対一覧表 | 439

#	動詞（頻度）	型	動詞（頻度）	型	M	I	J	言	N	注
88	枯れる (924)	-e-	枯らす (84)	-αs-	○	○		○	○	
89	涸れる (96)	-e-	涸らす (4)	-αs-	○			○	○	
90	切れる (2,714)	-e-	切らす (214)	-αs-	○		○		○	
91	暮れる (796)	-e-	暮らす (4,097)	-αs-			○		○	#
92	肥える (176)	-e-	肥やす (57)	-αs-	○				○	
93	こける (214)	-e-	こかす (7)	-αs-					○	
94	焦がる (256)	-e-	焦がす (201)	-αs-	○	○	○	○	○	
95	懲りる (234)	-e-	懲らす (5)（古）	-αs-		○	○	○	○	古
96	転げる (32)	-e-	転がす (351)	-αs-	○	○	○		○	
97	冷める (778)	-e-	冷ます (444)	-αs-	○	○	○	○	○	
98	覚める (1,161)	-e-	覚ます (722)	-αs-	○	○		○	○	
99	じゃれる (88)	-e-	じゃらす (3)（古）	-αs-						古
100	焦れる (61)	-e-	焦らす (61)	-αs-			○		○	
101	過ぎる (6,762)	-e-	過ごす (5,036)	-αs-	○	○	○	○	○	△
102	透ける (353)	-e-	透かす (91)	-αs-	○	○	○	○	○	△
103	ずれる (1,231)	-e-	ずらす (528)	-αs-	○	○	○	○	○	
104	逸れる (99)	-e-	逸らす (201)	-αs-	○	○	○		○	
105	絶える (809)	-e-	絶やす (156)	-αs-	○	○	○	○	○	
106	垂れる (700)	-e-	垂らす (427)	-αs-	○	○	○		○	
107	費える (2)	-e-	費やす (659)	-αs-	○	○	○	○	○	
	疲れる (4,679)	-e-	疲らす (1)（古）	-αs-					○	古

	動詞 (頻度)	型	動詞 (頻度)	型	M	I	J	言	N	注
108	尽きる (891)	-ε-	尽かす (22)	-αs-					○	古
109	尽きる (891)	-ε-	尽くす (793)	-αs-	○				○	
110	できる (174,346)	-ε-	でかす (26)	-αs-		○	○			
111	出る (2,827)	-ε-	出す (3,573)	-αs-	○	○	○		○	
	笑き出る (282)	-ε-	笑き出す (649)	-αs-	○	○	○	○	○	
	抜き出る (2)	-ε-	抜き出す (217)	-αs-		○	○	○	○	
112	溶ける (1,182)	-ε-	溶かす (803)	-αs-		○		○	○	
	融ける (95)	-ε-	融かす (25)	-αs-		○		○	○	
113	解ける (725)	-ε-	解かす (17)	-αs-		○		○	○	
114	閉じる (3,376)	-ε-	閉ざす (770)	-αs-	○					%
115	とろける (250)	-ε-	とろかす (13)	-αs-					○	
116	萎える (211)	-ε-	萎す (0)	-αs-					○	古
117	慣れる (3,746)	-ε-	慣らす (195)	-αs-	○	○	○	○	○	
	馴れる (425)	-ε-	馴らす (31)	-αs-	○	○	○	○	○	
118	逃げる (5,049)	-ε-	逃がす (462)	-αs-	○	○	○		○	
119	似る (8,894)	-ε-	似せる (131)	-αs-		○	○	○	○	
120	抜ける (4,002)	-ε-	抜かす (202)	-αs-	○	○	○	○	○	
121	濡れる (1,817)	-ε-	濡らす (405)	-αs-		○	○		○	
122	伸びる (3,792)	-ε-	伸ばす (3,935)	-αs-	○	○	○	○	○	
	延びる (609)	-ε-	延ばす (613)	-αs-		○	○	○	○	
123	生える (1,951)	-ε-	生やす (189)	-αs-	○	○	○	○	○	

	動詞(頻度)	型	動詞(頻度)	型	M	I	J	言	N	注
124	撓ける (24)	-ε-	撓かす (0) (古)	-αs-					○	△
125	はげる (232)	-ε-	はがす (400)	-αs-	○	○	○		○	
126	化ける (317)	-ε-	化かす (22)	-αs-	○	○	○		○	#
127	果てる (491)	-ε-	果たす (5,306)	-αs-	○	○	○		○	#
128	晴れる (1,480)	-ε-	晴らす (293)	-αs-	○	○	○	○	○	△
129	腫れる (426)	-ε-	腫らす (24)	-αs-		○	○	○	○	
130	ばれる (748)	-ε-	ばらす (143)	-αs-		○		○	○	
131	冷える (943)	-ε-	冷やす (1,210)	-αs-	○	○	○	○	○	
132	干る (235)	-ε-	干す (1,036)	-αs-						古
133	増える (9,425)	-ε-	増やす (2,605)	-αs-	○	○	○	○	○	
134	ふくれる (134)	-ε-	ふくらす (5)	-αs-					○	
135	更ける (173)	-ε-	更かす (4)	-αs-					○	古
136	ふやける (65)	-ε-	ふやかす (74)	-αs-		○	○		○	
137	震える (1,865)	-ε-	震わす (27)	-αs-				○		
138	ぼける (296)	-ε-	ぼかす (159)	-αs-		○	○		○	△
139	ぼやける (216)	-ε-	ぼやかす (11)	-αs-		○	○		○	
140	滅びる (570)	-ε-	滅ぼす (502)	-αs-					○	
141	紛れる (165)	-ε-	紛らす (17)	-αs-					○	
142	負ける (4,431)	-ε-	負かす (56)	-αs-						
143	満ちる (2,029)	-ε-	満たす (3,288)	-αs-				○		
144	蒸れる (93)	-ε-	蒸らす (117)	-αs-	○					

	動詞（頻度）	型	動詞（頻度）	型	M	I	J	言	N	注
145	燃える (2,144)	-ε-	燃やす (842)	-αs-	○	○	○	○	○	
146	萌える (366)	-ε-	萌やす (0)	-αs-	○	○			○	
147	漏れる (808)	-ε-	漏らす (638)	-αs-	○	○			○	
148	揺れる (1,846)	-ε-	揺らす (342)	-αs-					○	

2b. Vv > V+αkas-

	動詞（頻度）	型	動詞（頻度）	型	M	I	J	言	N	注
149	甘える (954)	-ε-	甘やかす (276)	-αkas-			○		○	
150	脅える (129)	-ε-	脅かす (672)	-αkas-		○	○		○	
	怯える (628)	-ε-	怯やかす (0)	-αkas-		○	○		○	
151	そびえる (300)	-ε-	そびやかす (43)	-αkas-					○	
152	寝る (9,958)	-ε-	寝かす (185)	-αkas-			○		○	
153	はぐれる (96)	-ε-	はぐらかす (126)	-αkas-			○		○	#
154	冷える (943)	-ε-	ひやかす (25)	-αkas-						#
155	膨れる (100)	-ε-	膨らかす (0)	-αkas-						古
156	紛れる (165)	-ε-	まぎらかす (1)	-αkas-					○	

3. Vc > Vv

	動詞（頻度）	型	動詞（頻度）	型	M	I	J	言	N	注
157	合う (2,456)	∅	合える (166)	-ε-					○	#
158	赤らむ (68)	∅	赤らめる (170)	-ε-	○				○	
159	開く (N/A)	∅	開ける (7,352)	-ε-	○	○	○	○	○	%
	空く (N/A)	∅	空ける (519)	-ε-	○	○			○	

付録　現代語自他対一覧表 | 443

	動詞（頻度）	型	動詞（頻度）	型	M	I	J	言	N	注
160	痛む (1,351)	∅	痛める (514)	-e-	○		○	○	○	
	傷む (265)	∅	傷める (149)	-e-	○		○	○	○	
161	浮かぶ (3,381)	∅	浮かべる (2,177)	-e-	○	○	○	○	○	
	思い浮かぶ (381)	∅	思い浮かべる (800)	-e-	○	○	○	○	○	
162	うつむく (505)	∅	うつむける (17)	-e-			○		○	
163	落ち着く (3,549)	∅	落ち着ける (249)	-e-	○	○				
164	かがむ (172)	∅	かがめる (299)	-e-			○	○	○	
165	かしぐ (81)	∅	かしげる (541)	-e-				○	○	
166	かずく 鬻ぐ (1)	∅	かずく 鬻める (0)	-e-					○	◁
167	片づく (195)	∅	片づける (712)	-e-	○	○	○	○	○	
168	傾く (974)	∅	傾ける (1,514)	-e-	○	○	○	○	○	
169	叶う (491)	∅	叶える (238)	-e-				○	○	
170	構う (1,577)	∅	構える (1,523)	-e-	○	○	○	○	○	％
171	絡む (1,139)	∅	絡める (247)	-e-			○	○	○	
172	苦しむ (2,092)	∅	苦しめる (577)	-e-	○	○	○	○	○	
173	込む (771)	∅	込める (1,040)	-e-			○	○	○	＃
	引っ込む (227)	∅	引っ込める (156)	-e-				○	○	
174	沈む (1,779)	∅	沈める (498)	-e-	○	○	○	○	○	
175	従う (3,032)	∅	従える (347)	-e-	○	○	○	○	○	
176	退く (708)	∅	退ける (296)	-e-			○	○	○	
177	すくむ (139)	∅	すくめる (821)	-e-	○			○	○	◁

	動詞（頻度）	型	動詞（頻度）	型	M	I	J	言	N	注
178	進む (13,452)	∅	進める (12,222)	-e-	○	○	○	○	○	
179	すぼむ (11)	∅	すぼめる (175)	-e-	○	○			○	
180	沿う (883)	∅	沿える (21)	-e-	○	○			○	△
	添う (258)	∅	添える (2,157)	-e-	○	○			○	
181	育つ (3,884)	∅	育てる (5,333)	-e-	○	○	○	○	○	
182	背く (269)	∅	背ける (160)	-e-	○	○		○	○	
183	揃う (1,585)	∅	揃える (1,204)	-e-	○	○		○	○	
184	たがう (58)	∅	たがえる (19)	-e-	○	○		○	○	
185	立つ (17,941)	∅	立てる (7,439)	-e-	○	○	○	○	○	
	荒立つ (5)	∅	荒立てる (39)	-e-	○	○	○	○	○	
	泡立つ (127)	∅	泡立てる (342)	-e-	○	○	○	○	○	
	寄立つ (323)	∅	寄立てる (0)	-e-	○	○	○	○	○	
	逆立つ (70)	∅	逆立てる (52)	-e-	○	○	○	○	○	
	先立つ (326)	∅	先立てる (1)	-e-	○	○	○	○	○	
	引き立つ (139)	∅	引き立てる (261)	-e-	○	○	○	○	○	
	役立つ (2,428)	∅	役立てる (450)	-e-	○	○	○	○	○	
	建つ (1,142)	∅	建てる (3,096)	-e-		○			○	
186	たるむ (169)	∅	たるめる (2)	-e-			○		○	
187	たわむ (97)	∅	たわめる (10)	-e-	○	○			○	
188	違う (25,681)	∅	違える (121)	-e-	○	○	○	○	○	
189	近づく (5,868)	∅	近づける (1,060)	-e-	○	○	○	○	○	

#	動詞 (頻度)	型	動詞 (頻度)	型	M	I	J	言	N	注
190	縮む (310)	Ø	縮める (476)	-e-	○	○	○	○	○	
191	付く (5,673)	Ø	付ける (5,937)	-e-	○	○	○	○	○	
	色づく (310)	Ø	色づける (0)	-e-	○	○	○	○	○	
	活気づく (74)	Ø	活気づける (24)	-e-	○	○	○	○	○	
	傷つく (1,316)	Ø	傷つける (1,524)	-e-	○	○	○	○	○	
	くっつく (1,031)	Ø	くっつける (426)	-e-	○	○	○	○	○	
	結びつく (1,861)	Ø	結びつける (1,137)	-e-	○	○	○	○	○	
	点く (154)	Ø	点ける (294)	-e-	○	○	○	○	○	
	潰く (4)	Ø	潰ける (386)	-e-	○	○	○	○	○	
	就く (1,126)	Ø	就ける (79)	-e-	○	○	○	○	○	
192	伝う (309)	Ø	伝える (10,493)	-e-		○		○	○	#
193	続く (15,671)	Ø	続ける (10,094)	-e-	○	○	○	○	○	
194	詰む (24)	Ø	詰める (1,437)	-e-			○		○	△
195	どく (0)	Ø	どける (157)	-e-		○			○	
196	届く (6,330)	Ø	届ける (1,539)	-e-	○	○	○	○	○	
197	整う (1,275)	Ø	整える (2,328)	-e-		○	○	○	○	
198	慰む (12)	Ø	慰める (621)	-e-	○	○		○	○	
199	なつく (141)	Ø	なつける (6)(古)	-e-					○	古
200	悩む (4,449)	Ø	悩める (57)(古)	-e-	○	○	○	○	○	古
201	並ぶ (6,339)	Ø	並べる (3,117)	-e-	○	○	○	○	○	
202	温む (19)(古)	Ø	温める (N/A)	-e-	○	○	○	○	○	古

	動詞（頻度）	型	動詞（頻度）	型	M	I	J	言	N	注
203	のく (719)	Ø	のける (87)	-ɛ-	○		○		○	
204	入る (54,759)	Ø	入れる (34,510)	-ɛ-	○	○	○	○	○	
205	潜む (660)	Ø	潜める (213)	-ɛ-	○	○			○	
206	ふくらむ (1,030)	Ø	ふくらめる (1)	-ɛ-					○	古
207	臥す (91)	Ø	臥せる (23)	-ɛ-	○	○	○		○	%
207	伏す (57)	Ø	伏せる (169)	-ɛ-	○	○	○		○	%
208	向かう (8,663)	Ø	向かえる (60)	-ɛ-	○		○	○	○	
209	向く (3,814)	Ø	向ける (7,938)	-ɛ-		○	○		○	%
209	振り向く (1,142)	Ø	振り向ける (138)	-ɛ-					○	
210	休む (3,176)	Ø	休める (590)	-ɛ-	○	○	○	○	○	
211	安らぐ (126)	Ø	安らげる (19)	-ɛ-			○	○	○	
212	止む (643)	Ø	止める (6,435)	-ɛ-	○	○	○		○	
213	和らぐ (212)	Ø	和らげる (373)	-ɛ-		○	○	○	○	
214	歪む (614)	Ø	歪める (432)	-ɛ-		○	○	○	○	
215	緩む (311)	Ø	緩める (399)	-ɛ-		○	○		○	
216	よどむ (94)	Ø	よどめる (0)	-ɛ-					○	

4. その他

	動詞（頻度）	型	動詞（頻度）	型	M	I	J	言	N	注
217	生きる (16,844)	-ɛ-	生ける (308)	-ɛ-					○	#
218	失せる (292)	-ɛ-	失う (8,310)	-na(w)-			○		○	△
219	懲りる (234)	-ɛ-	懲らしめる (114)	-αsime-	○					

付録　現代語自他対一覧表 | 447

	動詞（頻度）	型	動詞（頻度）	型	M	I	J	言	N	注
220	伸びる (3,792)	-e-	伸べる (15)	-e-			○			古
	延びる (609)	-e-	延べる (12)	-e-			○			古
221	細る (51)	-r-	細める (512)	-me-	○					
222	交じる (117)	-r-	交える (586)	-e-					○	

1.1.1b（他 → 複他）
1a. Vc > V+αs

	動詞（頻度）	型	動詞（頻度）	型	M	I	J	言	N	注
223	聴く (4,360)	∅	聴かす (28)	-as-			○		○	&
	聞く (47,766)	∅	聞かす (1,122)	-as-			○		○	&
224	知る (55,494)	∅	知らす (631)	-as-					○	&
225	取る (16,652)	∅	取らす (44)	-as-					○	&
226	習う (1,422)	∅	習わす (8)	-as-		○				&
227	脱ぐ (1,858)	∅	脱がす (116)	-as-		○				&
228	覗く (1,554)	∅	覗かす (3)	-as-			○			&
229	振る (5,424)	∅	振らす (5)	-as-					○	&

2a. Vv > V+αs

	動詞（頻度）	型	動詞（頻度）	型	M	I	J	言	N	注
230	浴びる (2,222)	-e-	浴びせる (489)	-as-			○		○	&
231	着る (7,750)	∅	着せる (721)	-as-			○		○	&
232	見る (110,611)	∅	見せる (11,926)	-as-			○		○	&

1.2 非他動化対 (自←他)

1. Vc > V+αr

	動詞 (頻度)	型	動詞 (頻度)	型	M	I	J	言	N	注
233	くぐむ (1) (古)	∅	箝める (1) (古)	-ε-					○	&
234	生まれる (12,502)	-ar-	生む (2,615)	∅	○	○	○	○	○	
235	おぶさる (18)	-αsar-	おぶう (59)	∅	○	○	○			
236	くぐもる (153) (古)	-ar-	くぐむ (1) (古)	∅				○	○	
237	刺さる (261)	-ar-	刺す (1,846)	∅	○	○	○	○	○	
	突き刺さる (302)	-ar-	突き刺す (247)	∅	○	○	○	○	○	
	挿さる (5)	-ar-	挿す (423)	∅	○	○	○	○	○	
238	つかまる (636)	-ar-	つかむ (3,137)	∅	○	○	○	○	○	
239	つながる (5,846)	-ar-	つなぐ (2,463)	∅		○	○	○	○	
240	積もる (465)	-ar-	積む (2,229)	∅	○	○			○	
241	尖る (615)	-ar-	研ぐ (209)	∅						△
242	剥がれる (127)	-ar-	剥ぐ (246)	∅			○	○	○	
243	はさまる (65)	-ar-	はさむ (1,675)	∅	○	○	○	○	○	
244	ふさがる (155)	-ar-	ふさぐ (546)	∅	○	○	○	○	○	
245	またがる (632)	-ar-	またぐ (289)	∅					○	
246	まつわる (24)	-ar-	まとう (679)	∅					○	
247	結ぼれる (4)	-ar-	結ぶ (5,354)	∅					○	古

付録　現代語自他対一覧表 | 449

2. Vv > V+αr

#	動詞（頻度）	型	動詞（頻度）	型	M	I	J	言	N	注
248	上がる (7,994)	-ar-	上げる (8,942)	-e-	○	○	○	○	○	
	繰り上がる (295)	-ar-	繰り上げる (29)	-e-	○	○	○	○	○	
	仕上がる (547)	-ar-	仕上げる (1,395)	-e-	○	○	○	○	○	
	立ち上がる (3,083)	-ar-	立ち上げる (729)	-e-	○	○	○	○	○	
	巻き上がる (23)	-ar-	巻き上げる (226)	-e-	○	○	○	○	○	
	持ち上がる (231)	-ar-	持ち上げる (968)	-e-	○	○	○	○	○	
	盛り上がる (1,344)	-ar-	盛り上げる (610)	-e-	○	○	○	○	○	
	挙がる (188)	-ar-	挙げる (5,223)	-e-	○	○	○	○	○	
	揚がる (119)	-ar-	揚げる (1,174)	-e-	○	○	○	○	○	
249	温まる (N/A)	-ar-	温める (N/A)	-e-	○	○	○	○	○	
250	当たる (6,299)	-ar-	当てる (2,821)	-e-	○	○	○	○	○	
	突き当たる (117)	-ar-	突き当てる (1)	-e-		○	○	○		
251	集まる (6,058)	-ar-	集める (6,134)	-e-	○	○	○	○	○	
252	改まる (218)	-ar-	改める (1,466)	-e-	○	○	○	○	○	
253	合わさる (120)	-asar-	合わせる (10,424)	-as-		○	○	○	○	
	組み合わさる (66)	-asar-	組み合わせる (1,600)	-as-	○					
254	言いつかる (9)	-ar-	言いつける (202)	-e-					○	
255	受かる (309)	-ar-	受ける (37,427)	-e-		○	○	○	○	△
256	薄まる (53)	-ar-	薄める (401)	-e-	○		○	○		

	動詞（頻度）	型	動詞（頻度）	型	M	I	J	言	N	注
257	埋まる (N/A)	-ar-	埋める (N/A)	-e-	○			○	○	
258	埋もする (N/A)	-ar-	埋める (N/A)	-e-	○	○		○	○	
259	埋もれる (N/A)	-ar-	埋める (N/A)	-e-		○			○	
260	埋もれる (N/A)	-ar-	埋める (N/A)	-e-			○	○	○	
261	植わる (72)	-ar-	植える (1,924)	-e-	○	○	○	○	○	
262	収まる (944)	-ar-	収める (1,623)	-e-	○	○	○	○	○	
	納まる (236)	-ar-	納める (1,528)	-e-	○	○	○	○	○	
	修まる (5)	-ar-	修める (129)	-e-	○	○	○	○	○	
	治まる (392)	-ar-	治める (334)	-e-	○	○	○	○	○	
263	終わる (14,759)	-ar-	終える (3,035)	-e-	○	○	○	○	○	％
264	掛かる (1,427)	-ar-	掛ける (3,013)	-e-	○	○	○	○	○	
	突っかかる (48)	-ar-	突っかける (0)	-e-	○	○	○	○	○	
	引っかかる (666)	-ar-	引っかける (187)	-e-	○	○	○	○	○	
	懸る (145)	-ar-	懸ける (188)	-e-	○	○	○	○	○	
	架かる (179)	-ar-	架ける (186)	-e-	○	○	○	○	○	
265	重なる (2,009)	-ar-	重ねる (4,051)	-e-	○	○	○	○	○	
	積み重なる (140)	-ar-	積み重ねる (544)	-e-	○	○	○	○	○	
266	固まる (1,084)	-ar-	固める (1,375)	-e-	○	○	○	○	○	
267	かぶさる (103)	-ar-	かぶせる (654)	-e-		○	○	○	○	
268	絡まる (173)	-ar-	絡める (247)	-e-	○	○	○	○	○	

番号	動詞（頻度）	型	動詞（頻度）	型	M	I	J	言	N	注
269	変わる (20,372)	-ar-	変える (12,112)	-e-	○	○	○	○	○	
	代わる (1,252)	-ar-	代える (503)	-e-	○	○	○	○	○	
	換わる (21)	-ar-	換える (419)	-e-	○	○	○	○	○	
	替わる (332)	-ar-	替える (1,052)	-e-	○	○	○	○	○	
	入れ替わる (266)	-ar-	入れ替える (389)	-e-	○	○	○	○	○	
	切り替わる (221)	-ar-	切り替える (1,143)	-e-	○	○	○	○	○	
270	決まる (8,043)	-ar-	決める (12,555)	-e-	○	○	○	○	○	
271	清まる (5)	-ar-	清める (254)	-e-	○				○	
272	極まる (121)	-ar-	極める (473)	-e-		○	○		○	△
273	くすぶる (144)	-ar-	くすべる (8)	-e-						古
274	くるまる (103)	-ar-	くるめる (51)	-e-	○	○			○	
275	加わる (2,976)	-ar-	加える (10,554)	-e-	○	○	○	○	○	
276	籠る (25)	-ar-	込める (1,040)	-e-		○	○		○	#
277	下がる (3,899)	-ar-	下げる (3,816)	-e-	○	○	○	○	○	
	引き下がる (152)	-ar-	引き下げる (539)	-e-	○	○	○		○	
	ぶら下がる (285)	-ar-	ぶら下げる (248)	-e-	○	○	○		○	
278	定まる (543)	-ar-	定める (13,069)	-e-	○	○	○	○	○	
279	障る (212)	-ar-	摩える (0)	-e-					○	古
280	静まる (171)	-ar-	静める (115)	-e-	○	○	○	○	○	
	鎮まる (96)	-ar-	鎮める (276)	-e-					○	

	動詞（頻度）	型	動詞（頻度）	型	M	I	J	言	N	注
281	縮まる (224)	-ar-	縮める (718)	-e-	○	○	○	○	○	
	引き縮まる (349)	-ar-	引き縮める (375)	-e-	○	○	○	○	○	
	閉まる (622)	-ar-	閉める (1,518)	-e-	○	○	○	○	○	
	絞まる (6)	-ar-	絞める (268)	-e-	○	○	○	○	○	
282	廃れる (87)	-ar-	捨てる (5,866)	-e-					○	△
283	すぼまる (32)	-ar-	すぼめる (175)	-e-			○			
284	据わる (72)	-ar-	据える (903)	-e-	○	○	○		○	
285	狭まる (117)	-ar-	狭める (178)	-e-		○	○		○	
286	迫る (3,473)	-ar-	攻める (1,208)	-e-					○	#
287	備わる (430)	-ar-	備える (3,423)	-e-	○	○	○		○	
288	染まる (905)	-ar-	染める (1,136)	-e-	○	○	○	○	○	
289	添わる (0)	-ar-	添える (2,157)	-e-				○	○	
290	高まる (3,625)	-ar-	高める (4,339)	-e-	○	○	○	○	○	
291	助かる (1,616)	-ar-	助ける (3,810)	-e-	○	○	○	○	○	#
292	携わる (930)	-ar-	携える (316)	-e-				○	○	
293	溜まる (811)	-ar-	溜める (273)	-e-	○	○	○	○	○	
	貯まる (263)	-ar-	貯める (579)	-e-	○	○	○	○	○	
294	縮まる (194)	-ar-	縮める (476)	-e-	○	○	○	○	○	
295	浸かる (286)	-ar-	浸ける (163)	-e-	○	○	○		○	
	漬かる (64)	-ar-	漬ける (386)	-e-	○	○	○		○	
296	伝わる (3,948)	-ar-	伝える (10,493)	-e-					○	

	動詞（頻度）	型	動詞（頻度）	型	M	I	J	言	N	注
297	つづまる (6)	-ar-	つづめる (6)	-e-			○		○	
298	勤まる (65)	-ar-	勤める (1,877)	-e-	○	○	○		○	
299	務まる (63)	-ar-	務める (1,835)	-e-	○	○	○		○	
300	つながる (5,846)	-ar-	つなげる (685)	-e-	○	○		○	○	
301	つぼまる (5)	-ar-	つぼめる (8)	-e-		○	○	○	○	
302	詰まる (1,392)	-ar-	詰める (1,437)	-e-		○	○	○	○	
303	強まる (1,087)	-ar-	強める (1,419)	-e-	○	○	○	○	○	
304	連なる (568)	-ar-	連ねる (326)	-e-			○	○	○	
305	遠ざかる (740)	-ar-	遠ざける (343)	-e-		○	○	○	○	
306	とどまる (2,851)	-ar-	とどめる (1,097)	-e-	○	○	○	○	○	
307	止まる (3,902)	-ar-	止める (6,435)	-e-		○		○		
308	泊まる (1,567)	-ar-	泊める (278)	-e-		○	○			
	捕われる (54)	-ar-	捕える (394)	-e-		○				
	捉われる (49)	-ar-	捉える (2,195)	-e-		○	○			
309	温まる (N/A)	-ar-	温める (N/A)	-e-						
310	ぬくもる (15)	-ar-	温める (N/A)	-e-			○			
311	のっかる (64)	-ar-	のっける (84)	-e-						
312	始まる (11,058)	-ar-	始める (8,781)	-e-	○	○	○	○	○	
313	走る (13,560)	-ar-	馳せる (262)	-e-						
314	はまる (1,139)	-ar-	はめる (884)	-e-		○	○	○	○	
	当てはまる (685)	-ar-	当てはめる (303)	-e-	○	○	○	○	○	

動詞（頻度）	動詞（頻度）	型	M	I	J	言	N	注
315	早まる (176)	早める (305)	-ar- / -e-	○	○	○	○	○	
316	速まる (36)	速める (152)	-ar- / -e-	○	○	○	○	○	
317	低まる (9)	低める (218)	-ar- / -e-	○	○	○			
318	潜まる (1)	潜める (204)	-ar- / -e-					○	古
318	広がる (5,552)	広げる (3,226)	-ar- / -e-	○	○	○	○	○	
	拡がる (359)	拡げる (285)	-ar- / -e-					○	
319	広まる (793)	広める (473)	-ar- / -e-	○	○	○	○	○	
320	深まる (757)	深める (1,943)	-ar- / -e-	○	○	○	○	○	
321	ぶつかる (1,636)	ぶつける (1,026)	-ar- / -e-	○	○	○	○	○	
322	隔たる (70)	隔てる (459)	-ar- / -e-		○	○	○	○	
323	負かる (4)	負ける (4,431)	-ar- / -e-	○	○	○	○	○	△
324	曲がる (1,688)	曲げる (1,255)	-ar- / -e-	○	○	○	○	○	
325	混ざる (403)	混ぜる (3,479)	-ar- / -e-	○	○	○	○	○	
	混じる (112)	混ぜる (3,479)	-ar- / -e-	○	○	○	○	○	
326	交わる (453)	交える (586)	-ar- / -e-	○	○	○	○	○	
327	まとまる (1,273)	まとめる (5,744)	-ar- / -e-	○	○	○	○	○	
328	丸まる (112)	丸める (710)	-ar- / -e-		○	○	○	○	
329	見つかる (4,363)	見つける (7,440)	-ar- / -e-	○	○	○	○	○	
330	儲かる (702)	儲ける (613)	-ar- / -e-	○		○	○	○	
331	休まる (95)	休める (590)	-ar- / -e-			○	○	○	
332	ゆだる (35)	ゆでる (1,779)	-ar- / -e-	○	○	○	○	○	

	動詞 (頻度)	型	動詞 (頻度)	型	M	I	J	言	N	注
334	緩まる (2)	-ar-	緩める (399)	-e-				○	○	
335	横たわる (1,023)	-ar-	横たえる (228)	-e-	○	○	○		○	
336	弱まる (345)	-ar-	弱める (379)	-e-	○	○	○	○	○	
337	分かれる (2,471)	-ar-	分ける (5,479)	-e-	○	○	○	○	○	

3. Vc > Vv

	動詞 (頻度)	型	動詞 (頻度)	型	M	I	J	言	N	注
338	売れる (2,938)	-e-	売る (8,248)	Ø	○	○	○	○	○	
339	抉れる (6)	-e-	抉る (89)	Ø		○	○	○	○	
340	折れる (1,318)	-e-	折る (1,222)	Ø	○	○	○	○	○	
341	欠ける (1,870)	-e-	欠く (1,975)	Ø	○	○	○	○	○	
342	破れる (13)	-e-	破る (766)	Ø			○	○	○	#
343	切れる (2,714)	-e-	切る (1,702)	Ø	○	○	○	○	○	
	断ち切れる (45)	-e-	断ち切る (392)	Ø	○	○	○	○	○	
	千切れる (38)	-e-	千切る (47)	Ø	○	○	○	○	○	
344	くじける (111)	-e-	くじく (93)	Ø		○	○	○	○	
345	砕ける (308)	-e-	砕く (436)	Ø	○	○	○	○	○	
346	くびれる (118)	-e-	くびる (117)	Ø					○	古
347	削れる (83)	-e-	削る (1,592)	Ø			○	○	○	
348	裂ける (332)	-e-	裂く (376)	Ø	○	○	○	○	○	
349	さばける (50)	-e-	さばく (207)	Ø		○	○	○	○	△
350	知れる (6,140)	-e-	知る (55,494)	Ø	○	○	○	○	○	

	動詞（頻度）	型	動詞（頻度）	型	M	I	J	言	N	注
351	すぐれる (1,443)	-ε-	すぐる (47)(古)	∅					○	#
352	刷れる (4)	-ε-	刷る (135)	∅	○			○	○	
353	そげる (85)	-ε-	そぐ (233)	∅	○			○	○	
354	炊ける (95)	-ε-	炊く (923)	∅		○	○	○		
355	吊れる (3)(古)	-ε-	吊る (385)	∅	○	○	○		○	
	釣れる (462)	-ε-	釣る (813)	∅	○	○	○		○	
356	溶ける (1,182)	-ε-	溶く (404)	∅	○			○	○	
357	解ける (725)	-ε-	解く (1,761)	∅	○			○	○	
358	取れる (3,445)	-ε-	取る (16,652)	∅	○	○	○		○	
	捕れる (106)	-ε-	捕る (498)	∅	○	○	○		○	
	撮れる (723)	-ε-	撮る (5,874)	∅	○	○	○		○	
	録れる (11)	-ε-	録る (90)	∅	○	○	○		○	
359	抜ける (4,002)	-ε-	抜く (569)	∅	○	○	○		○	
360	脱げる (77)	-ε-	脱ぐ (1,858)	∅	○	○	○	○	○	
361	ねじれる (128)	-ε-	ねじる (536)	∅	○	○	○		○	
362	練れる (15)	-ε-	練る (615)	∅		○	○	○	○	
363	剥げる (39)	-ε-	剥ぐ (246)	∅	○		○		○	
364	弾ける (422)	-ε-	弾く (1,736)	∅		○		○	○	
365	引ける (395)	-ε-	引く (7,649)	∅			○		○	
366	開ける (N/A)	-ε-	開く (16,765)	∅					○	%
367	振れる (246)	-ε-	振る (5,424)	∅						

	動詞 (頻度)	型	動詞 (頻度)	型	M	I	J	言	N	注
368	ほどける (110)	-ε-	ほどく (272)	∅	○			○	○	
369	掘れる (23)	-ε-	掘る (1,317)	∅		○	○		○	
370	剥けける (73)	-ε-	剥く (262)	∅	○	○	○	○	○	
371	まくれる (19)	-ε-	まくる (0)	∅	○	○	○		○	
372	めくれる (72)	-ε-	めくる (637)	∅		○	○		○	
373	もげる (49)	-ε-	もぐ (210)	∅	○				○	
374	振れる (9)	-ε-	振る (N/A)	∅					○	△
375	持てる (1,531)	-ε-	持つ (52,527)	∅			○	○	○	△
376	揉める (97)	-ε-	揉む (464)	∅		○	○	○	○	
377	焼ける (1,059)	-ε-	焼く (5,035)	∅	○		○	○	○	
378	破ける (52)	-ε-	破く (84)	∅	○	○	○	○	○	
379	破れる (654)	-ε-	破る (2,019)	∅	○	○	○	○	○	
380	敗れる (905)	-ε-	敗る (17)	∅						古
381	揺れる (1,846)	-ε-	揺る (225)	∅	○				○	
382	よじれる (65)	-ε-	振る (N/A)	∅					○	
382	割れる (1,127)	-ε-	割る (1,827)	∅	○	○	○	○	○	

4a. Vv > V+ (y) e

	動詞 (頻度)	型	動詞 (頻度)	型	M	I	J	言	N	注
383	煮える (155)	-(y) ε-	煮る (2,846)	∅	○		○	○	○	
384	見える (30,062)	-(y) ε-	見る (110,611)	∅	○		○	○	○	
385	聞こえる (7,233)	-(y) ε-	聞く (47,766)	∅	○		○	○	○	

5. その他

	動詞 (頻度)	型	動詞 (頻度)	型	M	I	J	言	N	注
386	亡くなる (3,701)	-nar-	亡くす (460)	-s-	○	○	○	○		
	無くなる (1,000)	-nar-	無くす (221)	-s-	○			○		

1.3 両極対
1. V+αr (Vc) <> V+αs (Vc)

	動詞 (頻度)	型	動詞 (頻度)	型	M	I	J	言	N	注
387	余る (1,078)	-ar-	余す (123)	-αs-	○	○	○	○	○	
388	至る (4,698)	-ar-	致す (536)	-αs-		○	○	○	○	#
389	いぶる (26)	-ar-	いぶす (54)	-αs-	○		○		○	
390	映る (2,343)	-ar-	映す (509)	-αs-	○	○	○	○	○	
	写る (1,091)	-ar-	写す (1,027)	-αs-	○	○	○	○	○	
391	移る (3,307)	-ar-	移す (2,883)	-αs-	○	○	○	○	○	
392	起こる (10,768)	-ar-	起こす (7,253)	-αs-	○	○	○	○	○	
	巻き起こる (2)	-ar-	巻き起こす (186)	-αs-		○	○	○	○	
393	興る (83)	-ar-	興す (228)	-αs-	○	○	○	○	○	
394	劣る (1,204)	-ar-	落とす (4,871)	-αs-		○	○	○	○	#
395	返る (1,731)	-ar-	返す (4,340)	-αs-	○	○	○	○	○	
	跳ね返る (87)	-ar-	跳ね返す (62)	-αs-	○	○	○	○	○	
	ひっくり返る (288)	-ar-	ひっくり返す (407)	-αs-	○	○	○	○	○	
	帰る (19,931)	-ar-	帰す (270)	-αs-	○	○	○	○	○	
	還る (325)	-ar-	還す (30)	-αs-	○	○	○	○	○	

付録　現代語自他対一覧表 | 459

№	動詞 (頻度)	型	動詞 (頻度)	型	M	I	J	言	N	注
396	孵る (36)	-ar-	孵す (7)	-as-	○	○	○	○	○	
397	来たる (227)	-ar-	来す (456)	-as-		○	○	○	○	#
398	下る (1,965)	-ar-	下す (1,722)	-as-		○	○		○	#
399	覆る (131)	-ar-	覆す (297)	-as-	○	○	○		○	
400	転がる (983)	-ar-	転がす (351)	-as-		○		○	○	
401	悟る (1,036)	-ar-	諭す (269)	-as-	○				○	%
402	湿る (721)	-ar-	湿す (34)(古)	-as-		○	○	○	○	古
403	黙る (4,014)	-ar-	騙す (922)	-as-					○	#
404	散らかる (170)	-ar-	散らかす (126)	-as-	○	○	○	○	○	
405	通る (5,730)	-ar-	通す (3,502)	-as-		○	○	○	○	
406	灯る (151)	-ar-	灯す (189)	-as-		○	○	○	○	
407	治る (2,379)	-ar-	治す (807)	-as-	○	○	○	○	○	
408	直る (702)	-ar-	直す (996)	-as-	○	○	○	○	○	
409	無くなる (1,000)	-ar-	無くなす (1)	-as-	○				○	古
410	なる (43,878)	-ar-	なす (9,810)	-as-		○	○		○	#
411	濁る (527)	-ar-	濁す (177)	-as-	○	○		○	○	
412	残る (14,219)	-ar-	残す (9,437)	-as-		○	○	○	○	
413	上る (2,628)	-ar-	上す (6)(古)	-as-	○		○		○	#
414	のめる (161)	-ar-	のめす (28)	-as-		○			○	
415	浸る (524)	-ar-	浸す (461)	-as-	○	○	○	○	○	
416	翻る (73)	-ar-	翻す (208)	-as-	○	○	○	○	○	

	動詞（頻度）	型	動詞（頻度）	型	M	I	J	言	N	注
416	減る (4,722)	-αr-	減す (3) (古)	-αs-					○	古
417	回る (623)	-αr-	回す (2,757)	-αs-	○	○	○	○	○	
418	廻る (655)	-αr-	廻す (252)	-αs-			○	○	○	
419	戻る (15,062)	-αr-	戻す (3,344)	-αs-		○	○	○	○	
420	宿る (495)	-αr-	宿す (54)	-αs-				○	○	
	渡る (3,898)	-αr-	渡す (4,200)	-αs-						

2. V+αr (Vv) <> V+αs (Vc)

	動詞（頻度）	型	動詞（頻度）	型	M	I	J	言	N	注
421	現れる (5,732)	-αr-	現す (726)	-αs-	○		○	○	○	
422	浮かれる (218)	-αr-	浮かす (176)	-αs-				○	○	#
423	隠れる (1,967)	-αr-	隠す (4,769)	-αs-	○	○	○	○	○	
424	崩れる (1,669)	-αr-	崩す (1,159)	-αs-	○	○	○	○	○	
425	けがれる (28)	-αr-	けがす (50)	-αs-	○		○	○	○	
426	焦がれる (34)	-αr-	焦がす (201)	-αs-	○			○	○	#
427	こなれる (53)	-αr-	こなす (1,300)	-αs-	○	○	○	○	○	
428	こぼれる (608)	-αr-	こぼす (647)	-αs-		○	○	○	○	
429	壊れる (2,037)	-αr-	壊す (1,340)	-αs-	○	○	○	○	○	
430	倒れる (3,042)	-αr-	倒す (1,481)	-αs-	○	○	○	○	○	
431	足りる (3,234)	-αr-	足す (980)	-αs-		○	○	○	○	△
432	潰れる (491)	-αr-	潰す (607)	-αs-	○	○	○	○	○	
433	流れる (7,460)	-αr-	流す (4,985)	-αs-	○	○	○	○	○	

付録　現代語自他対一覧表 | 461

	動詞（頻度）	型	動詞（頻度）	型	M	I	J	言	N	注
434	逃れる (1,374)	-ar-	逃す (694)	-αs-	○	○	○	○	○	%
435	はがれる (226)	-ar-	はがす (400)	-αs-	○	○	○	○	○	
436	外れる (1,325)	-ar-	外す (2,512)	-αs-	○	○	○	○	○	
437	離れる (8,934)	-ar-	離す (1,684)	-αs-		○	○	○	○	
438	放れる (34)	-ar-	放つ (3,083)	-αt-						
439	ほぐれる (175)	-ar-	ほぐす (560)	-αs-	○		○	○	○	
440	塗れる (N/A)	-ar-	塗す (N/A)	-αs-			○	○		
441	乱れる (893)	-ar-	乱す (485)	-αs-	○	○		○	○	
442	蒸れる (93)	-ar-	蒸す (739)	-αs-					○	
443	やつれる (196)	-ar-	やつす (60) (古)	-αs-					○	△
444	汚れる (N/A)	-ar-	汚す (N/A)	-αs-	○	○	○	○	○	
445	分かれる (2,471)	-ar-	分かつ (81)	-αt-					○	△

3. V+αr (Vc) <> V+αs (Vv)

	動詞（頻度）	型	動詞（頻度）	型	M	I	J	言	N	注
446	かぶる (1,889)	-αr-	かぶせる (654)	-αs-	○	○	○	○	○	&
447	乗る (13,328)	-αr-	乗せる (3,040)	-αs-	○	○	○	○	○	
	載る (3,170)	-αr-	載せる (2,329)	-αs-		○	○	○	○	
448	寄る (2,625)	-αr-	寄せる (2,961)	-αs-		○	○	○	○	

4. その他

	動詞（頻度）	型	動詞（頻度）	型	M	I	J	言	N	注
449	消える (7,452)	-(y)ε-	消す (3,722)	-αs-	○	○	○	○	○	

	動詞（頻度）	型	動詞（頻度）	型	M	I	J	言	N	注
450	絶える (809)	-(y)ε-	絶つ (651)	-αt-				○	
451	捕まる (792)	-αr-	捕える (716)	-ε-		○	○		○	

1.4 補充対

	動詞（頻度）	型	動詞（頻度）	型	M	I	J	言	N	注
452	死ぬ (15,268)	∅	殺す (9,055)	-αs-				○		

2. 自動詞同士対

	動詞（頻度）	型	動詞（頻度）	型	M	I	J	言	N	注
1	映る (2,343)	∅	映ろう (3)	-α(w)-					○	
2	移る (3,307)	∅	移ろう (66)	-α(w)-					○	
3	起きる (9,757)	-ε-	起こる (10,768)	-αr-					○	
4	屈まる (1)	-αr-	屈む (62)	∅					○	
5	絡まる (1,139)	∅	絡まる (173)	-αr-					○	
6	軋む (169)	-m-	軋る (23)〔古〕	-r-					○	古
7	廃る (9)	-αr-	廃れる (86)	-αrε-					○	
8	住まる (10,606)	∅	住まう (314)	-α(w)-					○	
9	足る (1,074)	∅	足らう (1)	-α(w)-					○	
10	縮まる (310)	∅	縮む (194)	-αr-					○	
11	伝う (309)	∅	伝わる (3,948)	-αr-					○	
12	照る (170)	∅	照れる (341)	-ε-					○	

	動詞 (頻度)	型	動詞 (頻度)	型	M	I	J	言	N	注
13	流れる (7,460)	-ε-	ながらう (0)(古)	-α(w)-					○	古
14	抜け出る (103)	-ε-	抜け出す (661)	-αs-						
15	剥げる (39)	-ε-	剥げる (39)	-αr-					○	
16	混じる (112)	-r-	混ぜる (403)	-αr-					○	
17	増す (2,958)	∅	増さる (2)	-ε-					○	
18	病む (513)	∅	病める (53)	-ε-					○	%

3.1 他動詞同士対

	動詞 (頻度)	型	動詞 (頻度)	型	M	I	J	言	N	注
1	生ける (308)	-ε-	生かす (3,396)	-αs-					○	
2	飾る (2,903)	-αr-	飾す (31)	-αs-					○	
3	超える (8,182)	-(y)ε-	超す (288)	-αs-			○		○	
	越える (4,072)	-(y)ε-	越す (1,218)	-αs-			○			
4	探る (1,823)	-r-	探す (8,601)	-s-			○		○	
5	番う (12)	∅	番える (11)	-ε-						
6	繋ぐ (522)	∅	繋げる (141)	-αs-					○	
7	吊る (385)	∅	吊るす (233)	-αs-						
8	溶く (404)	∅	溶かす (803)	-αs-						
9	解く (N/A)	∅	解かす (17)	-αs-					○	
10	抜く (569)	∅	抜かす (202)	-αs-					○	
11	剥く (246)	∅	剥す (9)	-αs-						
12	合む (17,048)	∅	合める (8,191)	-ε-					○	

	動詞（頻度）	型	動詞（頻度）	型	M	I	J	N	注
13	蒸す (739)	Ø	蒸らす (117)	-as-				○	
14	燃す (37)	Ø	燃やす (842)	-as-				○	
15	やる (62,336)	Ø	やらかす (175)	-akas-					

3.2 他動詞同士　逆関係

	動詞（頻度）	型	動詞（頻度）	型	M	I	J	N	注
1	預かる (940)	-ar-	預ける (1,440)	-e-			○	○	
2	教わる (748)	-ar-	教える (30,402)	-e-			○	○	
3	借りる (4,808)	-ar-	貸す (2,377)	-as-		○		○	
4	授かる (301)	-ar-	授ける (468)	-e-				○	

著者紹介

○パルデシ・プラシャント　（Prashant Pardeshi）
神戸大学大学院文化学研究科修了。博士（学術）。現在、国立国語研究所言語対照研究系教授・系長。専門は言語類型論、対照言語学。

○桐生和幸　（きりゅう・かずゆき）
神戸大学大学院文化学研究科博士後期課程単位取得退学。修士（文学）。現在、美作大学生活科学部教授。専門はネワール語とメチェ語の記述研究、日本語との対照研究。

○ナロック・ハイコ　（Heiko Narrog）
Ruhr-Universität Bochum; 東京大学大学院総合文化研究科言語情報科学専攻博士課程修了。Dr. phil、博士（学術）。現在、東北大学大学院国際文化研究科国際文化交流論専攻准教授。専門は言語類型論、日本語学、歴史言語学。

○赤瀬川史朗　（あかせがわ・しろう）
慶應義塾大学文学学部卒業。学士（文学）。現在、Lago 言語研究所代表。専門はコーパス言語学、自然言語処理、辞書学。

○入江浩司　（いりえ・こうじ）
東京大学大学院人文社会系研究科博士課程単位取得退学。修士（文学）。現在、金沢大学人間社会学域人文学類教授。専門はアイスランド語学。

○梅谷博之　（うめたに・ひろゆき）
東京大学大学院人文社会系研究科博士課程修了。博士（文学）。現在、東京外国語大学アジア・アフリカ言語文化研究所特任研究員。専門はモンゴル語の記述。

○江口清子　（えぐち・きよこ）
神戸大学大学院文化学研究科博士後期課程修了。博士（学術）。現在、Applied Technology High School, Abu Dhabi 日本語教師。専門は言語学、ハンガリー語学、日本語教育。

著者紹介

○大﨑 紀子　（おおさき・のりこ）
京都大学大学院文学研究科博士後期課程修了。博士（文学）。現在、京都大学大学院文学研究科非常勤講師、教務補佐員。専門はチュルク語言語学。

○大島 一　（おおしま・はじめ）
一橋大学大学院社会学研究科博士課程修了。博士（社会学）。現在、東京外国語大学アジア・アフリカ言語文化研究所ジュニア・フェロー。専門はハンガリー語学、社会言語学。

○大西秀幸　（おおにし・ひでゆき）
東京外国語大学総合国際学研究科修士課程修了。修士（文学）。現在、東京外国語大学アジア・アフリカ言語文化研究所博士後期課程大学院生。専門はミャンマー北部の諸言語の記述。

○風間伸次郎　（かざま・しんじろう）
北海道大学大学院博士前期課程修了。修士（文学）。現在、東京外国語大学大学院総合国際学研究院教授。専門はアルタイ諸言語、ツングース諸語、言語類型論。

○梶 茂樹　（かじ・しげき）
京都大学大学院文学研究科博士課程修了。博士（文学）。現在、京都大学大学院アジア・アフリカ地域研究研究科教授。専門は記述言語学、アフリカ地域研究。

○岸本秀樹　（きしもと・ひでき）
神戸大学大学院文化学研究科修了。学術博士。現在、神戸大学大学院人文学研究科教授。専門は語彙意味論、統語論。

○栗林裕　（くりばやし・ゆう）
神戸大学大学院文化学研究科博士後期課程単位取得退学。博士（文学）。現在、岡山大学大学院社会文化科学研究科教授。専門は言語学、トルコ語、チュルク諸語。

○呉人恵　（くれびと・めぐみ）
東京外国語大学大学院外国語学研究科アジア第一言語専攻修士課程修了。博士（文学）。現在、富山大学人文学部教授。専門はコリャーク語学。

著者紹介

○櫻井映子　（さくらい・えいこ）
名古屋大学大学院文学研究科博士課程修了。博士（文学）。現在、大阪大学・東京外国語大学非常勤講師。専門はリトアニア語、バルト・スラヴ語学。

○佐々木冠　（ささき・かん）
筑波大学大学院博士課程文芸・言語研究科単位取得退学。博士（言語学）。現在、札幌学院大学経営学部教授。専門は日本語方言文法。

○白井聡子　（しらい・さとこ）
京都大学大学院文学研究科博士後期課程学修退学。博士（文学）。現在、麗澤大学言語研究センター客員研究員。専門は言語学、チベット＝ビルマ語派。

○高橋清子　（たかはし・きよこ）
チュラロンコン大学大学院言語学科博士課程修了。Ph.D. (Linguistics)。現在、神田外語大学外国語学部アジア言語学科准教授。専門はタイ語学、構文研究。

○當山奈那　（とうやま・なな）
琉球大学大学院博士後期課程修了。博士（学術）。現在、琉球大学研究推進機構戦略的研究プロジェクトセンター特命助教。専門は琉球語文法。

○長屋尚典　（ながや・なおのり）
Rice University 大学院博士課程修了。Ph.D. (Linguistics)。現在、東京外国語大学総合国際学研究院講師。専門はフィリピンとインドネシアのオーストロネシア諸語。

○西岡美樹　（にしおか・みき）
大阪外国語大学大学院言語社会研究科博士後期課程修了。博士（言語文化学）。現在、大阪大学言語文化研究科言語社会専攻専任講師。専門はヒンディー語学・言語学、日本語との対照研究。

○新田志穂　（にった・しほ）
岡山大学大学院社会文化科学研究科博士課程修了。博士（文学）。専門は言語学、現代ウイグル語。

著者紹介

○フック・ピーター・エドウィン　（Peter Edwin Hook）
University of Pennsylvania 大学院博士課程修了。Ph.D.（Linguistics）。現在、ミシガン大学名誉教授。専門は言語類型論、インド・アリーヤ諸言語。

○松瀬育子　（まつせ・いくこ）
神戸大学大学院文化学研究科博士後期課程単位取得退学。修士（文学）。現在、ネワール言語文化研究所代表。専門は言語学、ネワール語。

○萬宮健策　（まみや・けんさく）
パキスタン国立スィンド大学大学院哲学修士課程修了。M.Phil.。現在、東京外国語大学大学院総合国際学研究院准教授。専門は言語学、ウルドゥー語、スィンディー語。

○円山拓子　（まるやま・ひろこ）
東京大学大学院総合文化研究科言語情報科学専攻博士課程修了。博士（学術）。現在、北海道大学非常勤講師。専門は韓国語学、日韓対照研究、韓国語教育。

○吉岡乾　（よしおか・のぼる）
東京外国語大学大学院博士後期課程修了。博士（学術）。現在、国立民族学博物館民族社会研究部助教。専門は北パキスタン諸言語、記述言語学。

○米田信子　（よねだ・のぶこ）
東京外国語大学大学院博士後期課程修了。博士（学術）。現在、大阪大学大学院言語文化研究科教授。専門は記述言語学、バントゥ諸語。

事項索引

A–Z

anticausative (verb pair), 4, 30, 142, 149, 160, 258, 352, 374, 406

Augment, 161, 163

causative (verb pair), 2, 4, 27, 30, 63, 78, 110, 160, 197–199, 249, 258, 262–264, 277, 280, 352, 363, 404

Devanagari 文字, 276

Double, 161, 163

equipollent (verb pair), 45, 160, 199, 258, 352, 411

Freeze
　——事象表現の他動性, 206
　——動詞, 205

head-marking, 92

labile (verb pair), 31, 45, 160, 198, 258, 263, 345, 352, 411

non-dir.（派生の方向性なし）, 160–162

nontranslational, 137

P (patientive：他動詞目的語), 75

S (single core argument), 75

S=A パターン, 75–78, 85–87

S=A 交替, 75, 79, 80, 87

S=P パターン, 76–78

sandhi, 281

suppletion, 161, 163, 404, 407–409

suppletive (verb pair), 161, 258, 263

Thai National Corpus（TNC コーパス）, 208

usage-based linguistics, 26

あ

アスペクト, 1, 3, 60, 76, 92, 93, 144, 153, 322, 338, 345, 347, 349, 356

アスペクト的意味, 375, 376

位置・姿勢の変化, 113, 115, 116, 123

位置変化動詞, 268

意図性, 75, 141, 146–148, 150–153, 160, 164–170, 230–235, 391, 392

意図的動作, 235, 251, 378

一致, 193

移動, 27, 47, 87, 103, 115, 121, 268–272, 416, 418, 419, 421, 422, 428, 429

移動動詞, 43, 44, 103, 104, 259, 261, 269, 272

意味的抱合, 394

異分析, 181, 182, 185

衣類, 415–429

受身, 44, 48, 50, 127, 129, 152, 162, 167, 340, 342, 343, 347,
　–形, 340, 342, 347, 388
　–構文, 348
　–的な自動詞文, 45

運搬動詞, 103, 104

衛星枠付け言語, 428, 429

音韻対応, 91, 260
恩恵性, 164, 165, 168

か

介在性, 202
可能, 118, 340, 342, 343
可能受動, 372, 374
関係節型, 276
感情・心理的活動, 113, 115
間接性, 146, 148, 153
起動, 248–250, 376, 378, 379
起動動詞, 3, 4, 28, 61, 63–65, 67–71, 258, 363
基本構成素順, 142
客体的, 373, 379
逆使役, 66, 70, 97–99, 280, 333, 369
逆使役化, 329, 330
逆使役交替, 96, 99, 160
逆使役態, 142, 149, 150, 152, 153
逆受動化接辞, 78–80, 82, 83
逆受動文, 75, 79, 81
形式的拡大辞, 339
継続, 149, 150, 152, 153, 319
　　活動の–, 70
形態的構成, 64, 66, 69
形態的能格, 76
形態的複雑度, 207, 208
形態的有標性, 5, 62, 64–66, 69
形態論的派生, 33
系統関係, 91, 92, 109, 190
形容詞, 92, 99, 111, 112, 143, 159, 206, 208, 240, 245, 249, 250, 276, 282, 285, 286, 288, 290, 310, 329, 348, 357
形容詞述語, 283
経路, 428
結合化, 326-329, 332, 380
結合動詞, 282, 286, 289
結果化（機能), 329, 333
言語類型論, 1, 59
降格, 78, 80, 81, 120, 121, 123, 149, 150, 373, 375
膠着語的, 240, 338, 340
コード化, 5, 6, 18, 25, 26, 28–30, 32–38, 223, 224, 229–235, 391–393, 397
コード化の動機付け, 26
古民話テキスト（古民話), 265, 270
孤立語, 189
コントロール性, 234
語彙的他動性, 282
語彙動詞, 281

さ

再帰, 129, 130, 137, 144, 149, 150, 165, 229, 340, 344, 370, 372, 373, 379, 380, 382, 403, 421, 424
再帰化, 226, 227, 229, 235, 380
再帰性, 164–166, 168, 382
再帰接辞, 129, 130, 165, 369–372, 376, 406, 421, 422, 424, 426
再帰代名詞, 64, 370, 372, 373, 379, 382, 417, 418, 420

再帰的なイベント, 115
再帰動詞, 287, 370, 372, 378, 379, 382, 386
使役, 2–4, 17, 27, 43, 61, 63, 64, 97, 98, 102, 110–113, 118, 124, 141, 148, 150, 200, 201, 214, 218, 239–248, 250, 252, 277, 280, 281, 283, 289, 310, 322, 328, 333, 339–343, 347, 362, 364, 370
使役化, 30, 43, 44, 78, 110, 111, 141, 144, 150, 152, 153, 167, 226–228, 235, 239–243, 245, 246, 249, 252, 258–262, 264–268, 271, 272, 289, 329, 362, 364, 371, 390, 404, 408, 412
使役化
　　初頭子音交替による使役化, 242, 252
使役形, 103, 111, 112, 146, 147, 151, 168, 181, 200, 239, 242, 247, 250–252, 280, 356, 361, 362, 370
　　—動詞, 357
　　—派生接辞, 357, 358, 365
使役交替, 43–45, 59, 70, 71, 96, 99, 160, 246
使役者, 1, 2, 43, 44, 54–56, 62, 116, 146, 148, 150, 251, 270, 272
使役性, 287, 289, 290
使役接辞, 162, 244, 251, 260, 262, 280, 369, 371, 372, 404, 408

自然現象, 114, 121, 232, 233
使動, 110
借用, 199
修飾用法, 206, 211, 216–219
主格標示, 116, 119, 120
主体的, 373, 379
主題, 376
主要部後置型, 92
昇格, 78, 81, 149
所有交替, 52
使用基盤の言語学（usage-baed linguistics）, 25, 28
使用頻度, 26, 28, 29, 34, 38, 71, 97, 99, 206, 208, 219, 259, 267, 401, 410, 412
心理動詞, 196, 197
自己充足的, 116, 121, 123
自他交替, 8–10, 43–45, 47, 53, 109–112, 122, 124, 128, 174, 175, 180–185, 189, 190, 197, 199, 201, 203, 259, 260, 262, 265, 333, 344, 371, 378, 382
自他対応パターン, 241
自他同形, 59, 64, 78, 79, 84, 99–102, 110, 144, 198, 200, 201, 226, 258–260, 262, 264, 266, 280, 281, 284, 286, 372, 390, 404, 407
自動 , 3, 340, 343, 344, 376, 382, 412
自動詞, 2, 6, 25–27, 43–45, 75, 76, 128, 130, 143, 144, 192, 193,

197, 224, 227, 260, 271, 277, 281, 294, 308, 310, 323, 415, 416-418
自動詞化, 44, 45, 49, 60, 61, 82, 110–113, 117, 119–123, 173, 284, 286, 287, 289, 352, 363, 365, 371, 374, 380, 381, 403, 406
自動詞化型, 161–164, 174, 378
自動詞有標型, 65–71
自発, 60, 114, 152, 153, 230, 233, 381
従接／きれつづき, 92
授受動詞, 168
受動化, 111, 150, 153, 329, 375
受動形, 112, 181, 354
　　—動詞, 354
　　—派生接辞, 354
受動構文の欠如, 388
受動動詞, 312, 319
受動, 16, 110–113, 124, 141, 150, 152, 314, 329, 333, 369, 375, 379–381, 424, 426
準他動詞, 196, 197
状態形, 353, 354, 363
　　—動詞, 353, 361
　　—派生接辞, 354, 355, 361, 363
状態変化, 47, 48, 70, 113, 114, 117–119, 121–123, 197, 198, 201, 208, 217, 267, 355, 362, 365, 376, 391, 395, 396, 418
叙述用法, 206, 209, 211, 215, 217–219

自律的, 116, 121, 123
スル動詞, 282, 283, 289
制御不能, 324
生産性, 45, 60, 99, 145, 330, 355, 356, 361, 371, 418
静的読み（stative reading）, 348
責任性, 153, 235
摂食動詞, 81, 87
接語, 190, 193, 195, 276, 339, 345
接尾辞, 77, 241, 243, 244, 387, 418
前語尾, 339
前置詞, 192, 193
相関関係, 6, 281, 297, 302–304
相互（態）, 149, 150, 152, 153, 344
双方向性, 120, 121, 124
双方向の派生, 110, 122, 123

た

対格型, 76, 85, 102, 104, 173, 240
対格目的語, 373, 375, 376, 379, 381, 401, 402
対訳テキスト, 92, 93
多重使役, 309, 318
達成, 47, 376
他動詞, 44,
　　—の自動詞的表現, 346
　　—の疑似自動詞構文, 346
他動詞, 2, 4–7, 25–27, 44, 45, 75, 76, 99, 128, 130, 143, 144-146, 192, 193, 197, 224, 227, 244, 251, 260, 276, 277, 294, 308, 310, 324

他動詞の原型, 362
他動・使役, 280, 281, 289
他動・使役化, 289, 333
他動・使役性, 289
他動化型, 7, 321, 333
他動詞化, 44, 45, 53, 59, 102, 110–113, 116, 120–123, 161, 167, 173, 227, 235, 252, 352, 357, 361, 362, 371, 403, 406, 407
他動詞化型, 78, 161–164, 170, 174
他動詞有標型, 65, 66, 68–71
他動性, 1, 3, 6, 27, 32, 48, 76, 88, 121, 141, 143, 148, 150–153, 164, 170, 195, 201, 203, 206, 208, 209, 217–219, 230, 240, 272, 282, 283, 285–287, 289, 290, 328, 329, 385, 390–392, 395, 397, 403
他動性交替, 59-61, 63, 69, 72, 379, 380
打撃・接触, 118, 121
脱衣の状態, 416, 424–426
脱衣の動作, 416, 419, 422, 427, 429
脱使役化, 44, 46–49, 52–54, 56, 363, 364
脱他動詞化, 227, 371
地域差, 60, 62, 70–72
知覚動詞, 325, 334
知覚・認識・心理的活動, 117, 119, 120
着衣の状態, 416, 422, 424, 425, 427
着衣の動作, 416, 422, 425, 427, 429

着点, 44, 50, 54–56, 268, 419, 422, 428
中間・再帰接辞, 406
中動化, 331, 333
中動（態）, 137, 144, 373, 382
直示動詞, 269–272
直接使役度, 207, 208
通時的安定性, 174, 184
定活用／不定活用, 402
適用（形）, 341, 352
　—派生接辞, 352
テンス, 76, 92, 144, 356
統語的他動性, 189, 192, 282, 283, 288, 290
統語論的派生, 33, 34, 37
閉じた類, 111
トピック（主題）, 194
同一形交替, 96, 98, 160
道具（格）, 76, 80, 81, 86, 87, 341
動作限界, 218, 396
動作主, 3, 4, 8–10, 31, 50, 54–56, 59, 61–65, 71, 115–121, 123, 146, 148–152, 207, 209, 217, 225, 230–235, 258, 285, 315, 321, 347, 348, 375, 376, 378, 379, 381, 389, 391, 392, 396, 418, 426, 429
動作者性, 82
動作主表示, 121
動詞句連続体, 211, 214, 215, 217–219
動詞対, 2–7, 16–18, 25–34, 36–38,

45, 121, 122, 174, 258, 260, 261, 264, 280, 296, 330
動詞派生接辞, 143, 144, 352, 353
動詞標識, 142, 145
動詞連続, 198
動詞枠付け言語, 428, 429
動的読み（dynamic reading）, 348

な

ナル動詞, 282, 289
二項述語階層, 84, 85, 87, 333, 334
二重他動詞, 29, 31, 36
二重標示型, 76
人称, 76, 92, 142, 144, 190, 191, 193, 211, 224, 225, 228, 276, 308, 322, 323, 326, 331, 369, 375, 387, 393, 415
能格, 76, 77, 81, 86, 146, 149, 151, 152, 257, 309, 323, 325, 332
能格型, 85, 103, 104, 142
能動性, 285, 286

は

派生接辞, 132, 133, 145, 227, 351–358, 360–363, 365
派生の方向, 110, 122, 123, 226, 259, 261, 266, 277, 293, 301
派生の方向性, 5, 27, 44, 45, 97, 121, 160, 161, 163, 164, 170, 174, 227, 235, 298, 301, 302, 321
反意自動, 343
反意他動, 343

ハンガリー語ナショナルコーパス, 409
反使役, 369, 370, 372, 376, 380, 382
——化, 27, 43, 44, 46, 47, 53, 110, 141, 144, 227, 229, 239, 241, 246, 258, 260, 271, 390, 404, 406, 412
——交替, 175, 180, 182–184
半他動詞, 323, 333
場所格, 76, 80, 83, 86–88
非意図性, 152, 199
非恩恵型テモラウ, 169
非対称性, 297, 300, 301, 303, 323
非他動・使役, 280
被動, 110
被動作性, 75, 79–82, 84–86, 88, 395, 397
頻度, 28–30, 34–38, 93, 97, 98, 122, 233, 239, 258, 259, 266, 297–303, 412
複合述語, 282–285, 287, 289, 290
複合動詞, 144, 206, 209, 213–215, 218, 219, 246, 278, 282, 289, 370
複合名詞, 207, 209, 214, 216, 217
複統合的言語, 76
分離自動詞形, 360, 363
分離他動詞形, 360, 362
方向格, 62, 80, 83, 104
補充, 96, 97, 99–102, 241, 246, 266, 280, 281, 390, 404, 407
補充形, 2, 110, 144, 145, 161, 372,

390, 407
補充形交替, 161
補充法, 78, 79, 175, 199, 201
補助動詞, 110, 160, 164–170, 228, 229, 235, 309, 310, 312–314, 319, 381
母音交替, 280, 370
母音交替型, 281
母音調和, 92, 127, 129, 159, 341, 343, 347, 353, 355, 356, 360, 386, 404

ま

無生主語, 376, 377, 379
無生動詞, 161, 163, 170
無生物, 115, 161, 165, 232
無文字言語, 91
名詞（の）クラス, 338, 353
名詞句階層, 86, 240
名詞述語, 283
名詞抱合, 79, 81
モダリティ, 92, 128

や

有生, 376
有生性, 76, 86, 104, 161, 163, 164, 170, 232, 235, 257, 325
有生動詞, 161, 163, 170, 171
有生物, 47, 114, 115, 161, 165
有責性, 230–235, 385
有責任事象, 230, 234, 392
有対動詞, 25, 224–226, 352, 362, 364, 372

有標性, 5, 6, 25–27, 29, 301, 364
―の差, 25, 64
与格, 62, 80, 84, 120, 257, 323, 325, 369, 370, 372, 415, 416, 419–427

ら

両極（派生）, 7, 32, 96, 97, 199, 241, 246, 280, 281, 289, 361, 390, 403, 406, 409, 412
両極化, 45, 129, 226, 242, 266
両極型, 59, 63, 64, 66, 68–71, 161, 175, 181–184, 245, 247, 390, 397
両極形, 144, 145, 148
両極交替, 160
リンガ・フランカ, 97
連体修飾型, 276

わ

話題, 231
ヴォイス, 92, 110, 111, 124, 128, 199, 370, 385, 390

人名索引

A–Y

Ablahat, 164, 166
Aikhenvald, Alexandra, 250
Ambrazas, Vytautas , 371, 373
Anderson, Gregory D.S., 329
Barnes, Jonathan, 45, 227, 333, 371
Bashir, Elena, 329
Berger, Hermann, 333
Bjambasan, P., 2
Bridge, Michelle, 164
Bruce, Les, 211
Bybee, Joan, 28, 259
Chuwicha, Yajai, 211
Comrie, Bernard, 2, 4, 5, 86, 144, 183, 184, 241, 262, 351, 363, 364, 404
Croft, William, 27, 249, 298
Dixon, Robert W. M., 250
Durie, Mark, 211
Dymshits, Z. M., 277, 294
Enfield, Nicholas J., 211
Geniušienė, Emma , 370, 373, 378
Grune, Dick, 329
Guillaume Jacques（向伯霖）, 143
Guru, Kamtaprasad, 277, 280, 294
Hahn, Reinhard F., 160, 164
Haspelmath, Martin, 2–5, 7, 17, 26–28, 30, 31, 33, 46, 59, 62, 64, 66, 70, 78, 92, 122, 144, 160, 162, 174, 182–184, 189, 197, 198, 209, 258, 262, 271, 277, 278, 280, 351, 358, 363, 364, 408
Himmelmann, Nikolaus P., 191
Hook, Peter, 277, 294
Hopper, Paul J., 153, 164, 206, 218, 259, 285, 390, 403
Jackson T.-S. Sun（孫天心）, 142
Jacobsen, Wesley, 27, 31
Kellogg, Henry Samule, 277, 294
Kemmer, Suzanne, 137, 259
Keszler, Borbala, 402
Kulikov, Leonid I., 147
LaPolla, Randy John, 224, 229
Levin, Beth, 5, 43, 212, 396
Luvsanvandan, Š., 128
Lyberis, Antanas , 371
Magay, Tamas., 403
Masica, Colin, 277, 280, 294, 296
Matisoff, James A., 224, 242, 243, 250
Morine, Yves-Charles, 329
Morse, Robert H., 223
Musteikis, Kazimieras , 378
Nagano, Yasuhiko, 142, 143
Nedjalkov, Vladimir P. , 1, 2, 370
Nichols, Johanna , 2–4, 7, 17, 45, 99, 102, 119, 160–164, 174, 227, 258, 262, 271, 333, 371
Nishimitsu, Yoshihiro, 229

Országh, Laszlo, 403
Peterson, David A. , 45, 227, 239, 333, 352, 371
Pořízka, Vincenc, 277
Polonskaitė, Jurgita , 371, 376, 382
Prasithrathsint, Amara, 206, 208
Pray, Bruce, 277, 294, 298
Prins, Marielle, 142
Rappaport Hovav, Malka , 43, 212, 396
S. B. Singh, 277
S. Singh, 277, 294
Saksena, Anju, 280, 294, 296
Singnoi, Unchalee, 215, 216
Sil'nickij, Georgij G., 370
Takahashi, Kiyoko, 211, 212, 214
Thompson, Sandra A., 1, 75, 153, 164, 206, 209, 218, 259, 285, 390, 403
Tiffou, Étienne, 329
Tserenpil, D., 128
Tsunoda, Tasaku, 1, 84, 87, 164, 333, 362
Tomlin, Russell, S., 231
Tömür, Hamit, 164
Yoshioka, Noboru, 329

あ–ろ

青木玲子, 1, 251, 362
大﨑紀子, 163
影山太郎, 1, 44, 46, 47, 52, 56, 150
岸本秀樹, 44, 52, 53
栗林均, 129, 163
黄布凡（Huang, Bufan）
向伯霖（a.k.a Jacques, Guillaume）
櫻井映子, 369, 371
佐々木冠, 1, 149, 153, 376, 381
柴谷方良, 152
須賀一好, 1, 2, 123, 365
菅原純, 159, 162
杉本武, 44, 47
高橋太郎, 137
陳珍（Chen, Zhen）, 143
當野能之, 428, 429
長野泰彦, 224
ナロック，ハイコ, 16, 17, 29, 32, 34, 36, 45, 258, 259, 266, 271
西光義弘, 1, 151, 152, 232
早津恵美子, 1, 25, 352, 354, 355, 382
パルデシ，プラシャント, 5, 153, 165, 230, 234, 392
堀江薫, 230
ミリカダム，スレイヤー, 165
村木新次郎, 44, 47
ヤコブセン，ウェスリー・M, 137, 271
山田敏弘, 169
呂仁梅, 428, 429

言語索引

※太字数字は当該言語が主たる論考対象になっている論文の最初のページを示す。

ア

アイスランド語, 371, **415**

アゼルバイジャン語, **173**

アルタイ語族, 109

インド・アーリア語群, 275

インド・イラン語派, 275

インドネシア語, 199

インド・ヨーロッパ語族, 275, 369

ウイグル語, 161, 163, **174**

ウズベク語, **174**

ウデヘ語, **91**

ウラル語族, 386

英語, 27, 30, 43, 46, 59, 64, 70, 223, 232, 241, 276, 280, 283, 284, 289, 337, 342, 345, 348, 396, 420, 428, 429

エウェン語, **91**

エストニア語, 386

カ

韓国語, 27, **109**

ギャロン語, **141**

ギャロン語群, 142, 143, 147

キルギス語, 98, **174**

現代ウイグル語, **159**

古代チュルク語, **174**

コリャーク語, **75**

サ

サーミ語（ラップ語）, 386

サハ語, 98, **174**

サラーエキー語, 307, 319

サンスクリット, 276, 281

シナ=チベット語族, 141, 240, 257

上代日本語, 29

首里方言, **59**

スィンディー語, 303, **307**

スウェーデン語, 371

スタウ語, 147

スワヒリ語, 30, 337, 338, 343, 345, 351

タ

タイ語, **205**

タタール語, **174**

タミール語, 165

チアン語支, 142

チベット語, 145, 146, 242

チベット=ビルマ語派, 141, 142, 257

チュクチ・カムチャツカ語族, 75

チュルク語, **173**

チュルク諸語, 91, 98, 99, 103, 123, 159, 160

ツングース諸語, 91-103, 123

ツングース祖語, 102

ドイツ語, 370, 423

トーロ語, **337**

トルコ語, 30, 98, 103, 104, 160, 161, 163, 170, **173**

トワ語, **174**

言語索引 | 479

ナ

ナーナイ語, **91**
ニジェール・コンゴ語族, 337, 352
日本語, **25**, **43**, **59**, 85, 103, 122, 137, 150–153, 166–170, 183, 185, 201–203, 207–209, 229–235, 250–252, 271–272, 280–290, 332, 333, 341, 349, 354, 355, 365, 378, 380-382, 393, 412, 426-429
日本語族, 60–62
ネワール語, **257**

ハ

ハカス語, **174**
バルト語派, 369
ハンガリー語, **385**, **401**
バンツー系, 337
バントゥ諸語, 352, 364
バントゥ祖語, 356
ヒンディー・ウルドゥー語, **293**
ヒンディー語, 59, **275**, **293**, 307, 386, 394
ブルシャスキー語, **321**
フィン・ウゴル語派, 386
フィンランド語, 386
フランス語, 370, 372
北海道方言, **59**, 381
ボド・ガロ語支, 240, 243

マ

マレー語, 199
満洲語, **91**
メチェ語, **239**

モンゴル語, 96, 98, 99, **127**, 185

ラ

ラマホロット語, **189**
ラワン語, **223**
リトアニア語, **369**
琉球語, **59**
ロシア語, 371, **378**

有対動詞の通言語的研究
日本語と諸言語の対照から見えてくるもの

発　　行	2015年12月17日　　初版第1刷発行

編　者　　パルデシ　プラシャント、桐生和幸、ナロック　ハイコ

発行所　　株式会社　くろしお出版
　　　　　〒113-0033　東京都文京区本郷3-21-10
　　　　　TEL: 03-5684-3389　FAX: 03-5684-4762
　　　　　URL: http://www.9640.jp　e-mail: kurosio@9640.jp

印刷所　　株式会社　三秀舎
装　丁　　折原カズヒロ

©Prashant PARDESHI, Kazuyuki KIRYU, Heiko NARROG 2015
ISBN 978-4-87424-679-5　C3080　　Printed in Japan
●乱丁・落丁はおとりかえいたします。本書の無断転載・複製を禁じます。